江苏土木建筑科技成果奖集锦
（2018—2023）

主　审　缪昌文
主　编　王　华
副主编　卢红标　唐中秋

中国建筑工业出版社

图书在版编目（CIP）数据

江苏土木建筑科技成果奖集锦. 2018—2023 / 王华主编；缪昌文主审；卢红标，唐中秋副主编. — 北京：中国建筑工业出版社，2023.12
ISBN 978-7-112-29349-0

Ⅰ.①江… Ⅱ.①王…②缪…③卢…④唐… Ⅲ.①城市铁路-铁路工程-成果-汇编-江苏-2018-2023 Ⅳ.①U239.5

中国国家版本馆 CIP 数据核字（2023）第 217541 号

责任编辑：张　磊　万　李
责任校对：赵　颖

江苏土木建筑科技成果奖集锦
（2018—2023）
主　审　缪昌文
主　编　王　华
副主编　卢红标　唐中秋

*

中国建筑工业出版社出版、发行（北京海淀三里河路9号）
各地新华书店、建筑书店经销
北京鸿文瀚海文化传媒有限公司制版
临西县阅读时光印刷有限公司印刷

*

开本：880毫米×1230毫米　1/16　印张：25½　字数：800千字
2023年11月第一版　2023年11月第一次印刷
定价：198.00元
ISBN 978-7-112-29349-0
（42096）

版权所有　翻印必究
如有内容及印装质量问题，请联系本社读者服务中心退换
电话：（010）58337283　QQ：2885381756
（地址：北京海淀三里河路9号中国建筑工业出版社604室　邮政编码：100037）

序

时光荏苒，转眼间江苏省土木建筑学会已经走过了 70 年的光辉历程。岁月铭刻奋斗的艰辛，时代印证铿锵的脚步，省学会作为一个科技社团，始终秉持服务广大科技工作者，协同前行创新探索，为全省土木建筑行业的发展提供了科技支撑。

为了庆祝省学会成立 70 周年华诞，更是为了促进全省土木建筑领域的科技创新和成果交流，省学会收集了近 6 年来各会员单位在科技创新方面的部分典型优秀成果，整理汇编成《江苏土木建筑科技成果奖集锦（2018—2023）》。这些科技成果主要来自省内相关高校、科研院所和企事业等会员单位，内容涉及城市更新与品质提升、智能建造与建筑工业化、美丽乡村建设、城市生态修复、土木工程安全与防灾减灾等多个领域，比较全面地反映了全省土木建筑领域的科技发展水平。

众所周知，科技创新是推动行业进步和发展的重要引擎。党的二十大报告中将科技创新的战略意义提升到新的高度，指出必须坚持科技是第一生产力、人才是第一资源、创新是第一动力。科技创新的意义在于推动社会变革、改善人民生活、促进可持续发展以及提升国际竞争力和地位。未来，随着科学技术的不断发展，土木建筑行业将朝着工业化、数字化、智能化等方向转型升级，加强跨学科合作已成为趋势，推动土木工程技术与信息技术、材料科学、环境科学等领域的融合创新势在必行。我们应当把握时代脉搏，不断挖掘土木建筑领域的创新潜力，积极引领科技发展方向，推动科技与工程实践的融合，为推动中国式现代化江苏新实践做出新贡献。

回顾过去，我们深感自豪和振奋。展望未来，我们仍需继续前行。面对新的时代要求和挑战，江苏省土木建筑学会将继续发扬优良传统，立足行业创新发展，培养更多优秀人才，共创土木建筑领域的美好明天。

浩气长存铸华章，七旬岁月展宏图。在这个值得庆贺的 70 周年之际，让我们共同祝愿江苏省土木建筑学会在未来的征程中发挥更好的智库作用，为"强富美高"新江苏贡献更大的科技力量！

中国工程院院士、江苏省土木建筑学会理事长：

2023 年 10 月 26 日

前言

科技创新是推动高质量发展的第一动力。为鼓励和引导江苏土木工程领域广大科技工作者自主创新，总结科技成果，推动行业高质量发展和科技进步，江苏省土木建筑学会于2018年设立江苏省土木建筑学会科学技术奖。

截至2023年，江苏省土木建筑学会科学技术奖已成功举办6届，其中：2018年评选出一等奖4项，二等奖6项，三等奖9项；2019年评选出一等奖4项，二等奖9项，三等奖15项；2020年评选出一等奖5项，二等奖7项，三等奖9项；2021年评选出一等奖5项，二等奖11项，三等奖19项；2022年评选出一等奖7项，二等奖9项，三等奖13项；2023年评选出一等奖7项，二等奖15项，三等奖18项。共计一等奖32项，二等奖57项，三等奖83项。以上获奖项目累计获得国家发明专利授权900余项，获得省部级工法500余项，软件著作权600余项，经济效益超千亿元。

《江苏土木建筑科技成果奖集锦（2018—2023）》在江苏省土木建筑学会科学技术奖一、二等奖获奖项目基础上进行了整理与总结，涵盖了建筑施工、城市轨道交通、桥梁隧道等领域的高、大、难、特、新工程项目的科技攻关以及城市更新与品质提升、智能建造与建筑工业化、城市生态修复、建筑节能与高品质建筑等方向的示范性工程和前沿科技创新成果。

获奖项目"260m跨单层索膜屋面场馆设计施工综合技术"依托的苏州工业园区体育中心项目（体育场、游泳馆），获得第18届中国土木工程詹天佑奖；"富水软弱地层地铁盾构穿越建（构）筑物安全控制关键技术"依托的苏州市轨道交通2号线及延伸线工程，获得第19届中国土木工程詹天佑奖；"保障性住房高品质工业化建造技术研究与应用"依托的南京丁家庄二期A28地块保障性住房工程，获第19届中国土木工程詹天佑奖；"富水软弱地层近接叠交隧道与近贴下穿有压管道关键技术与应用"项目获2020年度江苏省科学技术奖二等奖；"高性能预制桩关键技术研发与应用"项目获2022年度江苏省科学技术二等奖。

本书是江苏省土木建筑学会成立70周年大会的成果之一，旨在推广先进建造技术，推动江苏省土木建筑业绿色节能、工业化、智能化、信息化方面技术攻关，倡导广大工程建设者和科研工作者们以更高的标准、更严的要求，努力实现科技改革创新，建设更多品质卓越、技术先进、节能环保的优质工程，为加快建设建造强国、推进中国式现代化江苏新实践、不断实现人民对美好生活的向往做出新的更大的贡献。

本书得到了中亿丰建设集团股份有限公司、中国建筑第三工程局有限公司、江苏省建筑科学研究院有限公司、中路交科科技股份有限公司、中建八局第三建设有限公司大力支持，在此一并表示感谢！

江苏省土木建筑学会
2023年10月

目录

科技成果奖集锦（2018年）

地铁车站智能建造技术及平台的研发与应用 ･･ 3
富水软弱地层地铁盾构穿越建（构）筑物安全控制关键技术 ･･････････････････････････････････････ 8
徐州市城市轨道交通工程高性能混凝土研究与应用 ･･ 11
260m跨单层索膜屋面场馆设计施工综合技术 ･･･ 15
超大面积预应力排架展馆整体施工关键技术研究 ･･ 19
透水混凝土预拌生产与应用关键技术及工程示范 ･･ 23
城市轨道交通工程质量验收制度研究 ･･ 27
城市轨道交通工程质量通病及控制研究 ･･ 31
城市轨道交通工程常见质量问题检测技术应用研究 ･･ 34
可拆装中空玻璃内置百叶帘的节能窗 ･･ 37

科技成果奖集锦（2019年）

保障性住房高品质工业化建造技术研究与应用 ･･ 43
富水软弱地层近接叠交隧道与小净距下穿有压给水管道关键技术研究 ･･････････････････････････････ 47
核电站钢衬里综合建造技术 ･･ 51
城市更新中历史街区建筑修复保护关键技术 ･･ 56
苏州中心跨地铁钢桁架与超大单层曲面网壳施工技术 ･･ 60
百米级跨度柔性空间弯扭管桁架结构设计与施工技术研究与应用 ･･････････････････････････････････ 64
先张法U梁成套施工技术研究与应用 ･･･ 69
城市景观湖水下大型停车库建筑关键技术研究与应用 ･･ 73
有轨电车轨道工程施工技术研究 ･･ 78
车辆段上盖结构设计关键技术研究与应用 ･･ 82
城市轨道交通装配式地下车站设计及施工关键技术研究 ･･ 86
荷载与环境因素耦合作用下高性能循环再生结构混凝土的力学行为与耐久性研究 ････････････････････ 89
吹填淤泥快速固结关键技术研究 ･･ 92

科技成果奖集锦（2020年）

VVER-1000堆型核岛安全壳预应力施工技术研究与应用 ･･ 97
苏州中心"未来之翼"超长异形网格结构关键技术创新与应用 ･･････････････････････････････････････ 102

5

内置式泵房及联络通道机械顶管法施工工艺 ······ 107
复杂敏感环境下明-暗-盖挖地铁车站安全施工关键技术及其工程应用 ······ 110
受限空间条件下水平冻结联合钢套筒辅助盾构施工关键技术研究与应用 ······ 114
超高超重拱形钢索塔提滑组合安装关键技术研究 ······ 119
超大吨位复杂空间钢结构刚柔结合同步提升技术研究与应用 ······ 123
城市中心复杂环境下大管径顶管综合施工技术研究 ······ 128
智能交通客运枢纽工程建设关键技术研究与应用 ······ 132
建筑钢结构机器人焊接智能化关键技术与应用 ······ 136
轨交保护区内既有浅基础建筑拆除及复建施工技术的研究及应用 ······ 140
地铁车站二次结构应用预制装配式构件关键技术研究 ······ 145

科技成果奖集锦（2021年）

"华龙一号"核电站不锈钢水池建造技术 ······ 149
塔楼一体化双层自锚式悬索景观桥建造关键技术研究与应用 ······ 153
大型公建场馆复杂钢结构智慧建造综合技术研究与应用 ······ 158
高性能预制桩成套关键技术研发与应用 ······ 163
海绵型铺装多场耦合设计理论、关键材料研发及工程应用 ······ 166
大型机场航站楼技改综合施工技术研究 ······ 170
钢结构高效焊接技术和设备集成研发与应用 ······ 176
简支承重型超大跨度空间钢桁架结构施工关键技术 ······ 180
既有盾构及电机车设备适应性革新研究与实践 ······ 183
江苏地区桩基水平承载与抗震性能提升及其安全控制关键技术 ······ 187
功能可恢复的高烈度地区复杂高层钢结构抗震设计关键技术及应用 ······ 191
深水基础超长钢板桩围堰施工技术研究与示范 ······ 194
道路抗变形防沉降检查井圈（盖）成套关键技术研究 ······ 197
轻质泡沫土路基质量控制关键技术 ······ 202
轨道交通钢轨焊缝双轨同步电磁感应正火设备研制与应用 ······ 206
基于地铁应用环境的高水材料性能研究 ······ 209

科技成果奖集锦（2022年）

盘扣式钢管脚手架关键技术研究与应用 ······ 215
景观桥梁美学实现的设计理论与关键技术创新 ······ 219
城市废矿区生态修复与园区营造关键技术创新及应用 ······ 224
超大深水风电基础灌浆材料制备及应用成套技术 ······ 228
富水软弱地层地铁盾构超近距始发即下穿既有线施工关键技术 ······ 233
第三代核电站超大吨位预应力技术、装备及应用 ······ 237
滨海高密度砂层水下大直径盾构隧道施工关键技术及应用 ······ 242
大型复杂会议会展项目建造关键技术研究 ······ 246
长江漫滩构造裂隙岩溶复杂地层特超长桩基础设计施工关键技术研发与应用 ······ 251

超大型高科技电子生产厂房工程关键建造技术 255
多折面大跨双向交叉张弦木梁屋盖及异形幕墙建造综合关键技术 259
大跨度无环索多向张弦穹顶结构建造关键技术 264
盾构法超长水下公路隧道防火减灾与快速救援关键技术 268
桥梁超高强度钢构件制造关键技术 272
复杂环境下浅覆土矩形大断面顶管施工关键技术研究 275
城际轨道交通工程结构混凝土裂缝微生物自修复技术应用研究 279

科技成果奖集锦（2023 年）

住宅工程品质提升综合技术研究与应用 285
超大直径高水压盾构隧道结构设计与施工控制关键技术 292
苏州轨道交通 5 号线全自动化运行系统关键技术研究与应用 295
既有水泥厂工业遗存改造再利用关键技术研究与应用 301
城市轨道交通高架桥梁绿色建造关键技术研究 308
基于数字孪生建筑智能运维技术研究与应用 314
桥梁水下基础病害精准探测、智能修复与安全加固关键技术及工程应用 319
大型会展场馆综合施工技术研究 326
超大直径桩基水平尺寸效应机制与组合承载力设计关键技术研究 330
立体交通共建条件下大跨度无柱地铁车站施工关键技术及应用 335
竹质工程材在建筑领域中高附加值利用研究与应用 338
桥梁数字孪生智慧运维分析系统与监测平台 342
盾构隧道环切式顶推法联络通道施工关键技术研究 345
异形教学楼斜拉式跨河道连接体关键技术研究 349
富水软弱地层大断面土压平衡矩形顶管工程关键技术及应用 354
交通基础设施智慧建造成套关键技术研究及应用 360
EPC 模式下片区基础设施开发综合施工技术 366
沥青老化定向阻断及胶粉共混高性能改性技术与工程应用 371
高层住宅高效与精益建造施工技术 377
城区绿色低碳数据动态监测与智慧管理关键技术研究与应用 385
建筑全过程绿色低碳数字化综合技术研究与应用 390
亚洲杯足球主场馆关键技术 394

科技成果奖集锦

（2018年）

地铁车站智能建造技术及平台的研发与应用*

主要完成人员：
宫志群、尹仕友、袁晏仁、廖少明、龚益军、李阳、李念国、张艳涛、高东波

完成单位：
中建华东投资有限公司、江苏省土木建筑学会城市轨道交通建设专业委员会、中国建筑第五工程局有限公司、上海同筑信息科技有限公司

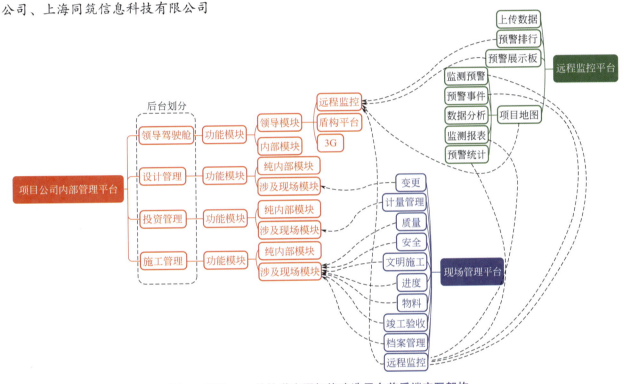

图 1 基于 BIM 的轨道交通智能建造平台前后端交互架构

图 2 智能远程监控

---

* 该项目获得 2018 年"江苏省土木建筑学会·土木建筑科技奖"一等奖

1. 项目概况

该项目以地铁车站智慧化建造以及工程信息的高度集成共享为目标，研究形成了集试验、探测、评价与控制于一体的大型复杂基坑施工智慧建造新技术与新工艺体系；基于建筑信息模型（BIM）快速、标准、轻量化建模方法以及BIM与现场管理行为融合的技术手段，建立了以工程建设期管理流程为主线，以BIM技术为核心载体，同时集成了地理信息系统（GIS）、移动互联等信息化技术的轨道交通智慧化建造管理信息平台，实现了工程项目施工期间进度、成本、安全、质量、文明施工等管理要素与BIM模型的构件级关联，为参建各方提供基于BIM技术的资源共享、高效协作的信息管理平台，实现了工程信息统一储存、同步共享，显著提升了地铁行业信息化建造技术及管理手段的系统性、协同性和科学性。

2. 应用领域和技术原理

该项目属于城市轨道交通智能建造及管理领域。

针对大型复杂地铁车站施工所面临的智能化建造水平相对较低，隐蔽信息智能探测、海量施工数据采集与集成管理难度大，参建各方间存在信息孤岛，项目管理流程错综交叉，精细化管理水平不足等技术与管理关键问题，该项目从智能建造技术研发及信息化管理手段革新两大方面出发，以构件级BIM为桥梁实现信息化建造与信息化管理的信息交互与智慧决策，提出了地铁车站智能建造及管理技术体系。通过理论创新、科学试验、装备研发及技术集成，形成了集试验、探测、评价与控制一体的大型复杂地铁车站智能建造新技术体系；研发了BIM模型多尺度轻量化技术施工现场机械、人员、物料信息移动采集与管理技术，建立了与现场管理逻辑相匹配的构件级BIM模型，以之为统一的信息载体，实现多要素、全过程、全人员的施工信息集成；深度融合现场施工管理流程，研发了地铁车站智能建造管理平台，形成了面向构件的地铁车站智慧化管理技术体系。

3. 性能指标

（1）实现了关键地质信息、支护结构信息等智能探测，建立地铁车站基坑位移场快速预测预警方法。

（2）提出了基坑变形的8种变形模式及其识别方法，提取了各模式的几何特征及其对应的安全状态，弥补了仅以变形大小和速率为预警指标的不足。

（3）研发了多尺度BIM模型轻量化技术，实现BIM模型在WEB端和移动端流畅运行，同时可完全还原构件信息，无损压缩率达95%以上。

（4）实现BIM模型与现场管理行为的深度融合。

（5）建立了与现场管理行为完全匹配的"构件级"BIM模型，并基于此搭建了轨道交通智能建造信息平台，驱动地铁车站施工多要素、全过程、全人员的动态智慧化管控，其中在徐州地铁1号线的应用中，整体上将建设工期缩短21%，建设成本减少7.6%。

4. 创新点

（1）建立了集试验、探测、评价与控制于一体的地铁车站智能建造技术体系。

（2）实现了基于贝叶斯概率准则的基坑围护结构实测变形的模式识别。

（3）研发了多尺度BIM模型轻量化技术。

（4）实现了BIM模型与现场管理行为的深度融合。

（5）形成了基于"构件级"BIM模型的轨道交通智能建造信息平台。

5. 新技术应用

（1）集试验、探测、评价与控制于一体的大型复杂地铁车站智慧建造新技术与新工艺体系

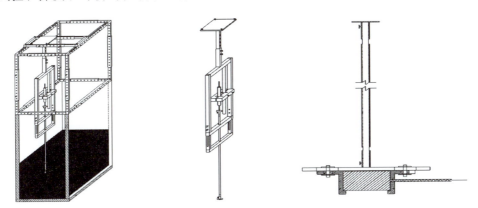

图 3　地铁车站土压力及位移信息一体化观测装置

针对大型地铁车站施工关键地质信息及结构体系力学行为极其复杂的问题，通过理论分析及土体位移—压力试验装置研发等手段，研究复杂地下空间结构土压力理论及确定方法；通过关键地质信息（超前水压水量等）及支护结构信息（围护结构变形等）等智能探测装置设计与研发，实现地铁车站智慧建造基础数据信息的获取；基于贝叶斯概率理论及数据挖掘等手段，建立地铁车站围护结构变形模式识别及基坑位移场快速预测预警方法，形成集试验、探测、评价与控制于一体的大型复杂基坑施工智慧建造新技术与新工艺体系，为大型复杂基坑施工智慧化管控系统提供理论支撑。

（2）BIM 模型多尺度轻量化、标准化及快速化建模技术

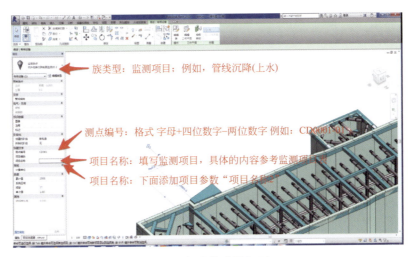

图 4　标准化建模规则

针对建模繁琐和没有统一族库的问题，通过建立轨道交通工程专用族库和开发面向对象的 Revit 二次插件，以便建模时直接调取使用，实现标准化建模；通过研发面向过程管理的 Revit 二次插件，如符合轨道交通工程清单工程量计算规则的构件扣减插件、快速分专业插件等，相关工程人员可直接以 Revit 模型为基础数据来源进行工程算量。针对 BIM 的使用对电脑硬件配置要求较高的问题，通过研究多种 BIM 模型轻量化技术，使之能在网页端和移动端流畅浏览，同时完全还原构件信息。

（3）构件级 BIM 与现场管理行为深度融合技术

针对当前 BIM 模型与现场管理行为脱节，BIM 不能真正反映现场实际情况的问题，该项目在构件级 BIM 的基础上，通过研究现场人、机、物料动态追踪技术、现场管理行为与 BIM 模型构件之间的三

维动态关联技术以及 BIM 模型对现场行为的实时再现技术等，实现 BIM 模型与现场管理逻辑的深度融合。

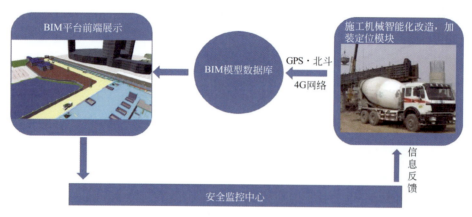

图 5　基于 BIM 建筑信息模型的机械控制系统

（4）基于构件级 BIM 的地铁车站智慧建造管控平台研发

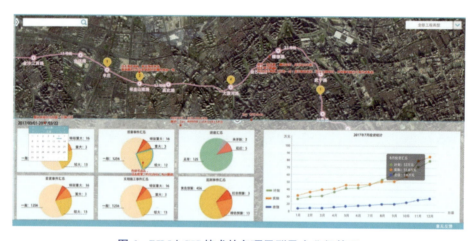

图 6　BIM＋GIS 技术的多项目群及企业级管理

该项目通过研发 BIM 多尺度轻量化技术、BIM 与项目管理行为的深度融合技术，借助移动互联、大数据等信息化手段，搭建基于构件级 BIM 的地铁车站智慧建造管控系统，并分别建立进度管理、成本管理、远程监控管理、现场管理（安全、质量、文明施工管理）子系统，充分利用智慧建造技术所提供的工程信息，实现现场施工的精细化管理、智慧化决策，并将反馈信息有效应用至实际建造之中，形成面向构件的地铁工程建设精细化管理技术体系。

6. 作用意义

项目获得授权发明专利 11 件，实用新型专利 3 件，软件著作权 6 件，发表论文 8 篇。项目成果已经在徐州、郑州、青岛、上海等全国多条地铁线路十余个地铁车站中得以成功应用，取得了良好的社会效益和经济效益。以徐州地铁 1 号线为例，新增产值达 26311.82 万元，新增利润约 2006.80 万元。该项目成果大大丰富了地铁车站智能建造技术体系，系统性地提升了地铁车站施工进度管理、远程监控、质量管理、现场管理的信息化和智慧化水平，实现了构件级 BIM 与现场管理行为的深度融合，解决了工程三维进度对比及实时工程量测算，远程监控移动端在线三维预警、监测曲线及现场视频实时查阅，构件及材料物料信息三维可视、实时跟踪，虚拟模型与现实隐患实时映射等关键难题，对建造全过程的建设管理信息进行统一存储、智慧利用，实现了地铁工程工程精细化、智能化的建设及管理目标。

科技成果鉴定意见：

2018年6月28日，江苏省土木建筑学会在徐州组织召开了"地铁车站智能建造技术及平台的研发与应用"成果鉴定会。鉴定委员会专家听取了项目组汇报，审阅了相关资料。经质询讨论，形成鉴定意见如下：

（1）提交的技术文件齐全、内容完整、数据翔实，符合鉴定要求。

（2）该成果依托徐州地铁彭城广场站等工程，针对地铁车站智能建造技术及管理平台进行了系统研究。主要创新点如下：

1）形成了集试验、探测、评价与控制于一体的大型复杂地铁车站建造技术体系，研制了具有自主知识产权的土体位移压力一体化测试和超前水压水量探测等装置，实现了地铁车站智能建造有关的基础数据与关键信息的采集；

2）首次提出了基于贝叶斯概率准则的基坑变形8种变形模式及其对应的安全状态实现了围护结构实测变形模式的识别，弥补了现行计算方法及相关规范中仅以变形大小和速率为预警指标的不足；

3）基于Revit的多尺度模型融合技术和三维BIM模型构件信息重构技术等方法首创了TZM、TOS等BIM轻量化数据格式，实现了信息无损平移及海量模型数据移动端的流畅使用；

4）建立了地铁工程BIM建模专用族库，开发了面向全过程管理的二次插件，实现了直接以Revit模型为基础进行进度计划实时管理和工程量的在线计算；

5）研发了基于BIM的现场人、机、物动态追踪管控技术，现场管理行为与BIM模型的动态关联技术，以及BIM模型对现场行为的三维实时再现技术，实现了BIM与现场全过程施工管理的深度融合；

6）研发了基于BIM的轨道交通（地铁车站）智能建造的管控平台，建立了与现场管理行为完全匹配的"构件级"BIM模型，实现了施工全过程跟踪管理。

（3）该成果成功应用于徐州地铁1号线彭城广场站、上海地铁13号线车站等工程综合效益显著。

鉴定委员会认为，该成果整体达到国际先进水平，其中基于贝叶斯概率准则的基坑变形安全状态识别方法和BIM轻量化技术达到国际领先水平。

富水软弱地层地铁盾构穿越建（构）筑物安全控制关键技术*

主要完成人员：
周明保、袁大军、庄群虎、王社江、蔡荣、薛永健、桂林、路明鉴、穆永江

完成单位：
苏州市轨道交通集团有限公司、北京交通大学、中铁十七局有限公司、中铁十九局有限公司

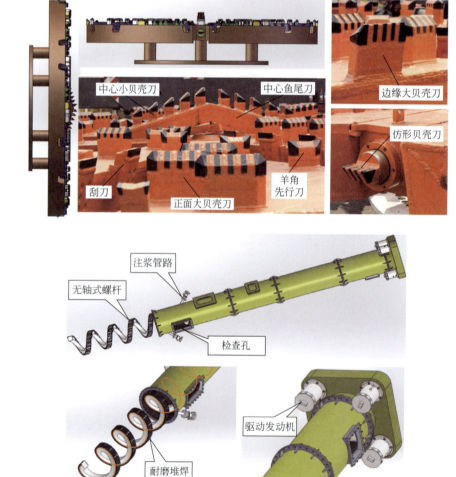

图 1　刀盘群刀立体组合配置方法及新型无轴式螺旋输送机

1. 项目概况

苏州市轨道交通 2 号线总体呈南北走向，线路起于相城区京沪高速铁路苏州站，经平江新城、石路

---

* 该项目获得 2018 年"江苏省土木建筑学会·土木建筑科技奖"一等奖

商业区、沧浪新城，终于吴中区迎春南路，线路全长约26.556km。全线设22座车站，其中高架车站5座，地下车站17座。

2号线共有15个地下区间，采用盾构法施工，长度约13.4km（双线）。根据2号线工程走向，盾构区间需长距离连续正穿或侧穿各类建筑物共计570栋，其中230栋正穿。所穿越建筑物类型包括省保护文物、苏州古旧建筑、居民小区、商业区店铺、城中村、厂房等，施工环境复杂，安全控制难度大。

该项目综合采用国内外调研、理论分析、现场试验及室内实验等研究方法，对盾构穿越建筑物的沉降控制标准以及沉降控制技术体系进行研究。项目研究不仅对确保2号线盾构穿越建筑物的安全具有重要意义，而且对后续3号线、4号线盾构施工也具有显著的指导意义。

图2 盾构掘进路线图

2. 应用领域和技术原理

该成果应用领域为城市轨道交通建设工程盾构穿越施工控制，适应地质条件为在国内具有广泛分布的软土地层，尤其是富水粉细砂地层。

项目综合采用理论分析、现场掘进试验、原型模拟试验、室内实验、数值仿真等多种研究手段，提出了混凝土预留和定长磨削的分层切筋原理，发明了具有抗水分散性好、体积收缩率小等特性的新型注浆材料以及高膨胀率的新型渣土改良材料，研发了适应连续切削大直径钢筋混凝土桩的新型刀具、刀盘群刀立体组合配置方法及新型无轴式螺旋输送机，揭示了富水粉细砂地层盾构掘进地层变形规律及盾尾脱出阶段地层沉降突变特征，形成了盾构连续穿越建筑物群沉降变形分阶段控制方法、微扰动掘进技术体系、盾构穿越运营高铁新型保护体系、切削大直径钢筋混凝土群桩成套控制技术。

3. 性能指标

通过项目研究，苏州轨道交通2号线安全平顺穿越了570栋各类建筑物，高达97.5%的测点在控制值内（沉降≤-20mm、隆起≤+6mm），安全顺利全断面切削穿越了广济桥14根大直径桩基，穿越后沪宁城际高铁的最大累计沉降仅为-0.7mm，远低于设定的变形控制指标。

4. 创新点

（1）研究开发了适用于富水软弱地层的新型盾构同步注浆浆液及土体改良泡沫剂，并申请了两项专利：一项是适用于富水砂层的盾构同步注浆浆液，另一项是土压平衡盾构用泡沫剂。

（2）通过多个现场试验研究，提出了既可确保建筑物安全且又技术可行的建筑物和地表沉降控制标准。

（3）研究形成了盾构穿越建筑物安全控制技术标准体系，并编写了《苏州轨道交通2号线盾构穿越建筑物施工技术指南》，主要内容包括：盾构设备要求及验收办法、穿越建筑物段控制区划分、盾构掘进施工标准、同步注浆与二次补浆注入要求、突发事故应急预案等。

5. 新技术应用

（1）采用高精度测斜仪、深层土压力盒、高灵敏孔隙水压计等设备测试采集了盾构掘进过程中刀盘前方、盾体上方及左右侧、盾尾后方位置的土水应力和地层移位等数据；研发了适应富水粉细砂地层的新型准厚浆同步注浆材料和渣土改良材料。

（2）制定了一套既可确保安全又技术可行、管理高效的盾构穿越建筑物普适性沉降变形控制标准；提出了盾构穿越施工沉降变形"分阶段"控制方法，建立了一套盾构穿越施工微扰动控制技术体系；依托2号线在国内首次穿越高铁，研发提出了地铁盾构穿越运营高铁"板桩隔离＋分区注浆＋板下动态补浆"的新型保护体系。

（3）切削穿越14根大直径钢筋混凝桥桩，建立了盾构切削大直径钢筋混凝土群桩的基础理论及成套技术。建立了刀刃与钢筋混凝土相互作用的物理力学模型，提出了以磨削为基本原则的分层切筋理念；国际上首次实现了盾构切削钢筋混凝土桩原型试验；研发了适应连续切削大直径钢筋混凝土桩的新型刀具；提出了刀盘群刀综合立体配置方法；形成了一套以"慢推速、中转速、保土压、注惰浆、控姿态"为核心的盾构切削大直径钢筋混凝土群桩控制技术。

6. 作用意义

项目共获得12项国家发明专利授权；出版国内外首本盾构切桩专著《盾构切削大直径钢筋混凝土群桩的理论与实践》；发表各类论文30余篇，其中SCI/EI检索收录20篇，并培养博士和硕士30余名。

项目突破了富水粉细砂地层地铁盾构穿越建（构）筑物安全控制的关键技术瓶颈，拓宽了盾构法的适用范围，发挥了良好的示范带动作用，有力地促进了行业发展和科技进步。

该项目成果降低了施工成本，保障了交通规划，维护了城市环境，有效促进了社会稳定。多个隧道的早日建成通车，对区域经济和社会发展具有积极的推动作用。该项目成果目前在北京、上海、深圳、武汉、无锡、常州、徐州等城市轨道交通工程中得到广泛应用，共取得直接经济效益5154.5万元。

科技成果鉴定意见：

2018年7月22日，江苏省土木建筑学会在苏州组织召开了"富水软弱地层地铁盾构穿越建（构）筑物安全控制关键技术"科技成果鉴定会。鉴定委员会听取了课题组的汇报，查阅了相关资料，经质询、讨论，形成鉴定意见如下：

（1）鉴定资料齐全，内容翔实，符合鉴定要求。

（2）课题依托苏州轨道交通2号线工程，针对采用盾构机双线切削穿越14根大直径（1000～1200mm）桥梁基桩、双线穿越570栋建筑物、斜交穿越运营高速铁路的三大难题展开研究，取得了一系列科技创新成果：

1）揭示了富水粉细砂地层盾构掘进地层变形规律及盾尾脱出阶段地层沉降突变特征，发明了具有抗水分散性好、体积收缩率小等特性的新型注浆材料以及高膨胀率的新型渣土改良材料，为富水粉细砂地层盾构掘进沉降控制提供了关键技术保障。

2）提出了富水粉细砂地层盾构连续穿越建筑物群沉降变形分阶段控制方法；建立了变形控制标准、盾构选型、掘进注浆参数控制的微扰动掘进技术体系；提出了地铁盾构穿越运营高铁"板桩隔离＋分区注浆＋板下动态补浆"的新型保护体系。

3）首次进行了盾构切削钢筋混凝土桩现场原型试验；提出了混凝土预留和定长磨削的分层切筋原理；研发了适应连续切削大直径钢筋混凝土桩的新型刀具、刀盘群刀立体组合配置方法及新型无轴式螺旋输送机，形成了以"慢推速、中转速、保土压、注惰浆、控姿态"为核心的成套控制技术。

（3）成果成功应用于北京、上海、深圳、武汉、无锡、常州、徐州等城市轨道交通工程，取得了显著的经济和社会效益。

鉴定委员会认为，该成果总体上达到国际先进水平，其中盾构切削大直径钢筋混凝土群桩基础理论及成套技术达到国际领先水平。

徐州市城市轨道交通工程高性能混凝土研究与应用*

主要完成人员：
朱明勇、耿敏、耿培刚、徐文、田瑞忠、李路、张昌伟、姚启玉、李华

完成单位：
徐州市城市轨道交通有限责任公司、江苏苏博特新材料股份有限公司、江苏省土木建筑学会城市轨道交通建设专业委员会

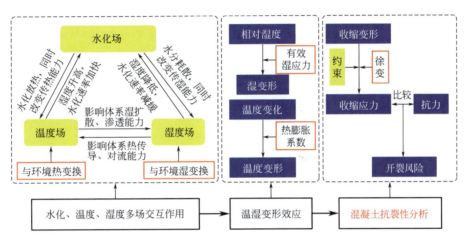

图 1 多场耦合变形及开裂分析机制

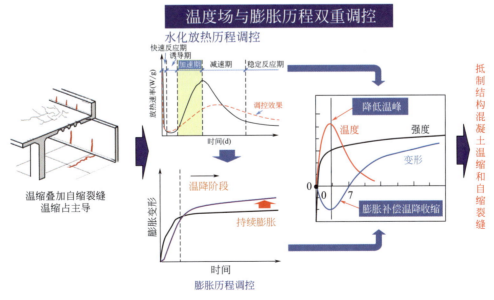

图 2 混凝土耐久性与抗裂性协同设计

---

* 该项目获得 2018 年"江苏省土木建筑学会·土木建筑科技奖"一等奖

1. 项目概况

随着我国现代工业的迅速发展和城市规模的不断扩大，城市轨道交通工程迎来高速发展时期。作为土木工程建设的基本材料，混凝土质量的提升对于保障城市轨道交通工程的建设质量至关重要。由于具有普通混凝土无法比拟的优良性能，高性能混凝土被称为跨世纪的新材料。

从全国范围内已建和在建城市轨道交通系统调研结果来看，地下车站主体结构混凝土受大截面、大体量、超长结构形式及施工工艺等因素影响，容易在施工阶段就出现由于温度、收缩以及约束等原因而产生的危害性裂缝，由此带来严重的渗漏问题。尽管我国已经在城市轨道交通工程建设中积累了不少经验，但其抗裂、防渗仍存在大量亟待解决的问题。

2. 应用领域和技术原理

该项目研究成果主要应用于城市轨道交通工程。

该项目研究工作的目的在于针对城市轨道交通地下工程结构混凝土普遍存在的早期收缩开裂问题以及结构混凝土耐久性设计与抗裂性设计间的矛盾，采用多场耦合理论模型科学评价材料、施工、结构等因素对抗裂性的定量影响，优化抗裂性能控制指标；建立耐久性与抗裂性协同设计的高性能抗裂混凝土制备技术，解决结构混凝土耐久性与抗裂性的矛盾；最终形成集设计、材料、施工、监测于一体的轨道交通高性能抗裂混凝土成套技术，并实现工程应用，提升城市轨道交通工程地下车站主体结构混凝土抗裂性并保障耐久性能。

3. 性能指标

从混凝土生产、运输、施工、养护各个环节进行混凝土的质量控制，并配合施工过程对浇筑的底板、侧墙及顶板进行了温度和变形监测，在施工结束后定期对实体结构混凝土进行了质量检验。迄今为止，底板、墙体等实体结构混凝土均未发现有贯穿性收缩裂缝，实体结构混凝土强度、耐久性良好。

4. 创新点

（1）采用"水化—温度—湿度—约束"多场耦合模型与方法优化抗裂性能控制指标，对不同结构部位混凝土提出针对性抗裂方案，实现轨道交通地下车站主体结构无贯穿性收缩裂缝。

相关控制指标　　　　　表1

序号	检测项目			《补偿收缩混凝土应用技术规程》JTG/T 178	控制指标
1	限制膨胀率（%）	侧墙、顶板	水中14d	≥0.020	≥0.025
			水中14d转空气28d	≥0.030	≥−0.015
		底板、中板（夏季）	水中14d	≥0.015	≥0.015
			水中14d转空气28d	≥−0.030	≥−0.030
2	侧墙混凝土自生体积变形（%）		7d	—	≥0.020
			28d	—	≥0.010
3	侧墙混凝土胶凝材料水化热降低率（初凝后，%）		24h	—	≥50
			7d	—	≤15

（2）通过减缩型聚羧酸减水剂、钙类膨胀剂和水化热调控材料的综合应用，解决大掺量矿物掺合料下混凝土耐久性与抗裂性协同设计的矛盾，实现城市轨道交通地下车站主体结构混凝土的高性能化。

高性能混凝土配合比设计方法　　　　表2

原材料	水泥	粉煤灰	矿粉	砂	石子	水	PCA	HME	备注
用量（kg/m³）	260	60	80	735	1090	175	6.20	0	底板、中板
	250	109	0	715	1118	148	7.80	31	侧墙、顶板

（3）形成了集设计、材料、施工、监测于一体的城市轨道交通高性能混凝土裂缝控制成套技术，提出了针对地下车站不同结构部位的混凝土抗裂方案，实现了轨道交通地下车站主体结构无贯穿性收缩裂缝。

5. 新技术应用

（1）基于多场耦合机制的轨道交通高性能混凝土抗裂性评估与设计。

采用毛细管负压测试技术、双圆环法、温度应力试验机及早龄期非接触收缩测试系统测试早龄期混凝土水化、热学、力学性能，获取早龄期混凝土水化、热学、力学性能参数，采用基于"水化—温度—湿度—约束"多场耦合机制的抗裂性评估理论与方法，结合城市轨道交通工程主体结构形式，通过参数代入，模拟分析不同结构部位的温度、应力发展历程及开裂风险，并系统研究混凝土强度等级、墙体厚度、浇筑季节、入模温度、拆模时间、模板类型等因素的定量影响，提出抗裂性能控制指标。

（2）基于耐久性与抗裂性协同设计的轨道交通高性能混凝土制备技术。

采用等温量热、绝热温升等测试方法研究矿物掺合料种类及掺量、水化热调控材料等对胶材体系放热量、放热历程的影响，采用压汞法、早龄期混凝土收缩变形测试系统、圆环法、温度应力试验机、电通量法、快速碳化法研究矿物掺合料种类及掺量以及减缩型聚羧酸减水剂、钙类膨胀剂、水化热调控材料等功能材料对混凝土微结构、力学性能、变形性能及耐久性能的影响；在此基础上，提出面向实际工程高性能混凝土性能需求的功能材料性能控制指标。提出基于大掺量矿物掺合料和抗裂功能材料的高性能混凝土耐久性与抗裂性协同设计方法。根据设计方法，设计系列配合比，一方面，在实验室进行地下车站主体结构高性能混凝土的制备及性能测试；另一方面，开展现场构件试验，结合实验室和现场试验结果，对配合比进一步微调优化，为最终配合比的制定奠定基础。

（3）轨道交通高性能抗裂混凝土成套技术方案及工程应用。

结合《高性能混凝土应用技术指南》，提出原材料控制要求和混凝土建议配合比，对混凝土入模温度、浇筑方式、施工时间、保温养护等影响抗裂性的施工措施的定量模拟分析结果，提出合理的混凝土施工养护工艺；配合实体结构实际施工过程，合理布置测点，采用混凝土应力应变监测仪，实时监测实体结构自浇筑后的温度、变形、应力变化历程，并实现监测数据的实时传输，同时开展工程现场试验，记录混凝土强度、耐久性能；进而建立包括原材料控制、配合比设计、施工技术措施以及现场监测的城市轨道交通高性能抗裂混凝土成套技术方案，实现闭环控制；将成套技术方案进行工程示范应用，根据实体结构温度、应力监测反馈结果以及裂缝肉眼观测结果，评估抗裂措施的有效性。

6. 作用意义

项目发表论文4篇，授权国家发明专利2件，研究成果写入《江苏省高性能混凝土应用技术规程》，参与编制《城市轨道交通工程地下现浇混凝土抗裂设计与施工指南》。以单个车站1万m³混凝土总方量为例，采用既定方案，底板、中板全部夏季施工时，增加抗裂功能材料总成本约40万~65万元；底板、中板非夏季施工时，增加抗裂功能材料总成本约30万~45万元。如项目研究依托的徐州地铁2号线市政府站，混凝土总方量约13000m³，在秋、冬季施工，混凝土中掺加的抗裂功能材料总成本约39万元。

该项目成果可以为城市轨道交通工程混凝土的开裂问题提供可靠的解决思路和方法，为兼顾耐久性与抗裂性的轨道交通高性能混凝土的设计和应用技术提供必要的技术指导和有力的技术保障，有力地推动我国轨道交通工程混凝土裂缝控制技术的发展和进步。该项目的实施与完成将为轨道交通工程不同结构部位混凝土的裂缝控制提供针对性的技术方案，提高混凝土抗裂性和长期耐久性，延长结构的使用寿命，同时减少后期运营维修费用，大大节约自然资源和社会资源，减少对环境的污染，实现节能减排和促进社会可持续发展的目标。

科技成果鉴定意见：

2017年6月18日，江苏省土木建筑学会在徐州组织召开了"徐州市城市轨道交通工程高性能混凝土研究与应用"项目鉴定会。鉴定委员听取了课题组的技术研究报告，审阅了相关鉴定资料，经质询和讨论，形成如下鉴定意见：

（1）提供的鉴定资料齐全，符合成果鉴定要求。

（2）采用"水化—温度—湿度—约束"多场合抗裂性评估理论与方法，定量评估了城市轨道交通地下车站主体结构现浇混凝土的开裂风险，提出了不同结构部位混凝土抗裂性能控制指标。

（3）采用胶凝材料水化速率和补偿收缩协同调控技术，显著降低了混凝土的自收缩和温降收缩，有效解决了超长、强约束混凝土墙体开裂的难题。

（4）提出了集设计、材料、施工、监测于一体的城市轨道交通工程高性能混凝土结构施工成套技术方案，并应用于徐州轨道交通2号线市政府站，全站主体混凝土结构无贯穿性裂缝，满足耐久性设计要求。

鉴定委员会认为，该成果总体达到国际先进水平，其中混凝土结构多场耦合抗裂性评估方法达到国际领先水平。

260m 跨单层索膜屋面场馆设计施工综合技术*

主要完成人员：
丁勇祥、张晓冰、徐晓明、陈韬、张士昌、程大勇、王海兵、高峰、刘晓龙
完成单位：
中建三局集团有限公司、上海建筑设计研究院有限公司、东南大学、中建钢构有限公司

 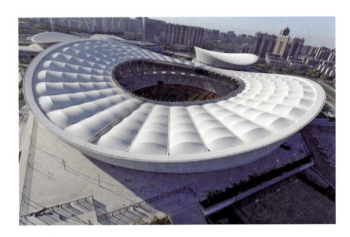

图 1 项目外观

1. 项目概况

国际上已建成多个车辐式体育场，如科威特体育场、罗马奥林匹克体育场、汉堡体育场、吉隆坡体育场等。车辐式体育场在我国的应用目前只有佛山世纪莲体育场（多层钢索、内环直径125m）、深圳宝安体育场（双层索网、跨度230m）及苏州工业园区体育中心体育场（单层索网、跨度260m）。目前我国对此类体育场的设计施工经验非常少。在国内外已建成的车辐式体育场中，苏州工业园区体育中心项目平面为椭圆状，立面形状为马鞍形，采用的是单层张拉索膜结构，工程的施工难度为最高，在设计施工经验比较少的情况下，如何成功实现这一高难度的工程对整个工程的参与人员是一个极大的挑战。

项目依托苏州工业园区体育中心，位于金鸡湖东核心区，西起星塘街，东至规划路，北接中新大道，南临斜塘河，规划总面积近60ha（1ha=10000m²），总建筑面积约35.28万 m²，总投资约60亿元，是苏州唯一一个市级和区级合设的，集体育竞技、休闲健身、商业娱乐、文艺演出于一体的多功能、综合性的甲级体育中心，可以举办全国综合性运动会和国际单项体育赛事，是一个绿化环保的生态型体育中心、环境优美的敞开式体育公园。

体育场为钢筋混凝土结构+钢支撑单层索网屋盖，地上四层（主体单层、局部四层）、局部地下一层，建筑面积8.3万 m²，最大跨度260m，座位数41000个，建筑高度54m。体育场屋盖采用轮辐式单层索膜+压环梁+V形柱的结构形式，V形柱落在12.0m标高混凝土大平台上。侧面为外倾的40根V形支撑柱结构，支撑柱上部为压环梁。屋顶采用马鞍形索膜结构，由40根径向索、8根环向索以及PTFE膜结构组成。结构几何尺寸为260m×230m×52m。

---

* 该项目获得2018年"江苏省土木建筑学会·土木建筑科技奖"一等奖

2. 应用领域和技术原理

该科技成果适用于马鞍形轮辐式单层索膜屋面的体育场馆、展览中心等大型公共建筑，用于指导大型场馆类建筑抗震分析设计、超长混凝土结构施工、关节轴承铰支座深化设计与施工、马鞍形轮辐式索膜屋面零状态与完成态找型分析、单层索网整体张拉提升施工、PTFE膜屋面裁剪张拉、索膜屋盖全生命周期健康监测等。

根据整体施工进度计划，将设计施工重难点由下至上进行拆解，逐个攻破，并在过程中加强与研究院所的合作，借助节点试验、工艺试验、结构理论分析验证相关设计承载力是否满足要求，同时找出合理经济可靠的施工工艺，完成现场工程实体安全、保质、按时交付，最后形成一整套针对大跨度单层索膜屋面场馆类建筑在主体结构（钢筋混凝结构外圈钢结构、索膜结构等内容）设计施工过程中的关键技术，弥补国内对马鞍形轮辐式单层索膜屋面结构设计施工经验的不足。

3. 性能指标

以降低体育场馆结构造价为目的，以含钢量为主要控制指标，从设计和施工两个方面展开研究：对超长混凝土结构的配合比、收缩徐变、温度应力、施工工况进行研究，以实现超长混凝土结构无预应力、不设缝，降低基础不均匀沉降对上部结构内力的不利影响，并达到清水效果；对滑动关节轴承的设计和安装技术进行研发，以精准释放支撑底部约束，解决支座约束增加杆件应力、增大杆件截面的问题；对屋面结构体系展开分析和研究，选择轮辐式单层索膜结构作为屋面，选择V形柱外压环梁作为屋面支撑，最大限度减轻屋面自重。

创新性采用向心关节轴承铰支座+单层索网索膜屋面结构，造型轻盈，节省大量钢材，整个屋面用钢量仅3871t；按照屋面覆盖面积计算，用钢量112kg/m；按照屋面覆盖面积+幕墙展开计算，260m跨度体育场用钢量74kg/m。

4. 创新点

（1）创新性地采用了无预应力筋的超长混凝土看台结构体系以实现看台连续飘带的建筑造型，通过分析混凝土温度应力、收缩徐变机理，优化配合比、跳仓施工、添加高效抗裂纤维顺利实现了800m超长混凝土不设缝，形成了一套超长混凝土抗裂防渗漏关键技术。

（2）创新性地发明了三种可单向或面内滑动向心关节轴承铰支座来释放特定方向的荷载，并经过1∶1等比例节点试验验证了承载力满足设计要求，施工过程中发明了单轨滑车进行柱脚吊装，借助仿形临时支撑及临时限位措施保证了可滑动关节轴承顺利过渡到稳定态；压环梁创新性采用超大法兰盘连接方式，免除现场焊接工作提升质量可靠性。

图2 超长清水混凝土看台

（3）发明了"确定索网静力平衡状态的非线性动力有限元法"用于施工方案确定前的"零状态找型分析"，通过该找型分析确定索网施工总体施工方案为低空无应力组装、整体牵引提升、高空分批锚固。

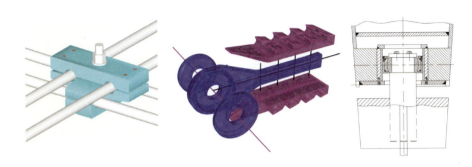

图3 双向双索创新索夹、环索创新索夹、环索创新索夹

图4 索网提升过程强非线性分析

5. 新技术应用

（1）大型体育场馆结构创新性设计关键技术。

体育场马鞍形索膜屋盖为超限大跨空间结构，屋盖安全等级为一级，为提高底部混凝土结构的抗震能力，创新性地采用了五种关键技术方案：混凝土框架＋BRB屈曲约束支撑组成抗侧力结构抵抗地震作用和风力荷载；周圈达到800m长度的混凝土结构不设置永久结构缝以此来避免地震作用下的外压环出现高应力进而减少屋盖用钢量；大悬挑预应力梁非预应力筋全部采用HTRB600E高强钢筋减少用钢量；看台最高点设置20套单点TMD系统避免共振产生时观众因恐惧出现踩踏事故；设置带牛腿式成品滑动支座现浇板式楼梯和带预应力锚栓柱脚的钢楼梯提升地震作用时疏散楼梯的稳定性。

（2）大跨度高落差马鞍型体育场屋盖钢结构设计与施工关键技术。

设计方面，通过三个创新性的向心关节轴承铰支座巧妙实现了让上部特定部位V形柱承受指定荷载，并与国内高校进行合作，通过1∶1模型试验进行设计方案验证，解决了上部钢支撑对基础沉降的高要求。施工方面，通过BIM技术对每个柱脚埋件段钢柱钢筋排布进行三维深化，细化每一根钢筋如何穿插收头，重点关注后浇区C45自密实混凝土浇筑质量；通过捯链式可移动门架进行铸钢外耳板、中耳板、V形柱椎管吊装，吊装过程中使用十字定位法借助徕卡TPS 1000高精度精密全站进行精确定位，并设置临时工字钢支撑，成功实现柱脚定位最大偏差±3mm（设计要求为±5mm）。

（3）体育场大跨度轮辐式单层索网结构设计与施工关键技术。

为使结构成型满足设计要求（如内力和位形等），在现场施工前，需要先进行索网施工过程的数值模拟分析（主要是针对牵引安装和张拉成型两个过程），以掌握关键施工阶段的索网的状态，验证施工过程中索网的稳定性，为施工、监测提供参数和依据。采用发明专利分析方法——"确定索网静力平衡状态的非线性动力有限元法"，通过引入虚拟的惯性力和黏滞阻尼力以及系列分析技术，建立整体结构的非线性动力有限元方程，将难以求解的静力问题转为易于求解的动力问题，并通过迭代更新索网位形，使动力平衡状态逐渐收敛于静力平衡状态。

（4）体育场轮辐式单层索膜屋盖全生命周期健康监测关键技术。

体育场监测工作包括健康监测系统深化设计、健康监测系统安装、健康监测系统调试、施工过程监测和长期健康监测。其中重点与难点是确保V形柱与压环梁应力、索网索力监测数据的准确性，从仪器选型（开环式磁通量传感器光纤光栅传感器）、仪器标定、安装和保护、线路优化布置、监测结果计算分析等一系列环节采取保障措施。

6. 作用意义

项目获得授权国家发明专利 8 件，实用新型专利 9 件，发表论文 16 篇，获得省级工法 7 项，荣获詹天佑大奖、2016 年全国建筑业创新技术应用示范工程、中建协施工技术创新成果一等奖等奖项。

项目实现经济效益 1653 万元。过程各类观摩达到 118 次，累计接待 10023 人；成功举办 2016 年江苏省建筑施工技术创新与质量管理标准化现场观摩会，第三届全国索结构技术交流会；获国内知名媒体累计报道 40 余次；受到业界一致好评，取得良好的综合效益。

科技成果鉴定意见：

2017 年 9 月 29 日，江苏省土木建筑学会在苏州组织召开了"260m 跨单层索膜屋面场馆设计施工综合技术"科技成果鉴定会。鉴定委员会听取了课题组的技术研究报告，审查了相关资料，考察了施工现场，经质询、讨论，形成鉴定意见如下：

（1）提供的鉴定资料齐全，符合鉴定要求。

（2）该成果依托苏州工业园区体育中心项目，对 260m 跨单层索膜屋面场馆设计施工综合技术进行研究，形成了四项设计创新技术，三项施工创新技术：

1）设计创新技术：

① 采用轮辐式单层索网结构体系，实现了 260m 的国内最大跨度单层索膜屋面，用钢量仅为 74kg/m。

② V 形钢柱柱脚创新采用单向和面内滑动的特种关节轴承铰支座，释放钢柱特定方向的内力，解决了 V 形柱基础沉降影响问题。

③ 国际上首次采用了 Q390C 钢板和 GS20MN5V 铸钢索槽焊接的组合式环索索夹。

④ 环向马道首次设计成直接安装在内环索上方，径向马道布置在膜拱上方，并采用了单元间滑动连接技术，有效适应索膜屋面大位移。

2）施工创新技术：

① 800m 超长无缝混凝土结构通过优化混凝土配合比、精选混凝原材料、科学合理组织跳仓施工达到了设计不设预应力、不设缝整体结构效果。

② 采用了制作和安装全过程 BIM 技术和数值模拟分析技术，外压环采用工厂拼五留三预拼装技术，V 形柱和压环梁安装采用胎架顶部仿形工装技术，实现了压环梁与索头连接的销轴孔中心点关键节点 ±20m 以内高精度控制。

③ 拉索施工采用低空无应力组装、整体牵引提升、高空分批锚固的施工方法，实现了马鞍形索网结构成型效果，成型后实测数据与模拟分析相比最大差值 17mm，精度极高。

鉴定委员会一致认为，该项目成果达到国际先进水平，其中组合式环索索夹、单向和面内滑动的特种关节轴承铰支座、压环梁与索头连接的销轴孔中心点最大偏差 20mm 以内高精度成型控制技术达到国际领先水平。

超大面积预应力排架展馆整体施工关键技术研究

主要完成人员：
耿裕华、张建忠、钱国新、徐卓、季克建、魏晓东、张昕

完成单位：
南通四建集团有限公司

图1　预应力排架＋罗双球钢屋盖网架

1. 项目概况

珠海航展中心新建主展馆工程，总建筑面积75249.47m²，地上1层（74295.15m²），局部地下1层（954.32m²），主要为设备用房。主展厅平面尺寸为550m×120m，屋脊高度25m，结构形式为预应力排架＋钢结构屋面网架，抗17级台风。

展馆预应力排架柱总计有72根，柱截面规格较多，有1500mm×1500mm、1400mm×1400mm、1200m×1400mm三种。排架柱间距有20m×20m及60m×60m两种，变形缝处预应力柱距仅为30cm，最大柱高15m（±0.000至设计柱顶标高）。

屋盖采用螺栓球钢网架结构，平面呈矩形，投影尺寸548.2m×107.1m。节点主要采用螺栓球拼接，局部焊接，支座为半铰接支座。屋面网架按伸缩缝自西向东分别为左、中、右区。左、右区长度为184m，中间区段为180m。

2. 应用领域和技术原理

应用领域： 该项目主要应用于预应力排架展馆整体施工管理、预应力柱群施工、早强型自密实混凝土配比和施工，钢屋盖网架集成机电系统一体液压整体提升等领域。

技术原理： 通过技术创新，将大量需要人工作业的施工任务，转化为半自动化施工，从而提高了各个分部分项工程的施工效率；同时，通过协同施工管理，为预应力排架浇筑、钢屋盖网架拼装及附属机电系统安装创造同步作业空间，确保了钢屋盖网架拼装及附属机电系统同步液压提升。在保证施工的质量与安全的同时，优化施工过程，缩短施工工期，实现整体施工。

＊ 该项目获得2018年"江苏省土木建筑学会·土木建筑科技奖"二等奖

3. 性能指标

（1）预应力后张拉法施工要求。

经过现场施工实践，采用该配比生产的自密实混凝土不仅能够满足现场复杂结构形式浇筑的要求，而且7d抗压强度能够满足后张拉法施工的要求，28d抗压强度也满足设计标准。

（2）钢网架及其附设MEP系统符合设计情况。

钢结构屋盖网架液压提升至设计标高稳定后，项目部对整个网架各个节点的标高进行了复核。根据复核结果，网架整体标高符合设计要求（具体指标见竣工报告和科技新产品检测报告）。MEP系统未有现场返工、重新安装。

（3）提升过程"应力"监测结果。

根据提升过程中结构不同位置的应力监测结果，整个提升过程中所有监测点的应力变化都在安全范围以内。

4. 创新点

（1）项目通过自密实混凝土配合比计算，再经过试验室试验、现场浇筑试验，总结出成套的早强型自密实混凝土配比和浇筑技术，在短期内满足预应力后张拉法施工要求该技术在全球相关领域具有创新性。

（2）在自密实混凝土技术基础上，提出应用于预应力混凝土排架群循环施工方法。在第一轮柱群浇筑自密实混凝土的同时，第二轮次柱群开始钢筋绑扎、波纹管安装，自密实混凝土浇筑完第二天，钢模板便可拆卸，流转至第二轮次；第一轮次自密实混凝土浇筑完第三天，第二轮钢筋绑扎、波纹管安装完毕，钢模开始支模，三个轮次结束后，第一轮次柱群可进行预应力后张拉法施工，提高了施工效率，缩短了工期。

（3）对于超大面积钢结构屋盖网架而言，快速、准确地判断异步提升区域，是降低风险概率的方法之一。课题组在反复查阅国内外相关技术文献的基础上，提出利用现代测绘技术对钢结构网架的提升过程实时监测，并通过BIM施工管理平台进行对比、分析，以快速发现异步提升区域，及时进行调整。

以往钢结构施工过程中的力学分析，主要在施工之前对施工方案进行模拟计算。但对于液压提升而言，异步提升和临时提升设施出现故障均会对结构本身产生不利影响，甚至出现安全事故，只能利用能够反映施工过程结构变化的时变有限元模拟进行预判。由此，课题提出利用BIM-FEM模式模拟结构的时变受力状态，可及时针对现场情况制定安全预案。

该套基于BIM的钢结构网架液压提升精度控制与安全系统是钢结构液压全自动提升技术的基础理论与实践，对于提高钢结构自动化施工具有参考意义。

（4）钢网架附设MEP系统同步液压提升技术。

在已完工的钢网架上再安装MEP系统，费时费力，且不利于工人的安全。在钢网架拼接的同时，安装附属MEP系统，不仅可以提高施工效率，还能够充分保障工人的安全。经过螺栓球网架液压提升有限元分析，确定不宜安装MEP系统区域后，成功实施了此项技术。

通过与钢网架同步液压提升，将原来高空作业的机电安装，变为地面安装、半自动施工，大大提高了整个机电安装的效率，缩短施工工期，降低了安全风险。

5. 新技术应用

（1）早强型自密实混凝土配合比和浇筑技术。

研究具备早强性质自密实混凝土的配合比及浇筑技术，确保其在施工

图2　自密实混凝土浇筑示意图

中发挥最佳效果,提高施工效率,确保施工质量。

(2)超大面积展馆预应力排架循环施工技术。

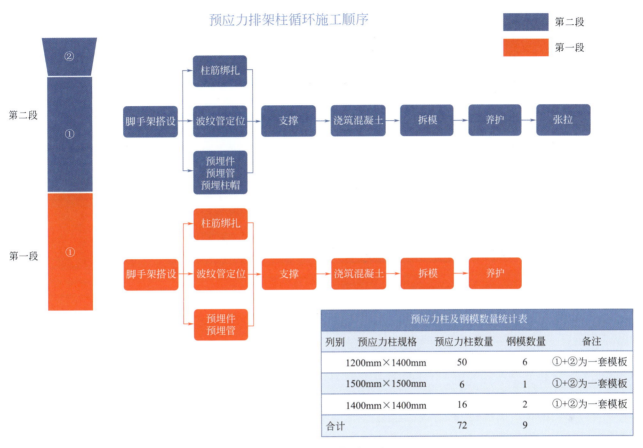

图3 单根预应力柱施工流程

通过对该技术的研究,从整体循环流水施工的角度,有效控制施工人员、设备的投入,提高施工效率,缩短工期。

(3)基于BIM的超大面积钢网架液压提升精度控制与安全预警系统。

图4 提升监测数据及对比分析

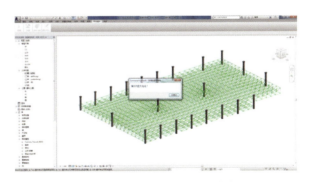

图5 钢结构屋盖网架空间姿态

通过该系统,在网架液压提升过程中实时监测精度,并进行安全分析,确保提升的精度与安全。

(4)钢网架附属MEP系统同步液压提升技术。

在钢网架液压提升有限元分析的基础上,对MEP系统合理的安装区域进行分析,降低MEP系统在提升完毕后的返修率,提高整体施工效率,缩短工期。

图 6　钢网架与机电系统同步安装

6. 作用意义

项目授权国家发明专利 6 件，实用新型专利 4 件，省级工法 2 项，论文 4 篇。综合考虑人力成本、时间成本、材料成本，以及相应在水电资源上的消耗，采用钢屋盖网架集成机电系统整体液压提升技术实际上节省的施工费用近 2000 万元。

项目采用的预应力排架群循环施工技术、早强型自密实混凝土技术、钢网架与附属 MEP 系统液压整体提升技术，是顺利完成整体施工任务的主要有效手段，无论在工期、质量还是安全保障方面都创造了极大的社会效益，受到业主的高度赞赏，得到广东省业内人士一致好评。

科技成果鉴定意见：

2017 年 6 月 26 日，江苏省土木建筑学会在南京组织召开了"超大面积预应力排架展馆施工关键技术研究"成果鉴定会。鉴定委员会听取了技术研究报告，审查了相关资料，经质询、讨论，形成鉴定意见如下：

（1）提供的资料齐全，符合鉴定要求。

（2）课题组在早强型自密实混凝土制备及施工技术、超大面积展馆预应力排架柱循环施工技术、基于 BIM 的钢屋盖网架液压提升精度控制与安全预警系统、机电系统（MEP）与钢网架一体化提升技术等做了技术创新，具体成果为：

1）成功研制出早强型自密实混凝土，7d 抗压强度达到设计强度的 90%满足了整个展馆预应力排架柱的施工工期要求；

2）将 BIM 技术与现场施工管理平台紧密结合，通过钢网架提升工况下的附设机电系统材质力学特征分析以及施工全过程的时变有限元分析，实施了实时精度监测，实现了大面积机电系统与钢网架一体化同步提升。

（3）项目研究成果直接支撑了该展馆的科学施工，缩短了整个展馆的施工工期，保证了质量，提高了施工安全性。珠海航展中心新建主展馆工程已通过竣工验收，投入使用，取得了显著的社会效益和经济效益。

鉴定委员会认为，该成果整体达到国际先进水平，其中大面积机电系统与钢屋盖网架一体化同步提升技术达到国际领先水平。

透水混凝土预拌生产与应用关键技术及工程示范

主要完成人员：
刘建忠、姜骞、周华新、崔巩、李天艳、王方刚、光鉴淼

完成单位：
江苏苏博特新材料股份有限公司

图 1 预拌透水混凝土工厂化制备、机械化施工

图 2 预拌透水混凝土路面停车场效果图

1. 项目概况

我国城市排、蓄水能力普遍不足，雨水利用率低造成资源浪费，地表径流排放不畅引起城市内涝频发。透水混凝土能迅速渗透雨水、有效回补地下水，是"海绵城市"建设的重要材料之一。然而，我国透水混凝土生产制备仍停留在环境污染大、生产效率低和成型质量差的现拌现浇模式，无法满足"海绵城市"建设对透水混凝土的高质量、大规模需求。因此，实现透水混凝土的高性能预拌化生产是解决落后技术水平与旺盛建设需求矛盾的关键举措。

项目围绕透水混凝土高性能预拌生产制备、施工质量控制和性能评价体系建立等方面开展系统研究；通过开发透水混凝土专用外加剂精确调控浆体流变特性，延缓透水混凝土因失水、水化导致的工作状态损失过程，提出基于透水混凝土预拌生产、机械化施工的全过程质量控制技术，并建立透水混凝土性能评价方法体系，解决了预拌生产运输中透水混凝土大流动性和工作状态保持难题，实现了透水混凝土大规模生产可制备、长距离运输可施工和全过程性能可评价。

2. 应用领域和技术原理

项目以预拌透水混凝土为研究对象，从透水混凝土工作、力学和透水等基本性能影响规律出发，通过有限元模拟计算与试验验证相结合，基于透水混凝土配合比设计经典方法，提出考虑原材料特征基于性能的透水混凝土配合比优化设计方法；针对透水混凝土预拌生产特征和工程实际，建立适用于预拌透

---

* 该项目获得 2018 年"江苏省土木建筑学会·土木建筑科技奖"二等奖

水混凝土的工作性能定量评价方法，开发了可用于对比透水混凝土试件和实体的透水系数测试装置，提出了工程现场透水混凝土力学性能评价方法；开发预拌透水混凝土专用外加剂，并评价其对透水混凝土性能与微结构的影响规律；结合地区降雨和路面荷载特征研究了透水混凝土路面结构精确化设计方法，提出透水混凝土预拌生产施工质量控制技术，并实现工程示范。

（1）通过深入对比目前使用最多、被国内外标准采纳的配合比设计方法以及针对其缺点提出的改进的设计方法，分析了现有方法中配合比参数确定的依据以及设计步骤，提出了其中不适用于实际生产的近似与假设。该项目研究中采用有限元模拟计算与试验验证相结合的方法，基于大量试验数据支撑，在掌握透水混凝土基本性能规律的前提下，以抗压强度和透水系数作为目标设计参数，充分考虑实际环境中原材料（主要是粗骨料）的特征，在透水混凝土配合比设计经典方法的基础上，提出考虑原材料特征基于性能的透水混凝土配合比优化设计方法。

（2）紧紧抓住预拌方式生产的透水混凝土与传统干硬性透水混凝土之间的工作状态差异，围绕影响工作状态最主要因素——浆体分别提出适用于预拌透水混凝土的工作性能评价方法。针对目前使用的透水混凝土透水系数测试装置不实用的现状，对原有装置进行改进，开发了适用于试件和路面的透水系数测试装置与方法。提出可用于工程现场透水混凝土抗压强度的推定方法。

（3）首先通过调控浆体流动性改变透水混凝土的工作性能，研究了工作性能变化对其力学和透水性能的影响规律并分析原因。从透水混凝土预拌生产需求着手，开发了预拌透水混凝土专用外加剂，并通过浆体流变行为、透水混凝土流动性与可施工性保持等方面，揭示了预拌透水混凝土专用外加剂对透水混凝土工作性的作用效果；对比预拌透水混凝土专用外加剂对不同强度等级透水混凝土力学、透水性能的影响，并采用水化热、XRD和SEM等微观测试手段深入剖析预拌透水混凝土专用外加剂对透水混凝土硬化性能影响的原因。

（4）传统的透水混凝土路面结构参数往往是根据规范中给出的统一指标确定，缺乏针对不同降雨强度（或不同降雨量）下产生路面地表径流的透水混凝土所需目标孔隙率及路面结构厚度精确化设计。该项目针对两种典型透水混凝土路面使用场所（人行道、停车场），分别对其结构设计参数进行研究。

（5）针对预拌透水混凝土与传统现拌透水混凝土性能差异，从原材料投料、搅拌、装卸料方式提出与传统生产制备模式不同的技术要求；通过工程现场试验，测试了搅拌后不同时间对透水混凝土工作性、强度、透水性能的影响，明确了预拌透水混凝土浇筑施工时长的范围。开发了彩色透水混凝土罩面保护剂，进一步提高彩色透水混凝土表面美观与耐磨度。最后，将以上预拌透水混凝土生产施工技术成果应用于工程实际，对透水混凝土工程生产施工质量全过程进行控制，并提炼形成预拌透水混凝土应用技术指南。

3. 性能指标

（1）浆体触变调控，剪切变稀，建立透水混凝土工作性能调控方法，满足剪切搅拌后可流动的要求（坍落度大于160mm），静置后浆体骨料稳定包裹（分层指数小于10%）；

（2）基于减水剂分子缓释、无机层状与有机网状结构分子保水和单分子膜抑制蒸发技术复合，开发透水混凝土增强剂，可满足高温低湿环境（35℃以上，40%RH以下）3h以上施工要求。

4. 创新点

（1）自主研发透水混凝土专用外加剂，国内率先实现透水混凝土预拌商品化制备。摒弃国内外现有简单增稠技术，系统研究浆体流变行为对透水混凝土流动性影响规律，自主研发了透水混凝土专用外加剂，通过增强浆体剪切变稀特性，使其具有剪切大流态和静置高黏聚特点。透水混凝土在大坍落度（≥160mm）下仍具有良好的浆体包裹性，满足搅拌罐车装卸料要求，实现透水混凝土预拌商品化制备，显著提升生产质量和效率。

（2）开发透水混凝土工作性能保持技术，解决透水混凝土远距离运输和长时间施工难题。透水凝土单方用水量少、连通孔隙蒸发快和薄层浆体保水性差，导致失水和硬化速度过快，无法满足运输施工需求。该项目采用缓释聚羧酸减水剂延长透水混凝土浆体塑性保持时间、引入聚合物乳液缓解浆体表面水分蒸发现象、复合层状结构分子提升高温低湿环境透水混凝土保水能力等技术协同作用，满足透水混凝土远距离运输和长时间施工需求。苏州、宝鸡等地工程实践表明，5～30℃环境预拌透水混凝土工作性能可满足 3h 运输施工要求。

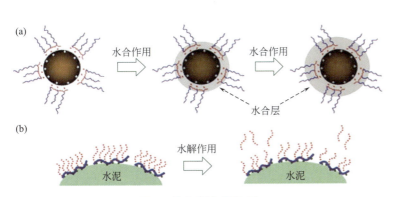

图 3　外加剂作用机理

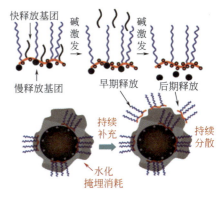

图 4　透水混凝土工作性能保持原理

（3）提出预拌透水混凝土生产—施工—养护质量控制成套技术，提升行业技术水平。现有透水混凝土标准规范仅适用于现拌生产施工模式，该项目根据预拌生产特点提出透水混凝土原材料、配合比和生产质量控制等技术要求；率先采用与"预拌商品化"相适应的"压路机＋摊铺机"规模化机械施工方法，效率提升 10 倍以上；开发罩面保护技术解决彩色透水混凝土泛碱"顽疾"，提高面层耐磨抗冻性能。基于以上成果，主编江苏省工程建设标准《预拌透水混凝土应用技术规程》，填补该领域国内空白。

图 5　基层压路机碾压

图 6　面层摊铺机整平

（4）建立透水混凝土新拌与硬化性能定量评价体系，推动透水混凝土工程质量水平提升。提出利用浆体流动度和透水混凝土分层指数定量评价透水混凝土工作性，改变定性观察透水混凝土工作性的现状，为透水混凝土生产施工的过程管理提供方法依据；发明透水混凝土透水系数路面无损测试装置，提出利用路面钻芯试件表观密度推断抗压强度的评价方法，可现场测试透水混凝土路面透水系数和强度，解决了现行标准中通过透水混凝土试件评价实体性能不科学的难题。

图 7　透水混凝土路面透水系数无损测试装置

5. 新技术应用

该项目的研究成果围绕透水混凝土预拌生产与高性能化、制备、施工质量控制和创新设计使用等方面开展系统性研究，实现传统现场施工向性能协调统一的透水混凝土预拌生产的转变，改进透水混凝土现场评价与质量控制的不足，改变透水混凝土路面材料粗放式设计的现状，满足我国"海绵城市"以及新型城镇化建设等重点项目的迫切需求，改善城市生态和促进人与自然和谐发展，具有广阔的推广应用前景和现实意义。

6. 作用意义

该项目共申请专利 10 项，其中获受理 6 项、授权专利 4 项（发明专利 2 项），受理发明专利 6 项，主/参编标准 2 项，发表论文 10 篇。建成了年产千吨生产线，在南京、杭州、成都等 40 余座城市示范应用面积超 60 万 m^2。

建立了年产 1000t 的生产线，目前产品已在北京、江苏、浙江、河北、四川、河南、广东等多地应用，工程面向市政道路人行道、非机动车道、停车场、公园步道、小区等，自产品销售以来，已实现产值 1000 万元。随着应用技术的成熟和市场规模的扩大，未来三年累计销售有望达 5000 万元，实现利润 900 万元，缴税 470 余万元。

科技成果鉴定意见：

2017 年 12 月 21 日，江苏省住房和城乡建设厅在南京组织召开了"透水混凝土预拌生产与应用关键技术及工程示范"项目成果鉴定会。鉴定委员会听取了项目组的技术研究报告，审阅了有关技术文件，经质询、讨论。形成鉴定意见如下：

（1）提供的资料齐全，符合鉴定要求。

（2）系统研究了预拌透水混凝土的设计、制备、施工、评价等关键技术，提出了透水混凝土配合比优化设计方法，发明了专用外加剂，解决了预拌生产、远距离运输、长时间保塑等技术难题；开发了透水混凝土路面透水与力学性能的实体评价方法，形成透水凝土预拌生产与应用成套技术。

（3）取得了如下创新性成果：

1）基于浆体剪切变稀原理，开发了透水混凝土工作性能调控技术，实现了新拌透水混凝土流动性和稳定性的统一；

2）研制了透水混凝土增强剂，高温低湿环境（35℃，40％OH）下预拌透水混凝土 3h 工作性能满足施工要求；

3）提出了透水混凝土透水系数现场测试新方法，形成了利用测试路面钻芯试件表观密度推断其抗压强度的工程现场质量评价方法。

（4）研究成果已在全国 40 余座城市的市政道路、公园、广场等工程中得到应用，取得了显著的经济和社会效益，具有很好的推广应用价值。

鉴定委员会一致同意通过鉴定，认为研究成果总体达到了国际先进水平。

城市轨道交通工程质量验收制度研究*

主要完成人员：
张大春、石平府、佘才高、陈志宁、陶建岳、朱绍玮、吴晓明
完成单位：
苏交科集团股份有限公司、南京地铁建设有限责任公司、江苏省土木建筑学会城市轨道交通建设专业委员会

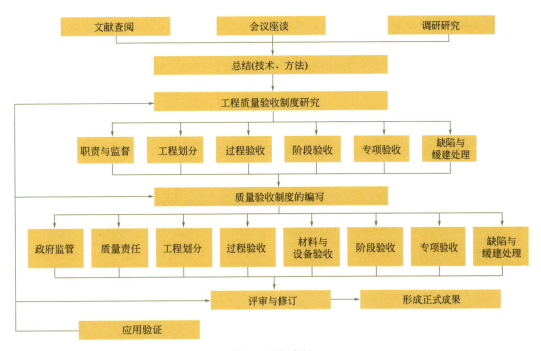

图 1　工作流程

1. 项目概况

城市轨道交通是一种独立的有轨交通系统，它可提供资源集约利用、环境舒适、节能减排、安全快捷的大容量运输服务，能够按照设计能力正常运行，与其他交通工具互不干扰，具有强大的运输能力、较高的服务水平和显著的资源环境效益。对于中国这样一个人口众多、环境资源压力大、经济社会快速发展的发展中国家，选择城市轨道交通作为大城市交通发展的主导方式，其意义尤为重大。

我国城市轨道交通工程发展历史相对较短，建设经验相对不足，而城市轨道交通工程建设难度大、涉及专业多、技术要求高、施工环境复杂。如果城市轨道交通工程质量安全存在隐患，必然会危害人民群众生命财产安全、严重影响其经济和社会效益的发挥。

为了提高城市轨道交通工程的工程质量必须进一步强化城市轨道交通工程质量验收、规范验收行为。但是，目前国内的城市轨道交通工程质量验收制度相对不健全、缺少统一的城市轨道交通工程质量

---

* 该项目获得 2018 年"江苏省土木建筑学会·土木建筑科技奖"二等奖

验收制度。因此，制定城市轨道交通工程质量验收制度是非常必要的。综上所述，构建科学、先进、统一、适合中国国情的城市轨道交通工程质量验收制度，进而避免或降低城市轨道交通建设施工生产质量事故，具有重大的经济意义和现实意义，值得进行深入研究。

2. 应用领域和技术原理

该研究成果可应用于国内城市轨道交通工程质量验收领域。

在借鉴国内外城市轨道交通工程质量验收办法、制度的经验基础上，通过进一步的比较、分析、优化、完善和创新性研究，开展城市轨道交通工程质量验收制度研究。

3. 性能指标

（1）科学、合理地进行相关单位的职能划分、明确各单位的权利与责任，客观解决多头管理的问题。

（2）结合我国城市轨道交通工程的特点，明确单位、分部、分项工程的划分原则与方法，对单位进行系统、统一的划分。

（3）加强工程质量的过程控制，明确检验批、分项工程、分部工程、验收的条件、组织与程序。

4. 创新点

（1）结合城市轨道交通工程实际情况，对单位工程、分部、分项工程进行了重新的定义，该定义系统、全面地反映了城市轨道交通工程的特点，并在相关定义内涵的基础上，对城市轨道交通工程进行了系统划分。

图2 工程划分

（2）在城市轨道交通工程质量验收制度下，第一次提出了一般过程验收和阶段验收的概念，一般过程验收有利于进一步强化过程中的质量控制；对验收阶段的科学划分，有利于职责的明确和组织程序的完善。

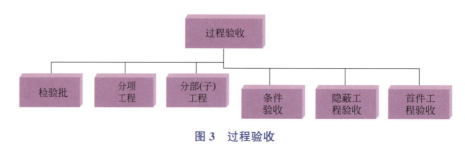

图3 过程验收

（3）第一次提出了城市轨道交通工程验收分为单位工程质量验收、项目预验收、项目竣工验收、国家验收四个阶段，并对各阶段进行了科学、合理的定义。

图 4　四个阶段验收

（4）结合工程实际，第一次提出了城市轨道交通工程重要隐蔽性分部工程分阶段验收的概念，验收方案中应明确各阶段验收的组织程序、验收范围、安全和功能性检测内容，满足阶段验收的要求，并符合有关法律、法规的规定。

（5）为保证工程质量，第一次突出强调了工程材料验收、实体质量验收和关键设备验收的重要性，并提出了完善的验收组织与程序。

（6）在传统验收模式的基础上，研究、提出了一种全新的项目竣工验收模式。项目竣工验收包括两方面的内容：①试运营基本条件评审；②建设工程验收，其中试运营基本条件评审是项目竣工验收的必要条件。该项目竣工验收模式不仅简化了验收的层次而且利于建设项目的综合评价、工程交接。

5. 新技术应用

（1）城市轨道交通工程质量验收制度研究报告。

城市轨道交通工程质量验收制度研究报告主要包括以下主要内容：

1）城市轨道交通质量验收有关问题的探讨。

探讨了与城市轨道交通质量验收有关的问题，主要包括国内城市轨道交通工程验收基本做法的总结、城市轨道交通工程质量验收的特点及政府监督管理与各方质量责任、工程划分、质量验收、专项验收、质量缺陷和缓建项目等有关问题的探讨。

2）政府主管部门的监督管理职责及参建各方的质量责任研究。

参照国家有关的法律、法规，研究了各政府主管部门的监督管理职责和主要内容、参建各方（建设、勘察、设计、施工、监理、监测、检测等单位）的质量责任。

3）城市轨道交通工程划分的研究。

结合城市轨道交通工程的实际情况，对单位（子单位）工程、分部工程、分项工程、检验批进行了重新定义，体现了城市轨道交通工程的特点。在此基础上，研究了城市轨道交通工程划分的基本原则，对城市轨道交通工程进行了科学的划分。

4）城市轨道交通工程一般过程验收和阶段验收的研究。

在调研和研究的基础上，将城市轨道交通工程质量验收分为一般过程验收和阶段验收，一般过程验收包括检验批验收、分项工程验收、分部（子分部）验收、关键节点施工前条件验收、隐蔽工程验收、首件工程验收；阶段验收包括单位工程质量验收、项目预验收、项目竣工验收、国家验收等阶段。明确了各验收层次的验收条件、验收组织、验收程序、验收的主要工作内容等。

5）工程材料、实体质量与关键设备验收的研究。

研究了工程材料、实体质量及关键设备验收的组织、验收程序等内容；同时，研究了城市轨道交通系统联调和试运行等有关内容的研究。

6）专项验收的相关研究。

为了强化验收，保证工程质量，开展了城市轨道交通工程专项验收的一般规定、专项验收的组织、专项验收的程序、专项验收的内容等方面的研究。

7）质量缺陷和缓建项目处理的研究。

针对不同时间节点发现的工程质量缺陷进行了深入研究，明确了不同时间节点发现的工程质量缺陷的处理原则与方法；考虑到项目缓建是不可避免的，研究明确了缓建项目处理的原则与方法。

（2）城市轨道交通工程划分暂行办法。

该办法明确城市轨道交通工程划分的一般规定、基本原则、单位（子单位）工程、分部（子分部）工程、分项工程划分等内容。结合城市轨道交通的实际对单位（子单位）工程、分部工程、分项工程、检验批进行了重新定义，第一次对子单位工程进行了系统、全面的定义；结合国内调研和江苏省的城市轨道交通建设实际情况，对单位（子单位）工程、分部工程、分项工程进行了统一划分。

（3）城市轨道交通工程验收管理暂行办法。

该办法明确了城市轨道交通工程质量验收的阶段划分，并将工程质量验收阶段划分为单位工程质量验收、项目预验收、项目竣工验收、国家验收四个阶段；明确了项目预验收、项目竣工验收、国家验收的定义，各验收阶段的验收条件组织、程序、工作内容。

6. 作用意义

城市轨道交通是城市重要的公益性事业，在城市交通中发挥了不可替代的作用，具有显著的经济和社会效益。但是城市轨道交通工程建设难度大，技术要求高，施工环境复杂，其对工程质量有着较高的要求，为了强化工程质量验收，规范验收行为，促进工程质量提高，开展城市轨道交通工程质量验收制度研究是非常必要的，有着重大的经济和社会意义。

科技成果鉴定意见：

2012年11月30日，住房和城乡建设部工程质量安全监管司在苏州组织召开了《城市轨道交通工程质量验收制度研究》课题验收会。会议邀请相关专家组成课题验收委员会。会议听取了课题组研究工作情况研究内容及成果等方面的汇报，审阅了课题研究报告、调研报告和相关成果附件等文件资料。经质询和讨论，形成验收意见如下：

（1）该课题技术资料齐全，研究内容系统翔实，技术线路正确，方法合理，研究成果具有广泛的指导意义。经审查，课题组已完成了合同约定的各项研究任务，符合验收要求，课题通过验收。

（2）课题组研究建立了全国统一的轨道交通工程质量验收制度体系：首次提出了轨道交通工程质量"四阶段"层次化验收的具体做法；规范了城市轨道交通工程质量验收的阶段和程序；突出了过程验收和控制；强化了轨道交通工程验收重点；明确了各责任主体，对进一步提高城市轨道交通工程质量管理具有重要的理论和实用价值，研究成果填补了我国城市轨道交通工程质量验收制度的空白，达到国内领先水平。

（3）建议对项目预验收条件再作进一步征询和调研，在现有成果的基础上，进一步扩大成果的应用范围。

城市轨道交通工程质量通病及控制研究

主要完成人员：
徐学军、张大春、蔡荣、王健男、石平府、张俭、刘农光

完成单位：
苏州市轨道交通集团有限公司、江苏省土木建筑学会城市轨道交通建设专业委员会

1. 项目概况

该项目基于国内城市轨道交通工程的快速发展及新兴产业、新技术的广泛应用，工程技术水平和质量管理成效有待进一步提高，常见质量问题控制存在较多问题亟待解决的背景开展研究。

首先，充分结合我国城市轨道交通工程技术标准严、施工难度大、质量要求高、涉及专业多、管理范围广的特点，从常见质量问题的复杂性、严重性、可变性、多发性隐蔽性和检验局限性等多角度出发，在2013年6月至9月，通过对24个轨道交通建设城市的调查问卷反馈信息，主要了解掌握全国各城市轨道交通围护结构、主体结构、机电安装、装饰装修、区间工程及车辆停车

图1 《城市轨道交通工程常见质量问题控制指南》图书

场工程中常见质量问题及控制措施，从影响城市轨道交通工程安全性、功能性、耐久性及社会性等角度出发，认真梳理总结了涵盖城市轨道交通工程建设全过程共计150条常见质量问题，并从影响质量管理的人员队伍、材料设备、机械机具、工艺方法及地质环境五个方面入手，以问题描述、原因分析、标准及控制措施的形式展开论述，编写了图书《城市轨道交通工程常见质量问题控制指南》。该书已于2015年4月在全国正式出版发行。

其次，要杜绝城市轨道交通工程的质量通病，预防常见质量问题的产生，就要有一个健全的、有效的监督管理体制。深入多地调研行政监管、建设、勘察、设计、监理、施工及第三方服务等单位，了解和掌握质量管理第一手资料，研究提出"设计先行、样板引路、过程控制、质量验收"的质量管理思路和建立质量差别化（分级）管理制度概念同时，提出并详细论述了"首件工程验收""关键节点施工前条件验收""隐蔽验收及质量缺陷处理""交接验收""运营期质量回访""结构创优管理制度""质量安全监督抽（巡）查及专项检查制度"等共计14项管理制度，为后期住房和城乡建设部发布的文件提供了有力的技术支撑。

另外，借助信息化手段，建立"常见质量问题数据库系统"。促进了该领域的信息化、数字化和集成化发展，简化操作流程，增强信息数据共享，减少信息孤岛现象同时，该系统还预留了建筑信息化模型（BIM）接口，为实现可视化模拟技术在轨道交通工程常见质量问题控制中的应用提供数据支撑。

综上所述，该研究项目的实施，共出版1本专著，开发1套应用系统，提出14项管理制度。该研究项目的完成填补了质量问题及其处置措施的空白，为我国城市轨道交通工程建设提供了借鉴和指导，

---

* 该项目获得2018年"江苏省土木建筑学会·土木建筑科技奖"二等奖

有效节约投资、缩短工期，提高工程质量，符合建立信息化标准化城市轨道交通工程的战略要求。

2. 创新点

基于全国各大省市轨道交通工程的问卷调查与分析、现有文献资料、会议座谈和多层次的专家咨询等方式组织相关单位对城市轨道交通工程常见质量问题进行了详细的研究和总结，主要取得以下创新成果：

（1）准确定义了城市轨道交通工程常见质量问题；第一次明确地将常见质量问题划分为三个等级；首次提出了常见质量问题的"三全"控制原则；总结了城市轨道交通工程常见质量问题的特点和影响因素。

（2）通过对城市轨道交通工程常见质量问题调查问卷的统计和分析，了解到了城市轨道交通工程的基本情况、工程造价基本信息、参建方和工期情况、安全风险事件常见质量问题及控制措施等。

（3）从存在问题及现象描述、原因分析、标准及控制措施、等级划分、所属分部分项工程、影像资料六个方面归纳出了150个城市轨道交通工程常见质量问题，其中车站工程、区间工程、车辆段、停车场及基地工程、供电工程、轨道工程和系统工程中的常见质量问题分别为66个、41个、13个、6个、5个、19个，率先为城市轨道交通工程参建各方提供了质量控制措施资料，具有较高的参考价值。

（4）参考其他行业及国家质量事故分类办法，根据城市轨道交通常见质量问题的危害性，将城市轨道交通工程常见质量问题分为三个等级。一级：严重影响结构使用安全，致使成品构件部分或整体报废，必须返工处理，如支护桩基侵蚀、断桩、盾构隧道管片变形开裂等；二级：影响结构安全、正常使用以及使用寿命，可以采取加固和补强措施，不许返工处理，但给工程实体造成永久缺陷，如地基处理不够造成的隧道衬砌沉降开裂、混凝土达不到设计强度等级等；三级：不影响结构使用安全，但影响构件观感质量、轨道交通形成舒适度和美观，给后续施工和使用造成麻烦和不便，如桩基混凝土超高不足、混凝土表面气泡和麻面、地下连续墙渗水等。

（5）明确了各参建主体方的具体职责以及政府部门对参建各方的监督职责并编制了十四个常见质量问题管理制度，该套制度是在现行有关管理制度的基础上吸收、借鉴、完善与创新相结合，形成了一套较为系统、观点新颖的城市轨道交通工程常见质量问题管理制度。

（6）为提高城市轨道交通建设工程信息化管理水平，便于轨道交通建设工程行业施工企业、监理公司等的质量管理，首次建立了涵盖城市轨道交通工程的土建工程施工、装饰装修施工、建筑设备和机电系统设备安装等阶段的常见质量问题数据库系统。

3. 作用意义

项目研究成果成功应用于苏州市轨道交通3号线、北京地铁12号线、厦门市轨道交通1号线等工程。有效预防常见质量问题，控制总投资，降低工程造价。能够减少各地的重复性研究工作，为新建和计划建设城市轨道交通、经验相对不足的城市提供经验借鉴；有利于工程质量水平的提高和城市轨道交通工程经济效益和社会效益的充分发挥；有利于构建安全、便捷、高效、绿色、经济的现代化综合交通运输体系，推动交通运输高质量发展，增强人民群众的获得感、幸福感、安全感，实现交通强国的目标。

科技成果鉴定意见：

2013年12月27日，住房和城乡建设部工程质量安全监管司在苏州召开《城市轨道交通工程常见质量问题及控制研究》课题结题验收会。专家组听取了该课题研究的成果汇报，经质询、讨论和审阅查新报告，形成以下意见：

（1）课题研究技术路线正确、方法得当，内容全面、新颖。

（2）课题对城市轨道交通工程常见质量问题和常见质量问题控制进行了定义，首次明确地将常见质量问题划分为三个等级，提出了常见质量问题控制的原则。

（3）课题全面、系统地研究了城市轨道交通工程建设中重要部位和环节常见的质量问题及产生的原因，提出了关键控制技术和措施，具有很强的针对性和实用性。

（4）课题梳理、研究了参建各方和主管部门在常见质量问题控制方面的责任，归纳总结了各地的成熟经验，提出了相关管理制度。

（5）课题首次建立了城市轨道交通工程常见质量问题数据库。数据库内容丰富，使用便捷，其具备的专家诊断系统有助于对常见质量问题进行控制和管理。

（6）课题组编制了《城市轨道交通工程常见质量问题及控制指南》（初稿），该成果的完善及推广将促进城市轨道交通工程常见质量问题控制的规范化。

专家组一致认为，课题组圆满完成了课题合同约定内容，提交的成果符合规定要求，课题成果填补了城市轨道交通工程质量管理研究的空白，达到了国内领先水平，一致同意通过验收。

城市轨道交通工程常见质量问题检测技术应用研究*

主要完成人员：
张大春、杨晓虹、孙正华、张亚挺、蔡志军、戴欣竹、李天艳

完成单位：
江苏省建筑工程质量检测中心有限公司、江苏省城市轨道交通工程质量安全技术中心、江苏省土木建筑学会城市轨道交通建设专业委员会

IES冲击回波测试系统　　三维激光扫描测试　　地质雷达低频天线测试

3D结构扫描车　　动态信号测试分析系统　　红外热像检测仪　　微波湿度测试系统

图1　相关检测工具

1. 项目概况

城市轨道交通是城市重要的公益性基础设施，是与人民群众生活息息相关的民生工程，对城市社会经济发展产生深远的影响。城市轨道交通工程在公共交通中发挥着不可替代的作用，城市轨道交通客运量占整个公共交通系统客运总量的比例正在逐年提高。城市轨道交通的建设和运营实践证明了城市轨道交通的发展对解决大城市交通拥堵、提高居民生活质量和环境质量、调整城市区域结构和产业布局以及拉动城市社会经济可持续发展等都有着不可替代的作用。

城市轨道交通工程建设难度大、涉及专业多、技术要求高、施工环境复杂。如果城市轨道交通工程质量安全存在隐患，必然会危害人民群众生命财产安全、严重影响其经济和社会效益的发挥。近年来，我国城市轨道交通建设进入快速发展阶段，城市轨道交通工程技术与管理提升方面成效显著，工程质量稳步提高。但是在城市轨道交通工程常见质量问题及治理方面仍存在较多问题需解决。2013年6月～2013年7月期间，住房和城乡建设部组织对全国26个城市的在建轨道交通工程进行了质量安全监督执法检查，常见质量问题依然很突出，极端的案例是：个别项目存在严重质量缺陷，可能影响结构安全和正常运营。如车站墙体混凝土存在较多处贯通裂缝，盾构区间渗漏严重，多处施工链出现线流，且多处管片环向和纵向错台数值超过有关规范要求。较为普遍的情况是：实体质量控制不到位，结构渗漏、质

---

* 该项目获得2018年"江苏省土木建筑学会·土木建筑科技奖"二等奖

量观感较差、管片错台等问题较常见。工程常见质量问题由于普遍存在，不容易引起广泛重视，但对工程质量危害较大。相关研究表明：城市轨道交通工程中常见质量问题，如混凝土结构开裂、工程渗漏水、地基不均匀沉降等，已在一定程度影响到工程质量安全和使用功能。目前各地尤其是新建城市普遍存在着技术力量和质量保障体系、管理经验较为薄弱的问题，主管部门、建设单位、施工单位等参建各方也多次反映并达成共识，希望尽早出台全国统一的城市轨道交通常见质量问题的识别指南，对关键节点的质量强化检测工作，为轨道交通的质量评定或病害治理提供依据。

课题以现行国家规范作为基本依据，总结各方面的经验，针对我省城市轨道交通工程建设的经验和教训，归纳总结现阶段已成熟应用和暂未普及应用的检测技术，构建科学的城市轨道交通工程质量常见问题专项检测识别技术，对现阶段较为前沿的检测技术或在轨道交通领域未普及应用的检测技术进行现场测试应用研究，不断提高城市轨道交通工程的检测识别技术。

2. 应用领域和技术原理

主要应用于城市轨道交通的施工、建设及运营阶段的常见质量问题的检测。主要研究运用雷达、红外、冲击回波、三维激光扫描等无损检测技术在城市轨道交通工程中常见典型质量问题的应用研究。

3. 性能指标

（1）系统归纳研究城市轨道交通工程地下结构、隧道结构、高架结构、路基工程、车辆段房建工程等领域的检测技术，主要针对现阶段无相关国家或行业标准的检测技术。

（2）基于城市轨道交通工程，采用应力波检测技术、三维激光扫描技术、振动测试技术、红外热像扫描技术等快速无损检测手段，进行应用研究。为轨道建设常见典型质量问题的检测提供依据。

（3）针对前期归纳形成的"结构类"和"渗透类"常见质量问题，逐条进行检测识别的指南性文件编制，并形成《城市轨道交通工程常见质量问题检测识别与专项治理指南》。

4. 创新点

（1）首次建立了城市轨道交通工程常见典型"结构类"及"渗透类"质量问题的快速检测识别方法。

（2）开发研究雷达、红外、冲击回波、三维激光扫描等无损检测技术，并在城市轨道交通工程质量检测中应用，为典型质量问题的检测识别提供技术支撑。

（3）首次编制了《城市轨道交通工程常见质量问题检测识别与专项治理指南》，为国内城市轨道交通建设及运营检测识别提供系统的技术依托。

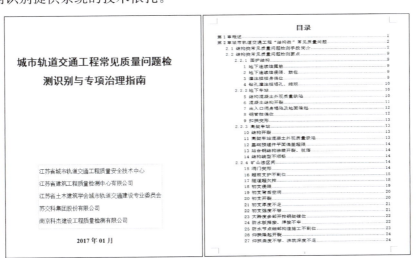

图 2 《城市轨道交通工程常见质量问题检测识别与专项治理指南》

5. 作用意义

城市轨道交通工程是一项极其复杂的工程，涉及专业面广，目前城市轨道交通工程设计、施工和验收都是按照各专业（系统）的标准进行，验收标准、管理办法种类繁多。据不完全统计，全国性的和地方性的与城市轨道交通工程建设相关的设计、施工、检测与验收标准、管理办法达近百项之多，然而有针对性地研究城市轨道交通工程各类常见质量的检测识别技术的资料还未形成。因此，构建科学的城市轨道交通工程质量常见问题专项检测识别技术，整合全国现有城市轨道交通常见质量问题检测识别的措施及技术要求，全面提高我国城市轨道交通工程质量水平，具有重大的经济和社会意义。

科技成果鉴定意见：

2017年1月20日，江苏省住房和城乡建设厅在南京组织召开了"城市轨道交通工程常见质量问题检测技术应用研究"成果鉴定会，鉴定委员会听取了课题组的技术研究报告，查阅了相关鉴定资料，经质询、讨论，形成鉴定意见如下：

（1）课题组提供的鉴定资料齐全，符合鉴定要求，完成了项目任务书规定的相关目标。

（2）课题组通过试验和工程实例验证，对城市轨道交通常见质量问题的检测方法作了系统的分析，取得了以下成果：

1) 首次建立了城市轨道交通工程常见典型"结构类"及"渗漏类"质量问题的快速检测识别方法；

2) 开发研究雷达、红外、冲击回波、三维激光扫描等无损检测成套技术，并在城市轨道交通工程质量检测中应用，为典型质量问题的检测识别提供技术支撑；

3) 首次编制了《城市轨道交通工程常见质量问题检测识别与专项治理指南》，为国内城市轨道交通建设及运营检测识别提供系统的技术依托。

（3）该课题在城市轨道交通常见质量问题检测成套技术、原理、方法及快速检测识别等方面具有创新性。

鉴定委员会认为，该课题研究成果达到了国内领先水平，一致同意通过鉴定。

可拆装中空玻璃内置百叶帘的节能窗*

主要完成人员：
刘永刚、吴志敏、黄凯、张海遐、魏燕丽、王诚、韩伟

完成单位：
江苏省建筑科学研究院有限公司、江苏建科节能技术有限公司

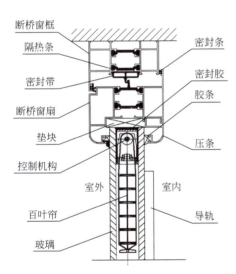

图 1 单腔中空玻璃内置百叶帘节点图

图 2 百叶帘放下/收起

1. 项目概况

该研究项目从分析我国建筑门窗与外遮阳产品现存的问题入手，研发了一种传热系数 $K \leqslant 2.0\text{W}/(\text{m}^2 \cdot \text{K})$、便于拆解维修遮阳装置、与外窗一体化的节能窗。研发的可拆装中空玻璃内置百叶帘的节能窗，窗框采用铝合金断桥型材，玻璃采用 5+19A+5+9A+5 的三玻两腔中空玻璃内置遮阳百叶帘作为应用方案，通过磁性手柄或拉带操作百叶帘的升降与翻转，百叶帘不受风荷载和环境污染，百叶帘、玻璃可拆装检修，检修操作安全性高。

该项目研究了可拆装中空玻璃内置百叶帘的节能窗技术方案，随后对可拆装中空玻璃内置百叶帘的节能窗进行了热工性能模拟计算，传热系数 K 值为 $2.28\text{W}/(\text{m}^2 \cdot \text{K})$。

经测试，研发的可拆装中空玻璃内置百叶帘的节能窗抗风压性能 9 级，气密性 6 级，水密性 5 级，传热系数 $2.0\text{W}/(\text{m}^2 \cdot \text{K})$，遮阳系数在百叶帘放下百叶片垂直时为 0.2，百叶帘收起时为 0.7。符合江

---

* 该项目获得 2018 年"江苏省土木建筑学会·土木建筑科技奖"二等奖

苏省《居住建筑热环境和节能设计标准》DGJ32/J 71—2014 外窗传热系数 $K \leqslant 2.4 \text{W}/(\text{m}^2 \cdot \text{K})$，遮阳系数 $SC_夏 \leqslant 0.2$，$SC_冬 \geqslant 0.6$，外窗气密性不低于6级的规定，满足江苏省居住建筑节能65%的要求。

该可拆装中空玻璃内置百叶帘的节能窗解决了现有外遮阳设施与建筑之间存在的种种不协调问题，实现了遮阳与外窗一体化，其隔热、保温、遮阳、抗风性能优异，节能效果良好，具备隔声、防火、防结露、阻挡紫外线、百叶帘无需清洗、抗风能力强等优点，气密性、水密性良好，可在夏热冬冷地区各种高度的建筑上应用，具有广阔的推广应用前景。

2. 应用领域和技术原理

应用领域：可拆装中空玻璃内置百叶帘的节能窗是建筑围护结构的重要组成部分，可应用于江苏省夏热冬冷地区建筑节能65%的各种高度建筑上。

技术原理：目前大多数的中空玻璃内置百叶帘的窗户大多是将百叶帘安装在两块面积大小相同的玻璃之中，再采用密封胶填充两块玻璃周边的缝隙，并使其粘接为一体。百叶帘发生故障时，须从窗扇中拆下中空玻璃，并完全拆散两块玻璃，才能去除百叶帘进行维修，而维修后重新封装中空玻璃又必须在工厂内的专用工作台上才能进行，操作复杂，维修周期长，对用户生活的影响较大；采用两块玻璃的窗户，建筑室内的保温、隔热性能不良，节能效果差。

（1）玻璃选择

江苏省《居住建筑热环境和节能设计标准》DGJ32/J 71—2014 规定夏季遮阳系数≤0.25，冬季遮阳系数≥0.6，且整窗传热系数≤2.4W/($\text{m}^2 \cdot \text{K}$)。为满足遮阳系数要求，故选择有遮阳措施的5+9A+5+19A+5白玻玻璃系统。

（2）型材选择

玻璃系统厚度达到43mm，若选用断桥铝型材，型材厚度至少需达到65mm；若选用塑钢型材，型材厚度至少需达到75mm。

65系列断桥铝型材节点传热系数约为3.2W/($\text{m}^2 \cdot \text{K}$)；75系列塑钢型材节点传热系数约为2.5W/($\text{m}^2 \cdot \text{K}$)。塑钢型材耐久性远不及断桥铝型材，且断桥铝型材可达到节能设计标准，故选用断桥铝型材。

（3）结构构造

可拆装中空玻璃内置百叶帘节能窗的基本构造如下：

1）外玻璃固定在窗扇型材上，中间玻璃与内玻璃用密封胶封装为一体，遮阳百叶帘设置在中间玻璃与外玻璃构成的19mm外腔中；

2）中间玻璃横向一端略短，以便在内、外玻璃之间设置百叶帘转动、控制装置，并通过设置在内玻璃室内侧的磁性手柄操纵内置百叶帘的升降或翻转；

3）维修内置百叶帘时，可在室内侧依次拆解密封条、压条、（内玻璃+中间玻璃）组件单元、内置百叶帘，在室内侧可检修百叶帘，维修方便、操作安全，维修期间窗户上仍留有外玻璃围护室内空间，不影响居住生活。

3. 创新点

（1）材料与结构的新组合

窗框型材采用通用的断桥铝合金型材，按照空腔、玻璃的厚度专门设计压条与密封条。在窗框内按照5+9+19+5的间距安装三玻形成两腔，大腔布置在室外侧，在大腔内安装遮阳百叶帘，窗扇的传热系数可达到 $K<2.0\text{W}/(\text{m}^2 \cdot \text{K})$，整窗综合传热系数为 $K<2.4\text{W}/(\text{m}^2 \cdot \text{K})$，隔热性能优良、节能效果显著。

（2）百叶帘维修口设置

分解三玻两腔玻璃组件，外玻璃固定于窗扇，中间玻璃与内玻璃用密封胶封装为一体，并从室内用压条固定，成为百叶帘的检修口，并可从室内拆解，维修方便、操作安全，维修时窗中尚留外玻璃，不影响用户的工作与生活，也没有安全隐患。

（3）百叶帘控制装置运行腔结构设计

将原先与内、外玻璃等尺寸的中间玻璃在百叶帘控制装置侧减短，使方通定位嵌条等构件能圈围出一个空间，为百叶帘控制装置的运行提供必要的空间。

（4）控制装置的适应性改造设计

将转片磁座、提升磁座上的控制绳扎挂点向室外侧延伸，使位于室内侧的人员能操纵位于室外侧的百叶帘，并保障绳索传动系统不发生乱绳故障，并通过动滑轮使提升装置手动行程倍减，使其在原本高度不足的空间内实现百叶帘的全高行程操作可控。

（5）传动槽固定与保护

原有双玻窗的传动槽依靠结构胶与双玻璃粘连并紧固，但新方案已将传动槽设计为可拆解结构，因此将传动槽设计了上折边，可挂在外玻璃、中间玻璃的上侧边卸荷，采用上盖板或侧盖板封闭，可防潮、防尘，保障传动系统工作可靠。

4. 作用意义

项目研究成果有利于促进建筑门窗行业全面向绿色化、低碳化转型，推动实现建筑高质量发展以及住房城乡建设领域碳达峰和碳中和目标，有利于促进建筑产业结构的升级转型和调整，提高市场竞争力。项目组研发的可拆卸中空玻璃内置百叶帘的节能窗对高品质建筑建设具有重要指导意义，提高了使用者的幸福感和安全感。

项目研发的可拆卸中空玻璃内置百叶帘的节能窗，通过相关产品成果转化和规模化推广应用，带动了高性能节能门窗产业的发展，创造了良好的经济效益。在 2015—2025 年间，对于该新型可拆装中空玻璃内置百叶帘的节能窗的预计需求量可达到 1000 万～2000 万 m^2，形成超 10 亿元的产值，同时也将引导相关企业调整产业结构，有效促进建筑产业转型升级。

科技成果鉴定意见：

2015 年 5 月 30 日，江苏省住房和城乡建设厅在南京组织召开了"可拆装中空玻璃内置百叶帘的节能窗"成果鉴定会，鉴定专家委员会听取了课题组的技术研发报告，审查了有关技术资料，经质询、讨论，形成鉴定意见如下：

(1) 提交的资料齐全，符合鉴定要求。

(2) 可拆装中空玻璃内置百叶帘的节能窗系采用断桥铝合金窗型材、可拆装三玻两腔中空玻璃、遮阳百叶帘设置在外腔中，通过磁性手柄或拉带操作百叶帘的升降与翻转，百叶帘不受风荷载与环境污染影响，百叶帘、玻璃可拆装检修，检修操作安全性高。

(3) 经法定检测机构检测，该产品遮阳系数、整窗传热系数、抗风性、气密性与水密性符合现行节能标准要求。

(4) 可拆装中空玻璃内置百叶帘的节能窗克服了现有各种窗户、外遮阳产品的缺点，实现了建筑遮阳与外窗一体化，可在夏热冬冷等地区各种环境高度的建筑上应用，具有广阔的推广应用前景。

鉴定委员会认为，该成果达到国内领先水平，一致同意通过鉴定。

科技成果奖集锦

（2019年）

保障性住房高品质工业化建造技术研究与应用*

主要完成人员：
汪杰、刘建石、苏宪新、王畅、吴敦军、王俊平、吴磊、李敏、韦佳
完成单位：
南京长江都市建筑设计股份有限公司、南京安居保障房建设发展有限公司、中国建筑第二工程局有限公司

图1 项目外观

1. 项目概况

该项目依托2015年度住房和城乡建设部科技示范工程南京丁家庄二期C地块建筑产业现代化集成技术示范工程、2018年住房和城乡建设部装配式建筑科技示范工程南京江北新区人才公寓项目（1号地块）、桥林产业人才共有产权房项目等，开展了系列化保障性住房工业化体系技术集成与应用。

南京丁家庄保障房二期A28地块的建筑设计采用了模块化、标准化、系列化的设计方法，实现了全过程的标准化设计。该项目建筑由六栋27~30层的高层建筑组成，主要功能为公租房，平面居住套型模块由厨房模块、门厅及客厅模块、卫浴模块、居室模块和阳台模块组成，通过精细化组合形成成熟的居住标准套型；将标准套型模块复制、对称，与核心筒模块组合形成标准层单元模块，最终根据建筑高度要求组合成27层和30层的标准建筑单体，体现出较高的标准化与装配化程度。

丁家庄二期东侧为丁家庄一期，西接丁家庄二期主要商业组团，西侧规划有丁家庄地铁站，北侧是规划的大型商业综合体，南侧紧邻的是规划的三甲医院。地块位于连接丁家庄一期住区和二期重要的综合配套服务城市空间节点。设计通过跨地块内街模式，连接居住片区与丁家庄地铁站点，沿途创造步行化、社区化、多元化的城市配套服务界面，实现住商融合、资源节约、交通便捷、服务共享和人文体验五大方面"可感知"的开放式公租房街区。

针对保障性住房普遍存在的工程质量低、建造效率低等状况，该项目拟研究解决保障性住房在建筑产业化过程中存在的共性和关键技术问题，开展全生命周期条件下保障性住房标准化设计的创新性理论

---

* 该项目获得2019年"江苏省土木建筑学会·土木建筑科技奖"一等奖

研究以及装配式混凝土建筑设计与建筑技术、装配式装修技术、信息化技术在保障房中的技术攻关，开发高效适用的装配式建筑产品与技术，围绕江苏"三板"政策，集成在设计、生产、施工等方面的技术，形成预制楼梯、预制楼板、预制墙板等专利及标准。将这些有针对性的创新成果以产品、标准、技术等形式用于保障性住房建设实践中，为推动建筑产业技术进步、提升保障性住房的性能与人居环境品质、促进建筑可持续发展提供技术支撑。

2. 应用领域和技术原理

该成果可应用于全生命周期条件下保障性住房标准化设计、装配式混凝土建筑设计与建筑技术、装配式装修技术、信息化技术研究等领域。

以高品质设计、高质量建造为目标，贯彻"绿色""宜居"理念，依托南京丁家庄 A28 保障性住房项目，分别从高品质宜居规划设计、高品质绿色建筑设计、高质量绿色建造、全过程数字化信息化技术应用四个方面开展了系列的技术研究，形成 4 大类 2 项集成创新技术体系，实现了高品质保障性住房安全性、实用性、舒适性、经济性的要求，在保障性住房中达到绿色三星标准。

3. 性能指标

将装配式建筑集成技术与绿色建筑集成技术、绿色建造集成技术、BIM 信息化技术深度融合，将绿色建筑的理念贯穿于设计和建造的全过程中，形成适合于保障性住房的绿色建造技术创新体系，实现施工过程中无外模板、无砌筑、无抹灰的绿色施工。

该项目实现了主体结构、围护结构、管线与设备、装配式装修四大系统综合集成设计应用，预制装配率达到了 61.08%（江苏省要求），装配率达到了 64%（国家要求），在充分发挥标准化设计的前提下，实现了高装配率的保障性住房。

4. 创新点

（1）针对保障房不断流动的家庭的不同需求，研究以"广泛适应"的可变性来满足不同住户不同需求的可持续发展住宅设计理论。

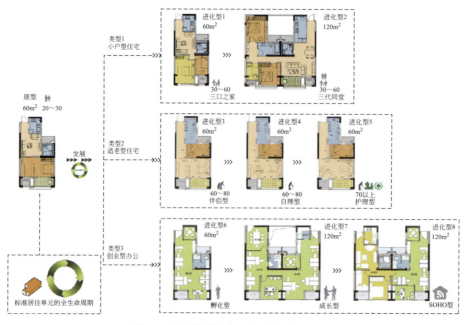

图 2　可变性设计实现户型多样化组合

（2）针对装配式建筑外墙的性能提升和简化生产施工的需要，研究适用于装配整体式剪力墙结构的外墙（含填充墙）产品，以解决外墙易发生渗漏、保温性能差等问题。

（3）针对装配式建筑中使用最多的叠合板构件，研究一个新型的钢筋桁架混凝土叠合板的连接技术，改进钢筋桁架混凝土叠合板板端的出筋形式，以解决预制叠合板吊装时板底筋和梁箍筋相碰撞、不易就位的问题。

图3　无外模板、无砌筑、无粉刷的绿色施工

图4　新型的钢筋桁架混凝土叠合板的连接技术

（4）结合装配式混凝土建筑质量控制中所存在的问题和 BIM 技术在装配式混凝土建筑质量控制中的优势，将 BIM 技术管理应用到质量监督管理的过程中，研究 BIM 技术在装配式混凝土建筑质量监控中应用的要点与方法。

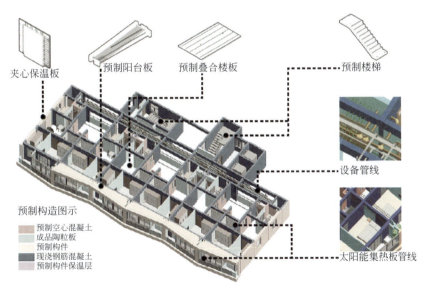

图5　装配式建筑数字化设计

5. 新技术应用

（1）该项目针对保障房不断流动的家庭的不同需求，提出了以"广泛适应"的可变性来满足不同住户不同需求的可持续发展住宅设计策略。形成了一套可复制、可推广的标准化、模块化的空间可变设计方法。户型设计充分考虑建筑全生命周期的可持续发展，预留未来功能方向的发展。

（2）针对装配式建筑外墙的性能提升和简化生产施工的需要，发明了适用于装配整体式剪力墙结构的外墙（含填充墙）产品，解决外墙易发生渗漏、保温性能差等问题，该产品将外墙的承重、围护、装饰、保温、防水、防火等各项功能集于一体，大幅提高工业化建筑的建造效率和质量。

（3）项目针对标准化程度高、易于在装配式建筑中推广应用的楼梯部件，改进了预制楼梯与主体结构的连接形式，梯板上端铰接于梯梁挑耳上，下端滑动铰于梯梁挑耳支座上，并预留水平位移空间，基本消除在地震作用下楼梯对主体结构刚度和受力的影响，构件制作、运输、吊装、就位均方便快捷，工人操作简便，施工质量稳定。并在此基础上形成一套标准化的预制构件，可直接在项目中使用。

（4）针对剪力墙套筒灌浆不易密实的问题，提出在剪力墙体内增设高位灌浆补浆管，灌浆结束时灌浆补浆观测管内的浆液慢慢下降，可起到浆液回灌及确认套筒内浆液是否饱满的作用，有效提高竖向构件套筒灌浆连接的施工质量。

6. 作用意义

项目获得授权发明专利3项，实用新型专利6项，省级工法1项，主编标准设计图集2本，出版专著2部，成果应用的丁家庄二期保障性住房项目获中国土木工程詹天佑大奖和住宅小区金奖。

丁家庄A28地块通过采用装配式混凝土剪力墙结构技术、预制混凝土叠合楼板技术、预制混凝土外墙挂板技术、钢筋套筒灌浆连接技术等23项新技术、新工艺，累计节约费用约1111.5万元，具有较好的经济效益。

该项目积极落实质量提升行动，精心组织并完成了装配式结构工程优质示范创建活动，先后承办了省、市现场质量、安全观摩会，对促进当地装配式结构工程质量提高起到很好的示范带头作用。

科技成果鉴定意见：

2019年8月25日，江苏省土木建筑学会在南京组织召开了"保障性住房高品质工业化建造技术研究与应用"科技成果鉴定会，鉴定委员会听取了课题组的技术研究报告，审查了相关资料，经现场考察、质询、讨论，形成鉴定意见如下：

（1）提供的鉴定资料齐全，符合鉴定要求。

（2）课题依托南京丁家庄A28保障性住房项目，进行了系列的技术研究，形成了"四大类、21项集成创新技术"，满足了高品质保障性住房安全性、实用性、舒适性、经济性的要求，主要创新点包括：

1）基于开放式社区理念，构建了开放融合的街坊邻里社区环境；通过标准化、模块化设计，形成了基于住宅全寿命期的可持续发展绿色住区设计体系；

2）基于绿色宜居理念，采用高性能复合夹心保温围护结构、建筑一体化太阳能热水系统、海绵城市技术、装配化装修一体化技术、建筑室内外空间优化技术等，形成了绿色建造技术体系；

3）根据装配式混凝土建筑住宅的特点，创新发展了工业化建筑集成技术，形成了低成本、高质量、绿色施工的成套技术体系；

4）采用BIM技术，实现了工程数字设计、数字建造的全过程信息化应用。

（3）研究成果丰富、创新性强，已获得发明专利3项，实用新型专利6项，省级工法1项，标准图集2本，出版专著2部，并获得国家三星级绿色建筑设计标识，实现了保障性住房高品质设计、高质量建造。技术经济和社会效益显著，具有广泛的推广应用前景。

鉴定委员会认为，该成果整体达到国内领先水平。

富水软弱地层近接叠交隧道与小净距下穿有压给水管道关键技术研究*

主要完成人员：
王社江、丁修恒、薛永健、桂林、张建鹏、何邦亮、张亚勇、陈鹏、赵金辉

完成单位：
苏州市轨道交通集团有限公司、中铁上海工程局集团有限公司城市轨道交通工程分公司

图1 叠交盾构段下穿有压给水管道

图2 盾构下穿既有运营隧道

1. 项目概况

项目依托苏州市轨道交通3号线工程土建施工项目（第三批）Ⅲ-TS-14标，位于江苏省苏州市工业园区，自中新大道西沿星港街至娄江大道。本标段含二站三区间（含区间竖井），其中车站为金鸡湖西站和现代大道站。区间隧道为金鸡湖西站～东方之门站区间、东门之门站～现代大道站区间、现代大道站～娄江大道站区间。三段区间隧道均采用盾构法施工。

目前地铁盾构施工过程中，对既有管线的影响日益增多，保护难度大，稍有不慎，将直接影响城市居民的生活。苏州市轨道交通3号线工程土建施工Ⅲ-TS-14标现代大道站～娄江大道站区间遇到了重叠

---

* 该项目获得2019年"江苏省土木建筑学会·土木建筑科技奖"一等奖

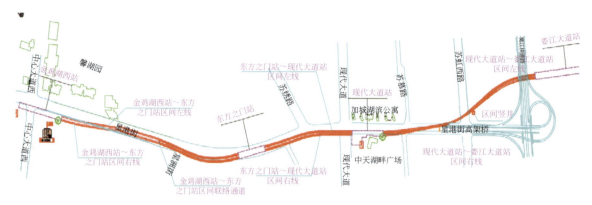

图3 区间线路走向平面

隧道下穿DN1200钢质给水管，其最小距离仅为0.544m，导致施工安全控制难度大、风险高。须研究如何将软土重叠盾构隧道近距离下穿管线的施工影响减少到最低限度，满足给水管的使用要求，因此，开展"软土重叠盾构隧道超近距下穿给水管施工关键技术"的研究具有重要意义。

2. 应用领域和技术原理

应用领域为软土地区城市轨道交通工程施工领域。

技术原理为有限元和有限差分数值模拟、制定预控措施、现场验证、施工监测以及工程技术总结等，其主要技术内容为：①叠交区间软盾构超小净距下穿带压给水管道施工关键控制技术；②接收始发段富水软土盾构小净距下穿运营隧道施工关键控制技术。

3. 性能指标

（1）带压给水管道和在建隧道结构变形

给水管道变形计划控制值为－10mm，实际给水管道变形监测最大值为－2.9mm。在建隧道结构沉降控制值为±10mm，实际变形值最大值为－1.5mm。在建隧道结构收敛控制值为≤10mm，实际收敛值最大值为3mm。

（2）运营隧道结构变形

运营隧道结构沉降控制值为±10mm，实际变形值最大值为－0.5mm。收敛控制值小于等于10mm，实际收敛值最大值为1.8mm。

4. 创新点

（1）富水软弱地层近接叠交隧道下穿既有运营隧道施工技术

通过研究，得出富水软弱土层近接叠交隧道下穿既有运营隧道施工技术，包括施工准备、试验段施工措施、穿越前施工措施、穿越段施工措施和穿越后施工措施，通过盾构机配置革新、施工前预控、采取超前注浆、盾构关键掘进参数控制、运营隧道保护控制、水平冻结法暗接收始发技术、有限空间快速暗调头、应用自动化监测等关键施工技术。

该技术能够使盾构顺利安全地穿越既有地铁隧道，并且能够很好地控制既有地铁及邻近土体的变形，保证既有地铁的正常运营；本技术能够很好地适应富水软弱地层盾构穿越既有地铁的环境，同时能很好地起到整体支护作用，能保证施工质量，保障盾构的后续工程施工，应用前景良好。

（2）长距离近接叠交隧道及小净距下穿有压给水管道施工技术

得出一种长距离近接叠交隧道及小净距下穿有压给水管道施工技术，施工步骤包括：上下行线长距离叠交设计，先行组织下行盾构隧道掘进施工，隧道结构采用加强型管片；下行隧道在管片预留注浆孔中通过注浆管向上行隧道和下行隧道之间的所夹土体进行注浆；上行隧道施工前在下行隧道内设置自动伺服台车支撑体系来保护下行隧道；上行盾构隧道掘进施工，施工过程中下行移动式隧道支撑台车保持与上行隧道盾构掘进同步跟进；上行线小净距下穿有压给水管道，上行隧道在管片预留注浆孔中通过注浆管向上行隧道和下行隧道之间的所夹土体进行微扰动注浆。该技术适用于城市地下工程建设中的长距离近接叠交式盾构隧道；能够在保证叠交式盾构隧道的安全施工的同时，在此情况下穿盾构小净距下穿有压给水管道，使得控制措施的可操作性，施工便捷快速，既减小施工对叠落隧道结构的影响又安全顺利下穿有压给水管道；对周围环境影响小，可以降低环境安全风险。

（3）盾构隧道管片内、外力联合测试装置施工技术

形成一种盾构隧道管片内、外力联合测试装置施工技术，包括钢筋应变计、土压力传感器、止水钢板和线缆保护盒及连接螺杆，钢筋应变计一端连接钢筋应变计线缆，并通过钢丝绑扎法与管片钢筋笼连接，钢筋应变计线缆穿过线缆保护盒，线缆保护盒通过连接螺杆与止水钢板相连接，并在连接螺杆与线缆保护盒之间设有调节螺母和垫片，线缆保护盒的底面布有相应数量的穿线孔，其顶面设有线缆保护盒盖子和线缆保护盒底部防护海绵。本技术适用于城市地下工程建设中的叠交式盾构隧道，通过该装置可以监测管片应力应变的变化，随时掌握叠交隧道间的相关影响，并及时采取技术措施。

5. 新技术应用

（1）叠交区间软土盾构超小净距穿越带压给水管道施工关键控制技术

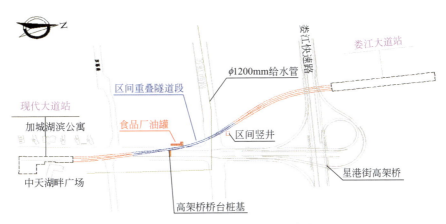

图 4 超小净距穿越带压给水管道

1）针对叠交区间软土盾构超小净距穿越带压给水管道，采用有限差分数值模拟方法分析盾构两次掘进对带压给水管道变形的影响，同时分析上部隧道施工对下部隧道管片结构变形和带压给水管道的影响，进行管片结构优化设计，确定了"先下后上"盾构掘进施工顺序。

2）根据周边环境，采用微扰动掘进、液压台车支撑、超前注浆加固和实时监测等技术，实现了小净距（54cm）下穿大直径有压给水管道安全控制目标。

（2）接收始发段富水软土盾构小净距下穿运营隧道施工关键控制技术

1）基于地层损失理论，采用有限差分软件 FLAC3D 进行了复杂地段软盾构下穿运营隧道盾构掘进数值模拟分析，细致分析和总结引起地表沉降及运营隧道结构变形规律的基础。

2）采用了盾构机选型、移动液压伺服支撑台车、微扰动注浆加固、盾构关键掘进参数优化控制、自动化监测等成套技术，有效解决了富水软弱地层近接叠交隧道安全控制难题。现场实际变形量最大值为 2.9mm，实现了控制目标，确保了 3 号线下穿期间 1 号线的运营安全。

6. 作用意义

研究获得发明专利 1 件，企业级工法 1 件，发表 7 篇论文，获奖 QC 课题 3 项。通过课题研究，建

立了"富水软弱地层近接叠交隧道与小净距下穿有压给水管道关键技术研究",安全顺利保质保量地完成了苏州轨道交通3号线叠交区间软盾构下穿带压给水管道以及复杂地段富水软土盾构小净距下穿1号线运营隧道,给水管道和运营隧道变形监测结果均小于控制值,实现了既定目标。

项目成果取得了直接经济效益约700万元。研究成果可为国内诸多城市软弱地层条件下的轨道交通建设提供技术支撑,将产生显著的经济社会效益,为穿越工程提供一定的施工借鉴和参考。成果成功应用于苏州地铁3号线、5号线,杭州5号线,合肥5号线等工程,社会、经济、环境效益显著。

科技成果鉴定意见:

2019年8月15日,江苏省土木建筑学会在上海组织召开了"富水软弱地层近接叠交隧道与小净距下穿有压给水管道关键技术研究"科技成果鉴定会。鉴定委员会听取了技术研究报告,查阅了相关资料,经质询、讨论,形成鉴定意见如下:

(1) 鉴定资料齐全,符合鉴定要求。

(2) 依托苏州轨道交通3号线工程,针对富水软弱地层近接叠交隧道与小净距下穿大直径有压给水管道的关键技术问题,采用数值模拟、现场测试、施工实践相结合的技术路线进行了系统研究,取得了以下科技创新成果:

1) 采用数值模拟方法,分析了近接叠交隧道的变形特征,提出了盾构机选型、移动液压伺服支撑台车、微扰动注浆加固、盾构关键掘进参数优化控制、自动化监测等成套技术,有效解决了富水软弱地层近接叠交隧道安全控制难题;

2) 开发了移动液压伺服支撑合车系统,实现了无卸载顶推移动、台车顶力动态调控,为叠交隧道工程安全提供了关键技术支撑;

3) 通过分析小净距下穿大直径有压给水管道变形特征,进行管片结构优化设计,确定了"先下后上"盾构掘进施工顺序,采用微扰动掘进和超前注浆加固控制等技术,实现了小净距(54cm)下穿大直径有压给水管道安全。

(3) 研究成果成功应用于苏州轨道交通3号线工程,取得了显著的经济和社会效益,具有推广应用前景。

鉴定委员会认为,该成果总体上达到国内领先水平,其中富水软弱地层近接叠交隧道盾构掘进控制技术、小净距下穿大直径有压给水管道安全控制技术达到国际先进水平。

核电站钢衬里综合建造技术*

主要完成人员：
秦亚林、陈明国、张科青、王建国、许开勋、陈勇、杨忠勇、赵贵会、程小华
完成单位：
中国核工业华兴建设有限公司

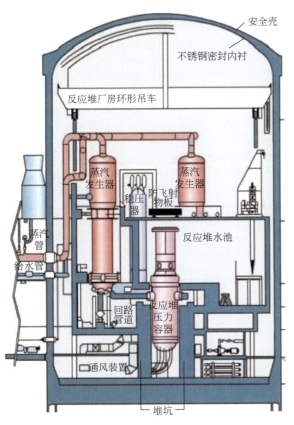

图1 核岛安全壳钢衬里

图2 钢衬里筒体模块吊装

1. 项目概况

安全壳钢衬里是核电厂安全壳系统的整体性压力边界，是核电站事故状态下防止核泄漏的关键屏障，是质保QA1级、安全2级的核承压设备。钢衬里由底板、筒体和穹顶组成，衬里板厚6mm，钢衬里一般直径40m、高60m左右。钢衬里焊缝（RCC-M1级焊缝）要求100%射线检测合格和零泄漏缺陷。焊接质量要求高，焊接工程量大、工艺复杂，施工难度大。为保证钢衬里施工质量，缩短工期，降低安全风险，结合压水堆核电站钢衬里的结构特点和建造要求及关键技术难题，在国家级科研项目资助下，项目组开展了钢衬里分型设计、壁板标准化制造、模块化施工、现场焊接技术等研究，取得了多项

---

* 该项目获得2019年"江苏省土木建筑学会·土木建筑科技奖"一等奖

创新成果,形成了系统性、自主化的核电站钢衬里建造技术。

2. 应用领域和技术原理

该项目属核电建造领域,适用于压水堆安全壳钢衬里建造。开展压水堆核电站钢衬里建造技术内容包括:

(1) 根据国产化材料规格,结合现代化施工手段,优化钢衬里分型方案,提高施工效率;
(2) 基于钢衬里结构的重要性,加大工厂化制造,减少现场工作量,以提高钢衬里制作质量;
(3) 应用自动焊接技术,提高效率,保证质量;
(4) 利用模块化施工技术,缩短钢衬里施工工期,降低现场安装施工高空作业安全风险。

3. 性能指标

(1) 筒体壁板 13 层 143 块优化为 9 层 108 块,减少 35 块,穹顶分块板优化后减少分块板共 72 块,分别减少现场拼装量 24% 和 40% 以上;
(2) 钢衬里预制单元制造偏差 3mm 内,实现了钢衬里壁板工厂化标准化规范化制造;
(3) 采用预制张力控制焊接变形技术,焊接变形控制在 3mm 内;
(4) 相比传统工艺缩短 35% 工期、钢衬里安装精度提高到 ±25mm 内;
(5) 开发出有利于钢衬里密封性的高能钨极脉冲双气流保护氩弧自动焊接方法,改进了钢衬里的现场焊接工艺,使现场焊缝一次合格率提高到 98% 以上。

4. 创新点

(1) 对钢衬里排板进行了优化设计形成标准

依据我国压水堆相关设计标准、钢衬里设计图纸、设计技术条件以及相关的钢结构规范的规定,结合材料国产化、机械化施工需要以及模块化施工技术的要求,对 CPR1000、EPR、VVER、华龙一号等核电堆型钢衬里排板进行了优化设计,增大每层筒体的层高,优化钢衬里筒体板的尺寸。设计出了"加腋区+底板环段"、筒体、穹顶模块以及车间预制单元,实现了形成核岛安全壳钢衬里排板设计规范,有效减少了现场安装焊缝和现场工程量,提高了钢衬里施工效率,为高效高质量钢衬里建造提供条件。

(2) 形成了钢衬里工厂标准化制造工艺

利用自主设计等弧度膜架等工装,应用自主研发的附加加劲肋的刚性固定与静力顶压工艺,预制张力(或称预拉伸)控制、焊接变形控制等钢衬里壁板加工技术,并通过对钢板拼接、壁板放样、加强肋成型、组对焊接等工艺流程进行了优化,实现了预制单元标准化制造,钢衬里板偏差由 10mm 减小到 3mm 内,进而实现了车间的安全生产规范化。

(3) 研发了钢衬里变形控制技术

利用有限元分析方法,对预制拉伸应力后的筒体壁板焊接变形进行数值模拟,并用自行设计制作的预应力焊接成型工装对筒体壁板预拉伸应力和焊后壁板边缘的径向变形进行测定。采用先焊接轴向角钢,再预拉伸应力,焊接周向角钢的装焊工序,减小筒体壁板边缘的径向变形,保证壁板边缘的径向变形量控制在 2.0 mm 以内。

发明"弧长之差参照角度值线性分配方法"及利用工艺措施减小焊接变形,贯穿件套筒角度定位偏差较大、周长之差影响吊装就位、模块组对就位存在褶皱等安装精度问题,实现了吊装前后,贯穿件套管、锚固板的精确定位。采用穹顶模块预拼装及整体吊装精度控制,最大限度地减少吊装引起的变形难题。

(4) 实现了钢衬里模块化施工

对钢衬里结构模块化施工全过程中的关键力学问题进行分析,将每层钢衬里在车间预制成标准模块分块,在拼装现场将分块拼装焊接成一个整圈,并完成锚固板、贯穿件套管的安装,通过大型起重设备进行模块的整体吊装安装。

在吊装网架工装、现场拼装工装以及整体现场拼装、整体吊装、安装工艺等形成了一整套钢衬里模块化施工工艺。模块化技术将钢衬里立缝焊接和锚固板、贯穿件套管的安装、焊接等大量工作从高空移至地面完成，与传统钢衬里施工技术相比，降低了组对难度，优化了施工工艺，提高了施工质量，缩短了核岛建造周期。钢衬里模块化施工彻底改变了传统的现场分片安装施工方法，相比传统工艺缩短35%工期、钢衬里安装精度由±50mm提高到±25mm内。

（5）钢衬里穹顶整体吊装变形控制技术保证了薄壳式穹顶施工精度和整体吊装

开发了不同形状钢衬里穹顶的卷制成型或模架一次成型的预制成型技术。保证穹顶现场拼装的成型质量，满足钢衬里穹顶整体吊装变形控制，保证了薄壳式半球形穹顶施工精度和整体吊装。相比较常规工艺省去卷制或压制工序，工效进一步提升1~2倍。

（6）开发出有利于安全壳密封性的高能钨极脉冲双气流保护氩弧自动焊接方法

开发出有利于钢衬里密封性的高能钨极脉冲双气流保护氩弧自动焊接方法，改进了钢衬里的现场焊接工艺，使现场焊缝一次合格率由90%提高到98%以上，减少了对焊工技能的高度依赖，有效提高了焊接的质量稳定性，降低了焊工的劳动强度，减少了高空作业风险，极大改善了现场施工作业环境。

采用自动焊取代传统的手工焊接，研发了自动焊焊接工艺，采用"刚性固定法""分段退焊加跳焊法"，并编排合理的焊接顺序，使用"间隙板"进行装配，采用"压实法"控制焊缝错边量，有效控制了焊接变形，焊接效率高，保证了焊缝质量，使焊缝超声波探伤（UT）一次合格率达到了100%。

5. 新技术应用

（1）钢衬里自身结构形式为薄壁结构，自身刚度低、稳定性差，其排板设计对质量保证、安全风险、安全壳结构整体性和工期等均有重要影响。根据核电材料国产化的发展要求和国产钢衬里板材规格情况，通过建立钢衬里有限元模型对衬里施工全过程的关键力学问题进行分析，对钢衬里排板进行了优化设计并形成行业标准，为高效高质量钢衬里建造提供条件。

（2）利用自主设计的等弧度膜架等工装，应用自主研发的附加加劲肋的刚性固定与静力顶压工艺，预制张力控制焊接变形控制等钢衬里壁板加工技术，并通过对钢板拼接、壁板放样、加强肋成型、组对焊接等工艺流程进行了优化，实现了钢衬里预制单元板标准化制造。

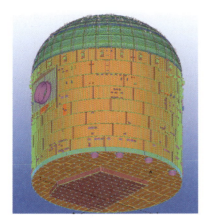

图3　数值模拟

图4　预制单元标准化制造

（3）在国内核电站钢衬里施工领域首次引入模块化施工理念，通过模块设计、拼装、吊装精度控制和安装就位工艺研究，最大限度地减少或降低减小吊装引起的变形难题，实现钢衬里"底板＋加腋区"、筒体和穹顶模块化整体吊装。钢衬里模块施工创新的工艺，是对传统施工工艺的质变和提升，采用钢衬里模块建造技术缩短核电建造周期，提高钢衬里建造质量，保证核电站的批量化建设。

（4）开发出钢衬里穹顶双曲面板一次滚压成形技术和模架一次成形技术，保证穹顶现场拼装的成形质量，满足钢衬里穹顶整体吊装变形控制，保证了薄壳式半球形穹顶施工精度和整体吊装。

图5　模块化施工

图6　钢衬里吊装

图7　高能钨极脉冲双气流保护氩弧自动焊接

（5）通过对专用自动焊接设备与工装的研制、自动焊接施工工艺的研究、现场施工工装的开发等，开发出有利于安全壳密封性的高能钨极脉冲双气流保护氩弧自动焊接方法，改进钢衬里的焊接工艺，保证安装焊缝质量稳定，提高了焊接的质量稳定性。

成果在巴基斯坦K2、K3（华龙一号堆型）应用，减少了钢衬里施工与混凝土施工之间的互相交叉影响，保证了焊接质量，降低了安全风险，缩短了施工周期，进一步提高了工程模块化施工水平，极大地推动了海外"华龙一号"的建造进程。

成果已经在国内三澳、陆丰等华龙一号核电项目推广应用，取得了巨大的经济效益和社会效益。

6. 作用意义

该项目关键技术已纳入核能行业标准《压水堆核电厂反应堆厂房安全壳钢衬里施工技术规程》（NBT 20159—2012，2018年修订，该标准于2021年重新修订）。已获得授权发明专利8项、实用新型5项，国家级工法1项，省级工法5项，其中《核电站钢衬里模块化施工方法》获得第七届国际发明展览会金奖。项目关键技术成果已应用于我国自主化CPR1000、田湾VVER，以及华龙一号核岛钢衬里建造，焊缝检验一次合格率99％以上，密封性一次合格率100％，为核电安全运行提供保证。

通过钢衬里建造技术的研究，实现了土建和安装并行施工，模块化施工的先进理念已经变成现实。钢衬里模块化技术的开发应用将加速对三代核电站建造技术的消化吸收与推广应用，有利于促进我国核电自主化建造进程。

科技成果鉴定意见：

2019年6月20日，中国核工业集团有限公司科技质量与信息化部在北京组织召开了"核电站钢衬里综合建造技术"科技成果鉴定会，鉴定委员会听取了成果完成单位中国核工业华兴建设有限公司的汇报，审阅了相关资料经过讨论形成鉴定意见如下：

（1）该项成果提交的鉴定资料齐全，内容翔实，符合鉴定要求。

(2）成果完成单位结合压水堆核电站钢衬里的结构特点和建造要求，开展了钢衬里分型设计、壁板标准化制造、模块化施工、现场焊接技术等研究，取得了多项创新成果，形成了系统性、自主化的核电站钢衬里建造技术。

(3）该项成果主要创新点为：

1）对钢衬里进行了优化分型设计，减少了现场安装焊缝，提高了钢衬里施工效率；

2）开发出钢衬里壁板制作模架、制作成型与组焊方法，形成了壁板标准化制造工艺。实现了钢衬里底板环段与加腋区、筒体的模块化施工；

3）通过穹顶板一次高精度成型和曲面埋弧焊接技术的应用，保证了薄壳式半球形穹顶预制施工精度和整体吊装的实现；

4）开发出高能钨极脉冲双气流保护氩弧自动焊接技术，提高了现场钢衬里板对接焊效率和质量稳定性。

该成果已获得8项发明、6项实用新型专利授权，拥有多项自主知识产权，总体技术达到了国际先进水平。

城市更新中历史街区建筑修复保护关键技术*

主要完成人员：
魏春明、梁华杰、周群利、吴碧桥、王吉骞、朱靖、王青辉、王烨、顾国荣

完成单位：
江苏省华建建设股份有限公司、江苏中程建筑有限公司、上海长凯岩土工程有限公司、上海同瑞土木工程技术有限公司

图1 景观

1. 项目概况

"外滩源"位于黄浦江和苏州河的交会处，东起黄浦江、西至川中路、北抵苏州河、南面滇池路，占地16.4ha。区域内保留着一批建于1897年至1936年间的各式近代西洋建筑，为外滩历史文化风貌区的核心区域，是外滩"万国建筑博览会"的源头，也是上海现代城市的源头。现存有15栋优秀历史建筑和一批风格多样的历史建筑。

洛克外滩源（黄浦区174街坊项目）是外滩源整体开发的项目之一。洛克外滩源南起北京东路，北至南苏州路，西抵虎丘路，东为圆明园路，南北长约300m，东西宽50～70m不等，规划用地面积约为16882m²，总建筑面积约11.5万 m²，区域内共有市级优秀近代建筑7栋，其他历史建筑10栋。

工程总造价达到7亿元，分两个阶段施工：第一阶段：8栋历史建筑的加固、修缮，已在2010世博会前完成并交付使用；第二阶段：3栋修缮、6栋新建建筑；整个工期需要6～7年。洛克外滩源工程建成之后将是集商业、公寓、办公、酒店、博物馆等于一体的综合性商务区。需改建、修缮历史建

图2 "外滩源"位置

---

* 该项目获得2019年"江苏省土木建筑学会·土木建筑科技奖"一等奖

筑面积 40000 多 m²。新建建筑面积为地上 50000 多 m²，地下 20000 多 m²。

2. 应用领域和技术原理

主要应用领域为工程建设领域，涉及历史街区建筑修复保护、历史建筑加固和修缮、基础清障、复杂深基坑工程等方面。

第一阶段：拆除非保留建筑物、构筑物，保留保存好其中部分保护构件；为了提高历史建筑的抗震性能和抵御邻近深基坑施工影响，加固全部 11 栋历史保护建筑，其中 8 栋历史建筑进行修缮；为保证历史建筑的使用功能，配套建设地下能源中心，通过室外钢结构设备管廊为各栋历史建筑提供电力、冷热水、消防和生活水源、煤气等；保留沿街外墙的美丰洋行局部拆除，以满足紧贴的能源中心地下室顺利施工。

第二阶段：已修缮的部分历史建筑逐步装修投入使用；剩余 3 栋历史保护建筑继续进行加固、修缮；场地内的地下障碍物和老桩基清除；新建筑深基坑的地下围护结构和工程桩施工；深基坑施工同时拆除地下大型障碍物；地下室施工和地上主体结构施工，局部栈桥作为美丰洋行的施工通道，施工至负一层后暂缓施工；美丰洋行施工完成主体结构后，大型设备退场，再拆除现场全部栈桥，全部完成主体结构。

3. 性能指标

（1）在进行桩基托换和周边深基坑施工期间，历史保护建筑主体结构不发生开裂，需保护的装饰可修补；

（2）非保护建筑防止局部坍塌，整体稳定，砖雕等保护纹饰不开裂、脱落；

（3）深基坑施工期间保证历史建筑能够正常使用；

（4）保护性拆除的构件不得破坏，且能完整复原；

（5）清障施工不影响历史建筑的安全；

（6）经加固和修缮的历史建筑须达到规定抗震设防要求。

4. 创新点

（1）针对历史建筑结构脆弱的特点，设计小直径锚杆静压钢管桩，压入地基土中后在桩端进行注浆，施工成扩底钢管锚杆，提供压桩反力，再分段静压大直径钢管桩，该系统无须借助建筑物作为反力压桩，保证了历史建筑的安全。

（2）针对在历史建筑内侧施工深基坑，且只能在内侧保护单片独立外墙，进行掏砖试验设计钢结构夹梁夹紧底部砖墙，利用悬挑板分段间隔托换墙体基础，大直径钢管桩作为悬排板的基础，该系统实现了独立墙体的单侧基础托换。

（3）在紧贴单片独立外墙内侧施工大型深基坑，对保护墙体进行材料试验、数值模拟分析和施工过程监测，分部位分阶段进行结构局部拆除和加固，确保了单片砖墙在深基坑施工期间的安全。

（4）利用全回转清障机在全面清理地下障碍物前定点施工立柱桩，沿道路间隔法清除地下室基础后施工地下连续墙，利用新建基坑支护结构清除地下剩余障碍物的施工方法，重新组织深基坑清障、支撑、栈桥、坑底加固、降水、开挖的施工流程，实现了坑内老建筑大型地下室基础清障与深基坑开挖同步，极大地降低了历史建筑沉降变形风险，减少了施工成本。

（5）针对紧邻历史保护建筑的深基坑施工，先加固老建筑基础，再施工深基坑围护，改良地下木桩拔除设备和工艺高效拔除地下大量木桩，利用坑内土体加固，使减压井只设不降按需开启，"不对称"土方开挖等技术，很好地保护了项目周边的土工环境和相邻建筑物结构。

（6）应用旧砖换面修复和砖粉勾缝、水磨石拆除后修复、保护建筑墙体的基础托换、注射法修复保护建筑防潮层，采用多重工艺复合的方法对历史建筑基础进行防水处理，采用树脂锚固螺栓法修补泰山砖墙裂缝空鼓起壳，达到了独特的"修旧如旧"效果。

5. 新技术应用

（1）单片砖墙单侧基础桩基悬挑托换施工方法

解决了历史建筑墙体保护需要双面加固的难题，单侧加固就能抵御风荷载等水平荷载对墙体的倾覆，满足了单片墙体内侧的深基坑施工条件。

（2）注浆钢管桩作为反力架基础分段静压钢管桩施工技术

实现了在室内不依靠建筑物自重作为反力，静压大直径钢管桩的难题，避免了压桩对保护建筑结构的损害。

图3　单片砖墙单侧基础桩基悬挑托换施工方法　　　　图4　钢管桩反锚压桩

（3）单片保留外墙性能模拟分析及施工过程监测技术

对保留外墙的倾斜、沉降、动力特性、门窗洞口变形、关键部位应变、裂缝形态等全过程数值监控，并将监测数据引入三维数值仿真分析，判断房屋承受能力，及时报警，防止局部破坏和整体倾覆，同时，应用经校的数值模型，还可模拟现场可能发生的各种异常工况，变被动设防为主动控制，真正实现有效的预警。

（4）坑内老建筑基础清障与深基坑同步施工技术

在新建地下室施工前，不必先全部清除地下原有地下室，而是定点清除局部障碍物，施工新建基坑的立柱桩和地下连续墙等支护结构，再利用新建基坑支护结构清除地下障碍物的施工方法，避免了大面积清障对环境、工期成本的影响。

图5　墙体材料试验　　图6　裂缝形态监控　　图7　立柱桩位置CD机定点清除　　图8　穿过地下室施工钻孔灌注桩施工

6. 作用意义

研究成果授权发明专利6项，实用新型专利2项，省级工法2项，发表论文7篇。

该项目成功实现了城市更新中历史街区建筑修复保护，创新成果为企业直接降低施工成本约1300余万元。因为历史建筑能够提前投入使用，从而也为业主创造了巨大的收益。形成的技术路线有利于工程技术人员拓宽思路，激发灵感，创造性地完成此类工程的施工任务。该成果不仅缩短了施工周期，而且通过先进的管理方法和先进技术的运用，把大量的调查研究和试验工作做在正式施工之前，避免了浪费和返工，最大可能地减少了对周边环境的影响；通过对历史保护建筑的加固和修缮、节能改造，修缮外立面门窗，增加内窗，加固外墙，翻修屋面，提高了建筑物的隔声和保温效果，对非保留建筑进行合理更新利用，配建新的机电系统和能源中心，整个地块的配套得到了完善，历史建筑焕发新生，展示了城市历史风貌，留住城市的建筑风格和文化特色，是践行新发展理念、树立文化自信的一项重要工作，具有深远的历史和现实意义。

外滩源综合改造工程是上海市对历史风貌保护区进行旧城改造的重点项目，该成果实施项目洛克外滩源历史建筑的保护修缮和深基坑施工是其中的一部分。在2010年上海世博会前，街区内的历史建筑顺利投入使用，既为上海赢得了荣誉，也体现了江苏华建的技术实力和创新能力。随着城市中心综合改造工程的不断建设，其成果必将发挥更大的作用，对提升我国建设行业施工技术水平产生显著的促进作用。

科技成果鉴定意见：

2019年5月7日，江苏省土木建筑学会在上海组织召开了"城市更新中历史街区建筑修复保护关键技术"科技成果鉴定会，鉴定委员会听取了课题组的技术研究报告，考察了施工现场、经质询、讨论，形成如下鉴定意见：

（1）提供的鉴定材料齐全，符合鉴定要求。

（2）针对历史保护建筑的加固、修缮，以及特殊条件下的深基坑施工、基础清障和美丰洋行独立外墙保护等关键技术，进行了施工技术研究和创新攻关。形成了多项技术成果，具有独立自主的知识产权，获得发明专利6项，有较高的推广应用价值。

研究的成果经工程实践在三个方面形成了成套的施工关键技术，解决了项目施工中的难点问题，很好地保护了项目周边的土工环境和相邻建筑物结构，实现了研究的预定目标。在上海历史保护建筑的加固、修缮方面形成了注浆钢管桩作为反力架基础分段静压钢管桩施工技术、保留外墙性能模拟及监测技术、历史建筑修缮施工技术、历史建筑基础防水处理技术、保护建筑墙体修复注浆防潮层施工方法、保护建筑墙体的基础托换施工技术等成套技术。在特殊条件下的深基坑施工、基础清障方面形成了坑内老建筑基础清障与深基坑同步施工技术、沿道路清除地下室基础后施工地下连续墙技术、地下木桩拔除设备和工艺改造、紧邻历史保护建筑的深基坑施工技术、复杂环境深基坑工程降水施工技术等成套技术。在美丰洋行独立外墙保护上形成了单片砖墙单侧基础桩基悬挑托换施工技术、结构局部拆除及加固施工等成套技术。

（3）以上成套技术保证了历史街区内历史建筑修复保护"修旧如旧"的效果，提升了该城市街区的使用功能，实现了历史街区建筑保护施工的主要技术经济指标，取得了显著的社会效益。

（4）经过相关单位的测试评估，加固修缮的历史建筑达到抗震设防要求，深基坑施工对历史建筑的影响控制在标准范围内。

鉴定委员会认为，研究成果总体达到了国际先进水平，其中"单片砖墙单侧基础桩基悬挑托换施工技术"等四项研究成果达到了国际领先水平。

苏州中心跨地铁钢桁架与超大单层曲面网壳施工技术

主要完成人员：
徐纲、李建华、傅新芝、杨国松、宋敏、王欢、顾涛

完成单位：
江苏沪宁钢机股份有限公司、中亿丰建设集团股份有限公司

图 1　苏州中心效果图

1. 项目概况

苏州中心综合了办公、酒店、商业、公寓、文化、娱乐等多种功能。两栋超高层塔楼以办公为主，并辅以酒店、公寓等业态。四栋写字楼采用国际甲级标准，主要为高端企业客户服务。东南角塔楼规划为高端特色型酒店，主要吸引时尚旅游客源。沿苏惠路布局了两栋酒店式公寓，定位于中高端客户群体。裙房设置了 33.2 万 m^2 的商业，其中外圈以配套服务为主，内圈以中高档家庭消费为主，业务包括零售、餐饮、冰场、影院、精品超市，以及高端奢侈品等，同时利用星州街规划了一条休闲商业步行街。

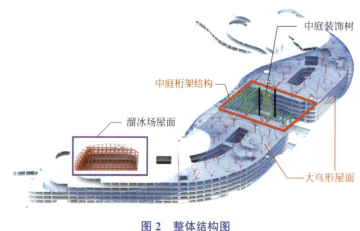

图 2　整体结构图

苏州中心位于市域 CBD 中轴线最主要的节点，也是苏州东部综合商务城的核心和制高点，与东方之门组成一个整体，形成风格统一的面向金鸡湖的城市建筑群形象。因此，除对项目布局进行整体规划外，每栋建筑的形态与立面都将秉承现代、简洁、大气的设计理念，坚持以城市整体形态为主，协调建筑单体，统一建筑风格，以形态的一体化突出项目的地标性，创造滨湖区域独特的、极富美感与节奏的城市天际线和极富震撼力与吸引力的

---

* 该项目获得 2019 年"江苏省土木建筑学会·土木建筑科技奖"二等奖

整体效果。

该工程钢结构主要由中庭桁架结构、中庭装饰树、溜冰场屋面、大鸟形屋面等部分组成，中庭桁架结构为多层大跨主次平面桁架结构，桁架最大跨度53.1m，最大安装标高38.5m，通过12组架柱与基础承台进行连接，中庭装饰树为空间壳体弯扭钢管结构，装饰树下部与中庭桁架层结构连接，侧面通过销接铰支座连接于结构楼层上，上端顶面悬挑，与屋盖等结构均不连接；溜冰场屋面结构为大跨度主次平面架结构，结构跨度最大达45m，纵向主架两端连接于混凝土钢骨柱上大鸟形屋面结构，横贯结构全部区域，覆盖整个中庭、南北区主楼，分布在结构楼层上方，结构主要由屋面网格、树形支撑柱、V形支撑柱及侧面水平支撑杆等组成。

2. 性能指标

（1）根据工期紧、施工场地有限等限制条件，科学划分流水段，合理进行工序穿插，保证工程顺利实施。

（2）中庭桁架结构为超大跨度桁架结构，构件体量大，且单榀质量均较重，桁架质量最重达110多吨，在中庭钢架下方设置可移动式的支撑平台，解决大跨度桁架跨运营地铁区作业的技术难题。

（3）大鸟形屋面系大跨度、空间造型复杂，结构刚度也较弱的一种单层曲面网壳结构，对屋面网格施工分区分块、施工顺序、嵌补杆件及合拢区域、临时支撑合理设置，确保网壳结构的安装精度。

3. 创新点

（1）针对项目施工现场复杂的环境条件及各种施工机械的架设性能要求，采用环境综合分析法选择合理机械，安排施工顺序和计划，解决了建筑交叉覆盖的钢结构施工中工序交错的影响，满足了施工需要。

（2）针对大跨度桁架跨地铁区作业的难题，为确保施工过程中地铁线的结构安全，采用移动式支撑平台，提高了塔式起重机利用效率，加快安装速度，降低了施工难度，节约了施工成本。

（3）采用计算机模拟安装的分块吊装技术并合理设置嵌补杆件、合拢区域、临时支撑，确保了网壳结构的安装精度，使得整体结构成型准确线条流畅。

4. 新技术应用

（1）运营地铁上方中庭多层大跨度钢桁架移动式支撑平台转换施工技术

为保证施工时地铁正常运营，减小地铁顶板上部的施工荷载，在跨运营地铁上方首次使用大跨度移动式支撑平台，将结构自重及分段安装荷载，传递至地下室混凝土结构。移动式支撑平台跨度45.1m，宽度26.1m，高度8.39m。采用装配式标准格构支撑组合而成。主桁架为4榀门式桁架，平台顶部设置5道连系桁架，局部设4道桁架，南北两侧各设置双轨道。滑移支撑架体采用动力牵引装置实现在三个分区间移动施工。过程中采用Midas软件进行有限元分析，确定合理的分段点及支撑平台的安装，确保施工过程结构安全。

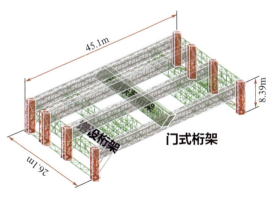

图3　移动式支撑平台

（2）超大单层曲面网壳钢结构施工技术的研究应用

超大单层曲面网壳钢结构首次采用V形支撑柱、树形支撑柱和侧立面水平支撑杆三种定位支撑体系。屋面网格均采用了箱形截面型钢，杆件与杆件之间连接节点采用了机加工钢管节点，通过钢管节点与杆件间焊接连接。根据整个结构受力特点及现场施工条件，运用数字化模拟仿真技术，对网壳进行结构变形及受力分析。树形柱及V形柱等均为支撑屋面网格的支撑结构，均采用钢管结构形式。柱底与混凝土楼层柱顶连接，柱枝通过铰接或刚接等不同形式与网壳进行连接。侧面水平支撑杆主要支撑立面网壳结构，一端通过埋件连接于结构楼层上，另一端连接于网壳结构上。

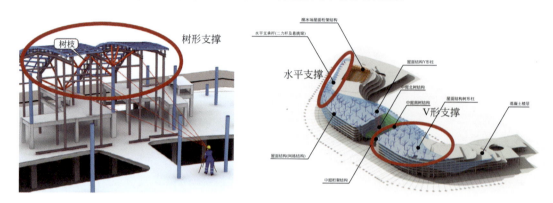

图4　三种支撑体系

中庭网格分块安装时，下部设置组合门式框架结构体系，门式框架两端立柱设置在南北两侧混凝土结构框架梁上，中间立柱设置在中庭钢桁架结构上或地面上，当支撑立柱位于地面时，支撑下部设置路基箱支撑平台。

（3）跨运营地铁多单元多专业结构密集交叉重叠施工工况下高效、合理的施工组织技术路线的研究与应用

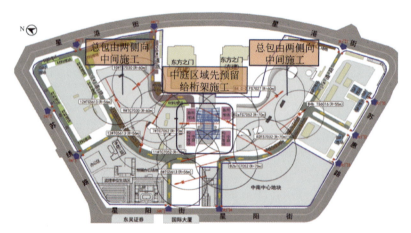

图5　合理交叉施工

大鸟形屋面钢结构子项目多，独立又彼此联系成整体且多专业同时施工。中庭钢桁架与两侧结构相互独立，钢结构与土建同时采用塔式起重机施工，结合场地条件及工期影响，确定先施工中庭钢桁架，两侧单体建筑由两端向中间逐区域推进施工。溜冰场屋面桁架待四周混凝土结构施工完成后插入进行，中庭装饰树待中庭钢桁架及混凝土结构施工完毕后组织施工，且在大鸟形屋面施工前完成安装。大鸟形屋面网壳结构先施工屋顶网格，后安装侧面网格。

5. 作用意义

成果获国家发明专利1项，实用新型专利10项，江苏省级工法1项，核心期刊发表论文1篇。该成果的研究与成功应用，解决了结构交叉重叠与跨地铁施工作业、超大单层曲面网壳钢结构安装的施工技术难题，同时构建了一套完整的施工体系，工程质量、经济、社会效益显著。该技术获得了中国钢结

构协会科学技术奖二等奖，同时通过 LEED 设计金奖、中国绿色建筑二星级认证，为今后类似工程建设提供了成功的范本，具有重要的借鉴作用和推广价值。

科技成果鉴定意见：

2017 年 3 月 9 日，住房和城乡建设部科技发展促进中心在北京主持召开了由江苏沪宁钢机股份有限公司和中亿丰建设集团股份有限公司共同完成的"苏州中心广场中庭架与单层曲面网壳钢结构施工技术"科技成果评估会。评估委员会听取了研究工作汇报，审阅了相关技术资料经质询与讨论，形成评估意见如下：

（1）提供的技术资料齐全，符合评估要求。

（2）针对项目施工现场复杂的环境条件及各种施工机械的架设性能要求，采用环境综合分析法选择合理机械，安排施工顺序和计划，解决了建筑交叉覆盖的钢结构施工中工序交错的影响，满足了施工需要。

（3）针对大跨度桁架跨地铁区作业的难题，为确保施工过程中地铁线的结构安全，采用移动式支撑平台，提高了塔式起重机利用效率，加快安装速度，降低了施工难度，节约了施工成本。

（4）采用计算机模拟安装的分块吊装技术并合理设置嵌补杆件、合拢区域、临时支撑，确保了网壳结构的安装精度，使得整体结构成型准确线条流畅。

（5）上述施工技术的研发和成功应用，解决了结构交叉重叠与跨地铁施工作业、大面积单层曲面网壳钢结构安装的施工技术难题，保证了工程质量，经济、社会效益显著。

评估委员会认为：该项技术成果总体达到国际先进水平，一致同意通过评估。

百米级跨度柔性空间弯扭管桁架结构设计与施工技术研究与应用*

主要完成人员：
石兴新、张谨、尹昌洪、周浩、徐剑平、李俊、韩磊

完成单位：
中建三局集团有限公司、中建三局安装工程有限公司、苏州柯利达装饰股份有限公司、中衡设计集团股份有限公司、奥雅纳工程咨询（上海）有限公司

 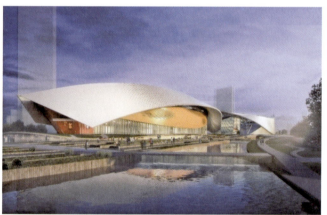

图1　苏州湾文化中心

1. 项目概况

大跨度空间结构是衡量一个国家建筑技术水平的重要标志，也是一个国家文明发展程度的象征。随着科技发展和人民各类需求的提升，社会及人民群众对当今建筑的功能和造型的要求越来越高，使得大跨度空间结构的需求不断增加。这就为大跨度建筑结构的出现以及推广提供了前提条件。随着科技进步、设计理论的发展和完善、高强材料的出现，大跨度空间结构成为目前发展最快的结构形式，世界各国都对大跨度空间结构和发展研究极为重视。目前大跨度空间结构主要用于公共建筑及工业建筑，例如大型商场、体育馆、展览馆、航站楼、火车站等。在这过程中，大跨度空间结构的设计理论、技术的研究越来越成熟，应用和发展也越来越广泛。随着建筑造型的复杂化，我国大跨度空间结构的形式不断创新，施工技术也取得了极大发展，形成了丰富的科技成果。

项目以苏州湾文化中心项目为研究应用案例，该中心坐落于美丽的太湖之滨，西滨太湖，东接太湖新城中央商务区，是一座集文艺演出、商业娱乐、文化传承于一体的多功能、综合性的文化中心，可以极大地丰富市民的综合文化生活，为市民带来优质的文化生活体验，是一座全新的、现代化的大型综合文化建筑，也将成为吴江的文化名片。

苏州大剧院和博览中心通过象征苏州丝绸和昆曲水袖的两条在空间扭曲和上下交叉的飘带结构有机地连接在一起，带来了强烈的视觉冲击。建筑造型独特、曲线优雅。

---

* 该项目获得2019年"江苏省土木建筑学会·土木建筑科技奖"二等奖

项目总建筑面积约21万 m²，包括了大剧院、多功能厅、博物馆、规划展示馆、会议中心、电影院和配套商业体等。北区大剧院为钢框架＋钢筋混凝土结构＋金属屋面，地上七层，地下两层，用地58004.53m²，建筑面积93649.6m²，建筑高度43m，核心部分1600座。北区IMAX影院为钢框架结构＋金属屋面，地上六层，地下两层，建筑高度约40m。南区地上部分包含博物馆、规划展示馆、会议中心，用地49016.44m²，总建筑面积约为103624m²，是集展览会议文化交流，休闲娱乐等功能为一体的地标性城市文化建筑。整体地下两层，博物馆为钢筋混凝土框架结构，地上七层，建筑高度48m；规划展示馆为钢框架结构＋金属屋面，地上六层，建筑高度40m；会议中心为钢筋混凝土框架结构，地上两层，建筑高度23m。

图 2　外观及内景

2. 应用领域和技术原理

应用领域：大跨空间建筑结构工程，例如大型文体综合体、歌剧院、博物馆、体育场馆、会展中心等。

技术原理：依托苏州湾文化中心项目的实施，主要通过对连接歌剧院与博览中心的大跨度空间柔性弯扭管桁架（简称钢飘带）的结构体系构成、形态优化、受力计算的创新、刚性带伸缩节点的创新、基于匹配钢飘带造型外需求采用的参数化优化双曲飘带外饰铝板分格模数设计技术以及基于大跨度空间柔性弯扭管桁架综合钢结构施工技术，展开系统深入的数值分析和模型试验研究。

3. 性能指标

（1）钢飘带的双曲面造型由双向弯曲管桁架结构实现，其下飘带国内最长的钢结构飘带达380m，上飘带人行步道区域跨度最大达100m且仅依靠两端三叉柱支撑。钢飘带共4980t，最大悬挑约为45m，最高点标高为53.10m。

整体吊装单元的最大外形尺寸为25358mm×24997mm×3932mm。最大重量为69.43t。

（2）建筑设计要求飘带结构规整、空间曲面顺滑，安装施工中测量定位、节点对接、焊接施工等质量控制难度极大。飘带结构有独特管桁架结构的代表性，又是具有连通性功能重要结构。飘带结构双曲面造型最大扭转角度达到180°，下飘带双向弯管最小弯曲半径小于6m，弯扭钢管构件总长度达3120m，约240件，对于实现最大连续长度达380m不规则曲面飘带结构的整体顺滑效果造成极大难度。

（3）滑移屋面为大剧院观众厅屋面桁架单榀桁架高度3.6m。桁架上弦标高36.55m，桁架柱底板标高32.95m。

4. 创新点

（1）大跨度空间柔性弯扭管桁架结构设计技术：①提出了"脊桁架"串联"三角形空间管桁架"的结构设计体系；②提出了适用于超长柔性结构与主体结构硬连接结构体系的"强边界等价设计"的优化计算方法；③提出了适用于同时采用水平向和竖向调频质量阻尼器减振系统的设计技术。

（2）幕墙龙骨底部"刚性带伸缩连接节点"、空间弯扭管桁架饰面板分隔设计分析技术：①首次设计了"刚性带伸缩"的连接节点；②提出了参数化优化双曲飘带外饰铝板分格模数设计技术。

（3）百米跨度四弦棱形弯扭钢飘带桁架独立式塔架同步提升施工技术研究。

（4）四弦棱形弯扭圆管桁架结构体系及拼装施工技术。

（5）异形屋面桁架施工创新技术：①不等长弧形屋盖钢桁架结构补偿滑移技术；②大跨度鱼腹式片状钢桁架整体楼面同步顶升技术研究；③基于混凝土独立梁抗扭作用的桁架提升技术。

5. 新技术应用

（1）大跨度超长柔性空间弯扭管桁架结构体系设计和形态优化

1）建立并提出"脊架"串联"三角形空间管架"的结构设计体系，该体系整体向刚度强，结构整体稳定性高。

2）针对超长柔性弯扭管桁架，基于其与主体硬连接的结构体系，提出"强边界等价设计"的优化计算方法，大大提高设计计算效率。

3）总结了适用于同时采用水平向和竖向调频质量阻尼器减振系统的设计技术。

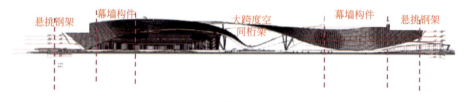

图 3　飘带结构模型

（2）低位飘带下部幕墙龙骨底部"轴向可伸缩刚性连接节点"

针对建筑造型及受力要求，设计了可同时满足扭转刚性及竖向伸缩的低位飘带下部幕墙龙骨底部"轴向可伸缩刚性连接节点"。

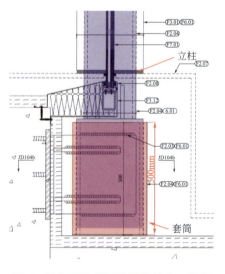

图 4　轴向可伸缩刚性连接节点—竖剖

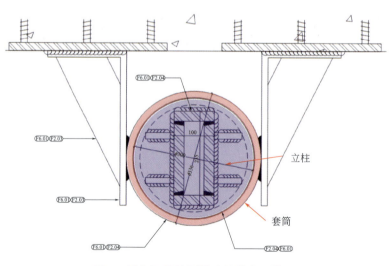

图 5　轴向可伸缩刚性连接节点—横剖

(3) 空间弯扭圆管桁架分段拼装及体态定位技术

为精确保证钢飘带安装成型后的质量,确定结构在应力释放过程中的变形,对传统拼装工艺进行优化,研究了空间弯扭管桁架四向坐标拼装加内弧点复测控制的新型拼装工艺,创造性地引入了"管口四向坐标控制法""内弧点复测法"并结合计算机仿真模拟分析,提高了整体拼装精度。

(4) 百米跨度空间弯扭管桁架独立式塔架同步提升施工技术

为适应空间弯扭管桁架的结构跨度大、结构复杂、支撑点少、施工环境复杂等特点及难点,降低施工安全风险,实现安装工艺高效化,针对百米跨度弯扭管桁架的安装,研究并应用了合理可行的百米跨度四弦棱形弯扭钢飘带桁架独立式塔架同步提升施工技术。

图6 拼装

图7 百米跨度现场提升

(5) 异形屋面桁架施工创新技术

1) 研究总结了一种基于有限空间下的下支撑式不等长弧形钢桁架结构补偿滑移技术,包括:滑移施工辅助装置、新型装配式贝雷架支撑系统、新型圆管反顶加固系统。

2) 研究总结了一种大跨度鱼腹式片状钢桁架整体楼面同步顶升技术,实现了超重桁架同步提升施工。

3) 研究总结了一种基于混凝土独立梁抗扭作用的桁架提升技术。

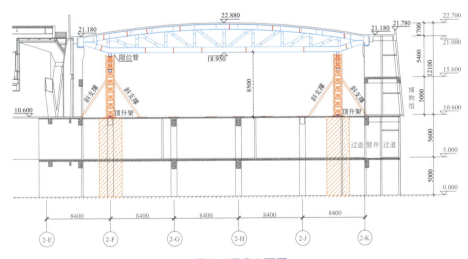

图8 顶升立面图

6. 作用意义

项目研究成果获国家发明专利2项,实用新型专利3项,出版专著1部,发表论文5篇,获省部级工法 2 项，QC 成果 3 项。该项目研究成果整体应用于苏州湾文化中心结构中。应用该项目研究内容累计产生经济效益 639.16 万元。

科技成果推动了国内大跨度空间结构的发展，使大跨度空间结构施工工艺愈加成熟，新工艺的应用缩短了建造工期，实现了绿色建造和建筑的可持续发展。苏州湾文化中心在项目实施过程中得到了行业同仁的高度关注，先后承办了苏州市装配式工程现场交流会、吴江区钢结构施工技术交流会，累计接待各类观摩达到 100 余次，累计接待观摩人员 5000 余人。工程建设过程中得到了广泛的关注，各大媒体和网站纷纷进行了大篇幅报道。工程建设精度高、质量好，建成后将成为苏州规模最大的文化娱乐综合体，为苏州市增添又一地标精品，为苏州市民带来优质的文化生活体验。苏州湾文化中心工程得到行业建设主管部门和行业同仁的高度评价，为大跨度空间交互式丝绸状钢飘带及异形屋面桁架建筑建造关键技术的推广应用奠定了良好的社会基础。

科技成果鉴定意见：

2019 年 8 月 16 日，江苏省土木建筑学会在苏州组织召开了"百米级跨度柔性空间弯扭管桁架结构设计与施工技术研究与应用"科技成果鉴定会。鉴定委员会听取了课题组的技术研究报告，审查了相关资料，考察了施工现场，经质询、讨论，形成鉴定意见如下：

(1) 提供的鉴定资料齐全，符合鉴定要求。

(2) 该成果依托苏州湾文化中心项目，该项目总建筑面积 21 万 m^2，包括了大剧院、多功能厅、博物馆规划展示馆、会议中心、电影院和配套商业体等。北区为大剧院，结构形式为钢框架十钢筋混凝土结构＋金属屋面；南区为博览中心，含博物馆、规划展示馆、会议中心，各单体结构形式为钢筋混凝土结构、钢框架结构＋金属屋面。大剧院和博览中心通过象征苏州丝绸和昆曲水袖的两条在空间扭曲和上下交叉的飘带结构有机地连接在一起，建筑造型独特，曲线优雅。课题组针对上述百米级跨度柔性空间弯扭管桥架结构设计与施工技术难点进行了研究，形成以下创新技术：

1) 百米级跨度飘带柔性空间弯扭管架结构设计技术创新：提出了"脊架"串联"三角形空间管架"的结构体系；提出了适用于超长柔性结构与主体结构硬连接结构体系的"强边界等价设计"的优化计算方法；提出了适用于飘带大悬挑人行步道，同时采用水平向和竖向调频质量阻尼器减振系统的设计技术，首次设计了低位飘带下部幕墙龙骨底部"轴向可伸缩刚性连接节点"。

2) 百米级跨度弯扭管架虚拟建造技术创新：进行了空间弯扭管架安装全过程模拟分析，进行了分节段拼装、多管口对接和体态定位技术分析，还进行了拼装完成后的卸载技术分析。

3) 异形钢结构特种安装技术创新：提出了高位飘带空间弯扭管架塔架提升安装技术，提出了不等长弧形屋盖钢架结构模数化工具式补偿滑移技术；提出了大跨度鱼腹式片状钢架整体同步顶升技术提出了基于混凝土独立边梁抗扭作用的桁架提升技术。

该项目研究成果获得软件著作权 1 项、受理发明专利 2 项、获得实用新型专利 3 项、取得省级工法 2 项、省级 QC 小组成果 3 项，发表论文 5 篇，取得了显著的经济效益和社会效益。鉴定委员会认为，该成果整体达到国际先进水平。

先张法 U 梁成套施工技术研究与应用*

主要完成人员：
蒋建荣、陈剑、顾晓彬、谭程龙、张敬伟、吴维莉、黄周泉
完成单位：
中交三航局第三工程有限公司

图 1　施工实景

1. 项目概况

地铁属于轨道交通行业范畴，是城市公共交通的重要组成部分。地铁因占地和空间小、运输能量大、运行速度快、环境污染小、乘坐舒适、便利等特点得到快速发展，中国的地铁建设取得了相当不错的成绩，在缓解城市交通压力方面发挥了巨大的作用。与国外相比，我国地铁起步较晚，"十二五"时期，我国进一步扩大地铁建设规模，地铁建设的发展迎来黄金时代。按照现有规划，在国家不断加大基础设施建设基础上，2018 年我国建成地铁 480km，2020 年总里程达 6100km。

地铁快速发展推动混凝土构件的需求和创新，其中 U 梁是一种新型的预应力混凝土构件，外形呈开口薄壁截面，由底板、腹板组成，属于下承式预应力混凝土结构形式，与箱梁相比，它具有节省投资、外形美观、视觉效果好、梁体轻盈、总建筑高度低、断面空间利用率高、行车安全、降噪效果好等优点，广泛应用于城市轨道交通工程。青岛地铁项目高架区间（含车站）长 10.4km，地下区间（含车站）长 6.6km，高架采用新型 U 梁体结构，共 812 孔 U 梁，由于 U 梁施工工艺复杂，因此其预制的质量是工程成败的关键。

鉴于地铁 U 梁在地铁施工中的重要性以及 U 梁混凝土质量控制、预应力张拉施工和架设具有较高难度，需要开展 U 梁成套施工技术的研究，为未来建设轨道交通项目提供技术支撑。

2. 应用领域和技术原理

该项目研究可应用于地铁工程领域先张法的生产、调运、存放、运输和安装，并形成成套工艺技术。

对 U 梁的预制设备、生产工艺和架设工艺及混凝土配制、外观质量改进、开裂风险分析、先张法

---

* 该项目获得 2019 年"江苏省土木建筑学会·土木建筑科技奖"二等奖

张拉和放张工艺、成品梁试验等关键技术等进行系统研究，不但保证了地铁U梁的质量，加快了预制进度，缩短工期，还降低了预制U梁的生产成本和维护、修补成本。

3. 性能指标

（1）明确不同工况下U梁的监控内容及相应量测指标；
（2）形成预应力先张法U梁预制或架设施工工法；
（3）配制强度等级为C50、C55的混凝土，混凝土性能指标满足规范和设计要求。

4. 创新点

（1）外观质量控制技术研究：开展小尺寸、足尺寸模型试验，模拟了不锈钢模板、交叉布设附着式振捣器、涂刷水性隔离剂、粘贴透水模板布对薄壁U梁外观质量的影响，大幅度提升U梁内外腹板的外观质量，消除了内倒角普遍存在的蜂窝、麻面、孔洞等质量通病。

（2）通过采用低热水泥、紧密骨料堆积、掺加聚丙烯纤维配制安全系数大于1.6高抗裂低热混凝，采用塑料薄膜、土工布、喷淋养护相结合的保温保湿养护工艺降低混凝土的收缩量，根据全过程自动化监测U梁的温度和应变值控制混凝养护工艺、拆模时间和放张时间，提出可全过程控制早期裂缝的方法。

（3）国内首次进行先张法U梁预应力损失试验，通过钢绞线贴片测试工艺测定了U梁在不同时期的预应力损失量，并与理论计算进行对比分析，提出了设计及施工的优化建议。

（4）提出了采用精轧螺纹钢与线杆连接器的施工方法，提高张拉施工安全系数，降低张拉施工成本投入。

（5）通过将运梁小车作为辅助支腿，在中支腿增加横移机构，改进运梁车各层分配梁间的转盘机构等措施，保证运梁车在通过小曲线半径时各层分配梁能够更加灵活地转动，实现小半径段U梁的架设。

（6）研究U梁结构的抗扭性能及架梁特点，优化并解决岛式车站两侧分叉段U梁架设的施工工艺，通过采用门式起重机、钢支架平台、移位器、路基板及混凝土预制块轨道基础等方法，有效降低了施工成本，提高了施工安全系数。

（7）改进桥上运梁车钢轨收轨工艺，将轮胎式钢轨收轨器改进为轮轨式收轨器，加快了收轨速度，并消除了收轨过程中对梁体、接地端子等部位的碰损。

5. 新技术应用

（1）预应力先张法U梁制作技术研究
1）混凝土配制技术研究
通过混凝土拌合物工作性、硬化混凝土抗压强度、弹性模量、氯离子电通量试验、混凝土早期抗裂试验，确定合适的水胶比、矿物掺合料品种与掺量、减水剂、骨料级配等关键配合比参数；配制出抗裂高性能U梁混凝土，缩短放张时间。

2）早期裂缝控制技术研究
根据全过程自动化监测U梁的温度和应变值控制混凝土养护工艺、拆模时间和放张时间，提出可全过程控制早期裂缝的方法。

3）先张法张拉工艺研究
针对先张法长线台座研究预应力张拉和放张工艺，通过钢绞线贴片测试工艺测定了U梁在不同时期的预应力损失量，分析制梁过程中的各项因素造成的预应力损失，并与理论计算进行对比分析，提出了设计及施工的优化建议。

4）成品梁试验研究
开展成品U梁静载试验及架桥机施工工况下梁体应力测试，确保U梁各项力学性能满足规范要求，保证施工期梁体结构安全。

（2）预应力先张法 U 梁生产控制研究

1）根据调研资料和构件的预制量及工期特点，计算得出制梁台座、生产线、存梁台座、钢筋绑扎台座的数量，设计梁场的平面布置；

2）通过调研，结合国内已有工程经验，根据 U 梁断面尺寸及梁体的尺寸参数，提出钢筋骨架模块化成型工艺、组合式模板拼接工艺和预应力体系成型工艺；

3）根据前期制作技术研究提出的质量控制参数控制混凝土的浇筑，保证混凝土浇筑质量；

4）统计整个制作期内混凝土力学性能、外观质量、裂缝开展情况和成品梁的静载试验结果，评估梁体的生产质量水平。

（3）冬季 U 梁的生产控制

1）通过热工计算提出冬季混凝土入模温度控制措施，通过试验研究提出 U 梁的冬季蒸养制度，根据蒸养参数要求、生产线的供蒸汽需要提出梁场的蒸汽养护工艺设计；

2）开展冬季 U 梁生产的典型施工分析，总结存在的问题；

3）之后开展改进研究，解决问题，完善冬期施工工艺；

4）通过统计整个制作期内混凝土力学性能、外观质量、裂缝开展情况和成品梁的静载试验结果，评估梁体冬季的生产质量。

（4）成品预应力先张法 U 梁施工技术研究

1）对提梁、运输及架梁设备开展调研，确定适合本项工程的设备性能参数及型号数量；

2）对整套施工工艺开展研究，规划和确定合理的提梁点，明确运输工艺流程，规划合理的运输路线；

3）确定架桥机工艺施工流程，通过采用运梁小车作为辅助支腿，在中支腿增加横移机构，改进运梁车各层分配梁间的转盘机构等措施，可轻松实现曲线半径小于等于 400m 的小曲线段 U 梁架设；

4）通过创新采用门式起重机支腿二次分配梁法、轨道路基板拼装法、移位器移梁法等技术，可轻松实现岛式车站两侧分叉段 U 梁的安装作业，解决了小半径曲线段和岛式车站两侧分叉段 U 梁架设难题。

6. 作用意义

项目研究成果获发明专利 1 项，省级工法 1 项，技术论文 6 篇。在青岛地铁 13 号线工程中得到应用，有效节约 U 梁生产和安装成本，通过计算降低成本约 375 万元，具有良好的经济效益。

冬季采用适合的蒸养制度，有效地节约能源，U 梁预制工艺的优化，提高了生产效率，降低人工成本，有利于节约社会资源和有利于环保，同时外观质量的改进，提高了工程的品位，具有显著的社会效益。在目前国内相关规范标准不够全面的情况下，该项目形成的先张法 U 梁成套施工技术及形成的施工工法，可为今后国内外的 U 梁预制施工提供技术支撑和宝贵经验。

科技成果鉴定意见：

2018 年 3 月 31 日，江苏省土木建筑学会在南京市组织召开了"先张法 U 梁成套施工技术研究与应用"项目的科技成果鉴定会，鉴定委员会听取了技术研究报告，审阅了鉴定文件资料，经质询、讨论，形成鉴定意见如下：

（1）鉴定资料齐全，符合鉴定要求。

（2）以青岛地铁 13 号线工程高架区间 1386 榀 U 梁为依托，开展了先张法 U 梁成套施工技术研究与应用，取得了如下创新性成果：

1）首次针对先张法 U 梁外观质量控制技术开展系统研究，采用优化混凝土含气量选用不锈钢碳钢复合模板、交叉布设附着式振捣器、涂刷水性隔离剂的技术手段，开展小尺、足尺模型试验对比研究，大幅提升了 U 梁的外观质量，在内倒角区域粘贴透水模板布有效解决了内倒角普遍存在的蜂窝、麻面、气泡等混凝土质量问题；

2）率先开展了先张法 U 梁早期裂缝控制技术研究，综合采用掺加聚丙烯纤维、控制拆模时间、立体化自动喷淋养护、优化配合比提早放张等措施，有效控制了 U 梁混凝土早期裂缝；

3）开展了先张法 U 梁的预应力张拉工艺试验研究，提出了先初张拉、再整体张拉、最后精调张拉程序，保证了设计要求的有效预应力值；

4）创新提出了运梁小车作辅助支腿、中支腿增设横移机构、改进运梁车的转盘机构、改进门吊支腿二次分配梁等措施解决曲线半径小于等于 400m 的小半径曲线段架设难题。另外，采用轨道路基板拼装法、移位器移梁法等技术解决了岛式车站两侧分叉段 U 梁架设难题。

(3) 研究成果已经在青岛地铁工程进行了成功应用，经济效益和社会效益显著，具有推广应用前景。

鉴定委员会认为，该研究成果达到国际先进水平。

城市景观湖水下大型停车库建筑关键技术研究与应用*

主要完成人员：
邹厚存、周融、刘良科、于建兵、冯晨、董红平、王国庆
完成单位：
江苏扬建集团有限公司、扬州市桩基有限公司

图1　整体景观

1. 项目概况

随着我国城市化的进程，城市数量不断增加，城区范围扩大，对城市空间容量的需求急剧膨胀，城市的快速发展造成了土地资源的紧张化，开发和利用城市地下空间成了大势之趋。为了缓解城区"停车难"问题，并充分利用水下地下空间，"扬州荷花池地下停车场工程"应运而生。项目位于扬州市荷花池公园内，东侧为荷花池路，南侧为土坝路，北侧为荷花池公园，西侧临荷花池，用地面积约为2.26ha，总投资约为3亿元，项目包括四个部分：荷花池停车场地库主体建设、荷花池支路改造、与苏北医院的联络通道和景观恢复工程。其中，地下停车库为整体二层，局部三层，位于荷花池湖底以下，整体埋深14.10m，总建筑面积29687.66m²，地上362.23m²，地下29325.43m²，最大长约168.5m，最大宽约159.6m，平面呈多边形；地下联络通道连接地下荷花池地下停车场与苏北医院地下停车场，呈南北走向，全长约为141.5m，分为两段，一段为明挖段，长度为65.5m，另一段为顶管段，顶管长度为84m，顶管截面尺寸为8100mm×4950mm，管片厚度为550mm，属超大截面异形顶管。该项目水下停车场建筑面积大，水下埋深深，周边环境复杂，建设施工难度高；同时，荷花池作为泄洪通道，需要在汛期前完成水体复原，工期压力大。

2. 应用领域和技术原理

应用领域：该研究成果可应用于水下停车场建造的深基坑施工、水下大面积混凝土抗裂等方面。

技术原理：基于扬州荷花池地下停车场工程，通过产、学、研优势互补，借鉴吸收与自主创新结

---

* 该项目获得2019年"江苏省土木建筑学会·土木建筑科技奖"二等奖

合，单项技术突破与综合应用并举的方式，研究大型水下停车场施工关键技术，提出综合性建造方案，完善水下建筑施工技术。

3. 性能指标

我国沿海、沿河、沿江的城市很多，同时拥有大小湖泊、邻近较大的自然湖泊的城市也不占少数，水下停车场无疑是未来许多城市可以考虑发展的静态交通建设方向。特别是在一些水域存在污染的地区，通过水下停车场的建立，能够借机对生态环境进行改造，同时，在此基础上形成更好的交通系统。研究城市既有景观湖水下大型停车库的建造关键技术，可以有效地解决传统停车场建设占地面积大、投入成本高、有碍城市景观的难题。

目前，在大多数城市水下停车场的建设还是空白，该研究项目依托实际工程，针对大型水下停车场施工过程中存在的技术难题，理论联系实际；同时，将优化设计、数值模拟、工程实践相结合，制定水下停车场建造的综合性方案，完善水下停车场施工技术，为拟建的相似工程提供有价值参考。

4. 创新点

（1）攻克了复杂环境下（水下）深基坑工程施工难题。在水下停车场深基坑工程中采用黏土回填、钢板桩防渗加固措施，有效提高防渗效果，减少生态破坏，便于景观恢复。针对地质勘查中未发现的承压水险情，突破传统做法，研究深基坑承压水突涌减压控水技术，解决了基坑中出现的局部坑底涌水问题。

（2）配制低收缩微膨胀高性能混凝土，突破了国内规范中地下连续混凝土结构变形缝许可间距的规定及大面积混凝土结构"跳仓法"填仓时间间隔7d的要求。

（3）解决了超大面积混凝土结构使用过程中因为温差效应导致混凝土结构出现裂缝的技术难题。水下停车场出入口顶板受温度影响大，结合温度场及温度应力的计算理论和分析方法，分别对车库底板及顶板建模分析，并研究地下室顶板在温度荷载作用下施加预应力对地下室顶板内部应力的影响。在此计算基础上，顶板采取"无粘结预应力施工技术"，有效控制了温差变化较大处混凝结构裂缝的产生，保证了混凝土的施工质量。

（4）攻克了复杂环境下超大截面矩形顶管施工和拼接的技术难题。针对顶进线路上障碍区，通过取芯钻机进行密集钻孔取芯，然后向取芯孔内填充黏土和高分子化学试剂拌制而成的改良土，并用优质黏土封堵加固夯实，以保持顶进过程中机头前端土压平衡，顺利顶进；在顶管机机头通过工作井、接收井加固区时，在顶推力过大无法顺利顶进的情况下，通过小孔径钻芯换填改良处理，降低顶管机机头前端阻力，降低顶推力，使机头能够顺利顶进。

5. 新技术应用

（1）城市复杂环境下深基坑工程施工技术

土石围堰防渗施工技术：荷花池水下停车场围堰设计重点设置了防渗芯墙。通过在围堰上施工一排拉森钢板桩，有效提高土石围堰的防渗效果。

深基坑内支撑重载栈桥施工及综合利用技术：本施工及综合利用技术在栈桥一端设置土坡，可以增加出土路径，并减少土方开挖过程中挖掘机械对支撑梁的破坏，加快土方开挖速度及工程桩施工速度。对栈桥进行分区分时段拆除，并穿插施工主体结构，实现了流水施工，节约了工期；施工栈桥下方的主体结构时，先行拆除栈桥板面与相应区域的第二道支撑，栈桥梁不拆，保留第一道支撑受力状态。此外，对

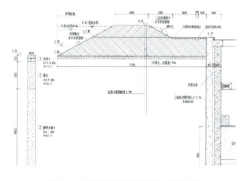

图 2　土石围堰防渗施工技术

于格构柱与混凝土柱重合的区域，采取高支模思路，搭设钢管排架进行换撑，方便了主体结构的施工；为避免钢管穿顶板数量过多，在顶板混凝土浇筑前，再次换撑，降低了水下建筑的渗水隐患，确保了工程质量。

深基坑承压水突涌减压控水技术：研究减压降水治理深基坑承压水坑底突涌的工作机理、使用范围，制定合理的坑底突涌的减压降水控水方案，成功解决了基坑中出现的局部涌水问题，确保深基坑及周围环境的安全。

（2）水下大面积混凝土结构抗裂技术

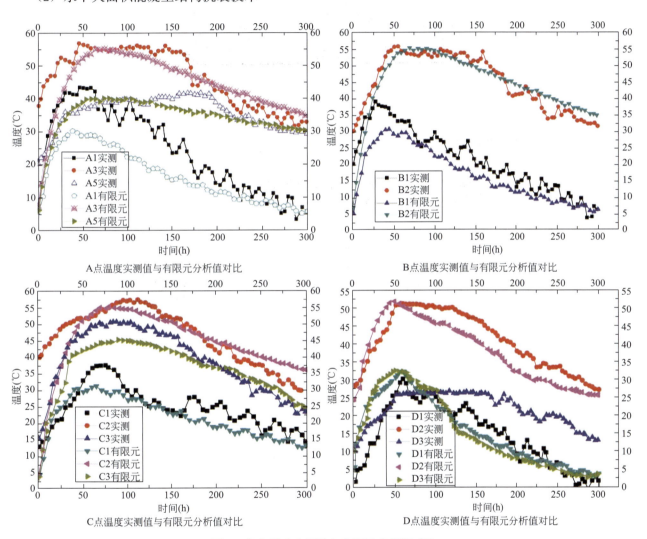

图3　各点温度实测值与有限元分析值对比

通过大面积混凝土中双掺 HME-Ⅳ 混凝土高效膨胀剂和 PCA-9 聚羧酸系高效减水剂，优化混凝土配合比，控制了因温度应力作用而导致大面积混凝土结构内部收缩裂缝的产生。由于同时使用了膨胀剂和减水剂，改善了混凝土性能，在使用"跳仓法"浇筑大面积混凝土浇筑时，打破规范所要求的"跳仓法的最大分块尺寸不宜大于 40m"及混凝土填仓时间要间隔 7d 以上的要求。

（3）水下混凝土结构综合防水技术

根据工程主体不同部位和不同工况，按照结构防水为主、刚柔结合、或堵或疏的原则，对顶板采取"表面抛丸处理，非固化橡胶沥青防水涂料涂刷，ARC 耐根穿刺防水卷材铺贴"技术；对底板采取"铺设塑料排水板"技术；此外，针对承压水高水头下管井不易封井、封井后底板抗渗效果差的问题，对管井和超深管井进行综合封堵，防渗效果显著。

图 4 混凝土塑料排水板的铺设

（4）超大截面矩形顶管施工技术

图 5 顶管施工方案

超大截面矩形顶管顶进区复杂障碍处理技术：实现了项目实施过程中的机械化作业，通过取芯钻机进行密集钻孔取芯，然后向取芯孔内填充黏土和高分子化学试剂拌制而成的改良土，并用优质黏土封堵加固夯实确保矩形顶管机顺利出洞，并成功穿越地下砖石、木桩等地下障碍物。

超大截面矩形顶管管节防水施工技术：针对特殊复杂地下条件，采用"超大截面矩形顶管管节综合防水施工技术"，在顶管管片接口采用F形承插式，管节接缝处采用多道防水措施，以达到防水规范要求，解决了此类复杂地下环境管节防水难题。

（5）城市既有景观生态恢复与提升

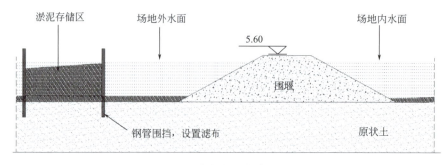

图 6 池中淤泥就地安置

该项目从既有景观的原样恢复和新建建筑物的环境融合两个方面，对荷花池生态进行恢复与提升。

充分体现"以人为本、生态优先"的理念，对水下停车库建设与周围环境的关系进行了妥善处理。

6. 作用意义

项目授权实用新型专利"地下深井封堵盖板系统"及"钢筋混凝土底板'跳仓法'施工缝防水构造"2项，省级工法5项，QC小组活动成果获奖4项。

该项目综合利用研究的各项施工关键技术，完成了扬州至今为止唯一的水下工程并对荷花池景观生态进行恢复与提升，有效改善了文昌阁所在的扬州市老城区域的交通拥堵，节约造价约812万元，是一次国土资源节约集约创新利用的成功经验。

科技成果鉴定意见：

2019年9月4日，江苏省土木建筑学会在扬州组织召开了"城市景观湖水下大型停车库建造关键技术研究与应用"科技成果鉴定会。鉴定委员会听取了技术研究报告，审阅了相关材料，经质询、讨论，形成以下鉴定意见：

（1）技术资料齐全，符合鉴定要求。

（2）项目针对水域深基坑工程的施工难题，通过黏土回填、钢板桩加固围堰，提高防渗效果，利于景观生态恢复；优化基坑开挖顺序、栈桥拆除、格构柱换撑等施工工序，保证了安全快速施工；采用管井减压控水技术，成功治理了基坑坑底承压水突涌问题。

（3）项目针对水域大面积混凝土结构抗裂难题，创新配制低收缩微膨胀高性能混凝土抗裂性能显著，并成功运用于混凝土大面积"跳仓法"施工中；结合温度场理论计算与数值模拟结果，对停车库顶板施加无粘结预应力，有效避免了地下室顶板温度裂缝的产生，突破了国内规范中地下连续混凝土结构变形缝许可间距的规定及大面积混凝土结构"跳仓法"填仓时间间隔7d的要求。

（4）项目针对水下大型停车库防渗难题，基于刚柔结合、堵疏并举的原则，顶板防水施工前采取"表面抛丸处理"方法，有效保证防水材料与结构表面的粘结；底板上铺设"塑料排水板"，对管井和超深管井进行综合封堵等方法，确保了水下结构无渗漏。

（5）项目针对城市复杂地下条件下超大截面矩形顶管工程，对工作井、接收井加固区采取小孔径钻芯换填改良处理，保证了顶管成功出洞、进洞，通过密集钻孔取芯、填充改良土，顺利穿越顶进线路上障碍区；顶管管片接口采用F形承插式，管节接缝处进行多道防水措施，解决了顶管防水难题。

（6）该项目依托工程——扬州荷花池地下停车场已成功实施，于2017年投入运营，获得省新技术应用示范工程，市级优质工程奖。获得实用新型专利2项，省级工法5项，省级QC成果2项，取得了显著的社会效益和经济效益。

鉴定委员会认为，成果达到国内领先水平。

有轨电车轨道工程施工技术研究*

主要完成人员：
徐明发、刘习生、张大春、王开材、乔春伟、白向臣、卢龙华

完成单位：
中铁上海工程局集团有限公司、江苏省土木建筑学会城市轨道交通建设专业委员会、中铁上海工程局集团华海工程有限公司

图1 有轨电车实景

1. 项目概况

项目依托苏州高新有轨电车2号线及1号线延伸线工程，围绕轨道结构形式、施工工艺、施工机具等方面开展研究，为有轨电车工程施工积累技术和经验。

苏州高新区有轨电车2号线工程位于苏州高新区内，主线起点为太湖大道南侧、龙安路路口的龙安路站，终点为苏浒路、风栀路北侧的城际站。规划线路走向为龙安路—普陀山路—科正路—环阳山西路—通浒路—体育路—文昌路—鸿福路—风栀路。

该工程主线全长约16.768km，共设车站18座，平均站间距1.007km。最大站间距1.412km，位于嘉陵江路站至科正路站区间。支线长约1.427km，在鸿福路站与主线连接其起点为鸿福路站的道岔口，终点为文昌路站端头，沿文昌路向南走行，在文昌路与大同路路口设大同路站，在文昌路站与规划中的苏州市轨道交通3号线文昌路站换乘。

全线设通安车辆段1座，位于阳山西路以西、科正路以北地块内，面积约10.7ha，设牵引变电所12座，其中正线10座，车辆段、停车场各设置变电所1座。

主线起讫里程为DK0+400～DK17+168.058，支线起讫里程为ZDK0+100.000～ZDK1+527.000，车辆段为出入段线、试车线、培训线、库内线、库外线等。施工内容包括轨道铺设、整体道床及碎石道床施工，无缝线路施工，轨道排水、减震降噪隔离单元安装，以及施工范围的附属工程部分。

---

* 该项目获得2019年"江苏省土木建筑学会·土木建筑科技奖"二等奖

苏州高新区有轨电车 1 号线延伸线是贯通高新区东西向的有轨电车骨干线路,其右线长 9.015km,左线长 9.037km,设车站 7 座,平均站间距约 0.925km。主线起于太湖大道与 8 号街路口西侧的太湖广场站,线路沿太湖大道路中敷设,终点位于有轨电车 T1 线的起点龙康路站,与 T1 线贯通。

图 2　有轨电车路线

2. 应用领域和技术原理

应用领域:该项研究成果可为有轨电车轨道工程施工相关工装设备、施工方法等领域提供技术借鉴。

通过调研、勘察、试验、分析、合作等多种方式,优化设计,研究方案,指导实施,提炼成果,积极开展科技攻关活动。

3. 性能指标

(1) 工程质量优异

1) 小半径曲线道床施工工艺的改进,对于钢轨的几何状态、扭曲度、接头等控制,都达到了预想的效果。

2) 梯形道岔通过分块组装、整体调整的施工方法,以及钢轨接头异形焊接保证了道岔的施工质量。

3) 各种发明的机具,如道床模板专用支撑架使得道床表面形状美观,线条顺直,为创优质工程奠定了基础;倾斜状态检测尺,有效地控制了钢轨的倾斜度满足了施工时轨底坡不易控制的质量通病。

(2) 施工安全平稳

1) 发明的工机具在保证了轨道的状态的质量的前提下,改善了乘车舒适性降低了运营安全风险。

2) 电磁感应新装置无明火燃烧现象,提高了施工作业安全性。

(3) 施工速度快、生产效率高

采用电磁感应正火装置单个焊轨接头作业全过程时间缩短至 20min 以内,节省了施工时间,提高了施工效率。无需氧气、乙炔等加热燃料,节省了搬运人工,提高了经济效益。

4. 创新点

(1) 研制应用了"轨道状态专用调整装置""专用吊具"等 11 项专利技术的成套工装设备,开发了轨道接头感应正火技术,改良了轨道铺设工艺,优质高效。

(2) 应用仿形和感应加热原理研制的正火设备,首次实现了槽形轨的感应正火,解决了槽形接头及异形接头正火难题,质量可靠、安全环保。

(3) 首次采用的梯(梳)形道岔分块铺设、整体起道工艺,槽形轨小半径曲线先焊后铺技术,CPⅢ测量控制轨道状态方法及预制板式道床的应用,均具有创新性。

5. 新技术应用

（1）小半径曲线轨道铺设关键技术研究

1）充分利用长钢轨长细比的柔性作用，减少了局部的应力集中，降低了钢轨的刚度，增加了柔性，便于钢轨弯曲。

2）利用长轨条的整体性，将钢轨缓慢弯曲、逐步精调，提高了效率，保证了质量。

（2）梯形道岔轨道铺关键技术研究

1）曲股数量多，定位要精准，零配件数量多，组装要严谨，精调难度大。

图3 小半径曲线承轨台成型道床

梯形道岔的组装调整顺序为先组装直股，再组装辙叉，后组装曲股；轨道调整时采用整体起道、逐步精调的方式。熟悉各种枕木、垫板等零配件数量尺寸，合理组装，避免发生混乱。先直股后曲股精调顺序，保证各岔心定位精准。

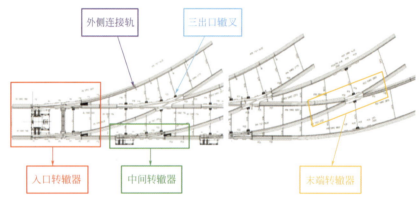

图4 梯形道岔

2）梯形道岔槽形轨与普通50kg/m工字轨焊接质量要求高，异形接头打磨困难，梯形道岔岔后槽形轨与普通工字轨相连，两种形式的钢轨断面尺寸相差较大，异形焊接接头精度控制要求更加精细，利用铝热焊的方式进行异形断面接头的连接，确保了异形断面接头的连接质量。

3）梯形道岔导曲线线路多，半径小，钢轨弯曲困难。

导曲线及后接线路段曲线半径为25m，10m弦线弯曲正矢达到500mm，而碎石道床内施工一般无调轨支架及斜撑，造成钢轨弯曲困难度极大。采用设置临时支墩的方式，调整轨道状态。

（3）槽形轨正火关键技术研究

1）槽形轨特殊的截面形式，使其不能如同"工"字形钢轨正火线圈一般的方式进行开合，最终采用左右分离式开合结构。在原结构的基础上，增设一处开合法兰，使带有凸起端一侧的线圈完全可拆卸。这样即可将该侧的线圈单独安拆，从而解决槽形轨特殊截面形式造成的安拆不便的问题。

2）感应线圈采用循环水冷却技术，线圈内部为空心结构，通过循环水对其进行实时冷却，避免因自身温度过高而熔断。在连接法兰处，通过增设连接软管保证冷却水循环畅通。左右两侧线圈各自拥有独立的循环水路，接口处采用橡胶软管连通。

3）采用仿形设计，在槽形轨轨头凹槽处对应位置设计了突触，以便轨头凹槽处升温，尽量平衡钢轨各部位的升温速率。

4）采用悬挑式设计，正火线圈伸出，便于左右股钢轨交替施工。

(4) 轨道板铺设关键技术研究

1) 预制板下的自密实混凝土不需人工振捣，自动密实，其配合比要求严格。

2) 自密实混凝土的灌筑过程困难，灌筑时须将板下的空气排净才可灌筑密实。

3) 采用槽钢及花篮螺栓固定轨排，防止灌筑自密实混凝土时预制板上浮问题。

图 5　槽形轨正火关键技术

图 6　轨道板铺设关键技术

6. 作用意义

项目研究成果形成 4 项工法，获得了 4 项发明专利，12 项实用新型专利。研制有轨电车轨道工程施工相关工装设备、施工方法，总结形成了有轨电车轨道工程施工技术。该技术成功应用于苏州有轨电车 2 号线、1 号线延伸线轨道施工总承包项目，经济、社会和环境效益显著，为同类施工提供借鉴，具有广阔的推广应用前景。

成果转化及效益情况：通过有轨电车技术研究，2 号线轨道工程和 1 号线延伸线轨道工程施工成本降低，节约成本约 376.034 万元。

科技成果鉴定意见：

2018 年 9 月，中国中铁股份有限公司组织专家对中铁上海工程局集团有限公司完成的"有轨电车轨道工程施工技术研究"成果进行了网络评审，参加评审的有中铁一局、中铁二局、中铁四局、中铁十局中铁二院、中铁六院、中铁宝桥等单位的专家。专家组在审阅了相关资料的基础上，经评议，形成如下评审意见：

(1) 提交的技术资料基本齐全，符合科技成果评审要求。

(2) 课题组在调研国内有轨电车轨道工程施工技术现状的基础上，针对 47m 小半径曲线、梯形道岔、60R2 槽形轨正火等施工难题开展技术攻关，研究出小半径曲线先焊后铺的方法，有效提高了有轨电车轨道工程施工质量和工效，取得了以下创新成果：

1) 研制应用了"轨道状态专用调整装置""多点接触夹持式专用吊具"等 11 项专利技术的成套工装设备，开发了轨道接头感应正火技术，改良了轨道铺设工艺，优质高效；

2) 应用仿形和感应加热原理研制的正火设备，首次实现了槽形轨的感应正火，解决了槽形接头及异形接头正火难题，质量可靠、安全环保；

3) 首次采用的梯（梳）形道岔分块铺设、整体起道工艺，槽形轨小半径曲线先焊后铺技术，CPII 测量控制轨道状态方法及预制板式道床的应用，均具有创新性。

(3) 该成套技术成功应用于苏州有轨电车 2 号线和 1 号线延伸线两个工程，社会、环保、经济效益显著，具有较好的推广应用前景。专家组同意通过评审，认为其整体技术达到国内领先水平。

车辆段上盖结构设计关键技术研究与应用*

主要完成人员：
张敏、戴雅萍、徐文希、赵宏康、朱怡、陆春华、杨玉坤
完成单位：
启迪设计集团股份有限公司

图 1　巨柱箱式转换托举的空中城市

图 2　纯平台部分实景

---

* 该项目获得 2019 年"江苏省土木建筑学会·土木建筑科技奖"二等奖

图 3　盖下联合车库实景

1. 项目概况

该项目研究依托的苏州轨道交通 2 号线太平车辆段上盖开发，位于苏州市相城区北部、2 号线北延线以东、京沪高铁苏州站以北，是城市未来对外交通的枢纽之一。工程南北向总长约 1188m，东西向总宽约 330m，首期开发的 A、C、D 三个区，总建筑面积约为 95 万 m^2。目前该上盖平台已经建成并投入使用，是苏州市第一个盖下车辆段＋盖上物业开发的工程实例。

该项目按结构体系主要分为落地住宅区（A 区）、纯平台区（C 区）、上盖转换区（D 区），根据该项目建筑平面形状，盖上和盖下建筑的使用功能，结合平面转折、层数变化等设置防震—伸缩缝，将平台结构分成 16 个较大的抗震单元。

2. 应用领域和技术原理

（1）开创性提出"带箱式转换巨型框支柱—剪力墙"新型结构体系，解决了车辆基地上盖物业开发工程中由于工艺要求造成的超大层高差异、转换剪力墙全部不落地（国内尚无先例）、转换结构跨度大等问题，为突破上盖框架转换结构高度的限制提供了理论依据及创新实例，实现了上盖剪力墙全转换开发建筑群国内最高（74m），为抗震设防区大平台上盖开发更高效集约利用土地提供了开创性的解决方案及实践经验。

（2）为解决无围护超长混凝土结构（250m 左右）在大温差工况（升降温幅度达到 55°）下工作，建立了基于基础有限刚度与上部结构共同作用理论的超长车辆段结构温度效应非线性仿真分析方法，并在施工使用全过程动态控制、监测结构应力，与前期计算结果进行比对。

（3）结构设计引入变刚度桩基分析，考虑上部结构混凝土徐变随时间推移的变化规律，进行施工和使用全过程仿真分析，控制后期沉降差异，对沉降过程进行仿真分析，创新解决开发滞后与后浇带已封闭的矛盾；在桩基检测过程中部分采用自平衡试桩检测，并与静载试桩结果进行试验对比，获取第一手黏性土地区自平衡转换系数取值依据。

3. 创新点

（1）发明了"带箱式转换巨型框支柱—剪力墙"新型结构体系，解决了车辆段上盖物业开发工程中由于工艺要求造成的超大层高差异、竖向构件不连续、转换结构跨度大等问题，并突破了国内车辆段上盖物业开发中建筑适用高度的限制。

（2）创新性地开展了超长开敞车辆段结构温度效应的专项研究，研发了一系列有针对性的温度应力裂缝控制关键技术，建立了基于基础有限刚度与上部结构共同作用理论的温度效应非线性仿真分析方法。

（3）基于该项目进行的变刚度桩基全过程仿真分析，后期高层沉降差异控制及软黏性土地区桩基检测方法及自平衡转换系数取值研究。

图 4 新型结构体系应用实景

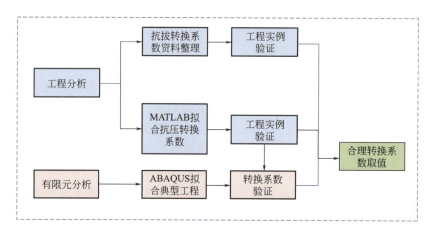

图 5 研究技术路线示意图

4. 新技术应用

（1）根据地铁车辆段工艺对建筑空间的具体要求，研究确定了该新型结构体系的主要设计原则和设计参数。①带箱式转换巨型框支柱—剪力墙结构一般设计原则按大底盘—多塔结构；②巨型框支柱柱网至少跨越两股股道，最佳柱网尺寸跨越股道方向为 14m、沿股道方向为 9m；③一、二层框支柱截面渐收；④一层车辆段净高不小于 7m，二层汽车库净高不小于 4m，一、二层框支柱最佳截面尺寸为 2m×2m～2.5m×2.5m，可有效避免现有转换技术因超大层高差异带来的刚度突变问题。

（2）车辆段长达 1km 以上，而且为全开敞结构，建筑使用功能要求车辆段上盖平台不设缝或尽可能少设缝。项目组在全面分析车辆段屋面也是上盖物业地面的特殊性要求基础上，研发了满足车辆段上盖平台多种功能需求的一系列专利技术：①"利用结构缝布置设备管沟装置"，通过结构缝连接部位的角变形释放温度应力，从而不影响分块主结构的水平变形和受力；②"覆土屋面结构缝翻边防水装置"，通过设置多道防线，提高了接缝部位防水的可靠性，满足建筑功能要求；③"大型种植屋面变形缝构造"，通过减少覆土厚度，提高了结构抗震性能；④"用于种植屋面的微地形构造"，减轻种植覆土对上盖平台楼板承载的不利影响。研究成果有效解决了盖下车辆段运营时的防水、种植屋面覆土深厚、种植屋面因设缝而布置管沟困难等关键技术难题。

（3）太平车辆段属于典型的软黏性土地区，对于该地区采用自平衡桩基检测，采用了传统堆载法和自平衡法进行抗压承载力静载试验，并对试验数据进行了对比分析，两种试验结果吻合良好，但自平衡法试桩每次试验前的准备时间、试验时间相对很短，相对于传统堆载法体现出省时、省力、安全可靠、经济性好的优越性，最终为苏州轨道交通 2 号线太平车辆段上盖物业综合开发平台项目提前投入使用节省了大量工期。

为获取抗压转换系数 γ_1 的合理取值，选取粉、黏性土地区典型工程，采用 MATLAB 的最小二乘法对自平衡静载试验所得结果与传统静载方法进行拟合，将拟合得到的转换系数值和其他取值所对应的位移—荷载曲线与传统静载法进行对比。

5. 作用意义

结合车辆段上盖开发进行创新性设计，对结构设计诸多问题进行了两次院士主持的省级鉴定，申请并取得4项发明专利，3项实用新型专利，针对车辆段与上部住宅开发的诸多矛盾开展研究，项目设计具有独创性，并在国内核心期刊发表6篇论文。

2017年，我国内地城轨交通完成建设投资4762亿元，在建线路长度6246km。仅江苏省就有南京、苏州、无锡、常州、南通、徐州等多个城市开建地铁并开始进行车辆段上盖物业开发的规划。该研究成果在全国范围有着广泛的推广应用价值，对城市轨道交通的健康发展及土地资源利用效率的提高将起较大推动作用。为车辆段上盖高强度物业开发提供了有力的技术支撑，并对在类似工程中开发生态区域和打造绿色城市空间具有重要的指导和借鉴意义。

研究成果解决了传统温度效应分析方法造成的措施过度和浪费问题，使得温度应力裂缝控制措施更有针对性、准确性和有效性。仅此一项技术成果，即可为车辆段工程节省近千万元工程造价（相较按传统分析方法配置预应力钢筋，太平车辆段节省工程造价约800万元）。

上述各项技术在后期开发的苏州胥口车辆段、天鹅荡车辆段、桑田岛车辆段、无锡具区路车辆段、宁波东钱湖车辆段、杭州五常车辆段等上盖开发项目设计施工过程中，已得到了不同程度的应用和推广，创造了良好的社会与经济效益。

科技成果鉴定意见：

2014年12月7日，江苏省住房和城乡建设厅在苏州组织召开了"车辆段上盖结构设计关键技术研究与应用"科技成果鉴定会。鉴定委员会听取了课题组的技术研究报告，审阅了相关资料，经质询、讨论，形成如下鉴定意见：

(1) 课题组提供的鉴定资料齐全，符合鉴定要求。

(2) 为提升城市土地利用率，结合苏州轨道交通2号线太平车辆段上盖物业开发，针对目前国家标准的相关规定不明确和车辆段上盖建筑的消防和结构设计的关键问题，提出了安全适用、经济合理的消防技术措施和设计方法。采用符合防火要求的钢筋混凝土楼板将轨道交通车辆段和上盖物业分为各自独立的消防体系。通过理论分析与试验研究，验证了车辆段分隔楼板的耐火性能，研究了板厚、钢筋保护层厚度等对钢筋混凝土分隔楼板耐火极限的影响。研究成果为完善相关规范提供了技术支持。

(3) 发明了适用于车辆段上盖建筑的带箱式转换的巨型框支柱—剪力墙结构体系，解决了上盖高层建筑剪力墙不能落地的问题，满足了该建筑的抗震设计要求；在合理考虑基础有限刚度模拟及混凝土长期徐变、收缩效应分析等基础上，建立了超长开敞车辆段结构温度效应非线性仿真分析方法，形成了有针对性的温度应力裂缝控制技术。

(4) 开展了对带上盖建筑的车辆段综合基地通风防排烟系统研究，提出了相应的技术措施。

(5) 针对盖上、盖下两种不同物业形态以及两种物业不同时开发带来的给排水问题进行了研究提出了解决上盖建筑建成前后排水设施兼顾、雨水回收再利用的具体措施。

研究取得了国家发明专利4项，实用新型专利3项，形成了《地铁车辆段上盖建筑设计技术导则》(初稿)，成果已成功应用在苏州轨道交通2号线太平车辆段上盖建筑设计中，取得了显著的经济效益和社会效益，可为其他城市车辆段上盖物业开发项目提供借鉴。

鉴定委员会认为，研究成果具有创新性，达到国际先进水平。

城市轨道交通装配式地下车站设计及施工关键技术研究*

主要完成人员：
张大春、杨晓虹、孙正华、蔡志军、罗跟东、戴国亮、金雪莲

完成单位：
江苏省建筑工程质量检测中心有限公司、江苏省土木建筑学会城市轨道交通建设专业委员会、无锡地铁集团有限公司、东南大学、中设设计集团股份有限公司、江苏华东工程设计有限公司、中国建筑第八工程局有限公司

图 1　施工实景

1. 项目概况

随着我国绿色施工和文明施工的大力推广，装配式结构也在快速地发展和运用中。装配式结构具有施工方便、施工速度快、对周边环境影响小、可规模化生产、投资回收快、可充分利用建筑废弃物、可实现全自动化生产和现代化控制等诸多优点，能够很好地解决施工中的速度、质量、效益、工期等方面的问题，许多国家都把预制化作为工业化和技术发展的一个重要的标志。

装配式地下车站即采用"搭积木"的形式修建地铁车站；地下车站的组成部分，如侧墙顶板、底板、梁、柱等为预制构件，施工过程中将各个构件装配而成。相比现浇地下车站，具有施工速度快、工期短、建筑垃圾少、施工噪声小等优点。

---

* 该项目获得 2019 年"江苏省土木建筑学会·土木建筑科技奖"二等奖

将装配式结构运用于地下车站建设中，既能缩短工期、降低施工成本，又能够很好地解决地表交通的拥堵问题，具有广阔的发展利用空间，必将成为未来地下车站建设的发展趋势。然而到目前为止装配式地下车站发展时间短，运用先例较少，虽然已有一定的研究成果，但尚有诸多设计施工所面临的问题急需解决，如地质条件、构件划分、节点连接、车站防水、施工技术等问题。

该项目以装配式地下车站设计与施工关键技术为主线，以在江苏省内支撑支护体系的明挖基坑实现车站施工装配化为目标导向，以江苏省典型地质条件、车站基坑支护结构截面构件划分、接头受力性能计算及试验分析、适合的防水体系、关键施工技术这六个方面开展相关技术研究。

2. 应用领域和技术原理

在调研总结国内外各方面的研究现状的基础上，针对城市轨道交通装配式地下车站的基坑围护、构件拆分、连接节点、防水体系、施工技术等开展研究，采用有限元计算分析及缩尺模型试验方法，对装配式地下车站结构构件划分及标准化、构件及节点受力性能、防水体系的建立等进行研究，为后一步地下车站在带内撑体系的明挖法基坑中实现装配化施工的工程应用提供技术支撑。

3. 性能指标

该项目以装配式地下车站设计与施工关键技术为主线，以在江苏省内支撑支护体系的明挖基坑实现车站施工装配化为目标导向。

（1）全面调研江苏获批或在建轨道交通城市的典型地质条件及明挖基坑的围护结构形式，得出地下车站适合装配化的典型地质条件及典型基坑支护结构形式，并以某一轨道交通典型地下车站工程为研究背景，分析在内支撑支护结构中应用装配式的可行性。

（2）通过广泛调研及分析现有的装配式地下车站的截面形式根据各截面形式下装配式结构的受力、变形、施工便捷性等因素，对装配式地下车站结构构件划分及标准化进行研究。

（3）依据得到的分块原则对装配式地下车站结构进行构件划分后，对车站结构开展有限元计算分析，研究不同截面形式的各装配式构件的受力机理及变形发展规律。

（4）针对构件接头开展仿真计算及试验研究，对构件接头的受力情况及破坏模式进行深入研究，形成接头从受力到破坏的发展机理理论，为设计提供理论基础。

（5）研究梳理目前已有的各种装配式结构的防水措施，提出适用性、耐久性更好的防水体系。

（6）对背景工程的装配化施工技术进行研究，形成施工组织方案并提出施工过程中关键的重难点及技术保障措施。为在江苏省实现带内支撑基坑条件下的装配化施工提供了有力的技术支撑。

4. 创新点

（1）以江苏省内典型地下车站结构形式为背景，首次提出基于多道水平内支撑基坑条件下的构件划分方式，通过数值模拟、试验研究，论证了其合理性、可行性。

（2）以实现地下车站装配化施工工程应用为目标导向，研究构件划分、节点形式、防水体系以及施工技术等关键技术，形成了设计与施工成套技术，为工程应用提供技术支撑。

5. 新技术应用

（1）建立了轨道交通装配式地下车站施工全过程数值模拟方法，论证了在江苏实现地下车站装配化的可行性，针对适应装配式地下车站的基坑围护形式提出了建议。

（2）建立了装配式地下车站结构构件拆分的方法，明确了构件节点的受力性能，为实际工程应用提供了技术支撑。

（3）研究分析了内支撑条件下的典型装配式地下车站主体结构施工中的重难点，形成了一整套装配式地下车站的设计及施工关键技术。

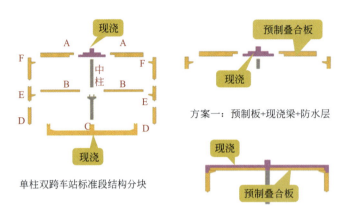

图 2　构件划分及接头设计方案

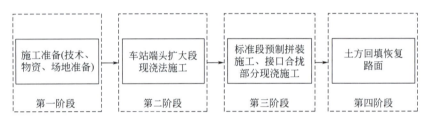

图 3　总体施工流程

6. 作用意义

项目研究成果授权国家发明专利 2 件，发表论文 5 篇，工法 1 项，编制科技报告 1 份。项目旨在采用理论分析、室内模型试验和数值模拟分析等方法从预制构件划分原则、构件及接头受力、整体防水、施工工序等方面对装配式地下车站从设计到施工进行系统的研究，为装配式地下车站的设计施工提供技术保障，加快装配式地下车站的发展，更好地为我国人民和经济发展服务。

科技成果鉴定意见：

2019 年 8 月 20 日，江苏省住房和城乡建设厅在南京组织召开了"城市轨道交通装配式地下车站设计及施工关键技术研究"课题鉴定会。鉴定专家委员会听取了课题组的研究成果汇报，查阅了相关资料，经质询、讨论，形成鉴定意见如下：

(1) 课题组提供的鉴定资料齐全，符合鉴定要求。

(2) 课题组调研了国内外城市轨道交通装配式地下车站研究及应用现状结合江苏省典型地质条件，运用数值计算分析与模型试验方法，围绕基坑支护、构件拆分、连接节点、防水体系、施工技术等开展研究，取得了以下成果：

1) 建立了轨道交通装配式地下车站施工全过程数值模拟方法，论证了在江苏实现地下车站装配化的可行性，针对适应装配式地下车站的基坑围护形式提出了建议；

2) 建立了装配式地下车站结构构件拆分的方法，明确了构件节点的受力性能，为实际工程应用提供了技术支撑；

3) 研究分析了内支撑条件下的典型装配式地下车站主体结构施工中的重（难）点，形成了一整套装配式地下车站的设计及施工关键技术。

鉴定专家委员会认为，课题组完成了课题任务书规定的研究内容和考核指标，研究成果达到了国内领先水平，可供江苏城市轨道交通装配式地下车站的设计与施工参考，一致同意通过鉴定。

荷载与环境因素耦合作用下高性能循环再生结构混凝土的力学行为与耐久性研究*

主要完成人员：
朱平华、杨江金、张菁燕、王新杰、耿犟、封金财、陈春红

完成单位：
常州大学、常州市建筑科学研究院集团股份有限公司

1. 项目概况

传统的混凝土工业正面临两大空前的危机。其一：资源危机。对天然砂石的过度开采，造成山体滑坡、河床改道，破坏了骨料原生地生态环境的可持续发展；与此同时，天然骨料的短缺已成为许多国家建筑业发展的瓶颈，而我国优质的天然骨料（河沙、卵石）在有些地区已枯竭，许多地区合格的混凝土用砂供应十分紧张，一些大城市已找不到高性能混凝土用砂。其二：环境危机。混凝土从制备到报废的各个环节都会产生大量的废弃物。这些废弃混凝土绝大部分直接运往郊外或者乡村采用露天堆放或填埋的方式进行处理，耗用大量的征用土地费、垃圾清运费、处理费等建设费用。更为严重的是，碱性的废弃混凝土会令大片土壤失活、河流失色，导致严重的二次污染。建设资源节约型、环境友好型社会，迫切要求混凝土工业走可持续发展道路。

图 1　高性能循环再生混凝土

项目拟阐明弯曲荷载与碳化、冻融循环、氯离子侵蚀耦合作用下使用废弃 RAC 制备的结构用高性能 RAC（高性能循环再生结构混凝土）力学机制与耐久性失效机理，研究成果不仅可以直接指导 RAC 的设计与工程应用，而且可以为新建再生混凝土结构的耐久性设计与维护提供理论依据，同时还能揭示在役再生混凝土结构潜在的危险，对于完善和发展再生混凝土结构理论体系和工程应用具有重要的作用。

2. 应用领域和技术原理

该项目属于建筑垃圾资源化利用领域，是绿色建筑和绿色城市的重要组成部分，是我国建筑节能与建筑资源化再生利用的重要方面，对于土木工程科技成果研究与推广应用具有重要意义。

该项目研究的再生结构混凝土，所用再生粗细骨料不同于目前的研究几乎均系废弃混凝土一次再生得到，而是经循环再生利用获得。该项目设计了弯曲荷载与环境因素的三种耦合作用：弯曲荷载＋碳化＋冻融循环、弯曲荷载＋碳化＋氯离子侵蚀、弯曲荷载＋碳化＋冻融循环＋氯离子侵蚀，真实体现了实际工程中结构混凝土所承受的荷载与环境因素作用。通过时变可靠度分析，结合方差计算，建立高性能再生结构混凝土基于性能的耐久性设计理论。

---

* 该项目获得 2019 年"江苏省土木建筑学会·土木建筑科技奖"二等奖

3. 性能指标

建立荷载与环境因素耦合作用下，高性能循环再生结构混凝土的压应力—压应变本构关系，长期力学性能指标之间的函数关系，提出高性能循环再生结构混凝土的强度破坏机制、碳化、冻融和氯离子侵蚀耐久性失效机理，给出基于性能的循环再生结构混凝土耐久性设计方法。

4. 创新点

（1）建立了三种耦合作用下，高性能循环再生结构混凝土的压应力—应变本构关系，提出了长龄期抗压强度、抗折强度、劈裂抗拉强度、抗压弹性模量、收缩与徐变、氯离子扩散系数、冻融循环次数、碳化系数与再生粗细骨料取代水平之间的表达式，界定各强度之间及强度与变形之间的定量关系，确定了再生粗细骨料单掺与双掺条件下的最大与最优取代水平，澄清高性能循环再生结构混凝土的力学行为与微观结构、界面行为之间以及弯曲荷载和环境因素交互作用之间的关系。

（2）阐明了三种耦合作用下，高性能循环再生结构混凝土碳化、冻融循环与氯离子侵蚀耐久性失效机理，建立相应的时变可靠度分析模型。

（3）提出了三种耦合作用下，高性能循环再生结构混凝土分别基于抗碳化、冻融循环与氯离子侵蚀性能以及基于整体性能的耐久性设计理论，给出设计准则与实用设计表达式。

5. 新技术应用

（1）针对循环再生骨料性能演化规律，提出了一种"再生混凝土骨料的制备工艺"，研究提出的工艺，可大幅提升再生混凝土骨料的品质，提高废弃混凝土的回收率，无二次污染，经济可行，操作方便。

研究了循环再生三代骨料的物理力学性能及微观结构，研究证实，循环再生粗细骨料经过3次循环后，骨料性能呈现出整体下降的趋势，表明废弃混凝土循环再生利用的次数是有限的，即存在最大循环再生次数。这一研究成果为废弃混凝土的多次循环再生利用奠定了理论基础。

基于模糊综合评估理论，提出了一种评估混凝土用再生细骨料质量等级的方法。该方法采用表观密度、堆积密度、微粉含量、坚固性、再生胶砂需水量比和再生胶砂强度比6个评估指标，将混凝土用再生细骨料划分为4个模糊质量等级，分别对应于优等、合格、基本合格与不合格4个状态，给出了不同质量等级再生细骨料适用的环境作用等级和工程类别。

（2）研究了在弯曲荷载作用下，三种环境因素（碳化、冻融循环、氯离子侵蚀）单独作用与共同作用下，高性能循环再生结构混凝土抗碳化耐久性、抗氯离子渗透耐久性、抗冻耐久性变化规律，失效机制及其变化机理。

设计了弯曲荷载、氯离子侵蚀及冻融单独作用与耦合作用四种情况，分别研究了循环再生粗骨料细骨料单独取代和同时取代条件下，拉应力水平、氯离子渗透系数、冻融循环次数与再生骨料取代率对循环再生混凝土碳化深度的影响规律，建立了循环再生混凝土碳化深度与拉应力水平、再生粗细骨料取代率、氯离子渗透系数、抗压强度损失率之间的函数方程。

（3）基于试验研究成果，建立了考虑耦合作用的循环再生混凝土碳化、氯离子渗透、冻融循环耐久性极限状态方程。其失效准则分别定义为碳化到贯穿混凝土保护层厚度、冻融循环导致抗压强度损失率超过 20%、氯离子渗透到钢筋表面。以循环再生骨料的品质特征参数吸水率为变量，基于可靠性分析，得到了碳化可靠度指标、抗冻可靠度指标及抗氯离子渗透可靠度指标与吸水率之间的关系，进而提出了高性能循环再生结构混凝土基于碳化耐久性、抗氯离子渗透耐久性、抗冻耐久性的设计方法，以及基于整体性能的设计方法。

6. 作用意义

该项目研究成果不仅可以直接指导再生骨料混凝土的设计与工程应用，而且可以为新建再生混凝土结构的耐久性设计与维护提供理论依据，同时还能揭示再生混凝土结构潜在的危险为业主提供准确的信息以便及时作出维修加固或拆除的决策，对于完善和发展再生混凝土结构理论体系和工程应用具有重要作用。

科技成果鉴定意见：

2019 年 2 月 14 日，江苏省土木建筑学会在镇江组织召开了"荷载与环境因素耦合作用下高性能循环再生结构混凝土的力学行为与耐久性研究"课题鉴定会，鉴定委员会听取了课题组的技术报告，查阅了相关资料，经质询、讨论，形成鉴定意见如下：

（1）课题组提供的鉴定资料齐全，符合鉴定要求。

（2）提出了基于碾磨破碎和物料热处理技术相结合的两级配破碎工艺法，可有效改善再生粗细骨料的品质，并提高建筑固体废弃物的回收利用率。

（3）揭示了荷载与环境因素耦合作用下再生结构混凝土耐久性损伤规律，基于可靠度理论，提出了再生结构混凝土耐久性设计方法。

鉴定委员会认为，研究成果具有创新性，对建筑固体废弃物循环再生利用具有重要的意义，社会效益显著。研究成果达到国际先进水平，一致同意通过鉴定。

吹填淤泥快速固结关键技术研究*

主要完成人员：
孙召花、冒俊、盛晓军、吴坤、曹慧、沈强儒
完成单位：
南通大学

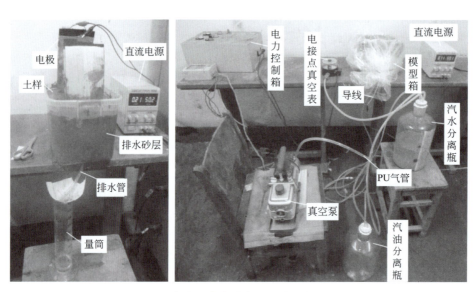

图1 真空—电渗联合固结试验全景图

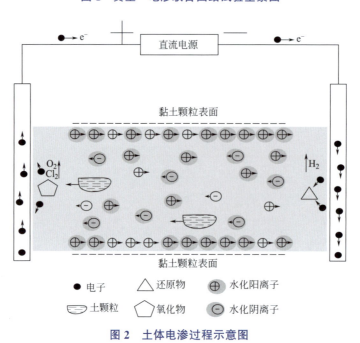

图2 土体电渗过程示意图

---

* 该项目获得2019年"江苏省土木建筑学会·土木建筑科技奖"二等奖

1. 项目概况

随着我国经济建设的飞速发展，土地资源日益紧张，围海、围湖造地工程，码头堆场工程等沿江、沿海、沿湖岸边工程逐渐成为扩大用地的重要途径。这类工程软土地基广泛分布，主要由淤泥、淤泥质土或其他高压缩性土构成，其孔隙比和天然含水量大、压缩性高、透水性弱、承载能力很低。相比于天然沉积的软土，经过吹填的疏浚土结构性往往被破坏掉，其含水率和压缩性更高、强度更低具有较强的欠固结特性，处理难度也更大。这类地基土在进行工程建设之前一般要先进行预处理，满足施工机械进场的要求，再进行二次处理，达到工程对地基承载力和稳定性的要求。

常规的软土地基处理方法，如真空预压法、堆载预压法及真空联合堆载预压法等，近年来得到迅速发展和广泛应用，取得一定加固效果的同时，也存在着许多问题。软土地基的处理方法一直在不断发展和改进，新方法和新工艺不断涌现。人们对电渗排水固结法的认识、研究和应用已有很长一段历史，电渗法是通过在插入土体中的电极上施加低压直流电来加速排水固结的一种地基处理方法，具有加固速度快，且电渗排水速率与土颗粒粒径无关的特点，因此对细颗粒、低渗透性土有良好的应用前景。然而，在很长一段时间内，对电渗法的研究大多停留在室内试验研究，现场应用并不多。这是出于传统中渗法所使用的金属电极易发生电化学腐蚀，整个处理过程耗电量大、造价高，而且加固效果难以达到要求。随着经济的发展和技术水平的提高，导电塑料排水板这一环保型新型电极材料在国内出现了。这是对电极材料的重大突破，必将推进电渗法的发展，电渗法也因此很可能成为处理软土地基的一种高效且造价可以接受的地基加固方法。因此有必要对导电塑料排水板开展研究，并对其施工工艺、电渗操作方式、加固效果及其经济效益等方面进行研究。

真空预压与电渗相结合被认为是一种有效的吹填土地基处理方法，电渗法可以提高真空预压法的排水速率，而真空预压法可以加速排出汇聚在电极处气体，减少裂缝的产生，使电极与土体紧密接触以降低界面电阻，同时避免了单独电渗法在施工过程中场地被雨水倒灌等不利影响。因此，将两种方法相结合可以充分发挥各自的优势，克服各自的缺点。然而，该方法目前主要还是依据经验进行设计和施工，仍然缺乏有效的设计理论和计算方法，在现场实践中存在真空预压与电渗两种方法联合方式不明确，以及电动土工合成材料的工程适用性、稳定性难以确定等问题。因此，对真空—电渗联合加固法的加固机理、固结计算及设计方法进行深入研究具有重要的工程指导意义。

2. 应用领域和技术原理

吹填淤泥快速固结关键技术是通过优化设计从真空—电渗同步加固技术和真空—电渗异步加固技术中选取最佳的地基处理方法。该技术在行业内首次将真空—电渗联合加固法进行细化，用于吹填淤泥的处理，具有创新性。推动了排水固结法的发展，缩短了工期、综合经济效益高、节能环保，有助于解决吹填淤泥快速固结的问题。

3. 性能指标

（1）真空荷载的变化范围为 $60\sim95kPa$，电势梯度的变化范围为 $0.5\sim1.25V/cm$；真空预压处理时间的变化范围为 $100\sim2000min$，电渗处理时间的变化范围为 $10\sim500min$。

（2）该技术的地基处理造价在 $40\sim50$ 元$/m^3$，但综合经济效益高。

（3）该技术在吹填后可马上进场施工，其总处理工期在 4～6 个月，可缩短工期 8～12 个月。

4. 创新点

改进了真空—电渗联合加固软基的设计方法，提出真空—电渗加固适宜性评价标准、电渗系统设计、根据电源功率确定分区面积、真空预压系统设计以及真空预压与电渗交替加固时间的确定等内容，可有效提高软基的加固效果和效率。

5. 新技术应用

（1）在室内试验中，开展 EVD 与 PVD 的真空预压对比试验，EVD 与铜铁、铝金属电极的电渗对比试验，研究 EVD 的电渗及排水性能；进行真空预压与电渗不同联合方式的对比试验，研究对于阴阳电极均为排水边界时，真空预压与电渗不同的联合方式对土体物理力学性质的影响。

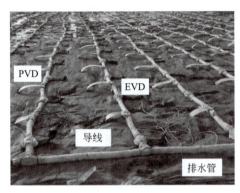

图 3　施工实景

（2）在现场试验中，首先在吹填土地基中进行几组简易的电渗试验，即在土体中插入少量数目的电极，研究其通电方式及现场电渗排水效果，为现场试验提供必要的参数依据；再开展真空—电渗联合加固吹填土地基现场试验，并与同工况下的真空预压现场试验进行对比，研究该方法在实际现场工况下的加固效果。

（3）在理论研究方面，基于土体均匀饱和及等应变假设等条件，对单个 EVD 阴极和阳极分别建立轴对称条件下真空—电渗耦合固结模型，并推导了其解析解该模型能够考虑真空预压与电渗之间的相互影响、相互促进。结合以往的文献资料以及现场、室内试验数据及理论成果，提出适宜吹填土地基的真空—电渗联合加固固结设计方法。

相关数据　　　　　　　　　　　　　　表 1

试验区	相对密度	平均含水率(%)	渗透系数(cm/s)	液限(%)	塑限(%)	塑性指数	压缩系数(MPa^{-1})
真空—电渗	2.67	65	5.66×10^{-7}	56.0	30.0	26	1.63
真空预压	2.62	70	5.17×10^{-7}	58.0	34.0	24	1.84

6. 作用意义

随着国民经济的飞速发展，我国基础建设的实施地域越来越广，面临处理的地基土地变得越来越复杂多样，我国沿海地区包括海洋中的软黏土地基，具有含水量高、孔隙率大、渗透性小、压缩性高、抗剪强度低、触变性强等不利的工程性质。工程应用中必须有效地使用其排水板固结以提高抗剪强度，减少其压缩性，但是软黏土的低渗性常常会导致其地基处理费用昂贵，工期长。

吹填淤泥快速固结关键技术在工程应用的情况表明，该技术适用性强、设计合理、施工快捷方便、加固效果显著，可显著提高地基土的承载力和土体物理力学性质指标，而且，工期短、节省能耗，成功解决了以超软吹填土为代表的软土地基处理难题。该技术在软土地基处理、市政道路、海底隧道、工业尾矿、污泥脱水等领域具有广阔的市场应用前景和社会效益。该项目的研究与运用，代表了环保行业发展趋势，具有极高的社会价值，它将加速我国向节能环保型社会发展的步伐，具有广阔的推广应用前景。

科技成果奖集锦

（2020年）

VVER-1000 堆型核岛安全壳预应力施工技术研究与应用

主要完成人员：
杨浩、孙帅、梁权刚、崔正严、廖春生、张明皋、钱伏华、沈益军、别海亮

完成单位：
中国核工业华兴建设有限公司

图 1　VVER-1000 堆型核岛安全壳预应力系统布置

图 2　安全壳穹顶预应力管道安装

1. 项目概况

该项目依托田湾核电站 VVER-1000 堆型反应堆厂房安全壳后张拉体系预应力系施工技术进行研究。该堆型反应堆厂房安全壳在我国首次采用双层钟罩形结构，由反应堆底板、内外筒体墙、内外穹顶组成。内安全壳为预应力钢筋混凝土结构，预应力钢束分布于内安全壳底板、筒体墙、穹顶部位，分为水平钢束（70束）、竖向倒 U 形钢束（50束）。预应力水平钢束绕筒体墙 3600 环形单层布置，水平钢束锚固端位于同一个扶壁柱的两侧，竖向倒 U 形钢束由筒体一侧经过穹顶到达另一侧筒体墙，其锚固端口分布于＋4.0m 的廊道顶板上，倒 U 形钢束在穹顶部位分两层互成 90°布置。水平钢束和竖向倒 U 形钢束共计 120 束，每一钢束由 55 根公称直径为 15.7mm 的高强低松弛钢绞线组成。

2. 应用领域和技术原理

应用领域：该成果主要应用于压水堆核电站核岛安全壳预应力系统施工。

技术原理：通过预应力工程原材料选择、钢绞线与锚夹具匹配性试验、波纹管性能试验、预应力新型稳定浆体的研发、通过芯部吸附性试验、斜管试验及全比例灌浆试验验证浆体的收缩率、泌水率和灌浆工艺的可行性，通过摩擦力试验方法改进及一次性灌浆工艺开发等试验及施工工艺改进，保证 3 号机组、4 号机组预应力工程施工质量。

＊ 该项目获得 2020 年"江苏省土木建筑学会·土木建筑科技奖"一等奖

3. 性能指标

（1）研发了一种新型整体穿束设备及镦头连接工艺，改善施工作业环境，节能环保，无污染。提高了钢绞线穿束一次成功率，一次合格率达到100%。

（2）研制了一种预应力灌浆用新型稳定浆体，降低了预应力浆体的体积变化率和泌水率，其体积变化在$-1\%\sim+5\%$，泌水率$\leqslant 0.3\%$。

4. 创新点

（1）采用的新型摩擦试验方法，简化了摩擦系数测定的操作步骤，减少了摩擦试验所需要的工装，提高了效率。

图3　摩擦试验主、被动端千斤顶张拉

图4　水平钢束等应力张拉

（2）研发了一种新型整体穿束设备及镦头连接工艺，改善了施工作业环境，提高了钢绞线束牵引效率。

（3）研制了一种预应力灌浆用新型稳定浆体，收缩小及泌水率低。

田湾核电站3、4号机组研制了一种新型预应力灌浆用稳定浆体，该浆体由传统的缓凝浆中加入一定掺量的稳定剂进行充分搅拌而成，相比其他核电项目使用的缓凝浆和触变浆其性能更加稳定，收缩小及泌水率低，其体积变化在$-1\%\sim+5\%$，泌水率$\leqslant 0.3\%$，更易保证管道灌浆的密实度。

（4）开发了一种真空辅助灌浆工艺，针对预应力竖向管道垂直段、穹顶段和水平管道等各类型管道，可一次性完成浆体灌注，无须进行吹浆及二次灌浆，工艺简单，可适用于所有类型管道的浆体灌注。

（5）引进了通过芯部吸附性试验与斜管试验来测定浆体泌水率和收缩率的试验方法，填补了国内标准中对测定预应力浆体泌水率与收缩率方法的空白，可为预应力工程浆体配合比设计提供依据。

5. 新技术应用

（1）波纹管性能试验

VVER-1000堆型预应力管道埋设前针对水平管道用的波纹管开展波纹管性能检验，验证波纹管的力学性能、密封性以及与连接套管的匹配性，确保在混凝土浇筑前及浇筑过程中，波纹管能抵抗外力，达到设计要求的成孔尺寸。波纹管的性能试验参照欧标 NF EN 523（01/04）的要求进行，但标准 NF EN 523（01/04）中仅对内径 130mm 以下的波纹管的性能进行了规定，而对于内径 160mm 的波纹管未做明确要求。由于该波纹管为非标准型波纹管，针对该技术难题科研专项组多次通过对欧标、国标以及相关核电站资料进行比对，最终达成共识确定了波纹管的性能及相应的检验方式。

（2）钢绞线锚具系统力学性能试验

现场通过开展钢绞线锚具系统的力学性能试验，验证钢绞线锚具系统力学性能与技术规格书的一致性，试验结果均满足要求。试验项目主要有钢绞线性能试验、静载试验、200 万次疲劳试验、50 次周期荷载试验。用预应力筋—锚具组装件的匹配试验测定锚具的效率系数、总应变、疲劳试验、周期荷载试验，从而判定锚具的静载锚固性能、锚具与钢绞线匹配是否合格。

预应力锚固系统合格判定条件：效率系数≥0.95；总应变≥2%；疲劳试验后，锚具零件不应疲劳破坏，钢绞线因锚具夹持发生疲劳破坏不大于总数的 5%；周期荷载试验后预应力筋在锚具夹持区不发生破断。

静载试验模拟预应力钢绞线实际施工时逐级张拉的加压过程，从而测定锚具的效率系数、总应变。

动载试验（200 万次疲劳试验、50 次低周荷载试验）模拟安全壳设计寿命期内受到动载（风荷载、设备运行、地震作用等）作用下，测定预应力锚固系统的有效性。

（3）新型预应力管道摩擦试验

田湾核电二期工程预应力工程钢束正式张拉前，选择竖向和水平钢束中具有代表性的钢束进行摩擦试验，并对摩擦试验的方法进行深层次的研究和验证，提出一种利用高精度千分表进行测定孔道摩擦试验的方法，通过对该方法与其他核电的传统试验方法进行多方面的对比，采用千分表进行试验的方法更具有可操作性、经济性和实用性。

摩擦试验前需完成试验管道的钢绞线穿束施工，水平钢束采用单根穿梭的方式，竖向倒 U 形钢束采用整体穿束法。

水平管道钢绞线穿束方法：水平钢束钢绞线通过穿束机逐根穿入孔道，穿束前在钢绞线端部安装穿束导向头，开动穿束机将钢绞线穿入孔道，钢绞线从孔道另一端出来后回拉至合适长度（主动端预留长度为 1.2m，被动端预留长度为 1.5m），然后穿下一根钢绞线，直至穿入 55 根钢绞线。

竖向倒 U 形管道钢绞线穿束方法：竖向倒 U 形钢束采用整体穿束方法完成钢绞线的穿束。

（4）竖向倒 U 形钢束整体穿束施工工艺

竖向倒 U 形钢束由于其独特的管道类型确定其穿束施工工艺是整个预应力工程竖向钢束施工的重点和难点。竖向倒 U 形钢束穿束施工根据管道类型必须采用钢绞线束整体牵引的方式来完成。

针对田湾核电二期预应力竖向倒 U 形钢束穿束施工，参照一期穿束的施工方法，对一期采用焊接工艺进行分析和讨论，总结其施工工艺的优缺点，在一期的施工工艺的基础上提出大胆的创新思路和改进方法。二期预应力竖向倒 U 形钢束穿束工艺与一期总体思路相同均采用整体牵引的方法完成穿束，在钢绞线束的连接方式上通过探究提出新的连接工艺即采用机械墩头的连接方式取代焊接工艺的方式来完成钢束的连接。新型竖向倒 U 形钢束整体穿束的施工工艺如下：

钢绞线从外安全壳引入廊道内进行穿束作业，卷扬机、滚轮导轨、穿束机就位固定后，然后根据计算将足够长度的钢绞线逐根穿入固定在预应力廊道内墙上的编束管内，直至穿入 55 根钢绞线，编束钢绞线两端位置根据需要穿束的钢束位置事先编排、固定。编束完成后，用砂轮切割机剥离逐根钢绞线中心丝，使中心丝外露 300mm 以上，将 55 根中心丝穿过特殊锚环后镦头。将 25t 卷扬机钢丝绳穿过导向轮架及穿束孔道，采用高强度螺栓将特殊锚环与 25t 卷扬机钢丝绳端部的穿束锁头进行有效连接，开动卷扬机将钢束整体拉入预应力竖向孔道中。

（5）预应力新型稳定浆体的配制及灌浆

预应力灌浆是确保预应力体系耐久性的最重要的一项施工环节，如何确保预应力灌浆的密实度一直是预应力施工过程中控制的重点和难点；而影响预应力灌浆密实度最主要因素有两点：①灌注浆体的性能及质量；②浆体灌注工艺。围绕这两点田湾核电站工程技术人员进行了大量的研究和实践工作，对预应力灌浆施工工艺进行了大量的改进和创新。

对于竖向倒"U"形钢束，垂直段由于其灌浆采用重力式从下往上灌注的方式，管道内的气体容易排出，不会形成空气孔洞。针对所有类型水平钢束和倒U形钢束穹顶段的灌浆为保证其浆体灌注的密实性，提出抽真空辅助灌浆的方式进行浆体灌注。由于水平钢束在管道线形设计时需考虑绕过大量的洞口贯穿件，因此形成了多种类型的钢束线形，给灌浆带来较多麻烦，因此现场对于所有的钢束线形进行了统计分类，不同线形孔道则采用不同的真空辅助灌浆工艺，同时为了避免进行吹浆与二次灌浆操作，在浆体配合比设计阶段就对浆体提出了更高的泌水性能要求，而新型缓凝浆体的低泌水性正是其能够获得更好灌浆密实度的关键所在。

6. 作用意义

（1）直接经济效益

该技术已成功应用于田湾核电站3号机组、4号机组反应堆厂房内安全壳预应力工程施工，达到了国内先进水平，产生了较好的经济效益和社会效益：

1）3号机组节约了19d，4号机组节约工期27d，为反应堆厂房内部结构设备的安装和外安全壳的穹顶施工创造了必要条件。

2）降低了人、材、机的投入，节约成本67.47万元。

3）该项目研发的新型整体穿束设备及头连接工艺，改善了施工作业环境，提高了钢绞线束牵引效率；采用的新型摩擦试验方法，简化了摩擦系数测定的操作步骤，减少了摩擦试验所需要的工装，提高了工作效率；研制了一种预应力灌浆用新型稳定浆体，收缩小及泌水率低，保证了工程质量，开发了一种真空辅助灌浆工艺，可一次性完成浆体灌注，无须进行吹浆及二次灌浆，工艺简单，提高了工作效率，减少了材料浪费，节约资源。

（2）社会意义

通过预应力设备的研发和预应力工艺和技术的不断创新，使整个预应力施工水平得到了大幅度的提升，增强了国内预应力施工水平在国际上的核心竞争力，为后续国内预应力施工技术出口海外奠定了基础。

通过预应力施工工艺的创新和优化，使整个预应力施工工期比原定计划缩短了约3个月，为其他工序的开展争取了时间，同时后续安全壳的冷试和热试也可以提前介入，最终使整个核电建造的工期得到了大幅度的缩短，从而使核电建造阶段提早结束进入运营阶段。

（3）推广应用前景与措施

该成果已成功应用于田湾核电站3号机组和4号机组工程的施工，其可行性得到了实践检验和验证，具有广泛的应用前景。

该技术不仅限于VVER-1000堆型，还可推广应用到我国自主研发堆型华龙一号、俄罗斯ASE-2006堆型等三代核电站预应力施工以及其他工业与民用建筑等预应力工程施工中。

科技成果鉴定意见：

2020年5月15日，江苏省土木建筑学会在南京组织召开了"VVER-1000堆型核点安全壳预应力成套施工技术研究与应用"成果鉴定会。鉴定委员会听取了课题组的汇报，审阅了相关资料，经过质询、讨论，形成鉴定意见如下：

（1）课题组提交的鉴定资料齐全，符合鉴定要求。

（2）课题组高水平完成了VVER-1000堆型核岛安全壳预应力成套施工技术研究，研发了针对安全壳预应力施工相应的施工设备和先进的施工工艺，在预应力倒"U"形整体牵引成套设备研制、预应力成孔管道深化设计、预应力浆体制浆技术、超大吨位预应力张拉施工技术方面取得了重要突破。

（3）该成果创新点如下：

1）形成了预应力成孔管道三维深化设计及空间测量定位技术、自动化制浆及灌浆密实度控制技术、等应力张拉技术，保证了预应力施工质量及主线施工进度；

2）开发了一种大曲率、大吨位、超长预应力钢束摩擦系数测试方法；

3）针对安全壳预应力施工，研发了预应力施工平台系统及倒"U"形整体穿束设备及工艺；

4）研制了一种性能稳定、超低收缩率、泌水率低的新型预应力灌浆用稳定浆体，制定了一套灌浆工艺流程，确保了安全壳预应力管道灌浆质量要求。

（4）该成果已获得授权发明专利2项、实用新型专利5项，相关技术成果的主要内容已经列入能源行业标准。研究成果在国内外多座核岛安全壳预应力施工中应用，取得了显著的社会经济效益。

鉴定委员会认为，该成果总体达到了国际领先水平，一致同意通过鉴定。

苏州中心"未来之翼"超长异形网格结构关键技术创新与应用*

主要完成人员：
张谨、宫长义、李国建、傅新芝、牟永来、李建华、路江龙、闫俊忠、杨国松

完成单位：
中亿丰建设集团股份有限公司、中衡设计集团股份有限公司、江苏沪宁钢机股份有限公司、苏州金螳螂幕墙有限公司

图1 苏州中心"未来之翼"

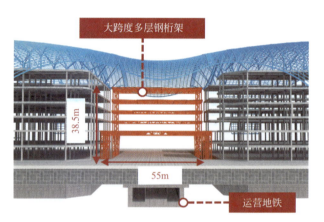

图2 大跨度多层钢桁架示意图

1. 项目概况

我国城市经济快速发展，人们日常生活越来越丰富，对建筑功能及建筑美感的需求越来越高。尤其作为城市地标性的建筑往往具有功能建筑组合复杂、建筑设计美观、代表城市形象等特点，通常表现为极具个性的建筑形态与复杂结构形式的工程特征。由于其单体功能的多样性、地标造型的独特性，通常给设计建造带来巨大挑战。而这也为现代钢结构应用带来机遇，钢结构非常符合国家目前大力倡导的装配式钢结构产业发展方向。但如何解决钢结构应用中大跨度、重荷载、异形曲面造型、连接复杂多样、施工工序交叉等，仍是工程领域的一系列重大难题。

苏州中心是目前苏州地区在建的最大商业综合体项目，其标志性采光顶——"未来之翼"，是世界上最大的整体式自由曲面采光顶，也是世界上最大的无缝连接多栋建筑的采光顶。苏州中心"未来之

---

* 该项目获得2020年"江苏省土木建筑学会·土木建筑科技奖"一等奖

翼"位于运营地铁线上方,其超长异形网格屋面投影面积约为35000m²,展开长度约为630m,由10590个异形网格、6947块尺寸不一的玻璃板块组成。面层采用异形曲面彩色玻璃和铝合金格栅组成,玻璃几何形状近似平行四边形,表面为双曲面造型,每块玻璃呈现不同程度翘曲,面层覆盖在下部4个独立的建筑单体之上,整个屋面结构不设置伸缩缝或抗震缝,属于超长大跨单层网格结构。

该项目钢结构方面,主要由中庭桁架结构、中庭装饰树、溜冰场屋面、超大单层曲面网壳钢结构(大鸟形屋面)等部分组成。中庭钢桁架(多层大跨主次平面桁架结构)最大跨度53.1m,最大安装标高38.5m,通过12组桁架柱与基础承台进行连接;中庭装饰树为空间壳体弯扭钢管结构,装饰树下部与中庭桁架层结构连接,侧面通过销接铰支座连接于结构楼层上,上端顶面悬挑,与屋盖等结构均不连接;溜冰场屋面结构为大跨度主次平面桁架结构,结构跨度最大达45m,纵向主桁架两端连接于混凝土钢骨柱上;大鸟形屋面结构横贯结构全部区域,覆盖整个中庭、南北区主楼,分布在结构楼层上方,结构主要由屋面网格、树形支撑柱、V形支撑柱及侧面水平支撑杆等结构组成。

2. 应用领域和技术原理

应用领域:超长异形钢结构设计、施工,超长大跨自由双曲面玻璃幕墙安装。

技术原理:以软件开发、理论分析、有限元模拟、数值分析和试验研究等作为手段,开展了自由曲面参数化设计、网格参数化划分、跨越多个建筑的异形网格的自身刚度与整体结构变形相适应的关键技术研究,提出了一种适应超长异形网格结构体系及相应的连接节点形式,保证了结构形态及受力合理,形成了针对超长异形网格结构的高效设计方法;同时在超长异形网格结构的安装方面,采用数字化模拟仿真分析结合门式独立管支撑和格构支撑结合的支撑体系对屋面网格主体合理分区分块施工,形成骨架体系;通过对平面和高程加密控制保证测量质量,并选取网格分块控制点并与设计坐标进行比对,得出骨架体系的偏差作为依据进行校正;对钢结构骨架体系上部四边形玻璃板块进行适应性分析,根据玻璃板块翘曲值大小,采用不同的加工工艺(冷弯和热弯),结合数字化施工措施,确保大跨度自由双曲面玻璃幕墙的连续性和美观性。

3. 性能指标

(1)研发一种适应超长异形网格结构体系及相应的连接节点形式,保证结构形态及受力合理,形成一套超长异形网格结构的高效设计方法。

(2)研发一种大跨度移动式支撑平台,作为中庭钢架结构分段安装时的荷载支撑装置将钢架结构自重及施工荷载传递至地铁两侧混凝土结构,确保地铁的正常运营;采用数字化模拟仿真分析,并研发屋顶超长异形网格结构定位及支撑体系,对超大单层曲面网壳钢结构合理分区分块施工,使大鸟屋盖钢结构安装过程中最大竖向变形仅为25mm,中庭55m跨卸载后最大竖向变形仅为148mm。

(3)根据超长异形网格结构自由曲面玻璃板块四点不共面的几何特性和玻璃板块加工及安装方法,确保大跨度自由双曲面玻璃幕墙的连续性和美观性。

4. 创新点

(1)针对覆盖于下部四个不同单体的不设缝屋面结构,研创了新型空间四边形网格结构和新型单板铰接节点技术,并巧妙设置抗放结合的支承边界,解决了超长异形网格结构的设计难题。

(2)针对超长异形网格结构体量大、计算繁杂的问题,研创了全方位的数字化设计技术,包括不同设计软件数据转换接口、地震多点激励分析、数值风洞模拟、屋面水流形态模拟和三维精细化设计和自动化出图等技术,解决了类似结构抗震、抗风、排水和节点设计等难题。

(3)为保证施工时地铁正常运营,减小地铁顶板上部的施工荷载,在跨运营地铁上方首次使用大跨度移动式支撑平台,作为中庭钢桁架结构分段安装时的荷载支撑装置。

(4)首次采用V形支撑柱、树形支撑柱和侧立面水平支撑杆三种定位支撑体系,辅以门式框架支撑、格构式支撑及组合门式框架支撑体系，保证了各区域的精确定位，整体结构稳定。

（5）在传统的三角形拼接异形曲面的基础上，将玻璃幕墙板块升级为四边形拼接。相比三角形，板块更加简洁，通透，过BIM技术进行模拟分析，对超过1万个玻璃板块进行统计归类，最终将板块的翘曲值按照不同的等级进行分类，分别采用不同的实现工艺。

（6）利用数字激光三维测绘技术对整个项目的屋面钢结构进行了测绘和数据采集，通过测绘采集到的数据最终导入BIM模型，对照各坐标点的设计值，做出适当调整后确定屋面外轮廓控制线，以此作为整个项目实施的理论依据和指导。

5. 新技术应用

（1）超长异形网格结构的形态设计与数字化分析技术

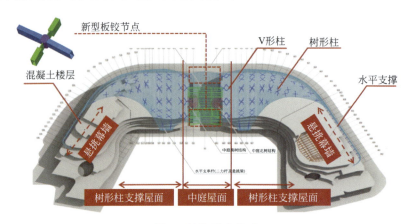

图3　结构受力体系

针对覆盖于下部多个单体的屋面网格结构，研创了异形曲面参数化找形分析技术，基于建筑方案得到最优受力形态，并优化网格曲率在合理范围内，使设计更具美感且可大大减小建设成本；研创了新型空间四边形网格结构和新型单板铰接节点技术，并设置抗放结合的支承边界，解决了超长异形网格结构的设计难题；研创了基于悬链面的形效结构，以截面高度仅250mm的构件高效地实现中庭跨度55m的无柱大空间；针对超长异形网格结构体量大、计算繁杂的问题，研创了全方位的高效数字化设计技术，包括不同设计软件数据转换接口、地震多点激励分析、数值风洞模拟、屋面水流形态模拟和三维精细化设计和自动化出图等技术，解决了类似结构抗震、抗风、排水和节点设计等难题，保证了结构的安全性和经济性，提高了设计效率。

（2）"未来之翼"异形网格及下部跨运营地铁钢结构施工技术

针对苏州中心"未来之翼"超长异形网格跨度大，各区域结构的不同的特点，采用数字化模拟仿真分析及门式框架支撑、格构式支撑及组合门式框架支撑体系对屋面网格合理分区分块施工，并以中间分区为中心两侧对称同步施工的方法，确保超大单层曲面网壳钢结构的安装精度，便于质量的控制，节约了安装成本，使得整个建筑体系造型美观，结构安全；在苏州中心"未来之翼"超长异形网格下部，跨运营地铁钢结构施工方面，为保证施工时地铁正常运营，减小地铁顶板上部的施工荷载，在跨运营地铁上方首次使用大跨度移动式支撑平台，作为跨运营地铁钢结构分段安装时的荷载支撑装置。通过该平台将钢架结构自重及施工荷载传递至地下室两侧混凝土结构，并实现分区移动作业，大量减少固定式胎架投入量，通过跨度调节还能实现结构自转换。该施工技术的研究与应用，确保了跨地铁区域大型钢结构桁架凌空作业对运营地铁无影响，保证了地铁的安全运行，在国内外达到了先进水平。

（3）超长异形网格结构自由曲面玻璃幕墙数字化适应性分析和施工技术

该技术在传统的三角形拼接异形曲面的基础上，将玻璃幕墙板块升级为四边形拼接。相比三角形，板块更加简洁，通透，但四边形会存在四点不共面的情况，影响自由双曲面玻璃幕墙的连续性和一致

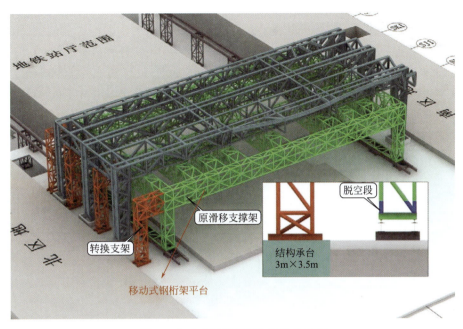

图 4　移动式钢桁架平台结构示意图

性。通过 BIM 技术进行模拟分析，对超过 1 万个玻璃板块进行统计归类最终将板块的翘曲值按照不同的等级进行分类，分别采用不同的实现工艺（冷弯和热弯）在保证建筑效果的基础上，降低成本；数字化施工方面，该研究利用数字激光三维测绘技术对整个项目的屋面钢结构进行了测绘和数据采集，通过测绘采集到的数据最终导入 BIM 模型，对照各坐标点的设计值，做出适当调整后确定屋面外轮廓控制线，以此作为整个项目实施的理论依据和指导，从而大幅度地提高了项目的幕墙材料加工准确性和现场整体的施工效率。

图 5　**BIM 技术模拟应用**

6. 作用意义

研究成果获发明专利 7 项，实用新型专利 21 项，软件著作权 7 项，获批省级工法 2 项，发表论文 6 篇，出版专著 1 部。

（1）在跨地铁钢桁架与超大单层曲面网壳施工方面，共计节省支出约 350 万元，对后续类似钢结构工程的安装提供了良好的借鉴作用，社会意义显著。

（2）大跨度自由双曲面玻璃幕墙板块适应性分析设计和数字化施工技术方面，作为中国商业建筑的典范，苏州中心"未来之翼"自由曲面玻璃采光顶代表了未来的设计语言。通过采用 BIM 技术、冷弯成型工艺、数字激光三维测绘技术等新技术，并对研究内容进行攻关，顺利完成了苏州中心"未来之翼"采光顶的设计和施工。以上研究成果陆续应用在大量工程项目中，如冷弯成型工艺应用在了吴江绿地中心、重庆来福士广场；自由曲面的BIM研究工艺应用在了启东文体中心、淄博文化中心、吴江绿地（358m）和重庆来福士广场等项目；超长异形网格结构的形态设计技术和超长异形网格结构的数字化分析技术在苏州市广播电视总台现代传媒广场、苏州湾水街、苏州湾文化中心、苏州太平金融中心和亨通室内温泉水世界等项目上得以应用，产生了巨大的社会经济效益。

科技成果鉴定意见：

2020年6月21日，江苏省土木建筑学会在苏州组织召开了"苏州中心'未来之翼'超长异形网格结构关键技术创新与应用"科技成果鉴定会，鉴定委员会听取了课题组的技术研究报告，审查了相关资料，经质询、讨论，形成如下鉴定意见：

(1) 提供的技术资料齐全，符合鉴定要求。

(2) 苏州中心是苏州的地标性建筑，项目总建筑面积约113万 m^2，其标志性结构——"未来之翼"，屋面投影面积约3.6万 m^2，是全球最大的无缝连接多栋建筑的整体式自由曲面玻璃采光顶。课题组针对工程难点，对超长异形网格结构设计建造关键技术进行了系统研究和创新，形成以下研究成果：

1) 针对超长异形网格结构的特点，提出了超长异形网格结构的形态设计及数字化分析技术，采取了新型节点和抗放结合的支承边界构造措施，解决了跨越多个建筑单体的异形网格结构找形分析及与主体结构变形协调的难题，保证了超长网格结构的形态及受力合理。

2) 对施工全过程运用数字化模拟仿真技术，分析周边环境，采用立体化施工技术，对屋顶网格结构进行变形及受力分析、合理分区分块施工；同时，在跨运营地铁上方研发了大跨移动式钢桁架安装平台，将钢结构自重及施工荷载传递至两侧混凝土结构，解决了跨地铁区域钢结构凌空安装对运营地铁影响的施工难题。

3) 通过BIM技术，创建了基于钢结构幕墙表皮的模型，并进行幕墙分格科学划分；同时，结合四边形玻璃板块四点不共面的几何特性，对超长玻璃幕墙温度变形精细化分析以及板块阶差、纵向半径分布、超规格板块分析，创新设计了缝宽达50mm的胶缝构造，解决了长度达470m的金属格栅与玻璃组合的幕墙变形和抗渗漏的难题。

(3) 以上研究成果获发明专利7项，实用新型专利21项，软件著作权7项，获批省级工法2项，发表论文6篇，出版专著1部。

鉴定委员会认为，该成果达到国际先进水平，其中单元玻璃采光顶超宽胶缝构造设计与施工技术和跨越运营地铁区域的大跨移动式钢架安装平台技术达到国际领先水平。

内置式泵房及联络通道机械顶管法施工工艺[*]

主要完成人员：
莫振泽、罗跟东、靳永福、丁骞、朱瑶宏、卫佳莺、王乃龙、顾楠、田甜

完成单位：
无锡地铁集团有限公司、宁波大学、中铁上海工程局集团有限公司、上海隧道工程有限公司

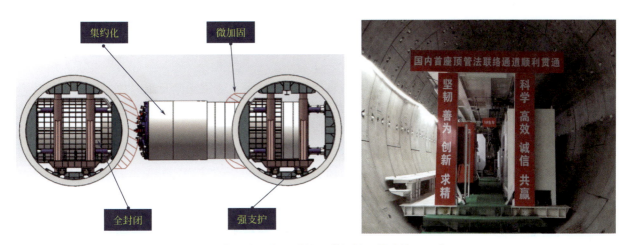

图1 内置式泵房及联络通道机械顶管法施工工艺

1. 项目概况

内置式泵房及联络通道机械顶管法施工工艺课题研究依托无锡地铁3号线一期工程高浪路东站～周泾巷站区间联络通道修建工程。该工程位于无锡市新吴区，其中高浪路东站～周泾巷站起点里程YDK34+492.250，终点里程为YDK35+690.720，隧道长度约1198m。联络通道里程为YDK35+091.500，联络通道结覆土17.50m，线间距为14m，采用顶管法施工。

2. 应用领域和技术原理

该项目在考察调研的基础上，开展联络通道工法适应性评估，并对结构安全性以及采用新工法后的环境影响进行综合评估，提供技术层面的综合评估意见，在此基础上根据无锡地铁实际情况提出工法应用的初步技术方案。

通过实地考察，技术调研等手段全面深入地了解无锡地铁盾构隧道建设情况，包含无锡地铁线路辐射范围内的水文地质分布、地层的土力学参数；掌握地铁盾构区间的线路、结构、防水、内置式泵房等方面的设计内容，为机械法联络通道工法应用的适应性、结构安全性、环境影响等方面的评估提供详细、完整的基础资料，为后续研究工作提供依据和保障。

---

[*] 该项目获得2020年"江苏省土木建筑学会·土木建筑科技奖"一等奖

3. 性能指标

（1）工法适应性研究。在考察调研的基础上，针对无锡地铁现有的盾构隧道线路、结构、防水及联络通道位置的设计、施工方案，对采用宁波轨道交通机械法联络通道技术和工艺方案进行全面评估，明确工艺的适应性范围、条件。

（2）结构安全性研究。通过建模计算、开展模型试验等手段，分析不同工况及环境下采用机械法联络通道对既有结构的影响程度，提出结构安全的控制指标以及相应的设计、施工参数优化建议。

（3）环境影响研究。通过理论分析、建模计算以及前期的监测监控数据，分析在不同工况下，施工对环境下、地层、地表建筑物及其他周边环境的影响，提出周边环境的影响预测值并提出相应的技术控制措施。

（4）内置式泵房在联络通道中的应用研究。结合宁波轨道交通工程，设计盾构区间内置式泵房，给出泵房的总体布置和相关专业的设计方案，满足废水泵的使用功能，同时满足现行设计规范的要求。

4. 创新点

针对顶管法联络通道实施过程中对联络通道整体结构、区间主隧道结构及临时内支撑体系的受力及稳定性研究，创新性地提出了一种拼装式顶管法联络通道的结构形式；同时，在施工设备方面，研发制造了一套顶管法联络通道配套施工设备提出了全套顶管法联络通道施工工法；在开展模型试验研究过程中，研发了顶管法联络通道掘进机模型试验平台及其试验方法，发明了一种盾构隧道试验平台精密液压元件户外防护装置和一种隧道管片纵向力模拟施加装置。

5. 新技术应用

（1）全环境模拟试验。为了研究无锡地铁机械法联络通道施工工法的可行性，结合无锡地质环境条件，对施工期以及运营阶段的结构安全性进行整体评估，包括：开展模型试验研究，主要分析切削施工过程中主体结构以及内支撑系统的受力变形，依托无锡地铁3号线一期工程，开展工法的现场试验示范与测试分析，同时参考相应工法在宁波地铁的实际工程应用数据成果，结合计算分析进行评估研究无锡地铁机械法联络通道施工工法的可行性。

 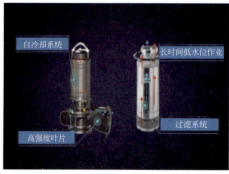

图 2　全环境模拟

（2）主隧道可切削玻璃纤维筋混凝土—钢复合管片施工及运营阶段受力、变形研究。机械法联络通道是通过在正线隧道管片上预留可切削玻璃纤维筋混凝土—钢复合管片，采用机械法施工区间联络通道的技术。

（3）主隧道内置式泵房特殊管片研究。为实现联络通道机械法施工技术，需将联络通道与泵房分离，采用内置式泵房，泵房位置从区间隧道外调整至区间隧道内。通过空间集约化的集水池设计和高性能水泵选型，在隧道道床范围内实现满足规范要求的区间泵房。

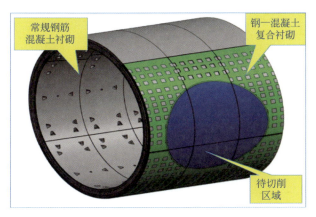
图3 示意图

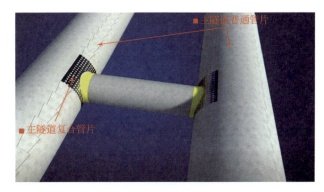
图4 钢混复合管片

6. 作用意义

项目研究成果授权专利13件，发表论文8篇，获得2020年度"建华工程奖"集体二等奖。

顶管法联络通道施工技术凭借优质、高效、安全、环保等优势，是城市轨道交通工程领域的最新科技创新成果，更可推广至深层排水隧道、市政管廊和地下空间联通等施工领域，具有广阔的市场和推广前景。

复杂敏感环境下明-暗-盖挖地铁车站安全施工关键技术及其工程应用*

主要完成人员：
宫志群、尹仕友、廖少明、马金荣、李阳、金雷汉、姜岩、高伟、张峻

完成单位：
中建华东投资有限公司、江苏省土木建筑学会城市轨道交通建设专业委员会、中国建筑第五工程局有限公司、上海同筑信息科技有限公司

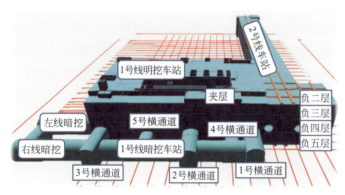 

图1　课题示意

1. 项目概况

随着地铁建设面临的周边环境越来越复杂，传统的地铁车站形式已难以满足城市中心区域复杂敏感环境下地铁建设的需求，超大规模复杂地铁车站建设不断涌现，给传统的地铁车站建造技术及管理方式带来了极大的挑战。在施工空间受到地面交通、地上地下建（构）筑物等严格边界条件限制的情况下，复杂结构形式的地铁车站以其施工方法灵活、适应性好等优势已越来越多地被采用，在徐州的地铁建设过程中就碰到了这个难题。

徐州地铁1号线彭城广场站位于徐州主城区东西主轴客流走廊上最为繁华的商业中心，是徐州地铁1、2号线的换乘车站，同时也是1号线的控制性工程。彭城广场站建造施工刷新国内超大超深地铁施工的多项纪录，是国内首座集明-暗-盖挖为一体的大型换乘车站、国内首座隧道群和坑中坑空间立体交错的半明半暗车站。由于结构施工的复杂性、周边环境的敏感性、地质问题的突出性、施工组织的困难性，在地铁建设领域具有典型代表性，被业界专家评为"江苏最难，全国罕见"。

2. 应用领域和技术原理

该项目属于土木建筑工程的地下工程技术领域。

该研究以徐州市轨道交通1号彭城广场站为依托，在大量调研和阅读相关科技资料的基础上，运用理论分析、现场和室内试验、数值模拟、现场监测和对比分析等研究方法进行研究。基于系统工程分析

---

*该项目获得2020年"江苏省土木建筑学会·土木建筑科技奖"一等奖

方法及复杂结构体系转换力学机理分析，建立了地铁车站"明-暗-盖"多结构体系的全局相互作用矩阵，形成了地铁车站复杂结构体系施工的相互作用评价与环境影响分区评价方法；基于土岩结合面隧道爆破开挖施工分域参数，结合建立的三相耦合数值模拟及现场实测对比分析，揭示了复杂洞室群爆破振动作用下土岩水耦合致灾机理；采用项目风险分解结构法和项目工作结构分解法相结合的方法，基于贝尔斯风险演变理论，建立了复杂地铁车站施工全过程动态风险演变模型；通过 BIM 与项目管理逻辑、施工过程风险控制和施工现场动态数据的深度融合，形成了基于构件级 BIM 的复杂地层车站施工全过程动态信息化管理理论与方法。

3. 性能指标

（1）形成了地铁车站复杂结构体系施工的相互作用评价与环境影响分区评价方法；
（2）揭示了复杂洞室群爆破振动作用下土岩水耦合致灾机理；
（3）建立了复杂地铁车站施工全过程动态风险演变模型；
（4）研发了基于 BIM 和移动互联技术的复杂地铁车站智能建造与管理信息平台；
（5）研发了系统解决复杂敏感环境下明-暗-盖挖地铁车站安全施工关键创新技术。

4. 创新点

（1）基于系统工程分析方法及复杂结构体系转换力学机理分析，首次建立了地铁车站"明-暗-盖"多结构体系的全局相互作用矩阵，形成了地铁车站复杂结构体系施工的相互作用评价与环境影响分区评价方法。

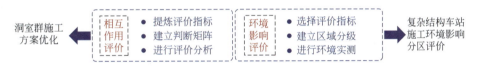

图 2　分区评价方法

（2）基于土岩结合面隧道爆破开挖施工分域参数，通过自主研制的地下工程结构失稳全过程模拟试验系统及配套监测装置，结合建立的三相耦合数值模拟及现场实测对比分析，揭示了复杂洞室群爆破振动作用下土岩水合致灾机理，提出了土岩水耦合地质环境下爆破安全控制技术。

图 3　室内试验

（3）采用项目风险分解结构法和项目工作结构分解法相结合的方法，对明-暗-盖挖地铁车站施工各阶段基础风险因素进行识别，确定了地铁车站各结构体系之间的相互作用因子及规模影响系数；基于贝叶斯风险演变理论，建立了复杂地铁车站施工全过程动态风险演变模型。

风险关键因素	围护结构变形过大	围护结构渗漏水	基岩裂隙水突涌	立柱桩倾斜超标	风险关键因素		灾害性事故	一般性事故	周边环境事故风险
风险关键因素在基坑整体风险的权重	0.4	0.25	0.35	0.1	左线隧道、右线隧道1、2、3	风险关键因素在暗挖隧道整体风险的权重	0.4	0.3	0.3
					横通道1、2、3		0.4	0.4	0.2
					横通道4、5、6		0.3	0.5	0.2

图 4　关键风险因素权重

图 5　智能进度管理

（4）研发了基于BIM和移动互联技术的复杂地铁车站智能建造与管理信息平台，通过BIM与项目管理逻辑、施工过程风险控制和施工现场动态数据的深度融合，形成了基于构件级BIM的复杂地铁车站施工全过程动态信息化管理理论与方法。

5. 新技术应用

（1）明-暗-盖挖复杂结构体系转换及其对敏感环境影响与控制研究

1）基于复杂大系统工程分析方法，结合三维数值模拟，建立复杂结构体系的全局相互作用矩阵（GIM），分析明-暗-盖挖不同结构体系施工及转换过程中的相互作用力学机理，确定最优施工顺序及体系转换方式。

2）建立考虑多域空间边界的暗挖洞室群分析模型，分析各洞室间相互影响机理，对比不同工况下洞室群支护结构的内力和变形，据此确定最合理的洞室群施工时序和方案。

3）通过所建立的数值分析模型，研究评估复杂结构体系及洞室群施工对周围环境的影响。建立一种考虑基坑及洞室群施工变形叠加效应的地面变形预测理论方法，并通过现场监测数据分析，评价实际施工顺序及控制措施的环境影响。

（2）爆破振动下土岩水耦合致灾机理与控制研究

1）分析了彭城广场站左右隧道、联络通道所处地层土岩水的特殊性，建立了土岩结合互层类型分块的隧道破坏模型，获得了地层组合隧道的安全系数变化范围与围岩的量化分级标准。运用三维数值模拟开展了爆破振动下土岩水耦合作用下隧道开挖过程，结合现场实测手段对群洞施工下的围岩稳定性分析，建立了三相耦合数值模拟及现场实测质点动力响应对比分析。

2）探测了全域内地下水分布，形成了土岩水分布三维数字地层建模。自主设计研制了具有位移闭环控制加载模式的地下工程结构失稳全过程模拟试验系统，揭示了复杂洞室群爆破振动作用下土岩水耦合致灾机理，提出了适应于复杂敏感环境下明-暗-盖挖地铁车站土岩水耦合地质环境下的爆破安全控制技术。

3）运用三维数值模拟开展了爆破振动下土岩水耦合作用下隧道开挖过程通过现场爆破参数反复调整和校核，从爆破布孔、爆破装药量、引爆雷管分段和爆破减震措施多方位调整寻求最佳爆破参数，最终采取"机械掏槽成减震带"和"竖向掏槽微爆控制技术"有效结合，成功解决中心城区敏感地带爆破振数超控的安全问题。

（3）施工全过程动态风险演变及智慧化管控技术

1）确定施工全过程基础风险因素的种类及其内涵，确定各阶段基础风险因素间的相互演变关系，确定风险发生概率及风险演变强度。

2）构建大型换乘车站复杂结构体系施工全过程风险演变综合网络，建立全过程动态风险演变理论模型，实现全过程风险演变预测。

3）将BIM技术与土建项目的管理逻辑进行深度融合，包括进度管理、成本管理、远程监控、现场管理，使得BIM模型成为项目全过程管理的有力工具。

4）通过实现轨道交通BIM模型的标准化、快速化轻量化，为全工程信息化管理平台开发提供理论基础和技术保障。

5）集成应用GIS、VR、物联网、移动互联、大数据等信息技术，研发了智能建造与管理信息平台，形成了基于构件级BIM的复杂地层车站施工全过程动态信息化管理理论与方法。

6. 作用意义

项目研究成果获得授权的发明专利26项、授权的实用新型专利23项，发表学术论文23篇（SCI4篇、EI6篇、国际会议4篇、中文核心论文9篇），获得省级工法5项、中建集团施组金奖1项，获得软件著作权12项，通过中国建筑集团有限公司科技推广示范工程1项。

该项目在应用过程中取得了显著的经济效益，在徐州地铁1号线彭城广场站经济效益约3091.69万元、南宁地铁2号线经济效益约1464.2万元、郑州地铁3号线经济效益约2385.4万元、苏州地铁5号线经济效益约1085.13万元、青岛地铁8号线经济效益约1746.1万元、深地铁9号线经济效益约1785.64万元。近三年累计新增利润约11558万元，有力地推动了我国复杂地铁车站修建技术的进步。

彭城广场站作为全国首个明-暗-盖挖地铁换乘站、地铁建设的排头兵，建设过程中接待各类技术观摩会50余次、科技交流会100余次，得到了多位院士的指导。通过科技创新成功解决了彭城广场站施工难题，得到了人民网、经济日报、新华网、光明网、环球网等十几家国家媒体集中报道，树立了良好的社会形象，已成为全国地铁车站建设的标杆，社会效益显著。

科技成果鉴定意见：

2020年5月22日，中国建筑集团有限公司在徐州组织召开了由中建华东投资有限公司、中建隧道建设有限公司等单位完成的"复杂敏感环境下明-暗-盖挖地铁车站安全施工关键技术及其工程应用"项目科技成果评价会。与会专家审阅了评价资料，听取了成果汇报，经质询讨论，形成如下评价意见：

（1）项目提供的技术资料齐全，符合科技成果评价要求。

（2）该成果以徐州地铁1号线彭城广场站等工程为依托针对该车站边环境和地质条件复杂、结构体系转换频繁、施工组织困难等问题进行了系统的研究和实践，形成创新成果如下：

1）基于系统工程分析方法及复杂结构体系转换力学机理分析，建立了地铁车站"明-暗-盖"多结构体系的全局相互作用矩阵模型，提出了地铁车站复杂结构体系施工的相互作用与环境影响分区评价方法；

2）通过自主研制的地下工程结构失稳全过程模拟试验系统、三相耦合数值模拟及现场实测进行对比分析，揭示了复杂洞室群爆破振动作用下土-岩-水耦合致灾机理，提出了土-岩-水耦合地质环境下爆破安全控制技术；

3）根据明-暗-盖挖地铁车站施工各阶段风险因素识别，确定了地铁车站各结构体系之间的相互作用因子及规模影响系数；根据贝叶斯风险演变理论，建立了复杂地铁车站施工全过程动态风险演变模型；

4）研发了基于BIM的地铁车站智能建与管理信息平台，形成了基于构件级BIM的地铁车站施工全过程动态信息化管理理论与方法；

5）研发了系统解决复杂地铁车站中明-暗、明-盖、暗-暗、暗-盾之间工序相互干扰难题的关键创新技术。

（3）该成果获得专利授权49项（其中发明专利26项），软件著作权2项，形成省部级工法5项。成果已在南宁、郑州、苏州、青岛、深圳等地铁项目成功应用，经济与社会效益显著，具有广阔的推广应用前景。

评价委员一致认为：该成果总体达到国际先进水平，其中复杂结构体系施工的相互作用与环境影响分区评价方法、地下工程结构失稳全过程模拟试验系统达到国际领先水平。

受限空间条件下水平冻结联合钢套筒辅助盾构施工关键技术研究与应用*

主要完成人员：
钱曙杰、谢军、徐红军、高瑞、王宏琳、岳红波、王林、兰吉岳、梁聪

完成单位：
苏州市轨道交通集团有限公司、中铁七局集团有限公司、中铁七局集团第三工程有限公司

图1 钢套筒接收实例

图2 贯通现场照片

1. 项目概况

随着我国城市化进程的加速发展，城市人口持续增长，交通压力日益剧增，修建地铁成为缓解城市交通压力最为有效的方式之一。《中国交通发展综合报告（2019）》指出：在城市交通方面，城市公共交通投资，尤其是轨道交通和市郊铁路投资增长较快。时代的进步、城镇的扩大、堵塞的交通，面对人口、土地、交通、环境等压力，以机动车为中心的交通运输体系已无法满足城市发展的需求。城市轨道交通因其快速、便捷、准时、舒适、占地少、载客量大以及运营安全等优势作为支撑城市正常运行的大动脉而在全国各大城市得到了迅速发展，在公共交通系统中占据着举足轻重的位置。

苏州轨道交通5号线工程土建施工项目（第二批）V-TS-05标工程包括1站2区间，分别为港务路站、塔园路站～竹园路站区间、竹园路站～港务路站区间。

港务路站位于胥涛路下方，沿胥涛路东西走向布设。车站东侧接劳动路站，西侧接竹园路站。港务路站为带双存车线的岛式站台车站，有效站台宽度11.5m。车站外包总长度为477.75m，标准段结构内净宽度为18.3m，端头井处结构内净宽度为22.2m，有效站台中心里程处底板埋深约为17.6m。主体结构为地下二层单柱双跨闭合框架结构，车站采用明挖顺作法施工，车站顶板覆土厚度为3m。车站东端头井盾构均为接收，西端盾构右线为接收，左线为始发。

车站有效站台中心里程为YDK17+817.500，车站设计起点里程为YDK17+428.741，车站设计终点里程为YDK17+904.891。

---

* 该项目获得2020年"江苏省土木建筑学会·土木建筑科技奖"一等奖

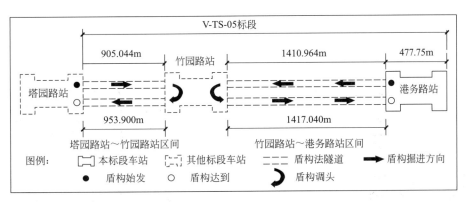

图 3　依托工程区间概况

2. 应用领域和技术原理

项目成果可应用于城市轨道交通地铁隧道建设领域。

采用数值分析与地表沉降预测方法、重要风险源检测与控制等多种手段，研究盾构机型号及相关尺寸和盾构施工参数，研究盾构在既有车站采用冻结法联合钢套筒辅助进行盾构接收、始发及调头施工关键技术，优化施工方案，保证施工安全与质量。研究成果对于地铁盾构接收和始发的施工控制的工程具有重要的理论意义和现实意义。

3. 性能指标

通过课题研究，苏州轨道交通 5 号线 V-TS-05 安全顺利地进行了水平冻结联合钢套筒辅助盾构施工，且地表沉降在控制值内（沉降≤−30mm、隆起≤+10mm），积极冻结阶段，沉降最大值为−10mm，维护冻结阶段冻胀地面隆起 5mm，范围在−9～5mm。

4. 创新点

（1）结合盾构机相关数据和施工参数，改良钢套筒设计，解决了传统钢套筒结构及施工方法特殊密闭环境下，施工难度较大的问题。并且发明了一套钢套筒结构和组装方法，保证了钢套筒施工的安全进行。

（2）通过设计一种反力架斜撑与混凝土的连接固定装置，提供一种使用灵活，操作简单，斜撑底部设定位置自由，可以根据盾构机掘进推力的需求，适当做出调整，效果显著，适用性较强。

（3）通过研究一种隧道洞门密封安全结构及施工方法，对隧道的洞门进行彻底密封，来防止传统圆环板、折页翻板和帘布橡胶板结构密封不彻底的问题，能够有效解决在盾构机始发及接收过程中的隧道洞门密封安全问题。

（4）通过研究用于盾构台车调头平移的千斤顶反力支座和辅助轮盘系统以解决盾体在狭小空间内调头平移装置结构复杂，定向移动难度大，工作效率较低的技术问题。

（5）归纳总结盾构机可调头的车站结构、限制条件，以及通用施工步骤，强化施工过程，推导框架结构车站内盾构调头可行的盾构机及后备台车尺寸和车站柱距的关系公式，为今后盾构车站内调头施工提供理论支持。

（6）研究了富水软弱地层下冻结法联合钢套筒盾构接收或始发中施工工艺流程及优缺点，为今后同类工程提供理论基础，对支持软弱地层盾构工程施工管理技术的发展具有良好的推动作用。

5. 新技术应用

（1）杯形水平冻结法区间端头加固技术

由于竹园路站西端头地面场地条件限制，常规的端头加固方式比如旋喷桩加固法、深层搅拌桩加固法、注浆加固法、旋挖素混凝土方法等都不能满足加固要求，迫切需要更为节约场地的加固方式，最终选用冻结加固法。通过研究冻结法冻结效果与土体土质的相关关系，优化了冻结加固方案，提高了冻结施工效率，在保证冻结加固效果的同时缩短工期。

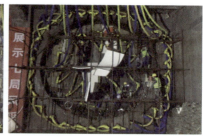

图 4　杯形水平冻结法区间端头加固技术

（2）钢套筒的解体运输吊装及组装方法

套筒的解体运输吊装及组装方法，以及反力架斜撑与混凝土的连接固定技术。现有的盾构机始发及接收的钢套筒安装就位过程中，需通过吊装井将钢套筒从地面下放到地下，但在特殊密闭环境下，进行盾构机始发及接收时，由于封闭段地面管线及交通已恢复，地面无任何吊装作业条件，传统的钢套筒结构及施工方法不能满足该工况的要求，施工难度较大。鉴于此，通过对钢套筒结构及组装方法进行研究，设计包括与洞门钢环固定的过渡环、有依次排列密封连接的若干节筒体、筒体背离过渡环的一侧设后端盖，后端盖背离过渡环的一侧设斜撑、筒体的下方设底座并且底座与筒体的第四环片固定连接。通过改良钢套筒设计，方便了钢套筒的安拆及吊装，减少了钢套筒施工的风险。

图 5　钢套筒的解体运输吊装及组装方法

（3）接收及始发反力架支撑系统关键技术

一般地铁车站在底板浇筑混凝土施工时，会在底板上提前预埋钢板，待盾构机始发时，将反力架斜撑直接焊接在预埋钢板上，为盾构机推进提供反力，但是在实际操作中，因施工单位不同，进场时间不同，会出现底板钢板未预埋的情况，从而影响施工，且由于底板钢板位置固定，施工时具有一定的局限性。通过研究一种反力架斜撑与混凝土的连接固定装置，装置包括盾构机末端连接反力架，反力架通过斜撑杆与主体结构底板固定，且主体底板上设混凝土底板并在表面开孔，孔内通过植筋胶固定圆钢，圆钢上端固定钢板，钢板的厚度与圆钢伸出混凝土底板的长度相当，钢板上预先开设有与圆钢对应的通孔，圆钢顶端伸入到通孔内与钢板满焊固定，钢板与斜撑杆底端满焊固定。通过改良始发反力架设

图 6　反力架斜撑与混凝土的连接固定装置

计，与模拟的变形情况进行对比分析，以提供一种使用灵活，操作简单，斜撑底部设定位置自由，可以

适用于多种型号盾构机的反力架斜撑与混凝土的连接固定装置。

（4）富水软土地层冻结法联合钢套筒盾构施工技术

研究富水软弱地层下冻结法联合钢套筒盾构接收中施工工艺流程及优缺点，并探索土体冻胀融沉规律及控制措施，结合施工监测数据、冻结实时探测等多种技术手段，制定了盾构始发及接收施工的安全预防措施和技术保障措施。在此基础上，深入研究土体物理性质与力学参数，得出冻结法在粉砂夹粉土和粉质黏土地层中的冻结效果与土体的相关关系。

图 7　冻结法联合钢套筒盾构施工技术

（5）富水粉砂地层盾构接收始发洞门密封技术

现有研究对于采用钢套筒进行盾构接收及始发工艺在洞门密封问题上仍存在诸多问题，如洞门没有专门的密封装置，仅依靠注浆进行填充止水，该技术止水措施单一，且受施工人员注浆效果的影响较大，浆液配合比不合适，或施工人员疏忽导致注浆效果差，将会存在较大的漏水漏砂安全隐患；同时现有的始发及接收洞门密封装置为圆环板、折页翻板和帘布橡胶板的方式进行密封。该方法依靠折页翻板压紧帘布橡胶板的方式进行堵水，帘布橡胶板与管片之间存在较大间隙，不能彻底达到密封效果，盾构在始发或接收过程中仍存在漏水漏砂风险，且该密封装置后期需要拆除，存在严重安全隐患。鉴于前述原因，为确保工程安全进行，对富水粉砂地层盾构接收始发洞门密封技术展开研究，针对现有技术的不足，通过基于盾构始发和接收的隧道洞门密封方法和安全结构对隧道洞门进行彻底密封。密封装置包括预埋设有塑性钢环刷的洞门钢环以及位于预埋洞门钢环内侧的环形拼装的混凝土管片，来防止传统圆环板、折页翻板和帘布橡胶板结构密封不彻底的问题。

图 8　盾构接收始发洞门密封技术

（6）全封闭车站内盾构机调头施工技术

由于在地铁修建过程中盾构的吊装出入井受地面场地条件限制无法实现，同时地铁修建分标段委托不同的施工单位，在施工进度等方面协调的原因，盾构机需要在封闭车站内完成接收、调头及始发任务，同时配套台车也需要进行车站内调头。在主体结构已完工的封闭车站内进行盾构调头，与以往的盾构井在结构等方面都有所不同，对盾构的吊出吊入都不方便操作，施工过程控制难度大。鉴于此，通过归纳总结盾构机可调头的车站结构、限制条件，以及通用施工步骤，强化施工过程，推导框架结构车站内盾构调头可行相关公式，研究一种用于盾构台车调头平移的辅助轮盘系统和千斤顶反力支座，以解决现有技术中盾构台车在车站内调头平移装置结构复杂、狭小空间内定向移动操作难度大、工作效率较低的技术问题。辅助轮盘系统，主要包括承重平台、支撑梁及行走机构，其中承重平台固定设置在支撑梁的上方，用于承载盾构台车，行走机构安装在支撑梁的下方。千斤顶反力支座，包括千斤顶卡槽、活动铰及支座，其中千斤顶卡槽用于固定千斤顶，活动铰的一端与千斤顶卡槽固定连接，另一端与支座固定连接，活动铰的转动轴线竖向设置，支座固定设置在地面上。

图 9　狭小空间内大吨位盾构机＋钢套筒组合暗调头施工

6. 作用意义

（1）经济效益

通过使用杯形水平冻结法端头加固联合钢套筒辅助盾构始发及接收施工方法进行施工，减少了TRD止水帷幕、三轴搅拌加固、高压旋喷桩降水井、水平注浆、道路改迁等相关施工工序，大大节约了施工工期，为项目节省费用，取得较好的经济效益，同时钢套筒能够重复利用，经济环保。采用该研究的技术成果进行施工，总计节省费用约473.9万元，取得了较好的经济效益。

（2）社会效益

该成果在项目中具有占地面积小、施工速度快，地面交通及管线无须进行交改、迁移，施工质量好，总投入少，消除了对原状地层造成的水泥土体污染，大大降低了施工风险。

科技成果鉴定意见：

2020年9月13日，江苏省土木建筑学会在南京组织召开了"受限空间条件下水平冻结联合钢套筒辅助盾构施工关键技术研究及应用"科技成果鉴定会。鉴定委员会听取了课题组的技术研究报告，查阅了相关资料，经质询、讨论，形成鉴定意见如下：

（1）鉴定资料齐全，符合鉴定要求。

（2）项目依托苏州市轨道交通5号线工程，针对受限空间条件下富水粉砂地层，采用杯形水平冻结加固联合钢套筒施工技术展开研究，取得了如下创新成果：

1）研发了盾构隧道洞门密封安全结构及施工方法，解决了在富水粉砂地层中采用传统密封结构容易出现涌水涌砂的安全技术难题；

2）通过钢套筒结构的优化设计，解决了传统钢套筒结构及组装方法在受限空间条件下适用性差的技术难题；

3）开发了可根据盾构机推力大小需求随意调整，适用性强的盾构机反力架斜撑与混凝土连接固定装置，显著提高了钢套筒工作期间的稳定性；

4）发明了用于盾构机及后配套调头平移的千斤顶反力支座和辅助轮盘系统，有效提高了狭小空间内大吨位盾构机及后配套平移、调头工作效率。

（3）成果成功应用于苏州、杭州、太原等城市轨道交通工程，取得了显著的经济和社会效益。

鉴定委员会认为，该成果总体上达到国际先进水平，其中受限空间条件下杯形水平冻结法端头加固联合钢套筒辅助盾构接收、调头及始发施工技术达到国际领先水平。

超高超重拱形钢索塔提滑组合安装关键技术研究*

主要完成人员：
龚振斌、陈清华、刘成群、郭雪珍、卞北平、魏岗、马海雄
完成单位：
中国核工业华兴建设有限公司

图1 施工过程及最终效果图

1. 项目概况

韩城市太史大街西延桥梁建设项目西起象山森林公园停车场，东至巍山路交叉口与现状太史大街相接，全长约1.83km，规划红线宽度40m。工程主线为高架形式，连续上跨矿区运煤铁路专用线、黄韩侯铁路、侯西铁路、G327、山前路、二环西路、梁山路、横山路后与巍山路平交，并设置一对平行匝道与国道G327平交。

主线P24～P26之间设计为拱塔斜拉桥，索塔采用拱形塔，全塔采用钢结构，塔高117.5m，桥面以上塔高76.5m，桥面以下41m，主塔提升重量约2100t。索塔截面尺寸纵桥向由拱脚向拱顶逐渐变化，拱脚截面尺寸为6000mm（纵桥向）×5312mm（横桥向），拱顶截面尺寸为3500mm（纵桥向）×4000mm（横桥向）。竖向采用板肋加劲，沿拱轴线每隔2000～3000mm（高度方向）设置一道横隔板，横隔板板厚16～25mm。索塔采用箱形截面，壁板厚25～35mm。索塔与承台采用ϕ75高强度螺纹钢筋进行可靠连接，其张拉控制应力为550MPa。

基于钢索塔自重大、高度高，若采用三角起扳法，转铰根部的水平推力抵消难度大；而梁山路必须保持畅通，现场不具备设置导行路的条件，致使钢索塔无法实现单侧卧拼；若采用塔外提升，提升横梁的高度须超过塔顶高度，塔架越高安全风险越大。为解决该项目拱形钢索塔安装难题，同时降低安全质量风险及措施费用的需求，设法利用设计横梁作为锚固横梁，降低钢材的投入费用，变高处作业为地面作业，提高拼装、焊接质量，降低安全作业风险。通过竖向提升系统与水平牵引系统的配合完成钢索塔的90°竖转。

---

* 该项目获得2020年"江苏省土木建筑学会·土木建筑科技奖"二等奖

2. 应用领域和技术原理

该成果技术成功应用于陕西省韩城市太史大街西延桥梁建设项目景观大桥钢索塔提升安装。实施期间通过动态控制内力和位移变化，确保了竖向提升位移与水平牵引位移的相对同步，实现了钢索塔上下口之间的精准对接，安装精度满足国家验收标准。项目成果可推广应用到行业内重量较大、高度较高的拱形、门式、H形等桥梁钢索塔的施工。

3. 性能指标

该成果技术在国内已施工完成的 6 座钢索塔的研究基础上进行创新、改进，形成了一套完整的拱形钢索塔提升安装技术，创下了国内钢索塔在同类施工方式下的重量和高度之最。经现场实施证明，提升锚梁实测应力与理论应力的偏差均在 5% 以内，远小于设计及规范容许范围 10%。钢索塔垂直度及安装标高均满足设计和规范要求，整体安装精度较高。

4. 创新点

自主研发并形成了拱形钢索塔内侧提滑组合的竖转安装成套技术，采用"卧式拼装，边提边转"的方式施工，解决了该项目拱形钢索塔安装难题。主要创新点如下：

（1）研发了"结构主横梁节段移位作为提升锚梁"的拱形钢索塔竖转提升安装技术，对设计主横梁进行加强，提高其抗扭转能力，将结构主横梁中间节段移位至锚固横梁位置，提升完成之后将结构主横梁中间节段移位至设计位置安装，有效降低了临时结构的钢材用量。

（2）设计研发了拱形钢索塔内侧设置 4 组提升塔架，降低提升装置的高度，通过合理设置提升吊点及分级同步置换液压钢绞线缆风绳，将竖向提升与水平滑移组合的提升方法，节约了拼装场地资源，保证了周边的交通需求。

图 2　施工过程（一）

图 3　施工过程（二）

（3）自主研发了大吨位钢拱脚双滑靴装置，在滚轴与滑靴之间设置 MGE 滑板，较好地消除轨道不平造成的局部高压带来的危害，克服了单滑靴抗扭转能力差的缺陷，解决了拱形钢索塔 0~90° 转动与滑行协调一致的技术难题。

（4）研发了一种适用于超大吨位拱形钢索塔提升的塔架提升装置，解决了高大塔架的稳定性问题和提升装置的排列定位问题。

图 4 施工过程（三）

图 5 施工过程（四）

（5）研发了一种适用于同步提升的水平牵引装置，确保了竖向提升位移与水平牵引位移同步，提高了竖转过程中拱脚的稳定性，解决了需要正向牵引与反向带紧切换的难题。

图 6 施工过程（五）

5. 新技术应用

相对于原位分块拼装法，该成果技术能有效减少高处作业、降低安全措施费的投入，将高空焊接变为地面焊接、高空线形控制变为地面线形控制，可以有效地提高施工质量，同时规避了塔式起重机与异形结构之间的扶壁难题和曲线段钢结构合拢难题。

相对于三角起扳法，该成果技术无须设置固定转铰，减少了转铰水平推力需要抵消的措施投入，无须将索塔在单侧拼装，可根据索塔重心位置和提升点位置实现地面位置的灵活卧拼，降低场地限制和减少对既有道路的交通影响。

6. 作用意义

项目研究成果授权国家发明专利 2 项，实用新型专利 3 项，发表论文 3 篇，省级工法 1 项。经测算，利用部分主横梁作为提升锚梁节约钢材约 101.108t，综合单价 12100 元/t，节省费用 101.108×12100＝1223406.8 元。经过精心组织，紧密安排各工序的施工次序，相较于其他施工方式缩短工期约 3 个月。

该项目实现了拱形钢索塔利用部分主横梁作为提升锚梁，在索塔内侧完成提升的首次应用，提升了钢索塔整体安装的安全和技术水平，保证了安装质量。项目的成功应用推动了转体施工技术进步，为动轴竖转的进一步应用积累了宝贵经验。

科技成果鉴定意见：

2019年8月5日，中国核工业集团有限公司科技质量与信息化部在南京组织召开了"超高超重拱形钢索塔提滑组合安装关键技术研究"科技成果鉴定会。鉴定委员会听取了成果完成单位中国核工业华兴建设有限公司的汇报，审阅了相关资料，经过讨论，形成鉴定意见如下：

(1) 该项成果鉴定资料齐全，内容翔实，符合鉴定要求。

(2) 成果完成单位依托陕西韩城市太史大街西延桥梁建设项目，对2000t级拱形钢索塔提升转体施工技术进行研究，形成了索塔内侧提升工艺技术、缆风体系转换控制技术、竖向提升与水平滑移同步控制技术、利用结构主横梁节段作为提升锚梁技术等多项成果，确保了施工安全和工程质量，有效缩短了建造工期，降低了工程建造成本，取得了显著的社会效益和经济效益。

(3) 该项成果主要创新点为：

1) 自主研发并形成了拱形钢索塔内侧提滑组合的竖转安装成套技术，采用"卧式拼装，边提边转"的方式施工，解决了陕西省韩城市太史大街西延桥梁建设项目的重2100t、高117.5m拱形钢索塔安装难题；

2) 提出了拱形钢索塔内侧设置提升塔架，通过合理设置提升吊点及分步置换液压钢绞线缆风，将竖向提升与水平滑移组合完成钢索塔竖转，节约了场地资源，保证了周边的交通需求；

3) 研发了"结构主横梁节段移位作为提升锚梁"的拱形钢索塔竖转提升安装技术，有效降低了临时结构的钢材用量；

4) 自主研发了大吨位钢拱脚双滑靴装置，解决了拱形钢索塔0~90°转动与滑行的协调一致的技术难题。

(4) 该项成果已获授权3项实用新型专利、2项发明专利，项目总体技术达到国际先进水平，其中拱形钢索塔内侧设置提升塔架技术、结构主横梁节段移位作为提升锚梁技术达到国际领先水平。

超大吨位复杂空间钢结构刚柔结合同步提升技术研究与应用*

主要完成人员：
王永生、张强、赵汉兵、李敏、胡锐、何骏龙、许兴年

完成单位：
中国建筑第二工程局有限公司

图1　5300t 超大钢结构桁架

图2　南京江北新区市民中心

1. 项目概况

大型复杂钢结构工程伴随着国民经济的发展和建筑领域技术水平提高而不断出现。大型复杂钢结构整体提升工程可按被提升结构空间造型复杂程度、结构体量、面积、结构刚度、刚度差等特点以及是否分区提升、设备选用、施工条件等方面来分类。即指那些空间造型复杂、面积超大或结构超重、各组成部分高差大、本身刚度差很大或本身刚度大或刚度极小的结构工程。对上述大型复杂钢结构工程已不能直接采用常用的整体提升工艺进行安装施工，必须针对工程的不同特征和施工条件进行对比、改进和优化，采用改进技术和措施，才能发挥出整体提升技术本身所具有的特征和功效。

江北新区市民中心项目上圆高楼结构总体采用钢框架支撑结构体系，总用钢量约14000t。顶部三层刚性桁架结构采用整体提升安装施工，直径总跨度104m，提升总重量约5300t，总提升高度约37m。通过对整体提升施工技术的创新改进和施工工艺的优化，将大型、复杂钢结构安装施工的不利因素转化为有利因素，使整体提升方法能够科学合理地应用于超大体量、超大面积、大高差和结构复杂的钢结构安装施工工程，形成成套关键技术，扩大了应用范围，提高施工质量，增强安全保障，安全高质地完成施工任务。

市民活动中心塔楼结构类型为框架结构体系，柱网为9.0m×9.0m。规划展览中心竖向四个方形钢框架支撑筒落地，筒边长为10.200m×10.400m。两个塔楼均由两个直径104m、跨三层、高度约为18m的错开的双宝盒组成。规划展览中心总用钢量约14000t，钢框架结构平面投影呈圆形状（直径104m），楼层框架结构标高+18.97～+40.17m（高度21.2m），共计5层（上部三层为桁架结构，下部两层为吊挂结构），楼层框架通过8榀主桁架及外圈桁架与核心筒（4个四肢格构柱）连接承载。若采

---

* 该项目获得2020年"江苏省土木建筑学会·土木建筑科技奖"二等奖

用常规的分件高空散装，不但高空组装、焊接工作量巨大，而且存在较大质量、安全风险，施工的难度较大。由于钢环梁内桁架预留与塔柱连接空间，结构内部整体性较差。

钢结构安装过程期间，还将解决重型吊装机械筏板行走、核心筒格构柱分段式安装、大直径钢结构桁架预起拱拼装、重型钢桁架悬停加固临时支撑、多吊点静力水准仪高精度监测、提升就位钢桁架限位锁定装置安装、加固及嵌补安装、钢结构提升安全保障应急响应机制、吊挂柱高空安装及安全操作平台施工等诸多施工难题，确保复杂环境下完成直径100m超复杂刚性桁架的整体提升施工质量与安全。

在钢结构加工制作技术方面，项目实现基于BIM技术的钢结构深化设计与虚拟仿真、构件管理云同步数字化、加工工艺和焊接工艺自动化。在钢结构安装方面，采用各种安装策略完成直径100m超复杂刚性桁架的整体提升施工。在施工组织管理技术方面，发展总体施工规划技术，异常情况应急处理技术及安全管理等技术，建立复杂钢结构施工跟踪分析策略与实用方法。

2. 应用领域和技术原理

该工程提出了"超大吨位复杂空间钢结构刚柔结合同步提升技术研究与应用"这一课题。通过该课题的研究，探索多吊点超大吨位钢结构、空间桁架复杂不规则、刚柔结合型、智能化同步控制和动态监测等领域方面的内容，为后续类似工程的施工提供良好的资料和反馈。

通过四个主承重体系的四肢格构式塔架柱，并在塔架柱顶安装提升支架。通过液压同步控制系统提升3/4段桁架结构，待与1/4段桁架结构连接后，整体提升至设计高度，并锁定提升器，进行后续嵌补、焊接、安装。

3. 性能指标

该工程整个提升过程，相邻点水平差严格控制在20mm以内，桁架结构相对两端吊点水平连线下挠度绝对值控制在20mm以内，桁架侧向变形相对值控制在15mm以内，结构应力监测相对值小于50MPa，结构提升点受力变形数值符合设计要求。

4. 创新点

（1）重型吊装机械筏板行走。
（2）核心筒格构柱分段式安装。
（3）大直径钢结构桁架预起拱拼装。
（4）不均衡钢结构桁架累积提升。

5. 新技术应用

（1）重型吊装机械筏板行走加固施工技术

该工程在钢结构投影覆盖区域拼装钢构件时，重型吊装机械、构件运输车需在地下室筏板上进行作业。筏板下为淤泥质土，承载能力相对较弱，为避免吊装荷载对结构筏板造成损伤，对履带起重机下部铺设路基箱方式进行筏板保护。

（2）核心筒格构柱分段式安装施工技术

核心筒格构柱总高度52.4m，共分六段制作安装。钢柱采用散件吊装方式，单节钢柱构件最大重量为43.7t，最大提升高度50m。采用1台300t履带起重机和1台280t履带起重机进行吊装。

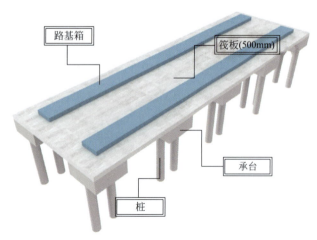

图3　筏板加固三维图

钢柱吊耳布置在钢柱上方，耳板上方同时设置连接夹板用螺栓孔，用于钢柱连接的临时固定，在正对两面分别设置两个吊装吊耳。钢柱吊装到位后，钢柱的中心线应与下面一段钢柱的中心线吻合，并四面兼顾，活动双夹板平稳插入下节柱对应的安装耳板上，穿好连接螺栓，连接好临时连接夹板，并及时连接系梁进一步进行固定。

（3）大直径钢结构桁架预起拱拼装施工技术

采用"地面拼装，整体提升"的安装工艺，首先在地下室筏板及筏板外区域拼装顶部三层桁架结构，直径总跨度104m，拼装总重量约5300t。为保障现场施工有序进行，对拼装提升单元采用分区拼装的施工工艺。桁架拼装采用先桁架后系梁的顺序进行，桁架拼装过程做侧向加固支撑，防止桁架倾覆，并及时连接系梁，使拼装结构形成稳定结构体系。系梁下方设临时加固支撑。

提升钢桁架结构于投影正下方筏板上原位拼装，根据结构分析计算软件选择圈桁架象限点位置及中间桁架中点位置确定起拱值。在筏板上布置胎架进行预起拱，方便上部结构拼装。胎架根据吊挂柱位置及分段进行布置，在筏板施工时预留胎架焊接埋件。

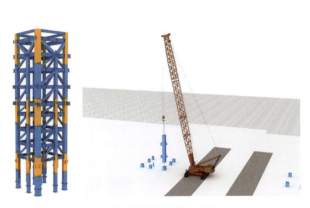

图4　格构柱及吊装示意图

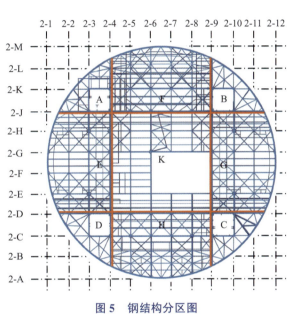

图5　钢结构分区图

（4）不均衡钢结构桁架累积提升施工技术

提升采用"吊点油压均衡，结构姿态调整，位移同步控制，分级卸载就位"的同步提升和卸载就位控制策略。过程通过泵源系统、液压提升器提供动力输出，通过传感器监测、计算机同步控制系统配合控制。通过数据反馈和控制指令传递，实现同步动作、负载均衡、姿态矫正、应力控制、操作闭锁、过程显示和故障报警等多种功能。平稳实现不均衡多吊点的钢桁架结构向规则整体桁架的累级提升。

（5）重型钢桁架悬停加固临时支撑施工技术

基坑南侧作为1/4段钢桁架拼装场地，基坑高差6m，采用双排支护桩进行支护。因下部土质条件较差，为提高胎架稳定性及减小基坑外场地单位面积荷载，在拼装胎架下方铺设1.8m×5m路基箱，减小对支护桩侧向荷载。当基坑内钢桁架提升至基坑外1/4段拼装单元平齐高度进行悬停，并使用H型钢进行临时侧向固定，安装下部标准节临时支撑，进行嵌补焊接H区南侧与提升单元连接杆件。

主要使用塔式起重机标准节作为支撑加固单元，塔式起重机标准节选择规格为QTZ6515塔式起重机的标准节（承载力170t），下部布置高度400mm箱形截面十字底座，上部布置十字横梁；每组标准节作为一个支撑单元，在提升单元在对接悬停阶段，安装两组标准节之间箱形钢梁，作为悬停加固措施。

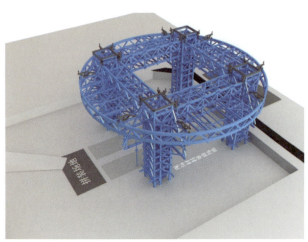

图6 第二次整体提升

图7 悬停加固结构示意图

（6）多吊点静力水准仪高精度监测施工技术

对钢桁架跨中及特征点的位移及关键杆件的应力应变进行现场跟踪监测，对胎架拆除逐级卸载过程及二次结构安装过程逐次、逐阶段进行结构应力及变形监测，监测工作需每日一次贯穿整个安装操作过程并持续至主体钢结构吊装完成。

（7）重型钢桁架限位锁定装置安装施工技术

在顶部三层钢结构桁架提升就位后，为实现下部吊挂结构提前介入安装，增加安全保障。在提升支架位置设置限位锁定装置，将提升钢桁架结构进行限位锁定。

限位锁定装置主要由上部承载箱形梁、吊挂钢带（50mm厚、宽度500mm）、双销轴连接构成。通过模型验算300t作用下最大变形0.3mm，最大应力280MPa。

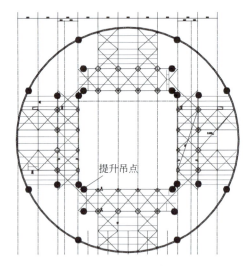

图8 静力水准仪测点布置图

图9 现场限位锁定装置

（8）加固及嵌补安装综合施工技术

为增加提升安全，缩短提升支架悬挑长度，减少结构拼接接头数量，该工程采用提升单元主桁架小段嵌补方式。在内部8榀主桁架及外圈悬挑桁架的提升吊点下方设置加固立柱（箱形，材质Q345B），在提升就位后，使用桁架嵌补单元（长度800mm）连接格构柱牛腿（800mm）及主桁架。同时，将提升支架布置位置原H型钢梁调整为箱形钢梁，提高整体刚度强度。

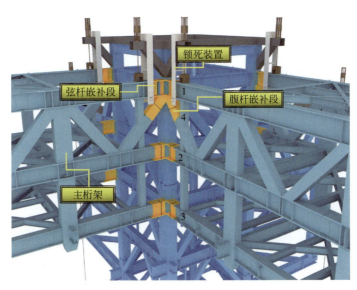

图 10　主桁架嵌补段示意图

6. 作用意义

项目研究成果申请专利 5 项，工程通过技术研究和创新，通过创新技术进行施工，优质、高效、低耗地完成了施工任务。直接经济效益为：节约成本 781.74 万元，总成本降低率约为 4.8%，取得了较好的经济效益。

南京江北新区市民中心工程通过技术研究和创新，不仅实现了设计要求合同承诺，同时降低了工程施工成本，提高工程使用价值，而且促进了整个工程的技术管理和经济核算管理，促成了过程科学技术管理的创新和升级，也使项目施工的管理水平得到了一定的提高。保质保量提前完成了项目施工任务，满足了业主要求，从而赢得建设单位的信任，受到了政府、业主、监理、设计等社会各方面的认可和表扬。

科技成果鉴定意见：

2019 年 6 月 2 日，江苏省土木建筑学会在南京组织召开了"超大吨位复杂空间钢结构刚柔结合同步提升技术研究与应用"科技成果鉴定会。鉴定委员会听取了课题组的技术研究报告，审阅了相关技术资料，经质询、讨论，形成如下鉴定意见：

（1）提供的技术资料齐全，符合科技成果鉴定要求。

（2）课题针对南京江北新区市民中心工程复杂空间钢结构（直径 104m，重 5300t，最大提升高度 37m）的安装施工技术难题，采用了多吊点智能同步控制技术、动态安装过程的同步监控技术、有限元仿真技术和 BIM 技术等，实现了超大吨位复杂空间钢结构刚柔结合累积同步提升。主要创新技术如下：

1）通过研究分析，结合结构分区组合的特点，采用了多吊点刚柔结合的累积安装创新方法，实现了 5300t 复杂空间钢结构地面组装，6d 内安全快速提升到位；

2）对提升过程采用了智能化动态监控技术，有效保证了提升过程的重大风险控制和提升就位的对接精度；

3）提升就位后，采用了创新的限位锁定装置，保证了重型钢桁架悬停期间的防坠落安全性。

（3）该课题已申请发明专利 5 项。

鉴定委员会认为，研究成果达到国际先进水平。

城市中心复杂环境下大管径顶管综合施工技术研究*

主要完成人员：
钱福健、殷铁军、李小杰、全有维、刘亚松、林海、程建军
完成单位：
中建八局第三建设有限公司

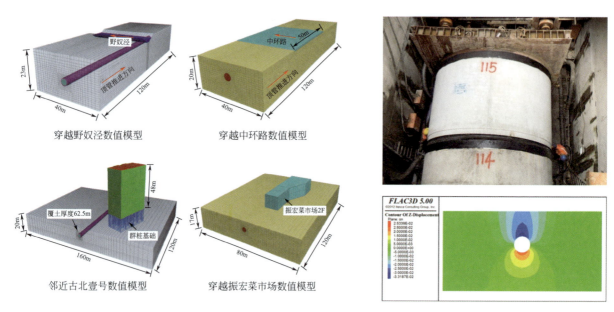

图 1 施工实景及数值模型

1. 项目概况

课题依托虹许、虹梅雨水泵站及总管新建工程，针对城市中心复杂环境下大管径顶管施工的施工特点和难点开展系统研究，形成了由复杂环境下大管径顶管施工技术、超深大管径曲线顶管施工技术、超深大管径顶管倒虹施工技术、顶管施工影响范围内的建（构）筑物及管线监测保护施工技术、长距离顶管施工现场监测及反馈分析5项关键技术，2项省级工法，12项专利（其中发明专利1项），并发表论文7篇。

2. 应用领域和技术原理

随着城市现代化建设的迅速发展，出现了越来越多的地下管线的铺设工程。顶管技术作为一种非明挖的地下管道施工方法，具有施工周期短、环境影响效应小、安全性较高、综合成本较低等一系列优点。顶管施工过程中主要借助于主顶油缸以及中继间等的推力作用，使掘进机从工作井内出发，穿越土层一直顶推到接收井内。与此同时，紧随在掘进机之后的管片也随着掘进机的顶推过程埋设在两井之间的土体中，达到了铺设地下管道的目的。

根据同类工程的施工经验，针对复杂环境下大管径顶管施工、超深大管径曲线顶管施工、超深大管

---

* 该项目获得 2020 年"江苏省土木建筑学会·土木建筑科技奖"二等奖

径顶管倒虹施工、顶管施工影响范围内的建（构）筑物及管线监测保护施工等，通过不同技术的研究与应用，合理解决施工技术难题。通过在复杂环境下的工程管理，保证工程质量、工期和整体形象不受影响，加快工程进度，确保工程无质量和安全事故。

该成果已在上海虹许、虹梅雨水泵站及总管新建工程及京江北长三角一体化绿色发展示范区第二水源及配套设施建设工程中得到了很好的应用，轴线地表沉降值累计值控制在20mm以内，保证了工程顺利实施。

3. 性能指标

虹许、虹梅雨水泵站及总管新建工程，位于上海市闵行区虹桥镇，新建红松路（姚虹路～虹梅雨水泵站）雨水总管，设计总管管径为$\phi 2200 \sim \phi 3500$mm，长度2965m，涉及基坑包括7座工作坑、5座接收坑、14座天窗井及雨水支管沟槽。新建翠钰南路（吴中路～红松路）雨水干管，设计干管径为$\phi 2400$，长度630m。新建规划吴中路（合川路～吴中路）雨水干管，设计管径为DN1000～DN1800，长度2229m。总管施工中存在大量的曲线顶管且总管施工跨越3条河流，需进行倒虹施工。顶管施工场地位于市区，周边建筑较多，且道路下铺设有较多管线。

项目技术背景为城市中心穿越河道、穿越上海交通大动脉中环线、邻近菜市场（浅基础框架结构）、邻近高层住宅（桩基础结构）等周边环境较为复杂的大管径顶管工程。在设计伊始即明确依托工程虹许、虹梅雨水泵站及总管新建工程红松路新建$\phi 3500$雨水管道铺设全线采用顶管法施工。

4. 创新点

（1）提出了复杂环境下大管径顶管施工的全过程数值模拟分析方法，提出了注浆层的模拟方法，能有效地模拟管片与土体之间的空隙引起的地层损失，同时考虑了注浆压力对土体的影响，使得数值模拟分析方法更符合现场实际情况。

（2）发明了一种管道快就位装置，提高了施工效率，缩短了施工周期。

（3）发明了一种组合式顶管后靠，解决了工作井尺寸大小不满足后靠墙施工不足，同时提高了工作效率，缓解了工期紧张的情况。

（4）研发了防水止浆装置，解决了顶管进洞口的防水问题，有效地减少了地面的沉降。

（5）研发了顶管作业中防管道退进装置，解决了顶管施工过程中因为开挖面压力过大造成管节后退的难题。

（6）研发了一种顶管地下导线的测量装置，解决了曲线顶管测量无法通视的情况，减少了曲线顶管测量中间测站的设置。

5. 新技术应用

（1）复杂环境下大管径顶管施工技术

该关键技术提出了复杂环境下大管径顶管施工的全过程数值模拟分析方法，提出了注浆层的模拟方法，对顶管法施工引起的地表沉降、塑性区进行了研究，并分别针对支护压力、侧摩阻力两项施工敏感性参数进行了对比分析。该技术能有效地模拟管片与土体之间的空隙引起的地层损失，同时考虑了注浆压力对土体的影响，使得数值模拟分析方法更符合现场实际情况。

（2）超深大管径曲线顶管施工技术

超深大管径曲线顶管施工技术应用于该工程多段顶管区间，在实施过程中，发明了一种管道快就位装置，提高了施工效率，缩短了施工周期。发明了一种组合式顶管后靠背，解决了工作井尺寸大小不满足后靠墙施工不足，同时提高了工作效率，缓解了工期紧张的情况。研发了顶管作业中防管道退进装置，解决了顶管施工过程中因为开挖面压力过大造成管节后退的难题。研发了一种顶管地下导线的测量装置，解决了曲线顶管测量无法通视的情况，减少了曲线顶管测量中间测站的设置。

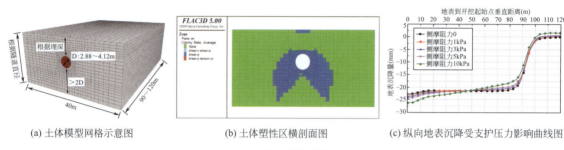

(a) 土体模型网格示意图　　(b) 土体塑性区横剖面图　　(c) 纵向地表沉降受支护压力影响曲线图

图 2　全过程数值模拟分析

(a) 防后退装置　　(b) 快速就位装置　　(c) 主顶千斤顶压力表　　(d) 压浆孔

图 3　超深大管径曲线顶管施工

（3）超深大管径顶管倒虹施工技术

顶管穿越河道采用倒虹技术，通过研究超深大管径顶管倒虹井以及倒虹管的施工，大大缩短了施工周期，避免拆除桥梁基础，节约了施工成本。顶管穿越河道采用倒虹技术，施工控制难度大，顶管穿越河道时，属于浅覆土，可能产生河底土体开裂、渗水，极易造成质量安全事故。在实施过程中研发了防水止浆装置，解决了顶管进洞口的防水问题，有效地减少了地面的沉降。

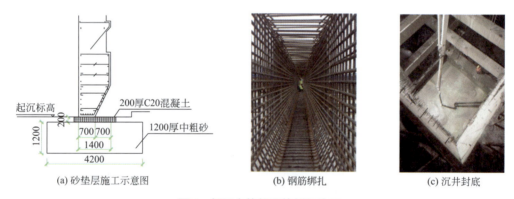

(a) 砂垫层施工示意图　　(b) 钢筋绑扎　　(c) 沉井封底

图 4　超深大管径顶管例虹施工

（4）顶管施工影响范围内的建（构）筑物及管线监测保护施工技术

提出了针对城市中心复杂环境下各种工况，其中包括穿越河道（野奴泾）、穿越道路（上海交通大动脉中环路）、邻近浅基础框架结构建筑物（振宏菜市场）、邻近桩基础建筑物（古北壹号）的数值模拟分析方法，对工况各种参数进行了明确的设定，为后期顶管施工提供参考依据，有效地减小了顶管施工沉降。

（5）长距离顶管施工现场监测及反馈分析技术

主要对依托工程虹许、虹梅雨水泵站及总管新建工程顶管区间的监测数据进行了整理和分析，包括隧道轴线上方地表沉降，周围建筑物沉降以及周边管线变形三方面。

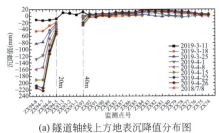 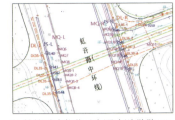 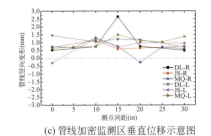

(a) 隧道轴线上方地表沉降值分布图　　(b) 管线垂直位移示意图(虹许路路口)　　(c) 管线加密监测区垂直位移示意图

图 5　现场监测及反馈分析

6. 作用意义

上海虹许、虹梅雨水泵站及总管新建工程以及南京江北长三角一体化绿色发展示范区第二水源及配套设施建设工程中采用了"城市中心复杂环境下大管径顶管综合施工技术研究"研究成果中的多项关键技术，降低了材料损耗、缩短了施工工期，提高了工程质量，保证了施工安全，经济社会效益显著。经施工前后的方案对比和成本计算，直接经济效益达 184.38 万元。

该成果的推广实施节约了施工材料、建设成本、机械投入，保障了上海虹许、虹梅地区的防汛安全，改善水环境质量，也保障了南京江北地区水源供给安全，符合国家绿色施工的理念，保障了民生需求。良好的技术运用也保障了施工安全、质量及工期，改善了施工环境，产生了良好的环境效益。

科技成果鉴定意见：

2020 年 6 月 12 日，中国建筑集团有限公司组织召开了由中建八局第三建设有限公司完成的"城市中心复杂环境下大管径顶管综合施工技术研究"项目科技成果评价会。与会专家审阅了资料，听取了汇报，经质询讨论，形成如下评价意见：

(1) 提供的技术资料齐全，符合科技成果评价要求。

(2) 针对城市中心复杂环境下大管径顶管施工的难点，以上海虹许、虹梅雨水泵站及总管新建工程为依托，研发了城市中心复杂环境下大管径顶管施工技术，主要创新成果如下：

1) 提出了基于全过程数值模拟分析方法的计算模型及施工管理方法，实现了复杂地质条件下超大直径顶管施工沉降及位移控制；

2) 发明了大直径长距离曲线顶管作业中防止管道后退装置及施工方法、管道快速就位、组合式顶管后装置与方法、防水止张装置、顶管地下导线测量装置及测量方法，解决了城市中心复杂环境下大管径顶管施工难题。

(3) 获得专利授权 12 项，形成省部级工法 2 项，发表论文 7 篇。成果已在上海虹许、虹梅雨水泵站及总管新建工程成功应用，保证了安全质量，提高了工效，取得了显著的经济与社会效益，具有良好的推广应用前景。

评价委员会认为，该成果达到国际先进水平。

智能交通客运枢纽工程建设关键技术研究与应用*

主要完成人员：
邹厚存、薛德华、杨卫波、武圣山、陈玉彬、蒋文忠、冯晨
完成单位：
江苏扬建集团有限公司、扬州大学、扬州华科智能科技有限公司

图1 扬州西部交通客运枢纽立体交通示意图

图2 屋面太阳能及地源热泵机房

1. 项目概况

扬州西部交通客运枢纽是扬州市市政府基础设施建设工程的重点项目，是一座以高速公路网络为依托，充分利用扬州火车站，实现公路、铁路、公交、出租车、客运为一体，以及未来与地铁、城市轨道交通的零距离换乘民生工程。从建筑、结构、设备、暖通、给水排水、智能化设计及材料选用，均体现现代交通客运枢纽的科技、节能、环保、绿色理念，集现代化、智能化与信息化于一体。设计日发送1500辆·班次，3万人次，高峰可日发送旅客5万～6万人次。

工程地下1层（局部2层），地上4层（局部5层），项目总投资约4.21亿元。建筑面积82099m^2（地下面积26500m^2），东西长164.00m，南北宽165.00m，建筑高度22.90m。属一类公用建筑，设计合理使用年限为50年，采用现浇钢筋混凝土框架结构，局部型钢混凝土组合结构；钻孔灌注桩，独立＋筏形基础；大面积弧线形钢结构金属屋面。幕墙由石材幕墙、玻璃幕墙、金属幕墙组成，幕墙总面积30600m^2，金属幕墙7600m^2。

2. 应用领域和技术原理

基于西部交通客运枢纽工程，通过产、学、研优势互补，借鉴吸收与自主创新结合，单项技术突破与综合应用并举的方式，研究大型智能交通客运枢纽工程施工关键技术，针对城市客运汽车站功能特点及建筑智能化需求，形成完整的大型智能交通客运枢纽建造技术成果，努力促进智能建筑发展。

---

* 该项目获得2020年"江苏省土木建筑学会·土木建筑科技奖"二等奖

3. 性能指标

随着城市建设的发展，对智能交通客运项目的系统性研究较少。该研究课题以扬州西部交通客运枢纽工程为研究对象，针对重难点施工技术难题，组织技术攻关小组，以企业级技术中心为依托，通过不断深化创新，探索大型公共建筑及智能集成建筑施工技术，为大型智能交通客运枢纽的建设和企业技术进步的推进提供一定技术保障。

4. 创新点

通过旋挖钻机和回转钻机的有效结合，解决了土层条件复杂，桩长范围内主要为黏性土层和风化岩层的钻孔灌注桩工程钻进难题。

（1）在混凝土结构抗裂方面，通过应用聚羧酸系高效减水剂，研制低收缩高性能混凝土，提高抗裂效果，解决超长墙板混凝土裂缝的质量问题。

（2）采用有限元模拟屋面客车发车平台，分析预应力钢筋张拉对混凝土抗裂性能的影响，结合"跳仓法"施工技术、低收缩高性能混凝土的应用，有效控制了大面积动载屋面收缩引起的裂缝。

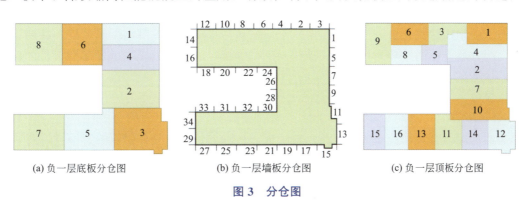

(a) 负一层底板分仓图　　(b) 负一层墙板分仓图　　(c) 负一层顶板分仓图

图 3　分仓图

（3）大空间混凝土结构施工中，通过运用BIM技术深化节点，使用BDF无机阻燃型复合箱体，提高了大跨度混凝土楼盖的承载性能。

（4）在绿色节能及智能化管理方面，针对长江中下游地区地源热泵应用中存在的土壤热平衡问题，对土壤换热器分区分时运行调控、辅助能源应用等方面，设计多种土壤热平衡的调控方案，采用地源热泵自控系统，自动采集数据，远程控制设备运行状态，可保证地源热泵空调系统长期高效、稳定运行通过地源热泵自控、楼宇智能控制、能耗监测、计量等综合集成管理，降低建筑能耗，智能化运维管理。

图 4　重载屋面预应力分段施工

图 5　智能管理界面

5. 新技术应用

（1）混凝土结构综合抗裂技术

掺入 PCA-Ⅰ聚羧酸高效减水剂、SBTJM-Ⅲ（C）低碱型膨胀剂，配置高性能低收缩混凝土，减少混凝土收缩；地下室顶板、底板及外墙板混凝土采用整体"跳仓法"技术浇筑，针对不同部位结构合理确定分仓间距及其浇筑顺序和方法，控制混凝土裂缝。

（2）高大空间混凝土结构施工技术

结构采用型钢混凝土柱和预应力型钢混凝土梁，通过绘制预应力曲线，优化钢筋设计方案，运用 BIM 技术协助梁柱节点处钢筋穿孔、部件对接等进行可视化技术交底，确保了大跨度结构梁柱节点的强度；楼盖使用 BDF 薄壁空心箱体与预应力体系结合，通过钢筋束缚 BDF 箱体上浮，并采用错开分段搭接超长预应力筋的无粘结预应力施工方式，解决了楼盖的大跨度、大荷载以及混凝土收缩时引起的裂缝等问题。

（3）大型屋面停车场施工技术

发车平台楼面为无粘结预应力混凝土结构，施工前通过有限元模拟动载荷下无粘结预应力楼盖，分析了预应力钢筋张拉后产生的混凝土轻微起拱对大载荷混凝土结构抗裂性能的影响，明确了预应力施工主控项目，施工中采用"跳仓法"技术浇筑混凝土，缩短施工周期、控制混凝土裂缝；在变形缝处理方面，设计了相邻区域异标高结构间及同标高结构间的变形缝处理方法，提高了发车平台楼面面层的整体性，防渗效果显著。

（4）金属板材艺术造型悬吊施工技术

运用 BIM 技术建立"水滴"金属板材艺术造型三维模型，整体曲面划分成块，通过环氧树脂面层和三层松木实木基层横竖交错压缩成的模具，对铝板进行曲面拉伸，并在铝板的背面设计弯圆钢管有效控制铝板变形；安装前，通过 BIM 模型模拟拼装，确定拼装顺序及空间尺寸点位。

（5）地源热泵系统集成与能效管理技术

基于地热能利用中的时空效应，提出了从地下换热区域内部本身的蓄能与释能传热控制着手来解决土壤热平衡的设想，通过专利技术采集数据，明确地源热泵系统长期运行后土壤温度的变化，优化地下换热器设计，为地源热泵混合式换热系统的应用提供数据支持。

（6）交通客运枢纽智能化系统

自主研发了楼宇智能化系统集成产品，计算功能和调节控制功能完善；自主研发"华科智能绿色节能综合集成系统"将楼宇智能控制系统、地热源控制系统、分户计量收费管理系统及能效监测管理系统综合集成，降低了建筑能耗，打破了国外智能化产品价格的垄断。

（7）基于 BIM 技术、样板引路、一次成优施工技术

通过 BIM 技术辅助深化设计，对梁柱节点钢筋、高支模、机电安装管线、支吊架布置、室内装饰、室外造型等进行优化调整，实现了结构施工的一次成型；同时，通过三维可视化交底技术，施工进度管控，切实提高施工计划的可实施性，保证施工进度；利用 BIM 模型的精准工程量计算的特点结合物料管控系统对施工过程中的施工材料进行把握，减少不必要的材料浪费和资金损失。

6. 作用意义

该成果应用在扬州市市政府基础设施建设重点工程——扬州西部交通客运枢纽施工过程中，获得发明专利 3 项，实用新型专利 8 项，国家级工法 2 项，省部级工法 4 项，软件著作权 16 项，新材料和新技术的应用节省了工程投资，智能化系统年节约运行费用约 80 万元，屋面客车发车平台的设计节约了用地，对地热能的合理利用实现节能减排，创造出重大的经济效益和社会效益。扬州西部交通客运枢纽工程的建成使用，融合周边交通网络，形成了立体式综合客运枢纽；应用现代信息技术，以智能化带动交通运输现代化，显著提升地区交通发展智能化水平。通过研究扬州西部交通客运枢纽工程施工技术，

总结大型智能客运交通枢纽工程建设的成功经验,推动我国交通运输体系发展战略实施。项目实现了质量一次成优,获得2018年度"中国建设工程鲁班奖",自投入使用以来,各项功能满足设计和使用要求,所有设备运行正常,具有很强的推广价值。

科技成果鉴定意见:

2020年6月4日,江苏省土木建筑学会在扬州组织召开了"智能交通客运枢纽工程建设关键技术研究与应用"科技成果鉴定会。鉴定委员会听取了课题组的技术研究报告,审阅了相关材料,经质询、讨论,形成以下鉴定意见:

(1) 提交的技术资料齐全,符合鉴定要求。

(2) 结合建设用地地形地貌特点,研究形成了客运枢纽立体化、一体化设计技术,实现了公路、铁路、公交,以及未来城铁和轨道交通"零距离"换乘。

(3) 针对大体积、大面积混凝土结构特点,研发了结合地材的低收缩高性能混凝土,并提出了底板、外侧墙和顶板不同的分仓参数的"跳仓法"施工新技术、在墙体迎水面设置钢塑复合网技术、无粘结预应力与跳仓组合施工的新技术,解决了混凝土结构的抗裂难题。

(4) 针对夏热冬冷地区特点,自主研发了岩土热物性测试方法及装置,提出了从土壤换热器分区运行模式、辅助能源应用等方面来解决土壤热平衡的方法,实现了高效节能。

(5) 研发的基于BIM的复杂大型整体建筑部件装配式装饰施工技术,加快了施工进度提高了效率。

(6) 自主研发了楼宇能效管理集成系统,实现了地源热泵自控、楼宇智能控制、能效监测等综合集成管理。

获得国家发明专利3项,实用新型专利8项,国家级工法2项,省部级工法4项,软件著作权16项,取得了显著的社会效益和经济效益。鉴定委员会认为,成果达到国际先进水平。

建筑钢结构机器人焊接智能化关键技术与应用*

主要完成人员：
方春生、陈韬、陈振明、周军红、王继文、于吉圣、郭家友
完成单位：
中建钢构江苏有限公司

图 1　机器人工作图

1. 项目概况

在当前钢结构建造中，由于钢结构产品独特的特性，产品非标设计，批量化小、形式复杂多变的特点，焊接作业基本依赖人工，效率偏低。在汽车、家具、电子设备等标准化产品行业，采用机器人焊接不仅可以提高质量稳定性，而且生产效率较高，相应地降低了生产成本。焊接效率低及质量问题突出仍是制约钢结构生产效率、成本和品质的主要瓶颈。因此，实现项目管理信息化、生产制造自动化的钢结构智能化技术成为必由之路。

实现基于机器人焊接的钢结构智能制造主要有两种途径：一是改变现有制造体系以适应机器人生产，即通过改变现有的钢结构非标、零星制造的模式，实现钢构件模块化、系列化、标准化，同时提高加工、装配精度以适应现有机器人焊接制造的要求；二是机器人适应现有生产制造，通过对现有焊接机器人升级改造提高焊接机器人的智能水平，实现自动扫描、自动编程以适应目前的生产状态两种途径。两种途径各有缺点。途径一：可实现规模生产，但需要设计、加工、装配以及检测等诸多环节都要进行相应的调节和改变，需要示范工程进行充分验证才可纳入相关标准规定中加以推广应用，很难在短时期取得满意效果，目前钢结构行业智能制造基本上都走这一条路，至今还没有令人信服的成功案例；途径二：不改变现有钢结构生产模式，通过提高焊接机器人的智能水平和适应能力，达到机器替代人工、提高生产效率的目的，其优点是，不涉及制造体系的改变，只需对焊接生产的环节进行少量改造即可实现，投资少，见效快，是实现钢结构制造产业升级换代的一条新路。

实现自适应非标钢构件机器人智能焊接需要解决四大难题：一是钢构件待焊焊缝综合信息的获取；二是工件与机器人关系的建立；三是焊缝位置的实时跟踪；四是合理焊接指令的生成。项目组在国家科

---

* 该项目获得 2020 年"江苏省土木建筑学会·土木建筑科技奖"二等奖

技支撑计划和国家重大工程等多项科研课题的支持下，历经多年研究和工程应用，解决了上述瓶颈问题，实现了非标钢构件机器人自适应智能焊接成套技术的重大突破，填补了国内空白。

2. 应用领域和技术原理

该技术属于工程建设行业中钢结构制造领域，主要应用于钢结构制造的焊接工序，提高了工作效率。

该技术研发的总体思路是从构件三维模型及焊缝模型建立、焊缝位置识别、焊接工艺参数生成等方面开展智能焊接的研究。

3. 性能指标

通过对钢结构产品构件类型进行分析，选择可实现自动化制造的工件为研究对象，从构件焊缝模型的建立、焊缝位置的获取、焊接程序的自动生成等方面开展智能化焊接研究。分析现有智能焊接机器人的运行模式，针对性分析与钢结构行业的不同点，按照实际需求开展研发工作。通过程序开发和试运行，排除无法实现或计算效率低下的方案，逐步筛选形成算法简单、计算高效的方案，并完成软件初步开发及硬件的筛选。通过操作人员的不断试用，提出功能优化建议，并对软件各项功能进行优化和功能补充，最终在五大工艺环节均形成一套操作简便、效率高、质量优的高效智能焊接机器人系统。

4. 创新点

（1）开发了焊接模型系统软件（Smart Model），此软件可快速建立焊缝模型，并与焊接机器人进行数字互联。

（2）开发多构件自动快速定位技术，通过点对点快速定位方式，将模型与实际构件对应，可实现批量非标构件一次性自动焊接。

图 2　焊接模型系统软件界面

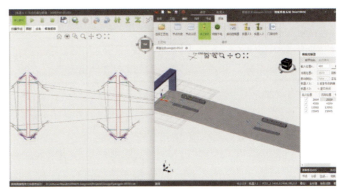

图 3　多构件自动快速定位

（3）研发了相机视觉识别和三维模型数字处理技术，通过激光定位与纠偏，可快速计算工件焊缝位置，自动形成精准的焊接路径及运动姿态。

（4）研发了焊接程序自动生成技术，利用与焊接机器人相匹配的数据格式和接口参数可自动调用、修改、存储焊接工艺参数，根据焊接路径快速生成焊接程序，实现建筑钢结构角焊缝机器人智能焊接。

图 4　相机视觉识别和三维模型数字处理　　　　图 5　焊接程序自动生成

5. 新技术应用

（1）焊接模型系统自动获取技术

1）焊缝模型快速创建技术：通过参数化的方式，兼容 Tekla 软件导出的中间格式文件，识别构件模型及零件并且附带零件信息；同时也可应用各种组合和拓扑关系，建立待焊构件模型，并可进行创建、编辑、保存等操作，通过软件内部数据计算程序，快速自动识别计算并批量修改构件的所有焊缝信息，如焊脚尺寸、焊缝位置等，并且焊缝同时也可以自行绘制或通过定制的外部焊缝格式文件和AUTOCAD 图中焊缝信息进行导入，大大提高工作效率。

2）焊缝模型与待焊构件关系建立，可以结合生产产品的特性创建工件与设备的相互关系，形成数字孪生体，符合行业操作习惯，实现工厂焊接设备的统一管理。

3）多构件自动定位控制技术，通过建立工作站模型，在焊接系统内及实际工装胎架预设构件摆放位置，当系统内读入多个构件模型时，通过系统内工装胎架预设的坐标点快速点对点实现构件模型定位，将模型与实际构件一一对应，简化构件位置调整的工作量，提高工作效率。

（2）智能化视觉识别及智能控制技术

1）视觉识别纠偏技术，采用视觉人机交互，结合图像处理技术获取待焊构件和焊缝目标点的坐标及通过三维数据模型驱动识别焊缝位置，形成焊接路径；而后采用三维激光跟踪定位技术，将实时测量数据反馈至系统，自动规划纠偏焊接路径和运动位置，确保焊缝位置的准确性。

2）信息与数据处理技术，系统内可快速新建或者修改焊接工艺参数及焊接机器人的运转姿态，形成焊接工艺数据库；焊接程序生成时自动读取、调用、保存，并可将焊接工艺数据上传至云端，供多台焊接机器人应用，实现资源共享。

3）焊接程序自动生成技术，焊缝位置及焊缝要求识别后，焊接系统可根据与智能焊接机器人相匹配的数据格式和接口参数，自动根据扫描路径规划和焊接路径规范的结果计算出焊接程序，焊接程序包括焊接工艺参数指令、机器人运转姿态控制、相机激光交互通信等内容，大大提高了工作效率。

6. 作用意义

项目研究成果已纳入团体标准《钢结构机器人焊接接头装配精度及标记方法》中，取得 3 项软件著作权，1 项专利受理。

基于该项目研发的关键技术成功地应用于济南平安金融中心、宿迁学校、青岛海天大酒店等项目构件的制作中，应用效果良好，焊接效率提升显著，极大缩短了项目构件的制作周期，提升了钢结构制造的智能化水平。

通过自主研发应用于智能焊接机器人钢结构焊接系统，通过快速参数化建模，实现智能设备与信息化系统数据交互，并可快速匹配焊接工艺参数，自动完成焊接，提升了生产效率，起到了良好的示范作用。

通过该技术的成熟运用，钢构件焊接质量得到进一步提高，推动了行业智能化的发展进程，为该技术的推广应用奠定了良好的基础。

科技成果鉴定意见：

2020年7月15日，中国钢结构协会组织召开了由中建钢构江苏有限公司、中建科工集团有限公司、安徽工布智造工业科技有限公司和中冶建筑研究总院有限公司等单位联合完成的"建筑钢结构机器人焊接智能化关键技术与应用"科技成果评价会。评价委员会专家审查了完成单位提供的技术资料，听取了成果汇报，经质询和讨论，形成评价意见如下：

（1）提供的技术资料齐全，内容翔实，符合评价要求。

（2）项目完成单位在建筑钢结构机器人焊接智能化关键技术方面取得了以下主要创新成果：

1）开发了焊接模型系统软件（Smart Model），此软件可快速建立焊缝模型，并与焊接机器人进行数字互联；

2）开发多构件自动快速定位技术，通过点对点快速定位方式，将模型与实际构件一一对应，可实现批量非标构件一次性自动焊接；

3）研发了相机视觉识别和三维模型数字处理技术，通过激光定位与纠偏，可快速计算工件焊缝位置，自动形成精准的焊接路径及运动姿态；

4）研发了焊接程序自动生成技术，利用与焊接机器人相匹配的数据格式和接口参数可自动调用、修改、存储焊接工艺参数，根据焊接路径快速生成焊接程序，实现建筑钢结构贴角焊缝机器人智能焊接。

（3）研究成果对提升我国钢结构智能制造技术水平起到了很好的示范作用，并成功应用于建筑、桥梁等钢结构及其他行业，具有较大的推广应用价值，取得了显著的经济和社会效益。

评价委员会一致认为，该研究成果总体达到国际先进水平，在建筑钢结构贴角焊缝智能焊接方面达到国际领先水平。

轨交保护区内既有浅基础建筑拆除及复建施工技术的研究及应用*

主要完成人员：
朱歆文、胡乐庭、陈德霞、刘建国、袁剑锋、王强、王加磊
完成单位：
苏州第一建筑集团有限公司、苏州市轨道交通集团有限公司

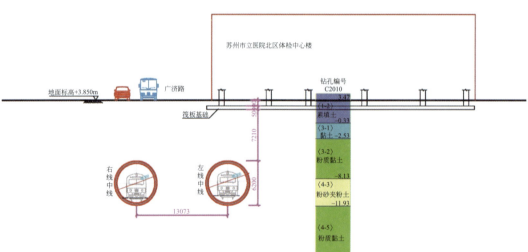

图1 项目外观及基础图

1. 项目概况

苏州市立医院北区体检中心楼改建项目位于已运营的苏州轨交2号线山塘街站～火车站区间左线隧道正上方，处于特别保护区内，距离右线隧道分别为6.45m和11.46m，此处隧道上覆土为9.27m。该工程原址现为市立医院急诊部及门诊部，急诊部为4层，门诊部为2层，砖砌结构，原有建筑基础形式

---

* 该项目获得2020年"江苏省土木建筑学会·土木建筑科技奖"二等奖

为筏式基础，埋深约0.8m（在原建筑体检中心西南角处有2个埋深2.9m的独立基础）。施工该项目前，需拆除原有旧建筑及基础，于原址复建该项目，由此将引发工程与既有轨道交通2号线区间工程相互影响。复建建筑上部1~4层，体检中心楼（原急诊楼）为地上4层，门诊部为地上2层，均采用筏形基础。工程总用地面积约3083.92m²。

该项目通过建筑物拆除卸载及复建施工加载对已运营苏州轨道交通2号线山塘街站～火车站区间隧道结构的影响进行分析和研究，利用有限元仿真模拟整个施工过程，基于分析结果，综合考虑各施工工序下区间隧道结构的变形、应力、沉降，以此提出相应的保护措施及施工对策。

2. 应用领域和技术原理

该技术适用于在轨道交通隧道上方，地表之上或之下的既有浅基础建筑的拆除、新建或改建。

3. 性能指标

通过采取对既有建筑的分层动态拆除；基坑加固或换填，提高土体强度，减少土体的隆起变形；分块分层开挖，缩小卸载面积，避免大面积卸荷；限时施工，利用基坑时空效应，减少开挖基坑暴露时间；采取堆载反压措施，使反压与卸载相同，减小卸载影响等工艺和措施，来保证轨道交通控制保护区内的既有建筑的拆除和复建过程对轨道交通隧道结构产生的风险为零。

4. 创新点

通过对已运营的轨道交通隧道上方建筑物拆除及复建施工的研究，分析隧道上浮与沉降规律，探究如何利用技术手段，最大限度减少在已运营的轨道交通隧道上方拆除建筑物（卸载）及复建建筑物（加载）施工对轨道交通区间隧道结构的影响，确保轨道交通运营安全，总结施工经验，为今后轨道交通隧道上方既有建筑物的拆除与新建提供借鉴。

5. 新技术应用

（1）三维动态模拟盾构隧道受力变形分析技术

对轨道交通隧道上方原有建筑物拆除和复建施工将引起盾构隧道上方大面积卸载和加载，极易导致盾构隧道反复隆沉变形，进而造成盾构隧道开裂、渗水等，危及轨道交通运营安全。为保证轨道交通盾构隧道的安全运行，通过采用MIDAS/GTS NX岩土隧道结构专用有限元分析软件建立原结构拆除及复建的三维动态模型，模拟实施过程中的工况，进行轨交区间隧道结构的三维变形和受力分析，提供参考性建议，减少改建项目实施对轨交结构的影响。

（2）既有建筑无振动拆除技术

既有建筑物拆除时，应尽可能保持运营中的轨交盾构区间上方荷载不变的前提下，实施既有房屋的分层动态拆除，应避免采用振动较大的爆破或破碎机拆除，一般采用无振动机械或切割的方法，如履带式长臂液压剪或绳锯切割的方法进行拆除，作业时机械应停放在施工场地远离轻轨隧道的区域，避免因机械的自重及在施工作业时产生振动对轻轨隧道产生不利影响。拆除时应在周边地面铺设减振材料，减少冲击振动对轨交区间结构产生不利影响。

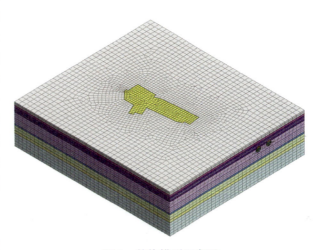

图2 整体模型示意图

图 3　既有建筑无振动拆除

（3）轨道交通隧道上方建筑物地基加固技术

为了防止既有基础拆除和新建基础时引起土体变形进而影响隧道的沉降和隆起，同时避免采用强夯法压实地基带来的隧道变形，采用压密注浆、三轴搅拌桩、高压旋喷桩、双轴搅拌桩、换填等土体加固方法进行地基处理。加固或换填的深度、土体体积等均应以通过轨道交通主管部门审批过的设计图纸及安全评估报告实施。

（4）轨道交通保护区内静压植桩技术

将原钢板桩改为 SP-Ⅳ 型拉森桩，并选用日本进口 GIKEN 技研 SUPER AUTO 100 型植桩机，其

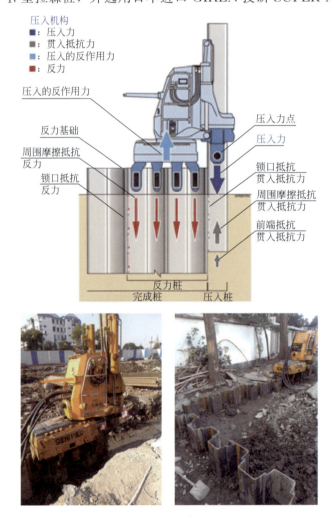

图 4　轨交保护区内静压植桩

原理是植桩机骑在已完成拉森桩顶，通过植桩机下方的四个液压钳夹持已完成拉森桩提供压桩反力，同时将前端的桩压入土体。由于西侧南段的拉森钢板桩位于区间隧道正上方，在压桩过程中，应逐级加载，严控压桩力和桩顶标高，避免贯入度超过设计值。植桩顺序从离轨道隧道最远的一侧开始慢慢靠近隧道，然后在隧道正上方施工，最后离开隧道形成连续支护结构。

（5）分区分块复建施工技术

土方开挖遵循"分区、分块、对称、平衡、限时"原则进行施工。对既有建筑的原有基础应事先进行清理、切割分块；为了保证卸载、配重均衡，开挖出来的土方或建筑垃圾视现场情况而定，如需配重堆载加压，则可先均衡堆载在基础的两侧。

（6）拆除、复建期间的结构监测技术

施工监测按照施工准备、施工实施、竣工验收三大阶段实施。监测目的是通过监测工作掌握项目施工过程中既有轨道交通工程结构的变化，为建设方及轨道交通相关方提供及时、可靠的数据和信息，评定施工对既有轨道交通工程结构的影响，及时判断既有轨道交通工程的结构安全，对可能发生的事故提供及时、准确的预报，避免恶性事故的发生。

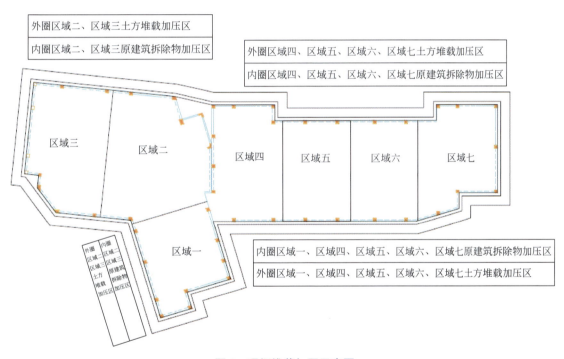

图 5　现场堆载加压示意图

6. 作用意义

项目研究成果获省级工法 1 项，发表论文 2 篇，受理发明专利 1 项。轨道交通保护区内既有浅基础建筑拆除复建施工技术，重点突出了安全评估与分析预控，除遵循"分层、分块、对称、限时的原则减少轻轨隧道变形"外，所有的拆除与建造过程与常规施工基本相同，所发生的建造费用基本持平。监测的相关费用和减小振动的拆除机械费用较常规略有增加。

在城区特别是轨道交通隧道上方对既有建筑的拆除和复建，不仅能改变城市微观社会环境，而且使整个街巷景观、城市风貌得到改观，美化了城市。同时既有建筑的复建能有效降低其高能耗的缺陷，促进经济、能源、环境的协调发展。

科技成果鉴定意见：

2020年9月1日，江苏省土木建筑学会在苏州组织召开了"轨交保护区内既有浅基础建筑拆除及复建施工技术的研究及应用"科技成果鉴定会，鉴定委员会听取了课题组的技术研究报告，经质询、讨论，形成鉴定意见如下：

(1) 提供的鉴定材料齐全，符合鉴定要求。

(2) 针对在已运营的苏州轨道交通2号线盾构区间上方建筑物拆除（卸载）及复建（加载）施工难题，在三维动态模拟盾构隧道受力变形分析基础上综合应用了既有建筑无振动拆除技术、轨道交通隧道上方建筑物地基加固技术轨交保护区内静压植桩技术、分区分块复建施工技术、拆除复建期间的结构全自动监测技术等关键技术，有效地控制了施工对已运营的轨道交通区间隧道结构的影响，保证了轨道交通运营安全。

(3) 该研究成果目前已形成省级工法、发明专利和数篇论文，为今后同类工程提供系统、科学的借鉴依据，具有较高的推广价值和应用前景。

鉴定委员会认为，研究成果总体达到国际先进水平，一致同意通过鉴定。

地铁车站二次结构应用预制装配式构件关键技术研究

主要完成人员：
丁尧、莫振泽、杨湉、梅军、陈裕康、时文峰、魏新良

完成单位：
无锡地铁集团有限公司、上海隧道工程有限公司、南京林业大学、广州地铁设计研究院有限公司

1. 项目概况

装配式结构作为建筑工业化的核心技术，具有高效节能、绿色环保、降低成本、易实现复杂外形、提供使用功能及性能等诸多优势。预制构件在预制场提前集中生产，构件的标准化、规格化使得模具可重复使用，提高了工业化程度同时降低综合成本；预制场中制作的预制构件运输至现场后可直接进行拼装操作，不受现浇混凝土的限制，受天候影响小，拼接节点工艺简单，查核点减少并且单纯化，极大地提高了施工速度。因此，预制装配式技术已逐渐成为建筑技术发展的重要标志。随着地下工程施工技术及新型材料制作工艺的进步，预制装配式结构在国内外建筑和桥梁中已得到广泛的应用，预制构件建造地铁车站的新方法也逐渐成熟。在对地下工程预制技术开发利用方面，美国、日本、俄罗斯等国研究起步早、工程实践多、应用广泛且技术相对成熟；在我国，地铁车站隧道的装配技术（盾构施工技术）已经较为成熟且得到了广泛的应用，对全预制构件地铁车站开发利用的研究也逐步深化。

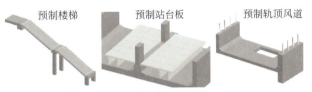

图 1　装配风道板定型钢模

课题针对车站二次结构采用预制装配式构件进行研究。对地铁车站预制装配式二次结构的稳定性、安全性进行分析，并在保证安全的前提下进一步优化结构，不仅能进一步提高工程质量，而且能提高施工效率，降低施工成本，改善施工环境，有着广阔的应用前景。更重要的是，相关的施工技术可以为轨道交通站内结构预制产业化进程提供参考。

2. 应用领域和技术原理

针对目前国内外地铁车站二次结构应用预制装配式构件研究现状及存在技术问题，对地铁车站二次结构预制装配施工与运营阶段的力学特性等关键技术问题进行系统研究，为后续地铁车站二次结构预制装配施工积累经验，为推广应用地铁车站二次结构预制装配技术提供依据。

课题研究采用 Midas-FEA 有限元分析软件，分别建立装配式站台板、楼梯风道三维实体有限元模

---

* 该项目获得 2020 年"江苏省土木建筑学会·土木建筑科技奖"二等奖

型,并结合工程实际情况对全预制条件下地铁车站站台板楼梯、风道施工与运营阶段的力学特性进行数值模拟分析。

3. 创新点

(1) 首次提出地铁车站装配式轨顶风道、站台板、楼梯等二次结构预制构件标准化划分方法与接口优化技术,实现了整体预制条件下地铁车站装配式二次结构标准化划分;

(2) 自主研发了适用于地铁车站装配式二次结构的套筒灌浆材料及制造与安装技术,实现了整体预制条件下地铁车站装配式二次结构标准化制造与安装;

(3) 针对地铁车站装配式二次结构性能需求,构建了地铁车站装配式二次结构力学特性评价数值模型,实现了对地铁车站装配式二次结构安全施工与运营精准评价。

4. 新技术应用

(1) 以地铁车站装配式预制二次结构为研究对象,基于有限元数值分析,研究装配式结构变形特性与内部应力,主要包括水平变形、竖向变形及内部应力。

(2) 基于地铁车站装配式预制二次结构的施工工艺,研究地铁车站装配式预制二次结构在施工阶段的力学性能,验证施工工艺的安全性。

(3) 研究地铁车站装配式预制二次结构存在施工缺陷情况下的力学性能。分析装配式轨顶风道存在套筒灌浆缺陷的力学性能、钢筋螺栓应力变化以及分析拼装误差对装配式轨顶风道变形特性与力学性能的影响。

(4) 研究地铁车站装配式预制二次结构抗震性能,分析装配式结构连接节点是否满足抗震性能要求。

5. 作用意义

项目研究成果授权国家发明专利3项,实用新型专利3项,发表论文4篇。该项目在保证安全的前提下,提高工程质量及施工效率、缩短工期、降低施工成本,并提高地下工程施工的工业化程度,改善地下工程内的施工环境,有着广阔的推广和应用前景。

科技成果鉴定意见:

2020年8月15日,江苏省地下空间学会在南京主持召开了"地铁车站二次结构应用预制装配式构件关键技术研究"项目成果评价会。评价专家组审核了研究报告,听取了项目成果汇报,经质询并讨论,形成专家评价意见如下:

(1) 研究报告资料齐全、内容完整、数据翔实,符合科技成果评价要求。

(2) 对地铁车站二次结构应用预制装配式构件关键技术进行了系统研究,获得了以下创新性成果:

1) 首次提出地铁车站装配式轨顶风道、站台板、楼梯等二次结构预制构件标准化划分方法与接口优化技术,实现了整体预制条件下地铁车站装配式二次结构标准化划分;

2) 自主研发了适用于地铁车站装配式二次结构的套筒灌浆材料及制造与安装技术,实现了整体预制条件下地铁车站装配式二次结构标准化制造与安装;

3) 针对地铁车站装配式二次结构性能需求,构建了地铁车站装配式二次结构力学特性评价数值模型,实现了对地铁车站装配式二次结构安全施工与运营的精准评价。

该项目研究成果总体上达到国内领先水平,其中整体预制条件下地铁车站装配式次结构标准化制造与安装技术达到国际领先水平。

科技成果奖集锦

（2021年）

"华龙一号"核电站不锈钢水池建造技术*

主要完成人员：
陈明国、裘习平、侯成银、程小华、凌亮、费松、宋其昌、杨忠勇、邓建华

完成单位：
中国核工业华兴建设有限公司

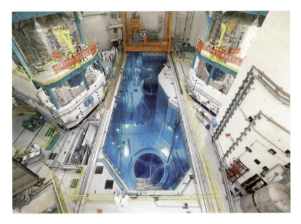

图 1　核岛堆腔水池

图 2　核岛乏燃料水池

1. 项目概况

核电站生产运行过程中核燃料的更换及废料贮存一般都在特殊设计的混凝土结构水池中进行，为防止核辐射和放射性物质向混凝土结构渗漏，存放和接触放射性物质的水池全部用不锈钢板贴覆，形成不锈钢覆面。

华龙一号核岛不锈钢覆面结构质保等级 QA1 级，主要由材质为 022Cr19Ni10 的 3mm 不锈钢覆面板、型钢背肋及管板锚固件等构成。每座核岛有 14 个水池和 21 个疏水坑，覆面板用量 625t，总容积约 15000m³。80％以上水池属密闭空间，工艺复杂，焊缝为核一级，焊接质量非常严格（部分水池覆面焊缝 100％目视、100％真空检漏、100％液体渗透、100％射线检验），密封性检测要求高。

国内外密封水池不锈钢覆面结构通常采用后贴法施工，即在混凝土施工前预埋好插筋埋件，混凝土施工完成后，按精度要求铺设加强肋，调整定位并与插筋埋件焊接，设计有检漏槽的覆面把检漏槽点焊定位，然后进行不锈钢垫板焊接并将焊缝磨平，施工二次混凝土与底肋齐平，最后铺设并焊接不锈钢覆面板。施工流程复杂，质量风险大。

基于此，针对"华龙一号"不锈钢水池的结构特点、功能、建造要求和关键技术难点，开展了不锈钢水池深化设计、密封焊缝自动焊技术、薄板焊接变形控制技术、单面焊双面成形技术、模块化施工、密闭式带垫板拘束水池施工和检测试验技术等研究，形成了系统性、自主化的不锈钢水池建造技术，为华龙一号工程建设目标的实现提供了保证。

（1）优化模块化和弧形密闭式带垫板水池结构，并结合水池结构特点分别采用先贴法和后贴法相结

---

* 该项目获得 2021 年"江苏省土木建筑学会·土木建筑科技奖"一等奖

合的施工工艺，进一步保证施工质量，缩短施工周期；

（2）对堆腔水池采用模块预制拼装和整体吊装，实现堆腔池壁模块化建造，减少了关键路径压力容器的安装工期；

（3）开发不锈钢水池钨极氩弧、埋弧自动焊方法和焊接工艺参数，获得了性能优良的焊缝，提高了一次焊接合格率和施工效率；

（4）研发薄板焊接变形控制技术、单面焊双面成形技术和检测试验技术，开发出焊接变形数据库，预测不锈钢水池变形，指导设计变形工装；研究无衬垫焊接技术，设计制作焊缝背面成形保护装置；研制出正负压试验、硼酸示踪和屏蔽铅房等检测试验技术，保证焊接质量。

成果关键工艺已纳入核能行业标准《压水堆核电厂不锈钢水池覆面施工技术规程》NB/T 20160—2021，关键技术获得授权发明专利5项、授权实用新型专利5项，省级工法2项。经专家组鉴定，总体技术达到了国际先进水平。该研究成果已成功应用于海外首个"华龙一号"堆型卡拉奇核电站K2核岛不锈钢水池建造，射线检测一次合格率达到98%，水密封试验和压力试验一次合格率100%（非能动热量导水箱尚未进行压力试验），结构尺寸全部符合标准要求，实现了不锈钢水池"零补丁，零泄漏"的目标，施工进度符合要求，保证了一系列NCC、冷试和热试重要节点的实现。这为我国自主三代核电全面推广和走向海外提供了良好的示范效应，同样也为"华龙一号"不锈钢水池建造技术的推广应用提供了广阔前景。

2. 应用领域和技术原理

该项目属核电建造领域，适用于压水堆不锈钢覆面结构建造。不锈钢覆面结构承担着核电机组余热导出、应急冷却、辐射防护等功能，对核电站长期安全运行起着重要作用。由于其使用功能的特殊性，不锈钢覆面材料、设计、制造、安装、与混凝土结构的贴合以及质量检测均有极为严格的要求。针对不锈钢水池深化设计、密封焊缝自动焊技术、薄板焊接变形控制技术、单面焊双面成形技术、模块化施工、密闭式带垫板拘束水池施工和检测试验技术等开展了研究。

3. 性能指标

水池结构尺寸整体偏差±5mm，局部平面度3mm/m。

水池在各种设计工况下，不得泄漏。

焊缝为核一级焊缝（部分水池覆面焊缝100%目视、100%真空检漏、100%液体渗透、100%射线检验），不允许有任何咬边和任何液体渗透显示，单个气孔和夹钨不能超过0.5mm。

水池覆面结构射线焊缝一次合格率达到98%，水密封试验和压力试验一次合格率100%，结构尺寸完全符合设计要求，实现了核级水池"零补丁，零泄漏"的要求。

4. 创新点

（1）开发出一整套适用于"华龙一号"不锈钢水池建造施工的先进技术，规范了核岛不锈钢水池施工技术要求，并在公司主编的《压水堆核电厂不锈钢水池覆面施工技术规程》NB/T 20160—2012基础上融合"华龙一号"不锈钢水池先进技术，对该标准进行修订。

（2）对不锈钢水池深化设计，设计"碳钢C型钢+不锈钢垫板"先贴法锚固系统，以实现模块化施工；采用合理施工逻辑顺序，研究专用型钢和覆面板制作安装方式，通过型钢旋转或折弯转角型钢内扣，形成闭合垫板结构；对包边进行排板设计，现场测量包边和覆面板尺寸，通过包边板正负补偿和折弯墙体覆面，实现精准下料和现场无余量组对实现覆面结构与垫板紧密贴合，最终实现弧形密闭带垫板不锈钢水池建造。

（3）研发出了2项密封焊缝自动焊技术，钨极氩弧自动焊工艺和埋弧自动焊工艺，并且实现了不锈钢水池覆面板安装专用自动焊设备及焊接轨道、真空吸盘系统、焊接操作工装等辅助装置国产化，并在工程中应用氩弧自动焊工艺，提高了焊接合格率和施工效率。

（4）国内首次采用固有应变法预测核电不锈钢水池及碳钢结构的焊接变形，开发出"核电不锈钢水池焊接变形预测分析系统"（Weld-FAS），建立固有变形数据库，实现了焊接变形的定量预测，减少了有限元的模拟时间，提高了焊接变形预测的准确度，并用于焊接变形工装设计与理论计算相结合，使得焊接变形工装的设计更加科学、合理。

图 3　国产化氩弧自动焊设备

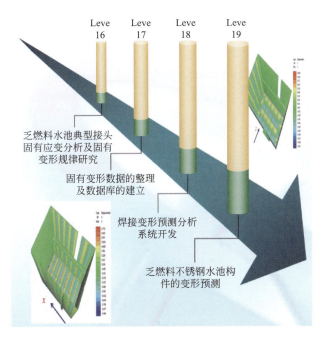

图 4　系统界面

（5）国内首创提出并实现了堆腔水池模块化施工设计，首创水池钢覆面采用分体制作组装、一体化浇筑混凝土的整体钢模板结构形式；设计了堆腔水池钢覆面采用整体钢结构模板，钢覆面的焊接选择在平铺的胎架梁上焊接，并与子模块桁架螺栓连接形成整体翻转后运输至现场，分块制造、运输、安装，整体组装吊装，整体钢结构覆面浇筑侧壁；开发不锈钢模块车间预制工艺，先制作完成"碳钢 C 型钢＋不锈钢板条"框架，在框架上方组对不锈钢覆面（不焊接），然后对不锈钢框架整体进行反变形，焊接时采用分段退焊跳焊并控制热输入，减小了不锈钢预制模块的变形。

（6）对水池进行分区分块，减少了射线检测人员通过人孔爬梯进出水池的攀爬步骤，降低了劳动强度和作业安全风险，射线检测效率提高 3～4 倍。对水密封试验异常区域，进行全面无损检测和硼酸示踪，确定是否存在泄漏。设计了水池正负压试验系统，包括试验管路、试验介质和试验设备等，制定了试验流程；通过试验，对原验收标准"30min 无压降"进行了量化，确定出偏差值。

5. 新技术应用

该技术于 2016 年 1 月—2020 年 4 月相继在海外"华龙一号"堆型卡拉奇核电站 K2、K3 核岛不锈钢水池施工中应用。成果已在我国三澳、陆丰等"华龙一号"堆型核电站建造中推广应用。

6. 作用意义

该成果已获授权发明专利 4 项、实用新型专利 3 项；发布省级工法 1 项，相关技术成果的主要内容已经列入能源行业标准。

通过该项目的研究，开发了一套完整的"华龙一号"不锈钢水池建造技术，填补了核电站不锈钢水池施工领域内氩弧自动焊技术国产化、不锈钢水池焊接变形控制、堆腔模块化施工、带垫板拘束密闭式弧形结构水池建造和检测试验的多项空白。国内首创"核电不锈钢水池焊接变形预测分析系统"（Weld-FAS），并应用于不锈钢水池的建造；实现了氩弧自动焊设备的国产化应用，打破了国外技术的封锁限制；模块化建造技术首次应用在堆腔水池建造上，主设备压力容器提前 5 个月引入创造了条件。"华龙一号"核电站不锈钢水池建造技术系 7 项不锈钢施工技术的集成，其中多项技术在国内外属于首创，推动了核电建造技术的升级。

科技成果鉴定意见：

2019 年 6 月 20 日，中国核工业集团有限公司科技质量与信息化部在北京组织召开了"华龙一号"核电站不锈钢水池建造技术科技成果鉴定会，鉴定委员会听取了项目完成单位的汇报，审阅了相关资料，经过讨论形成鉴定意见如下：

（1）该项成果提交的鉴定资料齐全，内容翔实，符合鉴定要求。

（2）成果完成单位针对海外"华龙一号"核电站不锈钢水池建造技术开展研究，开发应用了核岛不锈钢水池包边成框定弧施工技术、焊射线检测技术、氩弧自动焊技术及堆腔水池模块化施工技术，保证了工程质量和进度。

（3）该项成果主要创新点为：

1）首次开发出堆腔水池侧壁模块化车间预制及现场安装施工工艺，研发了配套的"分体组装式"工装，保障了堆腔水池侧壁模块化施工全过程的变形控制；

2）自主研发了用于核电站不锈钢水池覆面板安装的自动钨极氩弧焊工艺实现了不锈钢水池覆面板安装的专用自动焊设备及焊接轨道、真空吸盘系统、焊接操作工装等辅助装置国产化；

3）形成了包边成框定弧及射线检测、水密封试验异常诊断、水池正负试验等工艺，保证了水池施工质量；

该成果已获得 4 项发明专利、3 项实用新型专利授权，总体技术达到了国际先进水平，具有较好的社会经济效益和广泛的应用前景。

塔楼一体化双层自锚式悬索景观桥建造关键技术研究与应用

主要完成人员：
丁传武、李浔、李超、薛德华、杨柳青、蒋文忠、苏宗华、丁友根、马慧华

完成单位：
江苏扬建集团有限公司、中铁大桥局集团第二工程有限公司、上海林同炎李国豪土建工程咨询有限公司、中铁大桥局集团有限公司、江苏华发装饰有限公司

图1　项目外观

1. 项目概况

扬州是中国历史文化名城，历史悠久，山川秀丽。这里有中国最古老的运河，汉隋帝王的陵墓，唐宋古城遗址，明清私家园林，众多的人文景观，秀丽的自然风光，丰富的旅游资源。设计思路考虑到扬州的历史文化底蕴，结合该项目在核心区的重要地位，对桥型建筑突出主题，赋予文化内涵，使万福大桥成为未来扬州的新旅游景点。因此，对于万福桥的设计定位也就相对明晰：（1）万福桥要起到地标的作用，使之成为扬州城的新景点；（2）万福桥的造型要与扬州的历史文化相结合；（3）万福桥的高空观景功能必须有所体现；（4）万福桥与周边规划及环境的融合度要好。

基于以上设计思路，针对扬州万福大桥地理位置以及周边区域规划的需求，结合城市建筑特色，该工程采取了塔、楼一体化自锚式悬索桥。"塔、楼一体化自锚式悬索桥"是首创的既能够承载交通和建筑美学功能又能承载高空观景及自成景观功能的新型衍生桥梁结构，其在构造上做到了桥梁与建筑的完美融合。值得称道的是，该设计既不显著增加造价，又能节省建设工期。万福大桥的桥形完美地满足了多项苛刻的建设需求，真正做到了桥梁与建筑的有机结合。桥梁主塔和阁楼相互支撑，在不显著增加造价的前提下，成为扬州城的新地标、新景观；实现了各项既定功能和预定目标，取得良好的经济效益和社会效益。

该项目依托扬州新建万福大桥工程，是新万福路建设工程的重要组成部分，桥梁全长664m，主要包括东引桥、主桥、西引桥。主桥为主跨188m混凝土主梁自锚式悬索桥，为同类型桥梁国内第二；缆索系统采用斜拉与悬吊的复合吊挂系统，主缆采用169丝ϕ5mm镀锌高强钢丝索，为国内目前最粗的索股，国内第二次使用；主缆垂跨比达1∶4.1，为国内最陡的自锚式悬索桥；主索鞍采用整体铸造，

---

* 该项目获得2021年"江苏省土木建筑学会·土木建筑科技奖"一等奖

结构自重74t,为国内最重的整体吊装鞍座;桥塔兼桥头堡功能,塔内设计建筑结构,塔顶建双层金光阁仿古建筑,承台以上建筑高度为116m。

2. 应用领域及技术原理

项目研究可应用于双塔自锚式悬索桥建造领域。

针对国内首座塔、楼一体化的自锚式悬索桥设计及施工中存在的重难点问题,开展城市水源地双层自锚式悬索景观塔桥综合建造技术研究,采用借鉴吸收与自主创新结合、单项技术突破与综合应用并举的方式,形成完整的塔楼一体化双层自锚式悬索景观塔桥建造技术成果。

3. 性能指标

(1)通过从桥梁和建筑两个行业对计算理念、参数选取、静动力分析、抗风抗震等进行分析,提出了根据受力及重要性不同"分级验算"的总体设计理念,保障大桥的设计安全性;通过抗震专项分析,明确了"井"字形桥塔构造设计的可行性。

(2)采用劲性钢骨架混凝土结构塔柱,缩减结构尺寸,提升结构强度储备;设计独特的主次框架柔性连接,提高塔楼体系的抗震效果,解决两种结构的变形协调难题。

(3)对下层人行桥的人致振动进行分析,提出以加速度为控制参数的办法,解决桥梁人致振动问题。

4. 创新点

(1)为实现传统文化古城对桥梁景观设计的特殊要求,提出了具有新颖性和独创性的双层自锚式悬索景观塔桥。

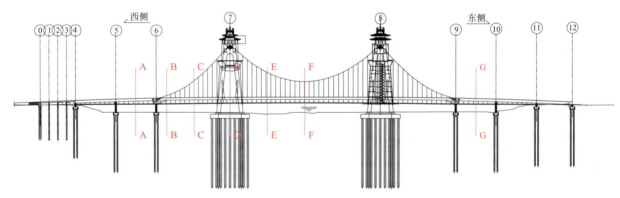

图2 万福大桥测试断面示意图

1)将传统文化中的楼阁与现代悬索桥有机结合,桥塔既为自锚式悬索桥的主塔,又为建筑阁楼,形成了独特的塔楼一体建设的新型悬索桥;

2)在结构设计中融合了桥梁和建筑两个行业规范的设计技术标准,实现了塔楼建筑和桥塔的一体化设计;

3)提出了主次结构双层桥梁体系,既达到了整体景观效果又满足了功能需求,并采用以加速度为控制参数的办法,成功解决了下层人行桥人致振动问题。

(2)独创"井"字形桥塔设计,解决了塔楼一体建设导致的高空大质点抗震设计难题,实现了塔楼一体建设的双重功能设计。

1)借鉴建筑中的巨型柱理念,独创了具有桥塔和楼阁梁柱双重功能的"井"字形桥塔,有效形成了塔楼主体结构,多肢塔柱结构提高了结构刚度;

2)上部结构主梁采用合理的支撑约束体系,结合"井"字形桥塔设计,解决了高空大质点桥梁的

图 3　"井"字形桥塔及建筑构件

抗震设计难题；

3）采用独特的主次框架柔性连接，提高了塔楼体系的抗震效果，降低了主次结构的施工难度。

（3）巧妙选用土压力计算理论，合理优化施工工艺，成功实现了取土平面面积约 3000m^2 的特大异形单排钢板桩围堰施工。

1）应用不透水土层的水土分算理论，降低封底计算厚度，实现了 24m 单排钢板桩设置 2 道围檩的围堰设计；

2）利用黏土地层的变形滞后特点，采用超前引孔、分区围堰、跳仓开挖、快速封底等措施，保证了黏土地层水上大型钢板桩围堰施工。

（4）提出桥梁与塔楼建筑多工作面同步施工方案，成功缩短了塔楼一体化桥塔建造周期，降低了建筑混凝土楼板受主塔横梁预应力张拉的影响。

图 4　特大异形单排钢板桩围堰施工

图 5　同步施工

1）借助桥体施工用钢管柱支撑体系，合理分段吊装建筑结构劲性梁型钢，既保证了桥面施工作业面，又解决了大型起重设备无法靠近作业的难题；

2）优先施工主塔结构，建筑结构构造提前预埋在塔柱内，待桥塔钢骨柱及楼面钢骨梁施工 2～3 层后施工该层建筑其余结构，提供了建筑施工作业面，降低了建筑混凝土楼板受主塔横梁预应力张拉的影响。

图 6　猫道施工

（5）针对169丝37股大规格主缆特征，设计了新型主索鞍和长索夹，发明了主缆紧缆工装结构及猫道施工方法，成功解决了高垂跨比非常规主缆体系设计及施工难题。

1）设计了叉耳式锚固新型主索鞍，采用鞍顶锚梁锚固和鞍底销接锚固结合的异形锚固体系，解决了鞍室锚固空间不足的问题；

2）主缆出塔处吊杆索夹采用了长索夹，满足了大倾角索夹的抗滑移要求；

3）发明了中间向两边施工的猫道施工方法，有效减小了主缆施工对塔楼施工的干扰；

4）发明了主缆紧缆工装结构及设计方法，有效加快了紧缆工期。

（6）基于无应力状态控制法，采用吊杆从塔根向跨中张拉并对主梁进行压重的方案，仅用19d实现了国内首座双层通行结构的预应力混凝土结构自锚式悬索桥体系转换。

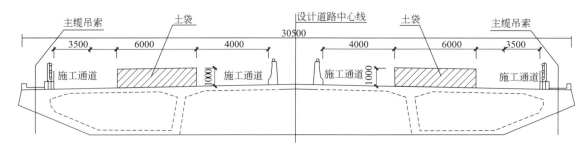

图7　主桥配重布置图

1）基于无应力状态控制法，制定了从塔根向跨中张拉、所有边跨吊杆和多数中跨吊杆一次张拉到位、中跨少量几对吊杆分多轮调整到位的吊杆施工方案，受力合理、张拉轮次有效减少；

2）针对二期恒载大的特点，采用桥面压重换载的方式，降低了主梁混凝土开裂的风险。

（7）结合水域环境特点，提出因地制宜的景观塔桥装饰施工方案，提升了装饰工程观感质量，解决了水上建筑装饰耐久性差的问题。

1）使用GRC椽条代替传统木椽条，创造性地与模板组合使用，实现了仿古建筑椽条与屋面板的同步施工；

2）提出了桥墩错缝石材饰面板安装方法，将装饰面层与桥墩结构有机结合，保证了花岗石饰面桥墩使用寿命；

图8　外观

3）设计了人非桥曲面吊顶龙骨固定构造，整体造型波浪感强，解决了桥梁振动导致曲面铝方通摇晃和松动的问题。

（8）创新应用新型水下消防泵、装配式电槽及空调风柜集成智能控制系统，满足了建筑功能要求，实现桥梁与建筑的完美融合。

1）发明了水下消防泵构造及安装方法，将消防泵安装于桥塔承台钢护筒内，安装过程无水操作，日常维护方便安全；

2）发明了装配式强弱电槽道，结构简单、安装方便，提升了桥梁整体美观效果；

3）研发了空调风柜集成智能控制系统，满足了空调风柜系统后台控制的需求，保证了空调风柜系统高效、可靠运行。

5. 作用意义

"城市水源地双层自锚式悬索景观塔桥综合建造技术"成果应用

图9　新型水下消防泵

在扬州市重大城建项目和扬州地标式建筑——扬州万福大桥设计及施工过程中，获得科技成果奖4项，发明专利5项，实用新型专利9项，外观专利1项，软件著作权6项，省部级工法8项。各项创新技术的应用，建造出国内首座塔、楼一体化自锚式悬索桥，实现了桥梁与建筑的完美融合，工程获得2020年度"国家优质工程奖"。通过研究、总结具体工程实践的经验和做法，形成了针对该桥型的成套建造技术，为今后同类型桥梁建设提供有力的技术支持。

科技成果鉴定意见：

2021年4月8日，江苏省土木建筑学会在扬州组织召开了"塔楼一体化双层自锚式悬索景观桥建造关键技术研究与应用"科技成果鉴定会。鉴定委员会听取了课题组的技术研究报告，审阅了相关材料，经质询、讨论，形成以下鉴定意见：

（1）提交的技术资料齐全，符合鉴定要求。

（2）课题组结合扬州新建万福大桥工程，提出了塔楼一体化双层自锚式悬索景观桥新型桥型，实现了桥梁与建筑的有机融合，对扬州古城文化进行了完美诠释，成为扬州江广融合地带的里程碑工程。

（3）在结构设计中，进行桥梁和建筑两种设计理念和方法的融合，实现了一体化设计，独创了"井"字形桥塔及主次框架柔性连接方式，系统解决了抗震难题；提出了刚柔双重桥面体系，降低了车辆行驶振动对人行舒适度的影响；针对大垂跨比非常规主缆布置，设计了新型叉耳式主索鞍和长索夹，满足了索夹的抗滑移安全使用要求。

（4）在桥梁建造过程中，采用了特大异形深水承台钢板桩围堰技术，解决了大型深水桥梁基础安全度汛的难题；针对混凝土主梁的双层自锚式悬索桥，提出了桥面压重换载、吊索和索鞍循环动态控制的新工艺，解决了二期恒载占比大而带来的体系快速转换技术难题；提出塔、楼同步建造工法，提高了施工工效，保障了施工安全。

（5）结合扬州古建文化，桥塔采用了错缝仿古石材幕墙，对水下部分提出干挂石材与灌浆粘贴、耐候硅酮胶填缝相结合的施工工艺，对水上部分提出了石材铝板复合板柔性连接技术，解决了桥体振动、车船撞击、耐腐蚀等系列技术难题创新应用水下消防泵解决了塔楼建筑利用河水作为消防水源的难题；应用装配式强弱电槽道敷设线缆施工技术，解决了过桥线缆使用安全和耐久的问题。

鉴定委员会认为，成果总体达到国际先进水平，其中，混凝土主梁双层自锚式悬索桥体系快速转换技术达到国际领先水平。

大型公建场馆复杂钢结构智慧建造综合技术研究与应用*

主要完成人员：
王永生、陈峰、游茂云、张强、王永泉、张宏伟、史静、杜立春、杨松杰
完成单位：
中国建筑第二工程局有限公司、中冶（上海）钢结构科技有限公司、中建二局安装工程有限公司、江苏建科土木工程技术有限公司

图 1　江北新区市民中心

图 2　南京美术馆新馆

1. 项目概况

该研究的主要工程应用为江北新区市民中心工程和南京美术馆新馆。江北新区市民中心项目上圆高楼结构总体采用钢框架支撑结构体系，总用钢量约 14000t。顶部三层刚性桁架结构采用整体提升安装施工，直径总跨度 104m。

南京美术馆新馆项目地下两层为框架结构，地上四层为劲性混凝土筒体－钢桁架结构。钢桁架为不规则多边回字形的复杂多层异形钢桁架结构，外轮廓尺寸为 147.46m×103.29m，内开口尺寸 102.8m×38.0m，主屋面标高为 31.8m；桁架结构包括 17 榀桁架、桁架间钢次梁及水平圆管撑，高度 14.2m，桁架大部分区域为三层，局部四层。南北侧及东侧主桁架下布置钢管斜柱支撑，其他部分桁架直接与核心筒钢柱连接。钢结构总量约 1.5 万 t，钢筋桁架楼承板约 2.7 万 m²，主要材质为 Q345C、Q345GJC。提升总重量 8016t。该结构不仅重量巨大，而且整体结构刚度和质量的分布非常不均匀，其提升施工需要在现有的提升技术基础上开展重大创新研究，以实现更低的同步精度误差，避免不利的结构内力变化。

2. 应用领域及技术原理

项目研究成果可应用于大型复杂钢结构工程领域。

对整体拼装及提升施工全过程合拢对口部位的变形进行分析，通过调整预起拱等反变形技术调整拼

---

* 该项目获得 2021 年"江苏省土木建筑学会·土木建筑科技奖"一等奖

装结构的形态，研发了精准对口测量辅助系统，提高了对口精度的动态微调效率，以解决合拢时多点位对口就位复杂费时的难题。

3. 性能指标

市民活动中心项目顶部三层桁架结构地面拼装完成后整体提升，下部两层吊挂结构散件吊装施工，提升总重量约5300t，总提升高度约37m。由于地面拼装条件限制（位于基坑外），第一阶段先提升该区域以外3/4不规则结构约6m高，在此状态拼装剩余干涉结构，结构整体拼装完成后进行第二阶段整体提升至设计位置标高。

南京美术馆新馆项目根据各提升点提升反力分布情况，研究提升的多点位混合支撑体系，包括在核心筒柱顶及预装桁架上的提升反力架，在南、北两个区八根斜柱支撑位置布置的塔架支撑，以及提升支架加固及提升塔架加固支撑结构，在上述不同类型的支撑体上布置29个提升点，使刚度不均匀的大型被提升桁架结构在提升过程中始终保持均匀受力，满足安全性与安装精度的要求。

4. 创新点

（1）建立了重载不均匀钢结构复杂建造全过程分析方法，提出了基于"分析＋实测"交互修正的位形动态精准控制技术，解决了位形预判与及时修正的难题。

（2）建立了重载不均匀钢结构提升吊点优化设置方法，研发了平面多点位、载荷大差异整体同步提升控制系统和空间离散多接口精准对接控制关键技术，解决了复杂钢结构整体提升多点位同步控制和精准定位的难题。

（3）构建了下吊点竖向相对位移精密的实时在线监测反馈体系，研发了重载不均匀钢结构整体提升过程的监测及预警系统，实现了复杂工况下的安全提升。

（4）建立了基于仿真分析与深化设计的构件智能制造方法，完善了基于BIM的结构拼装全过程虚拟仿真技术，研发了钢结构工厂制造与现场安装一体化智慧管理平台。

5. 新技术应用

（1）大型桁架结构整体拼装技术

根据江北新区市民中心与南京美术馆新馆拼装结构特征及地下室结构特征，分别采用在地下室筏板、地下室顶板上拼装方法。其中江北新区市民中心提升钢桁架结构于投影正下方地下室筏板（地下室投影范围3/4圆）及筏板外（基坑顶投影范围1/4圆）原位拼装顶部三层桁架结构，采用分区拼装的施工工艺；根据结构分析计算软件选择圈桁架象限点位置及中间桁架中点位置确定起拱值，在筏板上布置胎架进行预起拱，胎架

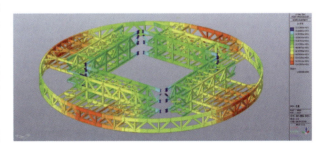

图3 大型桁架结构整体拼装

根据吊挂柱位置及分段进行布置。南京美术馆新馆环形桁架分区依次进行地面拼装，根据地下室顶板的梁间距及柱跨距进行设计拼装胎架长度，建立整体模型对拼装胎架承载力进行验算。拼装胎架支撑点布置在地下室顶板混凝土梁、柱上方，根据承载力验算的结果在负一层及负二层设置钢管支撑。根据施工工艺措施，对桁架拼装时的起拱值进行了修正计算，将整体的预起拱值分解到每一根相关的构件，确定每根构件以及构件拼接点位置的起拱值，并在构件加工时进行控制。

（2）刚度不均匀的大体量多层钢桁架提升技术

工程提升采用"吊点油压均衡，结构姿态调整，位移同步控制，分级卸载就位"的同步提升和卸载就位控制策略。提升操控采用第五代同步控制系统，应用了自动截止技术、提升同步控制数据智能测量

系统、精准对口测量辅助系统等多项先进装备和技术，保证提升过程的精准稳定。提升就位后通过分区、分级方式完成卸载。整个提升过程使用智能监测与安全风险预警系统全程监测，保证了施工安全。

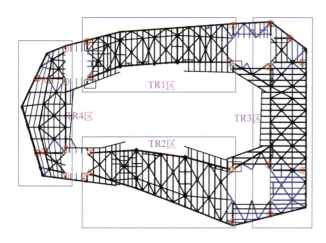

图 4　加固及嵌补安装综合施工技术

江北新区市民中心工程采用顶部三层桁架结构地面拼装完成后整体提升。由于地面拼装条件限制（位于基坑外），第一阶段先提升该区域以外 3/4 不规则结构约 6m 高，在此状态拼装基坑外涉及的提升桁架结构，结构整体拼装完成后进行第二阶段整体提升至设计位置标高，施工中在四个四肢格构柱塔架柱柱顶各设置 6 个，共计 24 个提升点；南京美术馆新馆在核心筒、核心筒预装桁架、提升塔架等不同类型支撑体上混合布置 29 个提升点，形成提升混合支撑体系。

（3）基于有限元模拟与实时监测相结合的施工方法

提升过程中，建立有限元模型，将危险源对应杆件分别加载到对应的区组，对整个体系在拼装成形状态、提升过程状态、提升到位状态与卸载就位状态进行分析并保存为原始数据，通过数据中转子系统提取原始数据并导入云平台；设置反光贴、应变片、报警器；将本系统调试好，进行正式监测工作，一直持续至施工结束。本检测及预警系统节省了人工和时间成本，降低了人工操作出错的概率，同时保证了整个提升过程的连续性作业。

累积提升阶段采用 24 个静力水准仪进行结构同步性实时监测，精度±0.2mm。在 24 个下吊点部位设置静力水准仪对钢结构整体提升同步性进行监测，其中监测数据采用 GPRS-A 无线数据采集仪进行采集，实现提升准确监测。对钢桁架跨中及特征点的位移及关键杆件的应力应变进行现场跟踪监测，对胎架拆除逐级卸载过程及二次结构安装过程逐次、逐阶段进行结构应力及变形监测，监测工作需每日一次贯穿整个安装操作过程并持续至主体钢结构吊装完成。

（4）基于 BIM 模型的钢结构吊装设备选型及布置优化方法

收集常用的吊机起重性能参数并形成数据库；创建钢结构的 BIM 模型，并使用开发的程序读取、应用 BIM 模型中的数据以实现根据吊机型号和吊机位置布置选择合适的吊机型号，提高吊机的选型效率及准确性。

（5）钢结构全生命周期智慧平台应用技术

以数据管理为核心，结合 BIM 技术的三维显示和物联网技术，建立一个完整的集设计、制造、运输、安装的多维度信息化管理平台。

图 5　吊挂架安装、内侧跳板安装

通过网页化登录及移动终端的应用，平台可实现全球实时登录。各层级管理人员能够及时准确地获取生产、安装和经营情况（如生产统计报表、业务分析报表、财务分析报告、建筑钢结构模型、构件模型、构件生产状态、安装状态等）。通过制造厂原材及成品的全周期管理，系统可以实现从设计模型开始，到成品构件出库，所有环节的实时把控。钢构件入场前，用户可通过 PC 端与手机客户端登录系统，从下单、提料、下料、质检、生产、运输、安装各环节实时跟踪生产进度、质量；施工过程中，系统可通过焊接追踪、质量控制台账、测量数据处理全面把控安装质量。通过对项目钢结构各个环节进行实时监控，监控对象可精确到每一张钢板和每一件构件，并能将基础数据通过交互平台实现多部门多环节数据交互，达到管理过程数据化、可视化，有效地降低了钢结构传统管理方式的差错率。

（6）基于 BIM 的结构拼装全过程虚拟仿真技术

建立了基于仿真分析与深化设计的构件智能制造方法，针对整体提升钢桁架原位拼装的技术难点，

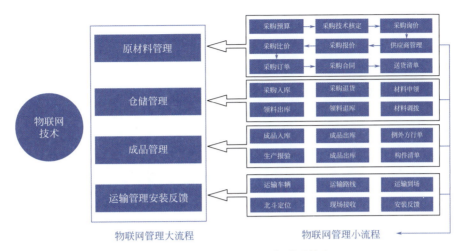

图 6 智慧平台的应用—物联网技术

提升过程结构存在局部下挠，须根据模拟分析结果在拼装阶段进行预起拱，选择合适的桁架精度控制点及起拱值。使用SAP2000对结构关键控制点竖向变形进行分析获得数据，根据MIDAS校核数据确定详细参数。

（7）全过程施工仿真分析

此类大型复杂钢结构的施工过程是一个将结构体系从不完整状态到完整状态的、逐步提升到位的过程，在施工过程中结构的几何形态、边界条件和荷载模式及其大小均发生变化。由时变结构力学的分析可知，该项目的施工阶段结构体系的时变特征属于跳跃型的缓慢时变。因此，这种施工过程的精确分析方法应按照跳跃型缓慢时变结构力学体系的一般分析方法进行分析计算，包括了提升架计算分析、预装桁架计算分析、被提升结构计算分析、提升体系在风荷载作用下计算分析、施工全过程分析及局部节点分析，为提升点和提升设备的布置、提升架的结构、提升步骤的确定、补强措施的选用等提供了直接依据。

6. 作用意义

课题已获发明专利3项、实用新型专利8项、软件著作权1项，编制团体标准1项，发表论文2篇，获省级工法1项、省级BIM奖7项、中施企协绿色示范工程1项、省级绿色施工示范工程1项、省级新技术应用示范工程1项。该成果成功应用于南京江北新区市民中心和南京美术馆新馆公建场馆项目。该技术可极大提高施工效率、质量和安全性，工期缩短212天、焊接安装质量优良率98%、节约了建造成本2365.00万元，经济效益显著，有力支撑了江苏省标志性建筑的建设进程，为后续同类钢结构项目提供了借鉴。

项目承接各类观摩50余次，该成果在2020年绿色建筑和装配式建筑示范项目中成功推广至全省应用，取得了显著的社会效益。江北新区市民中心项目于2021年获得中国建设工程鲁班奖，南京美术馆新馆项目摘得第十四届"中国建筑工程钢结构金奖"。

科技成果鉴定意见：

（1）提供的技术资料齐全，符合科技成果鉴定要求。

（2）课题针对江北新区市民中心与南京美术馆新馆两大工程复杂空间钢结构的安装施工技术难题，系统研发了大型复杂异形钢结构整体拼装、提升、监测等综合技术，实现了复杂空间钢结构整体提升快速、安全、精准到位。主要创新技术如下：

1) 建立了重载不均匀钢结构复杂建造全过程分析方法，提出了基于"分析＋实测"交互修正的位形动态精准控制技术，解决了位形预判与及时修正的难题；

2) 建立了重载不均匀钢结构提升吊点优化设置方法，研发了平面多点位、载荷大差异整体同步提升控制系统和空间离散多接口精准对接控制关键技术，解决了复杂钢结构整体提升多点位同步控制和精准定位的难题；

3) 构建了下吊点竖向相对位移精密的实时在线监测反馈体系，研发了重载不均匀钢结构整体提升过程的监测及预警系统，实现了复杂工况下的安全提升；

4) 建立了基于仿真分析与深化设计的构件智能制造方法，完善了基于BIM的结构拼装全过程虚拟仿真技术，研发了钢结构工厂制造与现场安装体化智慧管理平台。

鉴定委员会认为，研究成果达到国际领先水平。

高性能预制桩成套关键技术研发与应用*

主要完成人员：
张雁、苟德胜、李斌斌、陈巧、毛永平、毛由田、王卫民、金忠良、李志高

完成单位：
建华建材（中国）有限公司

1. 项目概况

随着我国工程建设需求日益扩大，对预制桩的设计理论、材料性能、应用范围、施工工艺提出了更高要求。项目通过系列化高性能预制桩成套关键技术研发与应用，取得以下突破：

建立了预制桩用混凝土化学功能材料起效机理与构效关系，研发多类型预制桩制品用超早强型、降粘型、抗泥型等化学功能外加剂设计应用合成技术，实现全系列产品工业化生产与规模化应用；研究并形成增强及抗蚀功能的复合矿物掺合料体系，系统研究并提出基于原料类型、成型、养护工艺及性能需要的预制桩用高性能混凝土材料配合比设计方法，解决预制桩在复杂地质环境、腐蚀性环境下的应用难点。

图 1　预制桩及应用

对材料之间的协同工作性能进行研究，开发了系列化高性能预制桩，阐明桩身破坏与土体协同工作机理，实现了预制桩在抗震高烈度区、高水平承载力腐蚀性场地环境等工程中的应用；研究了非对称截面、混合配筋、大长宽比预制桩的抗弯、抗剪承载力计算方法，开发了专门用于边坡支挡的新桩型，实现了生态护岸支挡结构装配化；对预制桩桩身强度、连接结构等强性能控制关键因素进行多维分析，探明了机械连接对预制桩接头抗拉性能的影响规律，研发多种预制桩机械连接结构，提出了多节桩抗拉强度的理论计算方法，实现了多节桩等强连接的应用；研究适配于不同地质与环境因素的植桩设备与工艺、关键质量控制要点，提出植桩工法承载力计算方法，形成多种新型植桩工法关键技术与相关标准；完善了预制桩标准体系。

高性能预制桩成套关键技术研发与应用，推动了工程建设行业工业化、生态化、节能化发展的进程。

2. 应用领域和技术原理

项目属于混凝土制品领域。项目针对不同的使用场景，从构件重量、构件形式、连接方式、计算原理、生态性研究、生态框工厂化生产等方面开展研究，开发了护岸用预制生态框、预制L形挡墙、预制生态板桩等系列产品形成了较为完整的应用技术。

3. 性能指标

（1）研发了一系列空腔式预制生态框护岸产品，可分为阶梯型、卵石型、植草型、鱼巢型、仿石

---

* 该项目获得 2021 年"江苏省土木建筑学会·土木建筑科技奖"一等奖

型、箱形和平铺型等型号，混凝土强度等级不小于C30，构件单体重量250~1300kg。

（2）开发挡土高度小于3.5m的整体式预制挡墙，其底板和侧板采用一体预制成型，挡土高度范围为1.0~3.5m，构件高度区间为0.5m，共计6种型号节段长度为2.0m；开发了挡土高度范围为4.0~9.0m的拼装式卸荷板挡墙构件高度区间为1.0m，共计6种型号，节段长度为2.0m。

（3）研发波浪桩、护壁桩和仿木桩三种形式结构预制柱。混凝土强度等级分别不低于C80、C80、C60。

4. 创新点

（1）研发了预制生态框、L形挡墙及生态板桩等多种预制混凝土护岸构件和制备技术，解决原有护岸工程存在的时久性差、抗冲能力弱、景观性差、无生态功能、施工机械化程度低等问题。

（2）基于理论计算和数值仿真，研发了生态护岸构件的堆砌式生态框、L形挡墙、波浪桩连接形式，进一步提高系列产品的功能和性能。

（3）开发了生态护岸预制构件的模具、生产工艺及装备，建成了生态护岸预制构件模块化、可移动的自动化生产线，提高了生产效率、提升产品质量。

5. 新技术应用

（1）系列护岸支挡新型预制产品及集成技术研发

通过将传统管桩一分为二，形成了弧形截面的护岸支挡波浪桩产品，对其截面形式、承载力计算方法、自动成型技术、施工精度控制系统等进行系统研究；在传统空心方桩的基础上，研发具有自防渗功能的护壁桩结构，并研究其混合配筋性能；通过对非对称截面自平衡离心模具、矩形骨架自动滚焊技术、超高混凝土填充率泵送工艺等专门研究，形成超高强离心板桩产品及工厂化制造技术；基于预制桩高强、高耐久的特点，通过改变传统预制桩外观效果，形成具有木桩效果的新型预制桩。

图2 具有桩间多重止水结构的混合配筋护壁桩

（2）快速机械连接技术及配套预制桩型研发

对原管桩端板进行调整，并配套研发三片式抱机械卡，通过分析计算及试验，验证抱箍式机械连接强度；研究连接销、锁头、定位外壳、弹簧片等膨胀咬合式连接结构部件并经试验验证其力学性能；通过对插销式连接的套筒、插杆、扣筒、底托等部件的尺寸及材质进行试验研究，形成抗拉等强的插销式机械连接接头；对预制桩端板结构、桩身配筋、端头与端板连接等进行创新，形成与上述机械接头配适的新型预制桩。

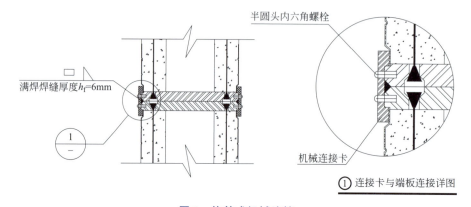

图3 抱箍式机械连接

(3) 预制植工法研究

采用搅拌植桩或高压旋喷植桩等工艺进行预制桩非取土工法试验，总结成桩控制关键工艺及质量控制工艺等。采用中掘引孔、旋挖引孔、长螺旋压灌等工艺取土后植入预制桩等取土工法试验，总结取土植桩关键技术。

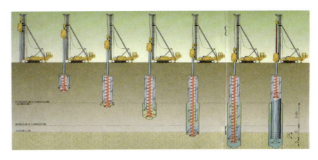

图 4　预制植工法

6. 作用意义

项目关键技术具有自主知识产权，共授权专利 95 项，其中发明专利 25 项，实用新型专利 62 项（含 1 项国际专利），外观设计专利 8 项，软件著作权 1 项，共计制定或参与制定各类标准 142 项，其中国家技术法规 1 项、国家标准 5 项、行业标准 12 项、地方标准 30 项、团体标准 32 项、企业标准 61 项。

项目技术已在多条生产线上规模化应用，显著提高了产品质量和生产效率；产品已广泛应用于黑龙江、上海、江苏、山东等黑臭水体治理、水土流失整治护岸工程中，推动了护岸工程的装配式进程，减少了环境污染，提高工程质量和景观性。成果对生态修复与治理、工程抢护等具有重要意义，经济、社会、生态效益显著，具有良好的市场应用前景。

科技成果鉴定意见：

2020 年 5 月 25 日，广东省工程勘察设计行业协会在广州市主持召开了"新型高强高性能混凝土管桩成套技术与应用"科技成果专家鉴定会。该成果由建华建材（中国）有限公司和建华建材销售（广东）有限公司共同完成。与会专家听取了课题研究情况汇报审阅了送审材料，经讨论提出如下鉴定意见。

（1）提交的鉴定资料齐全，符合科技成果鉴定要求。

（2）该项目已获得专利 95 项（其中发明专利 25 项，实用新型专利 62 项，外观设计专利 8 项）。成果对复杂地质、腐蚀性环境、岩溶区域等建（构）筑物的桩基础和支护结构的管桩应用具有重要意义，取得主要创新成果如下：

1）基于理论计算和大量实验验证，研发了超高强混凝土管桩、高强混凝土防腐管桩、混合配筋预应力混凝土管桩、钢管混凝土管桩等多种新型管桩及其制备技术；

2）研发了抱箍式和膨胀咬合式快速机械连接接头，实现接头与桩身强度、防腐性能等效，得到理论和试验的验证；

3）相关成果编入国家及行业标准，大大推动了绿色建筑和装配式建造技术的发展。

（3）该研究成果在港珠澳大桥人工岛、徐州至明光高速公路安徽段等项目中得到成功应用，取得了显著的经济效益和社会效益。

鉴定委员会认为该成果达到了国际领先水平，一致同意通过科技成果鉴定。

海绵型铺装多场耦合设计理论、关键材料研发及工程应用*

主要完成人员：
高明生、张志祥、李辉、张辉、张皓东、李猛、朱光远、潘友强、高培伟

完成单位：
江苏省交通工程建设局、中路交科科技股份有限公司、江苏高速公路工程养护有限公司

图 1 工程应用

1. 项目概况

随着我国社会经济的发展，生态文明的理念深入人心。我国是一个缺水的国家，水资源的时间和空间分布极不平衡，在城镇化推进的过程中，城市大面积硬化，水资源和水环境的问题越来越严峻，给社会经济的持续发展、人民的生命财产安全带来严重影响。

国家倡导的"海绵城市"建设，为城市雨水资源管理指明了方向。海绵型道路是海绵城市基础设施建设的重要组成部分，是交通系统响应国家政策、持续创新的重要体现。海绵城市建设的重要内容是海绵型建筑与小区、公园与绿地、道路与广场。道路占据城市面积的10%～25%，是城市内部、城市之间、城市与乡村的连接走廊，在城市垂直空间结构处于中间位置，起承上启下的作用，是地表径流的主要载体、人们室外活动的重要空间和汽车燃料、有害固体颗粒、尾气等污染物分布最集中的区域，城市内涝的发生往往是从道路壅水开始，对人们生活和出行影响最大。海绵型道路建设是指在道路及路侧一定范围内，通过路基路面、道路附属设施及绿地等，实现对径流雨水的吸纳、存蓄、渗透、净化、缓释和再利用，实现自然积存、自然渗透、自然净化，自然排放，补充地下水、促进蒸发、调节水循环，最大限度地减少道路工程对原有自然水文特征和水生态环境造成的破坏，一定程度上修复已有破坏，是一种生态、环保、安全、可持续发展的新型道路建设理念，是对"海绵城市"概念的深化和推广。

我国道路建设飞速发展，道路的建设和运营不可避免地会带来一定程度的环境干扰和破坏，如：空气和噪声污染、热岛效应、土地资源占用与破坏、植被破坏、水土流失、生物多样性减少等。海绵型道路建设迫在眉睫，需要道路交通专业协同给水排水、环境工程专业发挥集体智慧去攻克，当务之急是要

---

* 该项目获得2021年"江苏省土木建筑学会·土木建筑科技奖"一等奖

尽快研究制定海绵型道路发展目标、路线图，制定具体工作计划，开发系列适用的新材料、新技术，制定具体的检测评估办法，为海绵型道路的快速推进提供理论和技术支撑。

2. 应用领域和技术原理

项目依托镇江市海绵城市建设和部分干线公路、城市干线道路的新建及改造工程，在现有的相关科研成果的基础上，开展海绵型道路技术研究，旨在从道路工程的角度去解决城镇化道路交通建设带来的局部内涝、径流污染、径流峰值突出、水土资源流失等一系列问题，从指标、设计、实施、应用和评估五个层面构建海绵型道路系统方案。

3. 创新点

（1）创立了海绵型铺装多物理场耦合设计理论，发现了海绵型铺装在荷载、雨水、温度多场耦合作用下破坏形态及衰变规律，揭示了大空隙非连续离散体系结构在高温、超饱和水压、重载耦合作用下胶浆材料粘结失效成因机理，首创性建立了海绵型铺装水—力—温多场耦合的耐久性设计指标及试验方法，开发了基于力学与渗流双性能的海绵型铺装结构设计方法，填补了海绵型铺装现有设计理论的空白，实现了理论创新。

（2）研发了高耐久、强抗扭超高黏韧透水沥青铺装，高性能透水水泥混凝土铺装及高黏韧环氧透水铺装技术，并首次将海绵型铺装应用于高频重载交通，已通过12年3000万/年交通荷载检验，突破了国际工程界大空隙铺装不能修筑于重载交通禁区，研究成果纳入地方标准《服务区与场站透水水泥混凝土铺面》DB13/T 5326—2021，并在国家第一批海绵城市试点镇江得到成功应用，实现了自主创新。

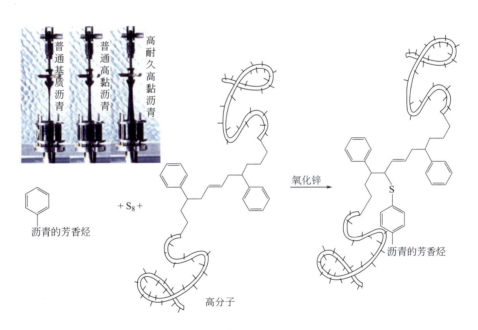

图 2　高黏韧沥青黏韧性提升机理

（3）开发了专业化施工和养护技术，融合物联网建立了海绵型铺装智能化施工工艺，构建了基于松散剥落率、渗水衰减率的海绵型铺装精细化养护决策体系，研发了海绵型铺装渗透性树脂预防性养护技术，施工质量和施工效率提升25%，透水功能寿命由3~5年提升至15年，形成了省部级工法2项、标准5项，支撑江苏省建设了"智慧公路技术开发与养护工程研究中心"，解决了海绵型铺装施工难度大、养护方法缺失难题，实现了应用创新。

图 3　大、小型海绵型铺装养护车

4. 新技术应用

（1）海绵道路成套综合技术体系。从指标、设计、实施、应用和评估五个层面构建了海绵型道路系统方案，形成了从规划设计、施工实施和监测评估的成套技术，避免海绵型道路技术的零碎分散，弥补了海绵型道路在规划评估方面的空白。

（2）规划与设计指标及方法。首次建立了以海绵需求度为基准、多因素影响、多目标协调、多层次分解的 SRPAI 海绵型道路规划设计方法，形成了海绵型道路层级划分体系，提出了规划设计指标控制范围。

（3）低影响开发系统适用技术。基于江苏不同区域的降水特征、地下水条件、土壤类型，建立适宜江苏海绵型道路低影响开发系统，提出干线公路、城镇道路、特殊道路低影响开发系统的适用条件、设计标准，编制江苏省海绵型道路低影响设施标准化图集及设计指南。

（4）路面结构多维验证指标及方法。研发了高强薄层树脂铺装结构、多功能快渗透树脂铺装结构，建立了以海绵需求度为基准，剪切、变形、粘结性能多维度验证的海绵型道路结构设计方法，解决了道路承载力与透水功能平衡问题，构建了适用于不同交通荷载等级、不同场合的海绵型道路结构体系。

（5）新材料研发与施工养护技术。研发了具有自主知识产权的沥青基、水泥基、树脂基海绵型道路关键材料，实现了应用场景的全覆盖；提出了渗透功能和耐久性能平衡的混合料设计方法，实现了交通承载与透水功能的双提升；针对不同类型材料透排水路面，建立了施工及养护技术体系。

（6）监测和评价指标及方法。开发了海绵型道路雨水监测平台，编制了海绵型道路雨水监测系统使用说明，实现了评估方法的信息化和智慧化；建立海绵型道路评价指标，基于环境、安全、耐久效益提出了以 SEDI 综合评定指数为核心的海绵型道路评价方法，建立了海绵型道路考核体系。

5. 作用意义

项目授权发明专利 16 项，发表论文 50 篇、其中 SCI29 篇，软著 7 项，标准 5 项，专著 3 项，高新技术产品 2 项，省级平台 2 项，工法 2 项，并在国际上率先主办海绵型铺装系列会议，会议交流 93 次。成果在全国第一批海绵城市试点镇江、雄安新区、崇明世界级生态岛、"一带一路"巴基斯坦生态道路等 300 余项工程中应用近 780 万 m^2，经济效益近 20 亿元，项目总体达到国际先进水平，其中海绵型铺装设计指标、力学—生态双性能设计方法及智能化施工技术居国际领先水平。

科技成果鉴定意见：

2020 年 3 月 27 日，江苏省交通运输厅在南京组织有关专家对"海绵型道路规划设计、关键材料、评价标准综合研究及工程示范"项目成果进行鉴定，鉴定委员会听取了项目的研究报告、总结报告、查新报告、用户报告，审查了有关技术文件。经质询与讨论，形成鉴定意见如下：

（1）项目组提交的资料完整。内容翔实，符合鉴定要求。

（2）项目通过室内外试验、理论分析和工程示范。对海绵型道路规划与设计指标体系、江苏海绵型道路低影响开发系统、海绵型道路关键材料、海绵型道路雨水监测系统与平台等方面进行了系统研究，主要创新成果如下：

1）明确了海绵型道路的内涵，建立了以海绵需求度为基准、多因素影响、多目标协调、多层次分解的海绵型道路规划设计方法，提出了规划设计指标及控制范围；

2）提出了适宜多雨地区的海绵型道路低影响开发系统，编制了海绵型道路低影响设施标准化图集及设计指南，开发了海绵型道路雨水监测平台；

3）建立了以海绵需求度为基准的剪切、变形、粘结性能多维度验证的海绵型道路结构设计方法，提出了渗透功能和耐久性能平衡的混合料设计方法，开发了烯酯共聚复合改性高粘沥青添加剂、耐候性树脂等海绵道路关键材料；

4）建立了考虑环境效益、安全效益、耐久性能为评定指数的海绵型道路评价方法和考核体系。

综上所述，项目创新特色明显。工程示范效果显著，具有很好的经济、社会和环保效益，推广应用前景广阔。鉴定委员会认为该研究成果总体达到国际先进水平，其中海绵型道路设计指标体系达到国际领先水平。

大型机场航站楼技改综合施工技术研究*

主要完成人员：
严宝峰、张红睿、蒋文翔、邱健、刘书冬、孙洪飞、陈刚
完成单位：
中建八局第三建设有限公司

图1 南京禄口国际机场 T1 航站楼

图2 管桁架钢结构屋盖整体
液压剪切拆除施工技术

图3 大型场馆钢桁架屋盖加固施工技术

1. 项目概况

随着国内城市化进程的快速发展，交通设施的要求和需求量也越来越高，特别是随着近些年民航交通的飞速发展，20世纪90年代的机场老航站楼已经不满足于新时代下的功能使用要求，很多城市的机场航站楼都面临改建或扩建。该课题依托南京禄口国际机场 T1 航站楼改扩建工程。T1 航站楼建造于1997年，采用钢筋混凝土密肋梁板楼面和钢结构屋盖，局部为钢筋混凝土屋面，基础形式为钢筋混凝土灌注桩基础。改扩建工程地下局部1层、地上5层，建筑最高度 26.90m，总建筑面积 161244m²（其中地上面积 131880m²，地下面积 29364m²）。地下设置人防地下室，兼做 T1 航站楼与楼前停车场的地下通道；地上主要由 T1 航站楼及北指（连）廊、南连廊三个部分组成。

场地位于南京市江宁区禄口镇 T2 航站楼北侧，其航站楼西侧为机场飞行区，工程施工期间继续使

---

* 该项目获得 2021 年"江苏省土木建筑学会·土木建筑科技奖"二等奖

用;北侧紧邻迎宾路(双向2车道),该道路负担公务机楼及行政办公楼的车辆通行;南侧紧邻交通中心及贵宾通道,施工期间须保证贵宾通道的正常通行;东侧为站前高架;施工期间空港北路、空港南路为现场主要进出通道。

考虑大型机场航站楼拆除施工技术、机场航站楼结构加固施工技术、金属屋面拆除改造施工技术、邻近航站楼的高强地质桩基施工技术、利用激光扫描仪进行建模下料技术研究、钢结构加固监测及应力变形分析控制技术研究、区块化模型单元检测法实用技术研究。

2. 应用领域及技术原理

项目研究成果可应用于大型机场航站楼技改施工领域。

通过对钢结构屋盖整体液压剪拆除施工技术的研究,解决大型钢结构如何高效整体拆除和排除安全隐患的一系列问题和方法;通过对圆管螺栓卡箍、管箍焊接加固技术研究,解决圆管钢结构加固不易贴合焊接、容易损坏原钢结构、加固后表面效果差的一系列问题;通过装配式单元化檐口、天沟施工技术的研究,解决金属屋面的檐口和天窗施工精确度差、易漏水、施工周期长的问题;通过邻近航站楼的高强地质桩基施工技术的研究,解决高强度地质下的桩基施工缓慢、效果差的问题。

3. 性能指标

对大型机场航站楼改扩建的深入研究,总结出在大型技改工程中的拆除、结构加固等7项关键技术,为今后类似工程的施工、工期质量、安全和效益给予技术支撑。

4. 创新点

(1) 大型场馆改造拆除施工技术研究

图4　钢屋盖拆除单元模拟图

1) 混凝土结构无损拆除施工技术。对结构复杂的场馆改造无损性拆除保护工况进行模拟分析,确定拆除构件的先后切割顺序以及保留结构的稳定性;超大截面梁、大面积梁板等拆除采用分层、分块静力切割与叉车、卷扬机等设备相结合方式,组成一体化结构拆除工具进行拆除的方法,再对结构保留部分进行工程模拟分析,以保证保留结构的稳定性及拆除的安全性。

2) 钢结构无损拆除施工技术。钢屋盖拆除采用3D3S软件对拆除工况进行模拟分析,并BIM软件模拟钢结构拆除施工工况及工作顺序,大大提高现场工作效率及可靠性。钢结构拆除施工采用传统火焰切割方式进行施工,充分考虑到了切割热效应,保障切割点远离结构受力节点,对节点保留位置进行二次处理。

3) 钢结构屋盖整体液压剪拆除施工技术。采用大型长臂挖机+钢筋双杠液压剪组成一体化专用钢结构液压剪整体剪切进行拆除,拆除前利用SAP2000有限元模拟软件对整个模型进行拆除工况分析,找出传力路径从而找出构件剪切方向和流程,避免拆除时失稳而出现整体坍塌。

（2）结构加固施工技术研究

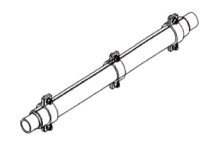 

图 5　卡箍套管加固示意图

1）大型场馆技改工程圆柱粘钢加固施工技术。为提高圆柱粘钢加固施工质量，采用环氧树脂聚合物砂浆进行修补，提高结构缺陷修补质量。且因该工程为改造工程，原结构尺寸参数或多或少均与设计图纸存在偏差。为减少钢板下料尺寸误差，运用 3D 扫描＋BIM 放样技术，采用 3D 扫描测量圆柱高度及截面尺寸等参数。并应用 BIM 技术进行放样，提前策划圆柱粘钢加固施工的横向环箍成型弧度和竖向钢板的下料长度。

2）大型场馆钢桁架屋盖加固施工技术。为减少对原结构杆件损伤，防止焊接应力，采用卡箍连接方式在原结构杆件上连接套筒，杆件与套筒之间无焊接，完全杜绝热作业。有效提高原有结构杆件的稳定性，达到增加稳定性的加固要求，BIM＋工况分析及优化（卡箍包管加固）。

（3）航站楼屋盖预应力拉索—拱梁结构体系施工技术研究

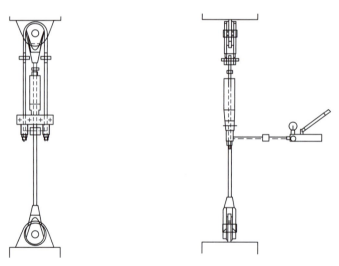

图 6　预应力拉索张拉预紧器示意图

北指廊钢屋盖采用拱梁两侧悬挑设置竖向预应力拉索，拉索张拉端设置在顶部，设计轻便型预应力拉索张拉装置，减轻自重，可拆卸，施工方便。施工过程中，拱梁跨中设置临时支撑，采用螺旋管支撑，便于拆卸，减少技措材料投入，节约成本。

（4）金属屋面拆除改造施工技术研究

1）使用 BIM 技术模拟拆除施工流程，优化施工顺序，提高施工效率；

2）采用启边器拆除直立锁边板，减少施工噪声及漂浮物；

3）分析现场原屋面构造缺陷，优化屋面改造构造层次，提高屋面可靠性及使用年限；

4）拆改施工需要合理运用原屋面构造层次作为施工措施，提高施工效率，降低施工措施的搭设时间。

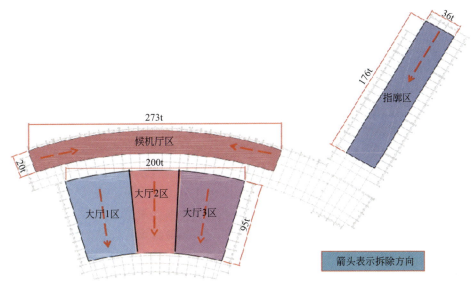

图 7 金属屋面拆除思路示意图

（5）邻近航站楼的高强地质桩基础施工技术研究

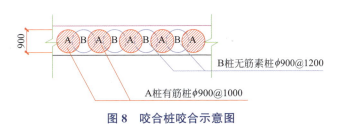

图 8 咬合桩咬合示意图

1）采用潜孔锤高频锤击的方法咬合素桩成孔，混凝土采用普通商品混凝土替代超缓凝商品混凝土，能同时完成清障及成孔两道工序，可用于存在高强地质或大面积、深层障碍物的场地，而且不会出现钢筋混凝土桩与素桩无法咬合施工的弊病。

2）以全套管长螺旋多功能桩机做桩架，以长螺旋动力头做旋转动力，在钻杆下悬挂风动式潜孔锤，潜孔锤高频锤碎岩石、咬合素混凝土桩，解决高强地质条件下常规咬合桩机械难以成孔、施工效率低下的问题，保障咬合桩施工的顺利推进。

3）创新性提出了利用全套管长螺旋钻机配备潜孔锤钻进成孔、硬咬合素桩的成桩工艺，同时完成清障及成孔两道工序，解决了因外因干扰导致咬合失败、遇到较坚硬的大面积深层障碍物难以成桩、使用超缓凝剂带来质量缺陷等问题，有效提升了咬合桩的施工质量，加快了施工进度。

（6）钢结构加固监测及应力变形分析控制技术研究

创新采用 Trimble SX10 影像扫描仪对主钢架整体变形进行扫描测量。通过对钢结构关键性在整个安装过程中的应力以及整体结构的变形进行有效监控，全面把握钢结构的实际受力状态与原设计的符合情况，提供结构状态的实时信息，这对于确保结构的安全性具有十分重要的意义。为该工程航站楼钢屋盖结构建立一套完备的方便、快捷、高效、准确的施工监测系统，同时验证结构设计方案。且实时评估结构的现有受力状态，提供有效的数据支持，为结构的使用安全性提供实时客观的技术保障。

（7）区块化模型单元检测法实用技术研究

应用创新点主要在于细化模型与现场脱节的盲区。从制作模型到现场施工，真正地将 BIM 技术与现场建设结合到一起，再通过单元化的模型检查，从模型发现问题，再现场改正，使施工品质更上一层楼。同时对于碰撞检查的结果，再进行区划优选分组，由程序识别反馈到技术人员以正确修正模型，再

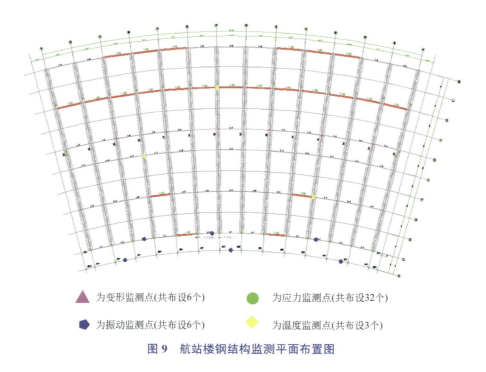

▲ 为变形监测点(共布设6个)　　● 为应力监测点(共布设32个)

■ 为振动监测点(共布设6个)　　◆ 为温度监测点(共布设3个)

图9　航站楼钢结构监测平面布置图

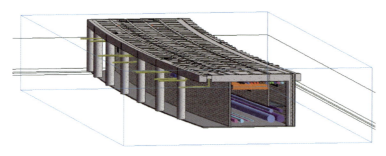

图10　剖面框技术手段

通过平台实时与现场施工人员交流问题沟通方案变更，解决了施工过程中可能遇到的各专业碰撞和专业内碰撞问题。

5. 作用意义

项目研究成果申请4项发明专利（授权1项），授权12项实用新型专利，获省级工法7项，发表论文6篇。成果在南京禄口国际机场T1航站楼改扩建项目中得到了很好的应用，保证了工程顺利实施。施工完成后，经检查验收，达到了设计和规范的要求，施工质量得到了业主和社会的好评。

大型机场航站楼技改关键技术研究的实施成功，取得了良好的经济效益。经施工前后的方案对比和成本计算，直接经济效益1229.55万元。

科技成果鉴定意见：

2021年2月7日，江苏省土木建筑学会在南京组织召开了"大型机场航站楼技改综合施工技术研究"成果鉴定会。鉴定委员会听取了课题组汇报，审查了相关文件资料，经质询、讨论，形成鉴定意见如下：

（1）课题组提供的资料齐全，符合鉴定要求。

（2）该课题以南京禄口国际机场T1航站楼改扩建项目为依托，针对大型场馆改造拆除、结构加固、盖预应力拉索—拱梁结构体系施工、金属屋面拆除改造、邻近航站楼的高强地质桩基施工、钢结构加固监测及应力变形分析控制、区块化模型单元检测等方面展开研究，其创新成果如下：

1）研发出利用有限元模拟软件对拆除工况进行分析，确定拆除构件的先后切割顺序，对保留结构进行无损拆除，解决了北指廊管桁架钢结构切割吊装拆除繁琐复杂难题，高空高温拆除时的人员作业安全隐患较大难题；

2）研发出利用全套管长螺旋钻机配备潜孔锤成孔、硬咬合素桩的成桩工艺，解决了较坚硬大面积深层障碍物难以成桩的问题；

3）研发了钢屋盖管架杆件间隔套箍、半剖套管焊接加固的施工方法，满足了杆件的稳定性要求；

4）研制出一种含牛腿变截面型钢立柱定位装置，解决了逆作法中桩准确安装就位的难题；

5）研发了四向调节转接件调节的大跨度异形双曲蜂窝板施工方法，提高了安装精度。

（3）该课题主要形成了 5 项关键技术，申报并已受理发明专利 4 项；授权实用新型专利 12 项；获得省级工法 7 项；发表论文 6 篇。该成果在南京禄口国际机场 T1 航站楼改扩建项目中得到应用，社会和经济效益显著。

鉴定委员会认为，该课题研究成果达到了国际先进水平。

钢结构高效焊接技术和设备集成研发与应用[*]

主要完成人员：
陈韬、陈振明、周军红、于吉圣、栾公峰、李大壮、高如国

完成单位：
中建科工集团有限公司

图1　双电源三粗丝埋弧焊

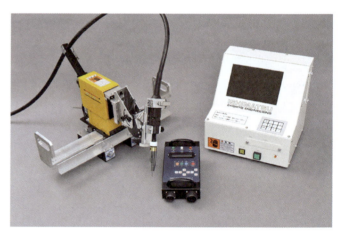

图2　小型化自动焊接机器人

1. 项目概况

高效焊接即是指利用高效焊接设备、新焊接材料、焊接工艺、先进的信息化技术等手段，将智能化技术与焊接制造工艺相结合，达到高效化、自动化、智能化生产的目的。国外自动焊接的应用主要集中在标准结构件上，且配合上先进的自动化焊接设备和焊接工艺，制作效率较高。国内在汽车制造、电子零部件、运动医疗等行业，由于零件标准性高、批量性大，加工生产的制作效率同样处在较高的水平。但在建筑钢结构制造领域，不管是国内和国外均由于构件的非标特性，自动化的程度不高，但加工企业在提高生产效率方面还处于发展阶段。

该项目研究的主要目标是针对钢结构行业加工制作环节出现的生产效率低、自动化程度低等问题，研发解决上述问题的关键技术，提升构件加工制作效率，为车间生产提供更优的指导和服务，同时，也为其他行业提供借鉴和技术思路。

2. 创新点

（1）高效多丝埋弧焊设备及焊接技术

在钢结构加工制作工厂，埋弧焊仍是以单丝和双丝为主，焊接效率受限，仍可大幅度提高。

1) 集成细冷丝（一热两冷）三丝埋弧焊焊接技术。在原单丝埋弧焊小车基础上，增加焊丝助推器、双细丝托架并对设备平衡性和软件系统重新进行优化，总结出集成复合冷丝成熟焊接工艺。

---

[*] 该项目获得2021年"江苏省土木建筑学会·土木建筑科技奖"二等奖

2）双电源三粗丝（两热一冷）埋弧焊焊接技术。在国内创新性地研制双电源三粗丝埋弧焊设备，前丝、后丝为热丝，中丝为冷丝，通过试验总结出合理焊丝设置角度、冷丝送丝速度及成熟的焊接工艺。

3）龙门式三粗丝（三热丝）埋弧焊焊接技术。在原悬臂式双丝埋弧焊基础上，增加送丝机、集成控制系统等对设备适用性和功能性进行升级，总结出三粗丝成熟焊接工艺。

（2）龙门式焊接机器人智能焊接技术

1）焊缝模型系统自动获取技术。采用参数化的方式，应用各种组合拓扑关系建立待焊构件和焊缝模型；可兼容 Tekla 软件导出的格式文件，或自行定制焊缝格式文件进行建模；快速自动识别并计算所有焊缝信息。且可以根据生产产品类型不同，快速完成工作站的组建。

2）多构件自动定位控制技术。开发多构件自动快速定位技术，系统一次性读入多个构件模型，通过预先在工装胎架及系统内设置对应点，通过点对点快速定位，将系统内模型与实际构件的位置一一对应，节约构件位置调整时间。

3）视觉识别以及定位纠偏技术。视觉人机交互模块适用于无数据模型构件，在建筑钢结构行业首次创新应用3D成像，通过前期标定，人工指定照片中的焊接位置，优势为可用于任意构件、随意摆放，快速定位焊缝。数据模型驱动模块适用于三维模型构件应用数据导入，在模型内指定焊缝位置，通过激光扫描，快速精准定位焊缝位置，优势是可一次定位一个或多个构件所有焊缝位置，大大减少人工干预时间。

4）焊接程序自动计算生成技术。建立了钢结构机器人智能焊接数据库，利用与智能焊接机器人相匹配的数据格式和接口参数，自动根据扫描路径和焊接路径规划的结果计算调用出焊接程序；该焊接程序中包括焊接指令、姿态控制、相机激光交互通信等内容。

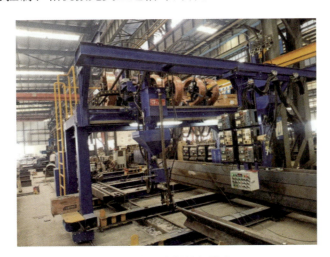

图3　龙门式焊接机器人

（3）便携式隔板焊机自动焊接技术

1）焊接多档位小型化焊接机器人设计技术。为满足小截面及狭小空间焊缝焊接，行业内首次创新研制设备尺寸仅 180mm×580mm×600mm，重 18kg，可方便移动至空间受限焊缝处完成焊接；且焊枪角度有 0°/22.5°/30°/45°四个档位，可覆盖平焊至立焊角度焊缝的焊接。

2）焊缝路径快速生成技术。通过起始点及终止点识别，快速生成焊缝路径；且对于加劲板可以通过快速识别六个点，一次性生成三条焊缝的焊接路径，一次性完成两条立焊缝、一条横焊缝的焊接，简化手工示教的工作量，提高焊接效率。

3）焊接工艺参数自动生成技术。焊缝路径及焊接坡口形式自动识别后，系统数据库自动运行查找功能，匹配合适的焊接工艺，自动生成焊接层道次及焊接参数，完成焊缝焊接。

(4) mini 型焊接机器人自动焊接技术

1）小型化自动焊接机器人设计技术。通过对机器人整体机构进行改造设计，焊接执行结构在 18kg，截面缩小为 500mm×500mm，便于现场搬运及高空、狭小空间焊缝焊接。

2）柔性化多适应焊接技术。攻克机器人原有仅能走直线不能适应弧形构件焊接的缺点，对轨道、执行机构进行改造，实现弯曲直径大于 1.2m 以上弧形焊缝的焊接，拓展机器人适用范围。

3）基于 AI 算法焊接参数自动生成技术。焊接机器人通过接触传感，识别坡口的各项信息，机器人自动从数据库中调用，自动生成焊接层道次及焊接工艺参数。

图 4 便携式隔板焊机

图 5 mini 型焊接机器人

(5) 焊接管理与远程控制系统

1）焊工信息数据化管理技术。开发焊工档案、焊工资质管理模块，可快速查阅焊工相关信息，且持证信息可生成二维码方便查阅。

2）焊接指导书自动生成技术。通过参数化开发，系统内可在线编制焊接工艺评定报告；快速搜索焊接接头形式覆盖范围，确定是否重新进行评定；且 PQR 中焊接参数可按国标标准范围波动，自动生成焊接工艺规程。

3）焊接设备远程控制技术。研发焊接管理系统 APP，可将焊接管理系统内生成的焊接参数通过控制系统下传至焊机，使焊接在规范范围内作业，实现焊接设备的远程监控、禁用与启用操作。

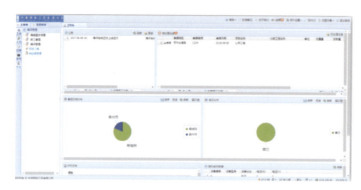

图 6 系统界面

3. 作用意义

项目研究成果获国际发明受理 1 项，国内发明专利受理 2 项，4 项实用新型专利，省部级工法 3 项，软件著作权 2 项，发表论文 4 篇。通过该项目研究成果的成熟运用，钢构件焊接质量得到进一步提高，推动了企业的升级,行业自动化、智能化的发展进程,也响应国家智能制造的发展方针,为该技术的推广应用奠定了良好的基础。

通过多丝埋弧焊应用、焊接机器人及改造设备应用、便携式焊接机器人和焊接远程控制及管理系统,仅一个加工基地便可节约 388.8 万元。

科技成果鉴定意见:

2021 年 5 月 7 日,江苏省土木建筑学会在南京组织召开了"钢结构高效智能焊接技术和设备集成研发与应用"科技成果鉴定会。鉴定委员会听取了课题组的技术研究报告,审查了相关资料,经质询、讨论形成鉴定意见如下:

(1) 提供的技术鉴定资料齐全,符合鉴定要求。

(2) 该技术取得了以下主要创新成果:

1) 高效多丝埋弧焊设备与技术集成。自主研发了集成细冷丝、双电源三粗丝及龙门三粗丝埋弧焊技术,通过对焊丝搭配、焊丝角度、送丝速度等焊接参数研究,形成三套成熟的焊接工艺,能大幅提升焊接效率。

2) 研发了焊接机器人的智能视觉识别和工艺参数生成系统,提高了焊接机器人的智能化水平。

3) 研发了便携式焊接机器人,可实现狭小空间焊缝的自动化焊接。

4) 研发了焊接管理与远程控制软件系统,可实现焊工、焊评、焊接作业实时监控和智能管理。

(3) 该成果已在靖江文化中心、济南平安金融中心、大疆天空之城等大型建设工程项目得到成功应用。

鉴定委员会认为,研究成果整体达到了国际先进水平,其中焊接机器人的智能视觉识别和工艺参数生成系统达到国际领先水平。

筒支承重型超大跨度空间钢桁架结构施工关键技术

主要完成人员：
陈韬、尹恒、董凯、张瑜、石承龙、鞠明君、王旭

完成单位：
中建科工集团有限公司

图 1　靖江文化中心效果图及施工过程图

1. 项目概况

该工程依托靖江文化中心项目开展研究，靖江文化中心项目位于靖江市滨江新城区，总建筑面积15.65万 m^2，钢结构用量3.3万 t，建筑高度49.55m，地上10层（最高），地下1层。从建筑功能上可分为高层文化区及商业剧场区，其中高层文化区由图书馆/报社、文化馆、规划馆/博物馆三栋高层及裙房组成，商业剧场区由支撑大跨桁架层的四个巨型核心筒及剧场部分组成。靖江作为中国现代化造船工业基地，靖江文化中心在城市空间上力求凸显城市环境的大气，从侧面看文化中心又好似航行在大洋的航母。该工程2018年1月开工，2019年10月竣工，历时650日历天。

钢结构工程由两部分组成，一部分为商业剧院区，一部分为高层文化区。商业剧场区三层、四层为大跨度、大悬挑楼面钢结构，由三榀巨型桁架支承，桁架最大跨度为101.3m，商业剧院区南侧最大悬挑为18.5m。高层文化区由三栋高层组成，三、四层在高层主体结构外侧和之间由钢结构桁架支承或悬挑，桁架最大跨度为63m，最大悬挑为13.5m。高层办公区和商业剧场区之间通过竖向约束的双向滑动支座联系。钢结构材质有Q345B、Q390GJC、铸钢件等，板厚最大150mm。

2. 应用领域

项目研究成果可应用于筒支承重型超大跨度空间钢桁架结构施工领域。

3. 性能指标

筒支承钢桁架结构件为超厚板箱形构件，内隔板厚度达到80mm，焊接质量要求高，采用电渣焊焊接难度非常大；核心筒与大跨度悬臂钢架连接节点为多向受力节点，存在150mm厚铸钢件与低碳高强

---

* 该项目获得2021年"江苏省土木建筑学会·土木建筑科技奖"二等奖

度合金钢异种材质焊接，焊接接头淬硬倾向较大，冷裂纹敏感性高，施工过程中工艺要求高，且为高空施工，危险性高；筒支承重型超大跨度空间钢架重量近 8000t，结构复杂，构件安装精度要求高。

4. 创新点

（1）超厚板电渣焊焊接技术——箱形构件 80mm 厚隔板与 150mm 厚箱形柱本体焊接

常规钢结构项目中箱形钢柱采用电渣焊的内隔板的厚度一般都在 50mm 以下，焊接工艺成熟，经验丰富，焊缝合格率较高，对于厚板电渣焊涉及较少。该工程由于桁架层为典型箱形钢柱，本体板及内部隔板均较厚，最大需要采用电渣焊的内隔板厚度达 80mm。为了保证后续构件制作质量，在构件制作前期开展超厚板电渣焊的焊接工艺评定试验，开展超厚板电渣焊研究，为制作提供焊接工艺支持。

试验选用大桥 THM-08MnMoA 电渣焊丝，焊接前将引弧部位 200mm 区域进行预热，预热温度 60℃；而后正常焊接，整个焊接过程稳定，未出现电弧不稳定、跳弧等现象。

焊接 24h 后，按照《钢结构焊接规范》GB 50661—2011 中接头的检测项目要求，试板经 UT 检测未见明显缺陷，而后加工试样进行宏观及硬度检测。宏观金相显示存在微小的裂纹。综合考虑分析裂纹产生最主要的原因是焊缝冷却过程中内部应力集中相互作用导致的，针对缺陷的产生对焊接工艺做了如下几点修改：

1）由于板厚较厚，电渣焊热输入较高，钢板骤热易引起底层焊缝裂纹的产生；对此提高预热的温度及范围。

2）焊缝焊接完成后，试板处于温度较高的状态，电渣焊本身在冷却时由于铁水凝固会产生缩孔现象，再加上空冷冷却，更易导致焊缝金属裂纹的产生；对此焊后采用石棉布保温缓慢冷却，减少内部应力。

按照上述几点要求，在焊前将试板引弧区域 400mm 区域预热至约 120℃，才起弧焊接，焊接过程中注意调整焊枪的摆动速度及两侧停留的时间，以保证较宽的熔池焊接稳定性。焊接完成后采用两层石棉布对试板进行包裹，缓慢冷却至室温。

焊接 24h 后，试板经 UT 检测合格，加工试样经酸蚀后，宏观金相合格，焊缝与母材熔合较好，无任何焊接缺陷，且硬度经检测同样满足国标要求。

为避免焊接试验的偶然性，后续采用同样的焊接工艺参数和工艺措施焊接多块试板，采用同样的检查方法检测均合格。在实际构件焊接时进行焊接工艺交底，隔板焊缝均检测合格。增加同样的焊接工艺参数和工艺措施焊接多块试板的试验照片。

（2）基于焊接机器人的 150mm 超厚板异种材质现场焊接技术

超厚板焊接前进行焊接工艺评定，根据焊接工艺试验制定适合超厚板焊接的焊接工艺和焊接方法，编制超厚板焊接专项施工方案。采用直线轨道 mini 弧焊机器人在高空进行超厚板异种材质焊缝对接焊接。机器人试验阶段焊接数据记录到电脑中，正式焊接时自动调用匹配电流电压、焊接速度、焊接时间等焊接参数，保障施工现场的顺利实施。

直线轨道 mini 弧焊机器人主要构成包括机器人本体、摆动机构、控制箱、示教器、导轨、焊接电源、送丝装置、送丝电缆、焊枪、电磁开闭器、控制转接器、防干扰变压器（220/110V）、连接线缆等。焊接机器人包含平焊、角焊、横焊、立焊 4 个焊接软件。

1）组装接线

将直线轨道 mini 弧焊机器人转运至焊接位置后，进行组装接线等相关工作。

2）铺设导轨

可根据焊缝的形状尺寸及位置选择适合的导轨互相组合，形成满足需要的焊接导轨。导轨机构配备有电磁铁，通电后可使导轨紧密地贴合在母材表面，利用水平尺配合电磁开关适时微调，保持导轨距焊缝约 300mm，导轨固定安全可靠，利用电磁铁使得导轨铺设简单灵活，操作方便。

3）焊接

针对铸钢件与超厚低合金钢板焊接性差，焊接过程中容易产生焊接裂纹的问题，依据规范要求采取焊前预热（120～180℃），在施焊焊缝坡口两侧进行，宽度为板厚的1.5倍且不小于150mm，层间温度控制（180～250℃）、后热保温（250～350℃，后热3h，保温棉覆盖缓冷）等措施。

预热到规定温度后拼装焊接轨道，轨道及mini弧焊机器人执行机构铺设完毕后，操作焊枪至坡口位置，机器人自动检测板厚、坡口角度等焊缝信息，生成对应的焊接工艺条件，经由技术人员校对与示教后即可开始焊接。

(3) 超百米跨带悬臂超重桁架结构等荷载分级同步卸载技术

采用液压千斤顶等荷载分级同步卸载的施工工艺。通过软件模拟计算出每个卸载点的受力情况及结构的位移情况，分区进行卸载。采用格构式胎架＋立柱为支撑形式，结合卸载点的受力情况及位移情况，合理选择液压千斤顶规格。通过实时监测结构的应力在卸载施工过程中的变化，与计算值及规范值对比，若出现超过范围的应力突变值，及时叫停，保证卸载安全。

采用三维激光扫描仪对大跨度桁架进行卸载前，卸载后，卸载完成静置7d后三次测量，通过三次变化的点云数据比较分析，得到被扫描桁架的变形值，形成卸载变形监测控制数据，控制卸载精度。

5. 作用意义

该工法运用的超厚板电渣焊焊接技术、高空智能焊接技术、超大跨度空间钢桁架结构数字化安装与卸载成套技术，在青岛健民中心项目、苏州工业园区体育中心项目、济南平安金融中心等数十个项目进行了推广应用，取得了良好的效果。安装、焊接质量显著提高，提升了钢结构建造的智能化水平。

人才培养：该工程总结并创新了筒支承重型超大跨度空间钢桁架结构施工关键技术，在保证大跨度桁架结构经济、安全、高效完成的同时，培养了一批专业技术骨干（向其他项目输出设计总监1名，总工6名）。

行业影响：筒支承重型超大跨度空间钢桁架结构施工关键技术，具有适用性广、施工措施投入少、施工速度快、操作安全简便的特点，其施工方法可适用于所有大跨度钢结构施工，该项目超重桁架结构施工的成功实践，为其广泛推广应用提供了必要条件。

企业品牌：工程自开工以来，住房和城乡建设部等各级政府部门领导及各社会企业单位多次莅临项目指导工作，相关部门多次现场督办，对项目全体施工人员的辛勤付出表示了肯定。多家新闻媒体全程对项目进行了广泛的宣传报道，为企业创造了良好的品牌效益。

科技成果鉴定意见：

2021年5月7日，江苏省土木建筑学会在南京组织开了"筒支承重型超大跨度空间钢架结构施工关键技术"科技成果鉴定会。鉴定委员会听取了课题组的技术研究报告，审查了相关资料，经质询、讨论，形成鉴定意见如下：

(1) 提供的技术鉴定资料齐全，符合鉴定要求。

(2) 课题研究依托靖江文化中心工程建设，该项目为筒支承空间钢桁架结构，跨度101.3m，垂直于跨度方向为内外满悬挑架，最大悬挑达12m。其中箱形构件最大截面1400mm×1300mm×150mm×150mm，隔板厚度达到80mm；桁架节点部位为150mm厚铸钢件与低合金高强钢异种材质焊接；制作与安装难度大。

(3) 该项目研发并应用了下列创新技术：

1) 箱形构件150mm与80mm超厚板电渣焊焊接工艺。

2) 研发了150mm厚超厚板异种材质高空智能焊接工艺，形成了成套机器人异种材质焊接工法。

3) 筒支承重型超大跨度空间钢桁架结构数字化安装与卸载成套技术，应用于实际工程建设。

鉴定委员会认为，该研究成果整体达到国际先进水平，其中超厚板电渣焊技术和超厚板异种材质高空智能焊接技术达到国际领先水平。

既有盾构及电机车设备适应性革新研究与实践

主要完成人员：
李海、唐立宪、李念国、何伟、马伟、陈时光、孟祥吉
完成单位：
中建八局轨道交通建设有限公司

图 1　改造前后刀盘结构及刀盘开口部分面积示意图

1. 项目概况

随着国内外盾构隧道工程的迅猛发展，带动着隧道掘进设备（盾构机）及相应的配套设备快速发展，以适应多样化要求的隧道施工设计要求和工期要求。课题组在工程实践中为适应上述各个要求对自有盾构设备进行了大范围的升级改造，其中包含了对盾构机刀盘的升级改造、盾构机泡沫系统的单管单泵改造、盾构机螺旋机液压系统的升级改造和运用新型能源电池技术对水平运输设备（电机车）的动力

---

* 该项目获得 2021 年"江苏省土木建筑学会·土木建筑科技奖"二等奖

源进行的大胆的创新改造。

该课题通过对盾构机刀盘、泡沫系统、螺旋机液压系统、电机车动力源等系统的大胆创新改造,不断挖掘潜在价值,避免了既有资源的浪费,又最大程度地节约了工程成本。在国家提出"双碳"目标的大环境下,实施碳减排对于"双碳"目标的实现具有重要意义。

2. 创新点

(1) 复合式盾构刀盘适应性升级改造

根据详勘报告,运用盾构机旧式刀盘面板修复技术,增大了旧式刀盘的开口率,增加了旧式复合刀盘在软土中的适应能力,使旧式设备满足新项目的地质要求。盾构刀盘原开口率约26.5%。为适应软弱地质要求,需增加刀盘开口率。经过三维模拟,在保证滚刀数量、安拆空间及刀盘机械结构强度的情况下,对刀盘面板、刀盘牛腿等进行改造。

具体该刀盘改造技术如下:

1) 缩小原面板尺寸,刨除面板两侧支撑钢板及背部盖板并重新制作;
2) 刨除刀盘牛腿,重新制作牛腿安装座并与刀盘原结构件焊接,增加刀盘中心开口率;
3) 重新制作刀盘牛腿支撑,以适应新制牛腿安装座;
4) 改造后刀盘整体开口率约36.5%。

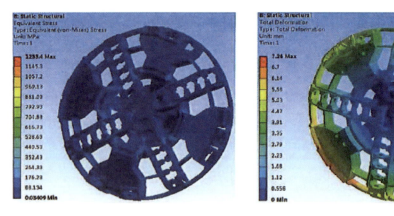

图2 刀盘变形及应力云图

(2) 盾体多样功能改造技术

1) 对原盾构的前盾、中盾增加径向注脂孔,可注入膨润土防止盾体包裹,也可注入克泥效等材料防止掘进过程中盾体上方沉降;
2) 盾尾处增加两道盾尾油脂管,使盾尾油脂注入更均匀,提高盾尾密封的可靠性;
3) 前盾增加2根刀盘冲洗棒,可对刀盘及牛腿进行冲洗,预防土仓内结泥饼;
4) 增加2根螺旋机前筒螺杆冲洗棒,可对渣土进行二次改良。

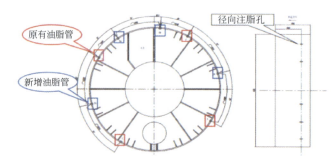

图3 盾体增加径向注脂孔

（3）盾构泡沫系统精细化控制改造

运用先进的变频控制技术，将原单泵多管泡沫升级改造为单管单泵，增强了盾构设备对复杂地层条件的适应能力，防止泡沫管堵塞。

改造后泡沫系统共有 5 路泡沫，包括 5 套泡沫发生装置、1 个原液泵站、1 个混合液泵站及管路。

原液及水在混合液箱充分混合均匀后，进入泡沫发生器，提高发泡效果，稀释泡沫原液的同时，降低原液对管路的腐蚀，延长使用寿命。

（4）螺旋机液压系统多样化改造

改造老式盾构螺旋机液压系统，由全进口"力士乐"液压泵站系统转变为"伊顿"液压系统，降低单一进口液压配件的依赖程度，缩短了易损液压配件的供货周期。改造螺旋机排渣口双闸门，并增加漏斗，提高螺旋机闸门的安全可靠性，更适用于应对喷涌的控制。

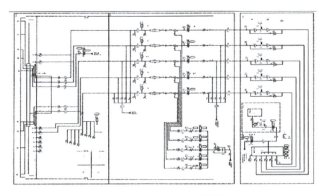

图 4　改造后泡沫系统图

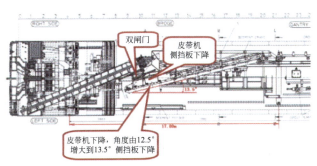

图 5　螺旋机双闸门改造

（5）皮带机稳定性改造

将原皮带机出渣口 4 号拖车位调整到 5 号拖车位，满足单列编组电机车整环掘进需求，提高掘进效率；每节皮带架增加 6 个挡辊，防止皮带跑偏。

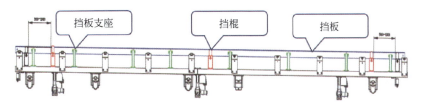

图 6　升级改造效果图

（6）电机车能源升级改造

项目使用的电机车"新能源快充电池组"代替了传统的铅酸蓄电池技术，在我国东北地区首次使用，采用最新的电池低温加热技术，可在低温环境下正常使用。避免了铅蓄电池在充电过程中释放的酸性气体造成环境污染，工地现场不用修建充电池，节省现场空间、节约水源、提高作业效率，且电机车供电系统升级改造后，能够在电机车剩余寿命周期内长期使用，有效降低人工、提高充电效率，维护成本更低。

3. 作用意义

此次技术革新促成盾构刀盘改造、电瓶车改造等多项成果，发明 14 项（6 项授权，8 项实审），实用新型专利 24 项（22 项授权，2 项受理）。

通过对盾构设备大范围升级改造，对盾构机刀盘、泡沫系统、螺旋机液压系统、电机车的动力源等方面的创新改造。挖掘其潜在价值，既提高了大型设备的周转利用率，又最大程度地节约了工程成本，截至目前产生直接经济效益 1460 万元。

该应用成果形成一套规范化的设备升级改造模式，对后续设备应用管理具有很好的借鉴意义，积累了大型设备深度应用知识。通过对现有设备的升级改造，不断挖掘其潜在价值，既提高了大型设备的利用效率，又最大程度地节约了工程成本。盾构机刀盘面板修复技术、盾构泡沫装置单管单泵技术、螺旋机改造技术、电机车新能源应用技术及相应机械安全装置的升级改造技术对提高设备的使用效率、节约工期及成本具有重要意义。

科技成果鉴定意见：

2021 年 9 月 30 日，江苏省土木建筑学会在南京组织召开了"既有盾构及电机车设备适应性革新研究与实践"课题鉴定会，鉴定委员会听取了课题组的技术研究报告，审阅了相关资料，经质询、讨论、形成如下意见：

(1) 课题组提交的鉴定资料齐全，符合鉴定要求。

(2) 研发了盾构机复合式刀盘面板修复技术，提高了盾构刀盘的周转利用率。

(3) 革新了既有盾构机的单泵多管泡沫系统，研发的变频控制技术，增强了既有盾构设备对复杂地层条件的适应能力。

(4) 改进了原有螺旋机液压系统控制方式，增加了螺旋机液压系统的稳定性，降低了施工中对单一进口液压配件的高度依赖。

(5) 研究革新了水平运输电机车控制系统，实现了新能源电池组替代传统铅酸电池组和水平运输安全高效节能环保。

鉴定委员会认为，课题取得了多项专利和论文成果，产生了较大的社会和经济效益。研究成果总体达到国内先进水平。

江苏地区桩基水平承载与抗震性能提升及其安全控制关键技术*

主要完成人员：
蒋谦、刘松玉、李洪江、杨万勇、童立元、包红燕、顾琴芬
完成单位：
江苏省建设工程设计施工图审查管理中心、东南大学

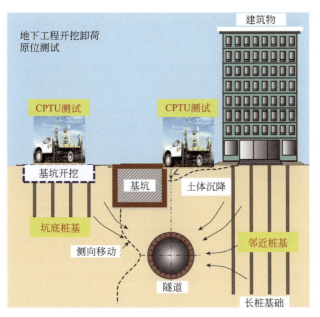 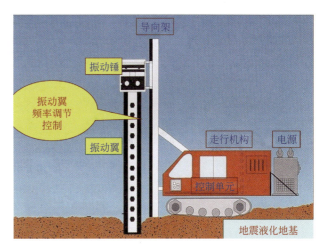

图 1 技术示意

1. 项目概况

我国沿江、沿海地区城市建设飞速发展，各类基础工程设施建设与城市地下空间开发利用规模空前。沿江、沿海地区广泛分布软弱土层，软弱土具有含水量高、孔隙比大、压缩性高及强度低等特点，在静力、高频次循环荷载或地震作用下易产生过大变形（软土）或液化（砂土、粉土）等灾变。软弱土地基工程特性差、分布范围广、区域性强、致灾性强，是现代城市建设及防灾减灾面临的重要挑战，也是重大地下工程开发面临的难点和热点问题，其上开展桩基工程建设必须高度重视工程桩的承载稳定性和服役安全性问题。桩基工程失效往往与桩基水平承载力设计不当有关，桩基水平承载力设计不当会造成桩基倾斜偏位、建筑物垮塌、地面沉陷等事故，并危及周边环境安全。

目前，有关软弱地基水平试桩资料较少，多数场地未有效考虑桩基水平承载性能，有些项目虽然有所考虑，但也难以准确地给出水平承载力设计值。对于软弱地基工程桩水平承载分析方法及承载力确定标准，国内外相关研究也较少，缺乏完善实用的研究成果。我国现有各类桩基规范有关桩基水平承载力

---

* 该项目获得 2021 年"江苏省土木建筑学会·土木建筑科技奖"二等奖

特征值取值方法与标准各异。桩基水平承载设计盲目性给桩基工程服役带来很大的安全隐患，这也致使建（构）筑物失稳倒塌案例层出不穷。客观意义上讲，绝大多数工程项目为确保结构的安全稳定，在桩基水平承载力取值上都相对保守，这就造成了另一个问题：建造成本的浪费。以上问题归根结底是桩基水平承载力的研究不成熟，因此，软弱地基工程桩水平承载分析方法及承载力确定标准的提出显得重要而迫切。同时，我们注意到，受软弱地基工程性质的影响，软弱地基工程桩正逐步向超大直径、超长桩长发展，由此带来的桩基尺寸效应及大直径桩水平承载力计算问题具有挑战性。作为最直接的桩基水平承载力确定法，现场试桩检测成本高、检测周期长、浪费人力物力，对于大直径桩而言，试桩成本将更加高昂，亟待一种快速、经济、高效的水平承载力确定方法的提出。对于桩基性能提升技术，如后注浆技术已在软土地区普遍应用，但其水平承载特性及承载力提升效果尚不明确。对于桩基抗震而言，全面、系统的有关可液化地基桩基地震响应特征及抗震设计方法还缺少深入研究。对于可液化地基，采用共振法地基处理技术可大幅提升场地的稳定性和结构的抗震性能，但有关液化地基处理前后桩基水平承载性状改变规律及承载能力提升程度还未有研究报道。随着近十年来高层、超高层建筑及地下空间开发快速推进，现有规范的桩基水平承载设计方法已不能完全满足工程需要。加之城市地下工程开挖卸荷带来的环境效应，使得工程桩水平承载问题变得更加复杂。我国城镇化水平提速及大中城市群（圈）建设，迫使基坑工程不断向"深、大、紧、近、异"方向发展，建筑深基坑、地铁深基坑近接既有工程桩施工案例丛生。地下工程开挖卸荷（邻近基坑开挖、整体开挖卸荷、坑中坑开挖等）对既有工程桩水平承载性能的影响研究成为新的时代课题。

课题以"江苏地区基桩水平承载力研究"为目标，以江苏典型软弱地层（软土、可液化土）建筑桩基工程为研究对象，分别在长江三角洲（靖江地区）、太湖流域（苏州吴江地区）、废黄河泛滥区（宿迁地区）试验场地开展桩基水平承载现场载荷试验，并结合理论分析、原位测试、数值模拟术手段，分析不同场地条件下的水平受荷桩承载规律，提出软弱地基工程桩水平承载分析方法及载力确定标准。以废黄河泛滥区可液化地层为研究对象，通过三维数值分析考察可液化土中地震载作用下桩基水平承载动力响应特征，并提出震害防控措施。进一步考察地下空间开挖（侧向开挖竖向开挖）和异形"坑中坑"开挖对既有桩基水平承载的影响，建立适宜地下空间开挖卸荷条件下的工程桩水平承载评价方法与安全控制体系。该研究对丰富现代桩基水平承载计算理论，保证桩基工程设计施工安全具有现实意义和指导意义，可为完善江苏地区以及国家有关规范内容提供科学依据，从而推动我国桩基工程设计水平的提升。

2. 应用领域和技术原理

桩基水平承载特性分析及其在复杂荷载环境下的承载响应问题是现代城市建设与地下空间开发面临的热点和难点问题，桩基水平承载性能的正确评价关系到整个建（构）筑物的安全稳定及长期服役能力。

课题紧密结合江苏省乃至全国工程建设项目中桩基水平承载理论与关键技术问题，系统研究了江苏典型软弱土沉积特征与工程性质、软弱土地区桩基水平承载分析方法、桩基地震作用响应评价及开挖卸荷环境下桩基水平承载性能演化机理与安全控制关键技术，取得了系列重要研究成果。

3. 性能指标

（1）针对软弱地层桩基"高承载力""大变形""大直径"问题，提出了系列软弱地层桩基水平承载分析方法，主要包括：基于CPTU原位测试的桩基水平承载实用分析方法，适于基大变形分析的应力增量曲线法和考虑摩擦效应的大直径桩水平承载计算方法。

（2）开展了软弱地层工程桩水平承载提升关键技术研究，通过现场试验和理论计算，充分明确和论证了软土地层后注浆技术与可液化地层共振法处理技术对桩—土相互作用的影响特征及对桩基水平承载性能的提升效果。

（3）建立了土层剪切波速与CPTU原位测试参数间的关系方程，提出了拟静力法计算地震作用下桩身弯矩的修正方法。从液化地基处理、桩基抗震措施及结构基础隔震三个层面提出了适于江苏可液化地层的桩基抗震设计方法。

4. 创新点

（1）详细调研了江苏典型软弱分布特征并确立了工程地质分区，联合现代多功能CPTU测试和室内土工试验结果全面总结了江苏典型软弱土沉积特征与工程性质。

（2）传统桩基水平承载力确定主要依靠载荷试验，造价高、周期长、效率低、应用面窄。该项目在国内首次提出了采用CPTU原位测试确定桩基水平承载力的方法，经济快速、陆地水域适应性强、并能用于开挖前后水平承载力评价；建立了适应于桩基大变形计算的应力增量p-y曲线模型，提出了考虑侧壁摩擦效应的大直径桩水平承载分析f_m法，大幅提高了桩基水平承载力设计计算精度。

（3）构建了桩—土—结构三维动力分析模型，建立了层切波速CPTU测试参数间的关系方程，提出了拟静力法计算地震作用下桩身弯矩的修正方法；揭示了预制管桩地震响应机理，提出了共振法加固液化地基的技术，建立了高烈度地震区预制管桩抗震设计应用方法。

（4）基于CPTU原位测试方法分析，揭示了地下空间开挖对"邻近基"与"坑底基"水平承载性能的弱化机理，发现了开挖卸荷条件下的被动p-y曲线软化特征，基于桩基水平承载力损失比概念，定量评价坑中坑开挖致桩基水平承载力损失程度，明确了不同开挖卸荷应力路径下的桩基水平承载力响应规律。

5. 新技术应用

（1）软弱地层桩基水平承载特性分析方法研究

针对目前软弱土地层桩基水平承载分析方法存在的缺失与不足，考虑软弱土地层特殊性及现代桩基普遍存在的高承载力、大变形、大直径问题，提出软土地层基于CPTU原位测试的高效快速桩基水平承载性能评价方法，建立基于CPTU测试的刚柔性水平承载位移控制标准针对桩基"大变形""大直径"问题，分别提出基于应力增量的桩基大变形p-y分析方法和考虑摩擦效应的大直径桩水平承载分析方法。开展软弱地层工程桩水平承载提升关键技术研究，充分论证软土地层后注浆桩水平承载提升效果及可液化地层共振处理桩基水平承载提升效果，为软弱地层桩基工程建设提供参考。

（2）高烈度地震区可液化地层预制管桩水平承载抗震设计与加固处理

全面总结国内外桩基抗震的研究现状及主要研究成果，收集江苏省废黄河泛滥区工程地质资料。开展室内动三轴试验和现场SCPTU试验，获取工程场地动剪切模量、阻尼比和剪切波速等土动力学参数，提出土层剪切波速与CPTU测试参数的经验公式。构建可液化地层桩基动力分析模型，揭示预制管桩地震响应机理，对比和评价拟静力法与时程分析法在预测桩基地震响应方面的优缺点并给出修正公式。从桩基、地层、上部结构和桩与承台嵌固方式四个方面系统分析各参数对桩—土—结构动力相互作用的影响特征，最后提出桩基抗震与加固处理方法。

（3）地下空间开挖对桩基水平承载性能影响分析与安全控制

通过现场试验、原位测试、数值模拟手段系统研究地下空间开挖卸荷对"邻近桩基""坑底桩基"水平承载性能的影响规律，基于CPT原位测试揭示地下空间开挖卸荷致邻近桩基水平承载性能弱化机理及对坑底工程桩—土相互作用的影响特征。明确开挖卸荷前后既有工程桩水平承载差异，提出桩基水平承载卸荷响应的评价方法。通过精细化构建被动桩—土相互作用模型，进一步深入考察被动桩p-y曲线形态、演化特征及影响因素，明确基坑开挖方式、土体模量、排水状态、不同加载时机对被动桩p-y曲线的影响规律。提出综合考虑承台嵌固深度承台—桩头相对模量、承台—桩头接触刚度等多因素的邻坑开挖被动桩承台设计简化方法——承台约束系数K_c法，提出考虑开挖卸荷效应的被动桩水平承载安全控制方法。

(4)"坑中坑"开挖卸荷既有基水平承载响应与安全控制

基于现场"坑中坑"开挖工程及土层条件，构建三维"坑中坑"开挖卸荷有限元模型，阐明"坑中坑"开挖致工程桩附加受荷机理，系统研究内外坑开挖累积影响及内坑开挖附加影响下的坑间区工程桩水平承载变形响应规律。考虑"坑中坑"开挖空间效应，着重分析不同内坑开挖几何尺寸对坑间区工程桩水平承载的影响程度。采用桩顶水平位移控制和桩身强度控制的双重标准，定量评价"坑中坑"开挖引起内外坑间区既有工程桩水平承载力的损失情况，提出减小坑间区既有工程桩水平承载力损失的工程措施。

6. 作用意义

项目研究成果发表 SCI/EI 论文 28 篇，授权发明专利 10 项，获国家级工法 1 项。该项目以江苏地区高层、超高层建筑以及大深度地下空间开发桩基工程为研究对象，对江苏省内典型沉积土沉积特征与工程性质、软弱地层桩基水平承载力设计计算方法及设计标准、复杂荷载环境桩基水平承载响应特征及安全评价等关键技术问题进行了深入系统研究。项目研究涉及深厚软土地层、基坑开挖卸荷、液化地基大变形等复杂情况下桩基水平承载力预测的重要课题，难度大，实用性强。目前江苏省乃至国内外尚缺乏完善的研究成果及成熟的设计分析方法。与国家规范或江苏（南京）地区规范相比，该项目通过现场试验、原位测试、理论分析、数值模拟的综合技术手段，提出了基于 CPTU 原位测试的桩基水平承载分析方法及水平承载性能提升技术，明确了桩基地震响应特征并提出抗震设计方法，构建了基坑开挖卸荷环境下既有桩基水平承载演化机理、评价方法与安全控制体系为设计提供依据，对江苏省乃至全国桩基设计水平的提高具有重要意义，也必将产生重大的社会、经济效益。

科技成果鉴定意见：

2019 年 10 月 16 日，江苏省住房和城乡建设厅在南京组织召开了"江苏地区桩基水平承载力研究"课题成果鉴定会。鉴定专家委员会听取了课题组的汇报，审阅了课题组提交的相关技术资料，经质询、讨论，形成鉴定意见如下：

（1）课题组提交的技术资料齐全，符合鉴定要求。

（2）课题组采用资料收集、理论分析、原位测试、现场试验及数值模拟相结合的技术手段，针对江苏地区软弱地层桩基水平承载分析中存在的关键问题，系统开展了软弱地层桩基水平承载力计算分析与复杂承载环境响应研究，提出了软弱地层桩基水平承载分析方法，完善了基于 CPTU、CPT 原位测试的桩基水平承载力计算理论，并对桩基水平地震响应特征与设计方法提出了优化建议，构建了基坑开挖卸荷环境下既有桩基水平载力评价与安全控制方法。

（3）课题主要创新成果如下：

1）建立了孔压静力触探（CPTU）原位测试参数与水平受荷桩 p-y 曲线参数的对应关系，创新性地提出了基于原位测试的桩基水平承载力分析方法；

2）基于原位测试方法揭示了基坑开挖条件下既有桩水平承载卸荷响应机理明确了邻坑开挖被动桩水平承载曲线软化跌落特征，提出了桩基水平承载卸荷响应分析方法；

3）提出了综合反映桩头嵌固深度、承台—桩头相对模量、承台—桩头接触刚度的被动桩承台设计方法——承台约束系数法；

4）通过构建桩—土—结构动力模型、梳理江苏地区典型液化地层桩基地震响应特征及影响因素，提出了抗震设计与地基处理方法。

鉴定专家委员会一致认为，该课题研究成果丰富，已在靖江文化中心、宿迁金鹰等项目中得到应用，社会和经济效应显著，有助于推动我国桩基工程设计水平提升，研究成果总体达到国际先进水平，其中基于 CPTU 原位测试的桩基水平承载力确定方法和卸荷响应分析研究达到国际领先水平。

功能可恢复的高烈度地区复杂高层钢结构抗震设计关键技术及应用*

主要完成人员：
孙逊、张翀、王春林、黄明、方立新、都磊、夏仕洋

完成单位：
东南大学建筑设计研究院有限公司

图 1　项目外观

1. 项目概况

随着我国经济发展及抗震设防水准的不断提高，我国抗震设防基本地震动峰值加速度 0.20g（即Ⅷ度）及以上地区的面积已达 18%，且随着建筑创作的繁荣，在抗震高烈度设防地区的高层建筑、复杂建筑越来越多。如何采取针对性的结构设计方法和原则，有效提升结构抗震的效率和性能，确保了结构安全，同时又确保经济性，是该研究课题的主要应用场景。

目前我国高层和超高层建筑大量涌现，屈曲约束支撑（BRB）这种高效经济的消能减震支撑必然会在越来越多的工程上使用，但由于此类支撑技术缺乏系统的理论研究和相关的规范指导，使得 BRB 大量运用受到一定的限制。因此建立一套关于 BRB 完整的理论体系和设计方法，是我国建筑结构工程界所迫切需要解决的问题。同时在国内对 BRB 主要是进行理论分析和试验研究，而对其设计应用研究及工程实例应用却很少，所以对其设计理论方法和优化应用进行研究是十分有意义的。

偏心支撑框架通过消能梁段塑性变形耗散地震能量并减小结构地震响应，兼具中心支撑框架强度刚度高和纯抗弯框架延性好的优点，是高烈度地区高层钢结构合理的抗侧力结构体系。自 20 世纪 90 年代起，国内外学者针对消能梁段构件和偏心支撑框架的力学性能进行了大量试验和理论研究目前，虽然已有不少关于耗能梁段的研究，但将耗能梁段进行"分解"，并引入高强与低屈服两种材质，国内外仍少有研究与应用。课题组致力于解决当前偏心支撑结构形式在实际应用时修复困难且成本较高的问题。

2. 性能指标

针对中、高烈度抗震设防地区的中、高层建筑结构，特别是体型、空间复杂的功能性建筑，课题首

---

* 该项目获得 2021 年"江苏省土木建筑学会·土木建筑科技奖"二等奖

先在新型高效钢结构体系的理论及应用上进行了大量的研究，在综合应用延性支撑、偏心耗能支撑、高效抗侧力脊骨结构等方面有所突破，较传统结构形式有效降低了结构自重，提高了抗侧力体系的效率，在高烈度区推广全钢结构起到了很好的示范作用。

针对不规则的建筑结构，为防止体系不规则导致的结构整体或部分构件在强烈地震下的不可预见反应，在揭示复杂高层钢结构强震倒塌破坏机理的基础上，对结构的失效模式、抗震受力全过程予以主动控制，对关键构件予以有效保护，有效降低设防烈度、罕遇地震下修复的难度。

3. 创新点

（1）针对中国国学中心结构特点，创新地提出了一种易修复偏心支撑钢框架体系，并配合该结构体系研发了一种易修复的耗能梁段。该耗能梁段部分采用低屈服点 $Q160$ 钢材制作，在小震下保持弹性，在中震及大震下进入塑性耗能，因耗能部分与两端梁柱通过高强度螺栓连接，震后可快速更换，显著降低了偏心支撑钢框架震后修复的困难。

（2）研制了由菱形截面过渡到正方形截面的铸钢转换节点，解决了焊缝交叉、焊接应力集中的问题。

（3）通过对该工程偏心支撑钢框架体系的研究，实现了分区对称安装、协调变形施工技术，解决了复杂钢框架结构安装变形的关键施工难题。

（4）针对大跨轮辐式钢结构预应力屋盖安装，综合采用了三维仿真施工技术、高精度自动测量控制技术，解决了轮辐式预应力钢结构屋盖安装精度控制难题。

4. 新技术应用

（1）完善 BRB 支撑框架设计方法，提出支撑安装顺序和方法，并成功应用于高烈度的复杂体系高层建筑

在芯筒部分全面采用屈曲约束支撑（BRBs），通过屈曲约束支撑良好的耗能能力，有效地提高结构的抗震能力；同时支撑体系易于进行结构刚度的调整，从而减小刚度中心和质量中心的偏心。结构的性能化评估采用 PERFORM-3D 软件的动力弹塑性分析模块完成。中震作用下结构基底剪力为小震的 2.7 倍，接近弹性反应。结构所受破坏轻微，仅少部分钢梁和 BRBs 进入弹塑性阶段工作状态，其余构件均保持弹性或不屈服状态。大震作用下，结构的基底剪力约为小震的 3.5 倍，结构具有显著的延性变形能力。个别普通支撑、框架柱发生屈服，BRBs 充分发挥了耗散地震能量的作用，框架梁屈服数量较多，同时也耗散部分地震能量，保证主体结构仅为中等破坏，达到预设的性能化目标要求。结构在大震作用下的抗震性能也要显著优于"大震不倒"的抗震性能目标。

（2）推广并应用了软钢阻尼器的系列产品，研发设计翼缘与腹板相互独立、腹板可更换的消能梁段节点

研究依据"可更换耗能梁段"的概念，提出一种腹板可更换修复的耗能梁段。通过试验研究与数值分析，验证这一新型耗能梁段的工程应用可行性。通过试验研究、数值模拟、理论分析、优化分析等四方面的研究，可以对本文提出的新型偏心支撑钢框架耗能梁段有一个基本的认识，对这一新型耗能梁段的工程应用提供一些参考意见。同时，对偏心支撑耗能梁段以及偏心支撑框架结构形式有更深的理解，也可更好地推广偏心支撑结构的应用。

地震作用下偏心支撑框架的剪切型消能梁段主要通过腹板剪切屈服耗散地震能量，而翼缘主要承担弯矩并基本保持弹性，即消能梁段的损伤主要集中在其腹板上。由此，研究提出翼缘与腹板相互独立、腹板可更换的新型消能梁段。该消能梁段由外框翼缘和可更换腹板并联组成，其中可更换腹板由软钢耗能板、加劲肋和内端板组成，置于原框架梁腹板移除后空出处，并通过内端板高强度螺栓与框架柱和外端板连接。该消能梁段震后修复时仅需更换腹板，且弹性翼缘能够保持框架柱和梁之间的有效连接。同时，可更换腹板采用 LYP160 等软钢制作，从而在地震作用下更早剪切屈服耗能保护主体结构，并大幅

降低周围构件在地震中保持弹性的难度；而外框翼缘采 Q460 等高强钢材制作，有利于其在地震作用下保持弹性，从而将消能梁段损伤限制在腹板内，有利于软钢腹板的震后更换。

（3）研发可修复的钢框架＋偏心支撑结构体系，并成功应用于中国国学中心结构设计

中国国学中心属于国家级的文化项目，应具备较高的抗震性能，结构抗侧力构件在平面上不均匀，在竖向也不规则，通过多方案比较，最终选择采用钢框架＋偏心支撑结构体系。在四角区域的竖向交通核形成四个钢框架偏心支撑筒体，形成沿竖向均匀分布且刚度较大的脊骨结构，有效降低了大层高、夹层、开洞等各类不规则对结构抗震性能的影响；内部筒体均匀分散，可有效抵抗水平地震作用；采用偏心支撑框架筒体可有效提高结构的抗震性能，控制设防烈度下的构件损伤，有效保护关键构件及斜柱、大跨梁等。

5. 作用意义

项目研究成果授权国家发明专利 3 项，发表论文 8 篇，参与编制《低屈服点钢应用技术规程》。项目成果应用在中国国学中心工程、北京人民日报社报刊综合业务楼工程、太原美术馆等多项工程中，取得了显著的经济、社会效益。项目形成了具有自主知识产权及经工程验证的核心技术成果体系，推动了我国高烈度地区复杂高层钢结构的发展和土木工程行业的技术进步。

科技成果鉴定意见：

2016 年 1 月 13 日，由北京市住房和城乡建设委员会主持召开了"中国国学中心钢结构设计与施工关键技术研究及应用"科技成果鉴定会，鉴定委员会听取了课题组的汇报，审查了相关技术资料，经质询、答疑和讨论，形成如下鉴定意见：

(1) 提交的资料齐全翔实，符合鉴定要求。

(2) 针对中国国学中心结构特点，创新地提出了一种易修复偏心支撑钢框架体系，并配合该结构体系研发了一种易修复的耗能梁段。该耗能梁段部分采用低屈服点 Q160 钢材制作，在小震下保持弹性，在中震及大震下进入塑性耗能，因耗能部分与两端梁柱通过高强度螺栓连接，震后可快速更换，显著降低了偏心支撑钢框架震后修复的困难。

(3) 研制了由菱形截面过渡到正方形截面的铸钢转换节点，解决了焊缝交叉、焊接应力集中的问题。

(4) 通过对该工程偏心支撑钢框架体系的研究，实现了分区对称安装、协调变形施工技术，解决了复杂钢框架结构安装变形的关键施工难题。

(5) 针对大跨轮辐式钢结构预应力屋盖安装，综合采用了三维仿真施工技术、高精度自动测量控制技术，解决了轮辐式预应力钢结构屋盖安装精度控制难题。

该项成果已申请 7 项专利，其中发明专利 3 项，并已成功应用于中国国学中心钢结构工程，取得了良好的社会和经济效益，对类似工程具有推广指导意义。该项成果总体达到国际领先水平。

深水基础超长钢板桩围堰施工技术研究与示范

主要完成人员：
李洪涛、刘钊、钱杰、卓为顶、钱有伟、林海峰、张向群

完成单位：
江苏省交通工程建设局、东南大学、中铁四局集团有限公司

图 1 现场图片

1. 项目概况

大跨度是桥梁工程建设的重要发展方向之一，这些长、大桥梁多数修建在水深、流急的大江河上或环境恶劣的海上，往往遇到岩层埋置较深、地质条件复杂等难题，不利于桥梁施工，基础施工难度大。桥梁下部结构的建造成本一般占整座桥梁的30%的投资，是影响桥梁经济性的重要因素。统计发现，90%以上的桥梁修筑有水下基础，明石海峡大桥中央的最大水深110m，海中墩水深为30～50m，拟建的津轻联络线工程水深约280m，直布罗陀海峡桥水深为305m。这些数据表明，随着桥梁结构的纵深发展，深水基础的挑战是无法回避的。

五峰山过江通道南北公路接线工程是江苏省"五纵九横五联"高速公路规划网中"纵三"组成部分，北接京沪高速公路（G2），南联沪宁高速公路（G42），是京津地区和长三角地区间南北向最便捷的过江通道。该工程位于润扬大桥与泰州大桥之间，处于江苏省中轴线之上，项目的建设将进一步完善长三角地区和江苏省高速公路网络，对推动长江沿岸地区经济社会快速发展，加快长江经济带建设具有重要意义。其中，五峰山过江通道南北公路接线工程 WFS-2 施工标段位于扬州市江都区滨江新城和广陵区头桥镇交界处，路线整体呈南北走向，起自 S307 北侧，向南依次跨越 S307、规划沿江路、芒稻河，在芒稻河南岸落地，路线全长 1.975km。

课题依托五峰山过江通道南北公路接线工程芒稻河特大桥主桥项目，基于"深水基础快速、安全施工"理念，结合本桥实际施工特点，系统分析常规深水基础施工方法的适用性，以工期、质量、标准化

---

* 该项目获得 2021 年"江苏省土木建筑学会·土木建筑科技奖"二等奖

为导向，研究一种"基于围囹内支撑水下整体安装的超长钢板桩围堰施工关键技术"，通过有限元模拟和实际监测分析，对围囹内支撑设计优化、钢围囹整体下放及拆除施工技术、H型钢—组合钢板桩应用、深水基础临时结构远程监测系统开发等展开相关研究。

2. 新技术应用

（1）围囹内支撑是钢板桩围堰承受围堰外水、土压力的主要构件，现有的基坑围囹设计方法，往往根据以往基坑支护使用经验，拟定一个围囹内支撑布置方案，然后通过结构计算验证其可行性，如其安全性满足要求则加以采用。对围囹内支撑中各杆件、围囹层间间距及围囹层间支撑布置形式进行力学角度的分析与讨论并完成围囹系统性优化是超长钢板桩围堰设计施工中的关键问题之一。

（2）在承台平面尺寸大、水位深的条件下，传统钢板桩围堰边抽水边支撑的施工方法，难以满足围堰的变形要求。设计新型的H型钢—组合钢板桩，大幅度增加截面的刚度，以减小钢板桩的变形；合理设计内支撑体系，进行水下整体安装及拆除，保证超长钢板桩围堰整体稳定性，同时确保加快钢围囹安装施工进度，是超长钢板桩围堰施工技术中需要解决的关键问题。

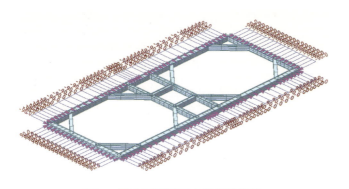

图2 深水围堰围囹支撑设计优化

图3 H型钢—组合钢板桩应用

（3）开发深水基础钢板桩的关键施工技术，研究先整体、分层下放安装围囹内支撑，水下抄垫间隙，其后抽水对钢板桩围堰受力性能的影响，以及深水围堰拆除施工技术，为推广深水基础钢板桩围堰的提供可能选项。

（4）目前施工监控多针对主体结构施工，深水基础施工过程中，需要设计并应用栈桥、水上平台、围堰等大量的临时结构，如何建立系统的远程监测体系，实现临时结构状态24h不间断的全过程监控，确保深水基础施工安全，是需要研究的另一个关键问题。

图4 施工过程图

图5 现场传感器数据采集

3. 作用意义

项目研究成果主要有《深水基础超长钢板桩围堰施工技术研究与示范》研究报告1部，编写《深水基础超长钢板桩围堰施工技术指南》T/JSTERA 19—2020，发表专业论文5篇，获实用新型专利授权4项，获软件著作权1项，获批省级施工工法1项。

该课题研究具有显著的经济和社会效益。主要体现在以下几个方面：

（1）在深水基础施工中，为保证施工过程安全，双壁钢围堰和钢板桩围堰应用均较为广泛。双壁钢围堰具有较大的强度及刚度，但在工期、效益及通航条件方面并无优势。而钢板桩围堰在水中基础及地下施工中的应用比例相对较高，经济性好，是实现快速施工的有效途径，应用前景广阔。研究的开展，将极大地拓宽超长钢板桩围堰的适用范围，对降低工程造价，加快工程进度有着重要意义。

（2）现有基坑施工支撑布置方法，一般是工程师根据以往基坑支护使用经验，首先拟定一个围囹内支撑布置方案，然后通过结构计算验证其可行性，如其安全性满足要求则加以采用，对于围囹内支撑布置缺乏力学角度的分析与讨论。研究的开展，将通过对围堰系统性的力学分析，从钢板桩选型、围囹内支撑平立面设计及围囹内支撑层间设计几大方面提出钢板桩围堰结构设计优化方案，对后续类似工程中的钢板桩围堰设计提供参考。

（3）为保证超长钢板桩围堰在深水基础施工中的安全及稳定性，开发深水基础临时结构远程监测系统，实现大型临时结构全过程监控，进一步提高监控质量和监控效率，对提高施工安全意义重大。

（4）依托五峰山过江通道南北公路接线工程芒稻河特大桥主桥工程，系统研究"基于围囹内支撑水下整体安装的超长钢板桩围堰施工关键技术"，进一步提升我省深水桥梁施工技术品牌。

科技成果鉴定意见：

2021年2月8日，江苏省交通运输厅在南京组织有关专家对"深水基础超长钢板桩围堰施工技术研究与示范"成果进行了鉴定。鉴定委员会听取了课题工作报告、研究报告、查新报告与用户报告，经质询和讨论，形成鉴定意见如下：

（1）课题组提交的研究成果资料齐全、数据翔实，符合鉴定要求。

（2）通过国内外调研、理论研究和现场测试，开展了深水基础超长钢板桩围堰施工技术研究与示范，主要创新点如下：

1）首次提出基于最小变形和最小应变能理论的钢板桩围堰结构设计方法和变形控制技术；

2）首次提出了钢板桩围堰先支撑后抽水的整体式内支撑施工工艺，解决了桥梁大型深水基础以及大水头差条件下钢板桩围堰施工的技术难题；

3）提出了一种H型钢与拉森钢板桩的组合结构体系，减小了钢板桩间锁口拉力及变形，有效提高了钢板桩围堰的整体刚度和抗冲击能力。

（3）课题组编制了《深水基础超长钢板桩围堰施工技术指南》T/JSTERA 19—2020，获得专利授权4项，获批省级工法1项，发表论文5篇，获得省级施工工艺创新大赛奖，研究成果在江苏五峰山过江通道芒稻河特大桥等桥梁工程中得到成功应用。

综上所述，鉴定委员会一致认为该项目研究成果具有重要的工程实用价值，经济、社会效益显著，应用前景广阔，总体上达到国际先进水平。

道路抗变形防沉降检查井圈（盖）成套关键技术研究*

主要完成人员：
盛卫东、张明、吴怀睿、王鲸、张小飞、朱静、赵骏

完成单位：
昆山交通发展控股集团有限公司、江苏建科工程咨询有限公司、江苏佳通新材料科技开发有限公司、昆山加林工程项目管理有限公司

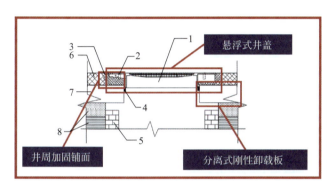 

图1　新型抗变形防沉降检查井圈（盖）复合结构

1—井盖/座主体；2—注浆孔道；3—井周加固铺面；4—井圈筒体底部间隙密封圈；5—井壁；
6—道路面层；7—井圈底部基层或刚性卸载板；8—道路其他结构层

图2　新建/翻新工程（运营三年）

1. 项目概况

随着经济快速发展，城市规模不断扩大，基础设施建设大幅增长，公共设施不断完善，在城市地下由供水、排水、燃气、电力、电缆、通信和消防等管道形成的管网也日益密集。管网作为维持城市运转、保证市民生活质量的重要基础设施，其中很大部分会沿城市路网布设于路面结构内部或下方。为便于及时维护和检修，需每隔一定距离在道路上修筑检查井。

---

* 该项目获得2021年"江苏省土木建筑学会·土木建筑科技奖"二等奖

检查井作为城市道路附属设施，通常需布设于道路中部或车道之间，穿透道路面层、基层甚至直达路基，对道路结构的整体性和连续性存在显著不利影响，且在道路路幅的整体施工过程中需单独处理，影响道路结构的施工质量。极易形成井周缺陷，并进一步发展成沉降或凸起、井周路面龟裂、井盖跳动等多种病害。

2. 应用领域和技术原理

应用领域：检查井井周道路沉降变形是现阶段影响道路质量和行车舒适度的主要病害之一。该成果提出了成套的新方法、新结构、新材料、新工艺，用于防止和延缓道路检查井井盖及井周道路结构沉降变形的发生和发展，消除这一影响道路工程质量和使用性能的不利因素。

技术原理：通过现场调研和数值模拟定性分析检查井井盖及井周道路结构的受力和变形特性，确定井周道路沉降变形病害的发生范围。根据沉降变形发生在井盖边缘向外 0～0.45m 以内的特点，结合道路层状结构体系和检查井对施工和铺面质量存在的限制作用，提出将井盖座主体—井周铺装材料—井周水平向刚性构造等作为整体综合考虑的优化设计原则，并细化为优化措施的基本框架，即最优措施应同时包括分层处理、增加井盖座主体—道路结构的整体性和强化井周铺面材料等。

根据优化措施基本框架，进一步从结构优化和材料强化两方面出发，提出由悬浮式宽边井盖、井周加固铺面、水平刚性卸载板等组成的抗变形防沉降检查井圈（盖）结构组合，并根据井周铺面材料加固强化方法的工艺特点，确定相应的标准结构。

基于有压液体可通过渗透进入多孔材料空隙内部的现象及其原理，根据井周铺面压实不足及铺面与井圈（盖）结构间存在间隙的特点，设计检查井井周加固铺面的压力渗流注浆方法，并通过大量现场实证验证方法的可行性。

基于控制体积参数的目标，形成利用沥青混合料试件和真空抽吸设备形成井周加固铺面复合铺筑材料试验试件的方法；由于材料实际铺设于道路工程，因此根据道路工程铺装材料所需考虑的物理强度、刚度、抗渗性等指标及相应测试方法，提出复合材料设计、材料性能验证、质量控制的方法和指标体系。

基于铺面强化材料压力渗透注浆的基本原理，研发施工专用设备；以存储在浆液上方的压缩气体供压，实现稳定输出恒压浆液；通过导管和导孔浆液渗透扩散并填充原状沥青混合料内空隙；浆液下方注入压缩空气预拌浆液，提高能效。

基于井周复合材料施工专用设备，建立成套施工方法和标准施工管理流程；根据检查井分散分布的特点，将原材料储存容器、送浆系统、压力机械、施工专用设备等集成在可移动平台，形成一体化的施工平台，提高施工效率。

在此基础上，根据科技成果转化和推广应用的实际需求，编制抗变形防沉降检查井圈（盖）指南、规范和造价，实现了技术在区域内的大量实践应用。

3. 性能指标

（1）井周病害无损调研方法及影响因素分析

1）无损病害调研方法及调研结果表征方法；

2）井周沉降变形分布类型分类及特征分析。

（2）井圈（盖）及周边铺面简化模型分析及结构优化原则

1）检查井圈（盖）周边道路结构数值模拟简化模型；

2）定性分析应力分布变化：车辆荷载作用位置、井周铺装材料刚度的影响；

3）提出井圈（盖）优化设计原则和优化措施基本框架。

（3）抗变形防沉降检查井圈（盖）复合结构

1）抗变形防沉降检查井圈（盖）结构组合；

2）抗变形防沉降检查井圈（盖）标准结构；
3）结构合理性预验证。
（4）井周加固铺面铺筑材料及其性能指标
1）井周原状沥青混合料路面复合材料可行性验证；
2）原材料性能指标及要求；
3）复合材料标准试件制备方法；
4）复合材料设计、质量控制和性能验证指标及方法；
5）复合材料现场性能验证指标及方法。
（5）道抗变形防沉降检查圈（盖）配套施工技术
1）井周沥青混合料铺筑层强化施工专用设备；
2）道路抗变形防沉降检查井圈（盖）配套施工方法及流程；
3）可移动的一体化施工（设备）平台。
（6）成套技术应用和标准化工作
1）应用实践：50多条道路及多个小区成功使用，数量近1万套；
2）效果追踪：采用成套关键技术，经三年运营后井周沉降变形低于80％以上；
3）标准：已形成企业标准；
4）造价：已通过地方论证。

4. 创新点

技术填补相关领域的技术空白，其创新点包括：

1）抗变形防沉降检查井圈（盖）设计原则：对井圈（盖）主体—井周铺装材料—井周水平向刚性构造中的铺装材料，井周水平向刚性构造设置合理性进行验证的数值模拟模型及其应用；

2）抗变形防沉降检查井圈（盖）结构及相关的实施原理；

3）井周加固铺面复合材料的组成、性能指标和试验方法。包括：目标空隙试件成型方法、体积参数测定与计算方法、压力渗透注浆时间成型方法和适用于材料设计、质量控制、性能验证的指标体系及相关指标测定方法。

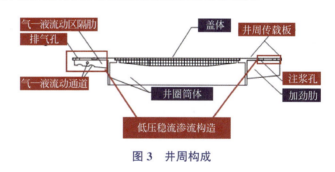

图3　井周构成

4）井周强化铺面的施工设备和相关施工方法：以原状沥青混合料为基材，实现补强浆液经引导孔导入沥青混合料铺面并渗透扩散的专用施工设备、施工工艺和设备集成平台。

5）井周病害无损调研及方法：获取并表征井周沉降变形在平面的分布情况，适用于一线工程人员。

5. 新技术应用

（1）国内外同类技术

国内外相关技术人员为解决井周道路结构的沉降变形病害问题，从理论、技术和工程实践等多个层面为预防和解决道路检查井井周铺面施工缺陷、井周病害频发、井盖与铺面高差显著的问题开展了众多研究。但相关研究仍聚焦于采用传统的施工方法、既有的养护措施、固有的管理流程等，限于通过改善井盖材质、井体结构强度或提高周边铺面压实度的方法解决井周沉降差及其导致的其他病害，不能从机理上杜绝沉降的进一步发生和发展。现有的技术和科研中均未见将井周铺面与井盖（圈）作为一体，综合考虑多项影响因素解决检查井井周沉降或变形问题的成套技术。

（2）该技术的特征

1）井周沉降变形病害调研。采用的方法是一种无损方法，其包括沉降量测量方法、配套调研表和调研结果的云图表征。通过井周沉降变形调研对井周沉降变形的分布特点进行了分类。

2）数值模拟模型。根据井周沉降变形的分布特征对重交通下数值模拟模型进行了简化。

3）抗变形防沉降检查井圈（盖）设计原则，是将井盖/座主体—井周铺装材料—井周水平向刚性构造等作为整体结构综合考虑，并按同时实现分层处理、增加井盖座—井周道路整体性和强化井周铺面材料的基本框架采取优化措施。

4）抗变形防沉降检查井圈（盖）结构，结构由悬浮式宽边井盖（座）主体、刚性卸载板、井周加固铺面和其他构件组成。悬浮式宽边井盖（座）设置井周传载板、气—液流动区隔肋、注浆孔和排气孔等构造。井圈（座）通过井周加固铺面的施工，与井周铺面形成整体。

5）井周加固铺面具体是以井周原状沥青混合料为基材，通过向沥青混合料铺装层内注入补强浆液，经养护，硬化形成的复合材料铺面。沥青混合料基材间的浆液硬化体沿井盖边缘向外垂直方向呈树枝状逐渐稀疏。

6）复合材料的组成、性能指标和试验方法包括：沥青混合料基材制备、目标空隙试件成型方法、体积参数测定与计算方法、压力渗透注浆试件成型方法、适用于检查井圈（盖）结构中井周面层复合材料性能验证的设计和质量控制指标等。

7）道路抗变形防沉降检查井圈（盖）结构施工设备和施工工艺，包括专用施工设备、施工工艺和设备集成平台。工艺无缝接入常规施工流程，配合常规路面结构施工工艺，降低冰周面层施工难度、减少面层材料缺陷。

6. 作用意义

（1）经济效益

1）直接经济效益：降低养护频率，减少单次养护成本

检查井井周道路的缺陷会导致路面变形、下沉、破损、开裂等各类病害，降低道路平整度、影响路用性能。并且由于井周道路的修复工作通常是周期性开展的，两次修复间具有一定的时间间隔。累积病害发展过快会大幅增加设计使用年限内大修的频率，提高运营和维护成本。课题成果能够切实消除或大幅延缓检查井周道路结构沉降变形的发生和发展，减少道路运营过程中的维修养护频率，降低单次养护成本，产生显著的直接经济效益。

2）间接经济效益：提升运营质量，降低间接经济成本

城市道路是城市运行的命脉之一，井周道路缺陷及其引起的病害会严重影响车辆的通行质量和效率。该成果能够预防和延缓病害的发生和发展，有效提高车辆通行时的安全性和舒适性，减少因道路运行不佳而导致车辆维护费用或其他间接经济损失。

（2）社会效益

检查井质量直接影响交通和市政工程建设品质和城市形象，考验交通和市政设施建设精细化管理水平。该成果能够在道路全寿命周期内预防、消除或缓解井周病害，减少道路维修次数，实现行车舒适无噪声，提升用户使用体验，提升居民的生活质量和对交通市政工程的满意度。

（3）环境效益

该成果具有突出的环境效益，通过减少井周路面维修养护次数，减少因面层置换造成的原材料浪费。成果中的实施方法和设备还能够有效提高人力和能源的利用效率，符合可持续发展的战略。

（4）科技价值

成果填补相关领域的技术空白。针对道路检查井圈（盖）周边常见但尚未能解决的沉降变形问题，从现场调查、原理和材料特性等方面出发，在新方法、新结构、新材料、新工艺等多方面均有相应成果，形成了成套关键技术，能够有效提高井周道路沉降变形预防和控制的技术水平。成果开启技术应

用，能够有效促进相关科技研发工作的推进。

科技成果鉴定意见：

2021年9月30日，江苏省土木建筑学会在南京组织召开了"道路抗变形防沉降检查井圈（盖）成套关键技术研究"成果鉴定会，鉴定委员会听取了课题组技术研究汇报，审阅了相关技术资料，经质询、讨论，形成鉴定意见如下：

（1）课题组提交的资料齐全，符合鉴定要求。

（2）课题分析了井周病害影响因素，优化了数值模拟模型和井盖（圈）结构设计，研究抗变形防沉降检查井圈（盖）复合结构、井周加固铺面铺筑材料、加固铺面注浆方法，形成了道路抗变形防沉降检查井圈（盖）成套技术。

（3）课题研究取得了以下创新点：

1）设计了由气—液流动区隔肋、注浆孔、排气孔和注浆孔道等组成的新型宽边井圈（盖），提出了新型抗变形防沉降检查井圈（盖）复合结构体系，提高了井盖/座与井周道路的整体性，减少了井周施工条件受限产生的铺装层局部缺陷；

2）创新性地采用低压稳压渗流注浆方法加强井周材料强度，以井周原状沥青混合料为基材注入补强浆液，快速达到注浆饱满度；

3）研制了井周铺面局部加固注浆稳压设备及可移动的一体化施工设备，实现了标准化施工。

（4）成果获授权发明专利1项、实用新型专利1项，发表核心期刊论文2篇，关键技术在苏州、南通、徐州等地应用，取得了显著的社会效益和经济效益。

鉴定委员会认为，项目研究成果总体上达到了国际先进水平。

轻质泡沫土路基质量控制关键技术*

主要完成人员：
顾晓彬、许欣、刘鑫、朱贤宇、杜磊、盛柯、张晓辉

完成单位：
中交三航局第三工程有限公司、河海大学、中交第三航务工程局有限公司

图1 轻质泡沫土浇筑

图2 布置声测管

1. 项目概况

轻质泡沫土是通过发泡机的发泡系统将发泡剂用机械方式充分发泡，并将泡沫与水泥浆均匀混合，然后经过发泡机的泵送系统进行现浇施工或模具成型，经养护所形成的一种含有大量封闭气孔的新型轻质混凝土材料，在土建工程中又被称为气泡混合轻质土、轻质泡沫混凝土等。该技术对传统路桥挖、填筑技术进行优化，达到减小荷载，加快工期，降低工程造价，治理路桥病害的目的，生产及使用过程无废水、废气排放，符合环保要求。项目产品及技术符合国家战略性新兴产业发展规划的要求（新材料新技术）。

该项目的研究依托南京丰子河路建设工程PPP项目（西江路～桥林大道）。南京丰子河路建设工程PPP项目为一级公路兼城市主干路，设计时速为60km/h，道路全长约13.25km，道路约10km与宁和城际一期共线，既有桥墩位于新建项目的中分带内，即新建公路路基将邻近轨道交通既有线。为了避免路基施工对宁和城际轨道一期高架结构造成影响，在道路设计标高与地铁原地面设计标高高差大于1m的路段，设置泡沫轻质土（轻型填料），在路基的设计阶段、施工浇筑期、运营期三个阶段进行质量控制，对传统路桥挖、填筑技术进行优化，达到减小荷载，加快工期，降低工程造价，治理路桥病害的目的，生产及使用过程无废水、废气排放，符合环保要求。

2. 应用领域和技术原理

该研究项目属于城乡基础建设领域，研究成果不仅可促进岩土新材料安全科学的推广应用，对提升

---
* 该项目获得2021年"江苏省土木建筑学会·土木建筑科技奖"二等奖

我国轻质路基的整体质量也有较大的促进作用。通过理论计算、室内试验、现场试验、数值计算等多种手段相结合的方法，对关键技术成果进行总结和提炼，形成技术报告、论文、专利和工法等一系列研究成果，为今后类似路基质量控制提供宝贵经验。

为了避免路基施工对宁和城际轨道一期高架结构造成影响，在道路设计标高与地铁原地面设计标高高差大于1m的路段，设置泡沫轻质土（轻型填料），湿密度为6.5kN/m³，泡沫轻质土浇筑厚度不小于1.2m，28d抗压强度＞1.0MPa，底面设置40cm级配碎石垫层，垫层顶部10cm采用石屑找平，重型压路机碾压至无轮迹。竖向每隔40cm设置一层钢筋网片，边部采用50cm黏土进行包边处理，泡沫轻质土路基总量约23.9万m³。

该项目开展轻质泡沫土作为路基填料的施工全过程质量控制研究，采用理论计算、室内试验、现场试验、数值计算等多种手段相结合的方法，在设计阶段、施工浇筑期、运营期三个阶段开展了如下研究：

（1）设计阶段质量控制

轻质泡沫土由水泥制品构成，随着时间的推移其物理力学性能是降低的，向着不利于路基稳定性发展，设计阶段的配合比等参数设置将影响其物理力学性能，进而影响后期质量。故对轻质泡沫土的配合比进行研究，开展了强度区间在0.6～2.2MPa的轻质泡沫配合比试验（15组），粉煤灰取代轻质泡沫土中水泥试验（16组），以及开展了减胶剂掺入轻质泡沫土试验（15组）。

（2）施工浇筑期质量控制

轻质泡沫土路基，施工质量受控因素多，许多路基填筑的关键技术问题仍未涉及和解决，如：施工浇筑龄期、浇筑均匀性（强度沿填筑深度变化）、浇筑边界设置、浇筑厚度的控制、浇筑平整控制等。上述因素控制不好易造成初始损伤，浇筑期的质量控制与检测仍不完善，故开展了轻质泡沫土施工工艺参数的各类研究，分析了环境因素对轻质泡沫土浇筑期的影响，开发了具备环境模拟功能的轻质泡沫土试验装置。

（3）运营期质量控制

目前缺乏轻质泡沫土运营期质量的检测技术。轻质泡沫土填筑完成后的路基质量，其检测并不适宜采用大规模破坏路面结构的传统测试方法，如既能对轻质泡沫土路基进行长期有效的检测，又不破坏已有路基结构，无损检测无疑是一种经济有效的方法，但这方面的研究仍是空白。故研发了轻质泡沫土室内快速制样技术及超声检测仪器，基于依托工程进行了超声检测成套技术的验证（包括对轻质泡沫土路基强度、裂缝等的填筑质量检测）。

3. 性能指标

该项目通过文献调研、理论计算、室内试验、现场试验等多种手段，围绕工程重难点问题，开展轻质泡沫土路基施工全过程质量控制关键技术研究，主要研究成果及结论如下：

（1）给出了设计阶段、施工浇筑期的质量影响关键因素，并给出了影响因素排序。

（2）完成了0.6～2.2MPa强度区间所对应的配合比研究，获得了强度区间内的各强度配合比。

（3）完成了掺入粉煤灰的轻质泡沫土配合比研究，获得了工程适用的配合比。

（4）得出了改善轻质泡沫土施工工艺的各类参数，包括单次浇筑厚度与均匀性、浇筑间歇期、流值控制。

（5）对不同环境因素对轻质泡沫土浇筑期的影响得出了相应的结论，并成功开发了具备环境模拟功能的装置，并设计了配套的使用方法。

（6）基于北京智博联公司生产的ZBL-510型超声波检测仪对轻质泡沫土超声检测仪器进行了研发，建立了室内外轻质泡沫土的超声无损检测方法，并对轻质泡沫土路基填筑质量进行了超声检测。

（7）结合了轻质泡土室内快速制样技术，并在此基础上结合超声检测技术，研发了轻质泡沫土室内检测制样技术。

（8）开展了轻质泡沫土超声检测技术开发测试室内标定试验，共制备了60组轻质泡沫土试块，获取了相应的标定数据。

（9）开展了轻质泡沫土超声检测技术开发测试现场试验，共埋设9组声测管，获取了轻质泡沫土路基的现场检测数据。

（10）基于超声检测技术，建立了轻质泡沫土路基质量检测评价方法。

4. 创新点

项目的主要创新点及先进性表现在：

（1）首次从全寿命周期角度研究轻质泡沫土路基质量控制，给出了设计阶段、施工浇筑期的质量影响关键因素，并给出了影响因素排序。

（2）研发了强度区间在0.6～2.2MPa且含粉煤灰、减胶剂的轻质泡沫土配合比，分析了环境因素对轻质泡沫土浇筑期的影响，开发了具备环境模拟功能的轻质泡沫土试验装置。

（3）研发了轻质泡沫土室内快速制样技术及超声检测仪器，标定了不同配合比、不同尺寸、不同龄期等参数的轻质泡沫土的声参量，构建了轻质泡沫土超声无损检测方法及质量评价方法。

5. 作用意义

课题发表SCI收录论文4篇，EI收录论文3篇，核心论文2篇，获授权发明专利3项、实用新型专利1项，获得企业级工法1项，参编中国工程建设标准化协会标准1部。

推广应用前景：

（1）通过大量试验获得的不同强度区间的配合比，可在所有轻质泡沫土项目中使用，免去了重复试验的过程。

（2）室内试验得到了粉煤灰取代轻质泡沫土中水泥的合适区间，为粉煤灰在轻质泡沫土中的工程应用提供了理论依据和技术指导。

（3）减胶剂试验限定了减胶剂在轻质泡沫土中的使用方法，明确了减胶剂在粉煤灰轻质泡沫土中掺量与后期强度的关系，为减胶剂在轻质泡沫土中的应用提供指导。

（4）施工工艺参数的研究和环境因素对浇筑期轻质泡沫土的影响探究，对实际工程施工提出了确切的指导，可以在长期避免风险事件的发生。

（5）室内标定了轻质泡沫土超声检测结果与龄期和强度的关系，建立了基于波速、龄期和水泥掺量的强度预测模型，为轻质泡沫土路基质量的现场超声检测提供理论依据。

（6）确定了轻质泡沫土路基现场超声检测仪器的设备选择、参数设置与间距设置，现场标定了轻质泡沫土超声检测结果与填筑质量的关系，并确定了超声检测的特征值（低限值），为轻质泡沫土路基质量的超声检测提供参考依据。

经济和社会效益：

通过轻质泡沫土路基全寿命质量控制关键技术的工程现场应用，保证了项目工程的质量和进度，缩短了施工工期，降低了施工成本，总体经济效益显著，据交通运输部《2016年交通运输行业发展统计公报》显示"2016年我国新增道路总里程11.90万km"，按软基路段占比5%，处理软基近6000km；软基处理费用平均按1.5万元/m计算，共计900亿元。轻质泡沫土路基工法较传统桩基处理工法节约综合造价约30%，软基若全部改用轻质泡沫土工法处理，我国每年可节约软基处理费用近300亿元。我国近年来大量的新建或拓建道路工程中，较为常见软弱地基和与既有线路并线等情况。软弱地基具有含水量高、早期强度低、压缩性高、土质结构松散、地基承载力低等特点。常用处理软基方法很难解决深厚软基、既有线路并线、工后差异沉降等问题，急需寻求新的途径予以解决。轻质泡沫土路基处理技术是提高地基整体性与减轻地基附加应力相结合的新型路基处理技术，具有稳定性强、安全系数高、工期短、综合成本低等优势；可从根本上预防解决基础建设工程施工后的不均匀沉降问题；道路基础设施工程真正做到一次投资，长期受益。

科技成果鉴定意见：

2021年8月30日，江苏省土木建筑学会在南京组织召开了"轻质泡沫土路基质量控制关键技术"科研成果鉴定会，鉴定委员会听取了课题组的技术研究报告，审阅了文件资料，经质询、讨论，形成鉴定意见如下：

(1) 课题组提供的鉴定资料齐全，符合鉴定要求。

(2) 通过大量理论计算、室内试验、现场试验、数值计算等综合方法，研究了轻质泡沫土作为路基填料在设计、施工和使用阶段的质量控制关键技术，取得了如下创新性成果：

1) 率先从材料、工艺、检测方法提出了轻质泡沫土路基全过程施工控制方法，研发了强度区间在0.6～2.2MPa含粉煤灰的轻质泡沫配合比，实现了轻质泡沫土在路基填筑中的大方量应用；

2) 研发了环境模拟功能的轻质泡沫土试验装置，揭示了光照、降雨、风力等环境因素对轻质泡沫土浇筑质量的影响规律，确定了施工控制关键参数；

3) 研发了轻质泡沫土室内快速制样技术，构建了轻质泡沫土超声无损检测方法及质量评价指标。

鉴定委员会认为，研究成果总体达到国际先进水平。

轨道交通钢轨焊缝双轨同步电磁感应正火设备研制与应用*

主要完成人员：
贾春雷、徐明发、范宝明、刘习生、李铨、吴喃喃、罗万力

完成单位：
中铁上海工程局集团华海工程有限公司、中铁上海工程局集团（苏州）轨道交通科技研究院有限公司

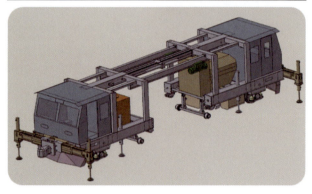

图 1　正火综合作业车

1. 项目概况

随着各地方政府不断加大对市政轨道工程投入，工程任务不断增多，工程安全、质量和进度要求不断提高，各轨道施工单位以各种形式和方法提高各自的施工实力。在现代轨道施工技术飞速发展时期，为满足铺轨施工效率的更高需求，无缝钢轨施工设备实现作业面施工机械化，整机集成化，方便施工、快速转移，机械抬升钢轨等成为必然的趋势。国内钢轨焊接接头焊后热处理技术与设备仍然比较落后，国内近年开发并应用钢轨焊接接头电磁感应正火设备的只有少数几家单位，大多数施工单位仍在采用老式氧气乙炔火焰正火。

为解决正火设备运载、撤离以及车辆避让等技术难题，课题组依托杭州地铁 5 号线、重庆轨道交通 10 号线、常州轨道交通 1 号线三个工程项目开展轨道交通钢轨焊缝双轨同步电磁感应正火设备研制与应用研究。

2. 性能指标

（1）车辆可以伸缩，作业状态时伸缩空档要求达到 3m 左右，以便于钢轨正火作业。
（2）车辆有自主的垂直支撑系统，实现正火作业前对钢轨自动化抬升用于保持作业时的状态，便于进行正火作业。
（3）设计风冷和水冷双重冷却系统，强化循环水保持恒温的能力，实现不间断持续正火作业。
（4）车辆要设置前后驾驶系统，实现正火车双向快速转移作业面。
（5）设计机械抬升横移系统，实现正火车快速上下作业线路。

3. 创新点

（1）自主研制了钢轨焊缝全断面打磨车和电磁感应正火作业车，有效提高了钢轨焊接接头的正火和打磨效率，也有利于提高钢轨焊接接头的焊接质量。

---

* 该项目获得 2021 年"江苏省土木建筑学会·土木建筑科技奖"二等奖

（2）研制的钢轨焊缝全断面打磨车，具备钢轨定位、双轨同步快速全断面打磨等功能，并集成双轨同步自动检测技术，实现了焊缝断面一次性自动检测。

（3）研发的电磁感应正火作业车，具有纵向伸缩、抬升钢轨、横向避让、双轨同时正火等功能。

图 2　钢轨焊缝全断面打磨车

图 3　电磁感应正火作业车作业

4. 新技术应用

（1）钢轨焊缝双轨同步电磁感应正火综合作业车关键技术

1）综合作业车的研制

系统研制一种综合作业车，过车体空间的结构优化，设计液压抬升系统，实现分散组件集成化，实现转移转场双向同速运行，机械抬升钢轨，交叉作业快速避让等施工。悬挂系统预留可安装焊缝打磨、钢轨矫正、钢轨探伤等施工模块接口，后续拓展多种轨道施工功能，为实现无缝线路集成化综合施工技术奠定基础。

2）伸缩式横向步履撤离正线避让技术

设计一种可伸缩形式结构，由固定支撑和横移支撑构成，通过固定支撑抬起车体横移支撑向一侧移动后支撑在地面，随后收起固定支撑并同方向移动车体，重复横移操作步骤，则可使作业车安全地让出正线轨道，方便其他施工车辆正线通过，以解决无法避让正线轨道影响其他作业设备通过、长距离转场靠大型专用运输设备载送、工作效率低等问题。

3）双股钢轨同时快速感应正火技术

电磁感应系统设计，能同时进行双股钢轨同时感应正火，同时加大发电机组功率设置双路感应输出，可以满足双股钢轨同时正火需求。感应线圈开合结构，实现感应线圈快速拆装。正火线圈的冷却系统采用循环水冷却系统，实现恒水温持续不间断感应正火。

（2）钢轨焊缝双轨同步全断面打磨车关键技术

1）全断面钢轨打磨技术

钢轨焊缝双轨同步全断面打磨车采用全断面钢轨打磨技术，一处打磨平台内共有五处由打磨滑台带动的仿形砂轮，采用砂轮周面打磨的方式对钢轨焊缝进行打磨，达到了高速、精细的打磨效果。车体内布置有两处打磨平台，实现了双轨同步打磨作业。

2）钢轨提升技术

钢轨焊缝双轨同步全断面打磨车采用半自动开合夹具夹持钢轨，确保了夹持作业的自动化、高效化与安全性。同时采用液压动力提轨装置进行钢轨提升作业，使用四处提升装置同步起落一段钢轨，保证提升时钢轨的平顺度，为后续的钢轨打磨作业打好基础。

3）钢轨精准定位技术

采用液压作为动力来源，使用两块仿形夹持板对钢轨进行横向夹持。采用自动开合保险销板，防止出现钢轨脱落之类的危险情况。一段钢轨采用 4 处精准定位装置共同进行固定，以确保能够高效、安全地固定打磨过程中的钢轨。在夹持块上设置有调节螺栓，可用于手动微调钢轨状态，确保了钢轨定位的精确性。

4）双轨同步检测技术

钢轨焊缝双轨同步全断面打磨车使用两个激光传感器，使用激光三角法，对待打磨钢轨进行形状采集。采集数据线性误差小于 $20\mu m$。再通过车载计算机对采集后的数据进行拟合与处理，得到实时的钢轨焊缝数据。

5. 作用意义

项目研究成果授权国家发明专利 3 项，实用新型专利 4 项，国际实用新型专利 1 项，获软件著作权 1 项。

双轨同步电磁感应正火综合作业车及双轨同步自动检测钢轨焊缝打磨作业车在杭州、重庆、南京等轨道施工项目应用结果表明：相较于传统工艺，新设备提高施工速度 3.5 倍，综合节约成本 358 万元。

新技术研究与应用，改变了现有正火及打磨施工工艺，实现机械化打磨作业，大大提高作业质量及效率，减少了人工需求，降低了施工成本。新型施工设备集成化、自动化程度高，可为类似的施工装备研发提供借鉴，推动了轨道施工技术的发展，引导了轨道施工新概念，提升了企业核心竞争力，具有广阔的应用前景。

科技成果鉴定意见：

2020 年 10 月，中国中铁股份有限公司组织专家对中铁上海局集团有限公司完成的"轨道交通钢轨焊缝双轨同步电磁感应正火与全断面打磨检测关键设备研制与应用"成果进行了评审，参加评审的有中铁三局、中铁四局、中铁七局、中铁十局、中铁设计、中铁六院、中铁科研院等单位的专家。专家组在审阅了技术研究报告的基础上，经讨论，形成如下评审意见：

（1）提交的技术资料基本齐全，符合科技成果评审要求。

（2）该课题结合城市轨道交通建设要求，自主研制了钢轨焊缝全断面打磨车和电磁感应正火作业车，有效提高了钢轨焊接接头的正火和打磨效率，也有利于提高钢轨焊接接头的焊接质量。

（3）研制的钢轨焊缝全断面打磨车，具备钢轨定位、双轨同步快速全断面打磨等功能，并集成双轨同步自动检测技术，实现了焊缝断面一次性自动检测。

（4）研发的电磁感应正火作业车，具有纵向伸缩、抬升钢轨、横向避让、双轨同时正火等功能。

（5）该成果已经应用于南京市宁和城际铁路等多个工程项目，使用效果良好。

综上所述，该成果具有较好的经济和社会效益及良好的推广应用前景。

专家组同意通过评审，认为其整体技术达到国际先进水平。

基于地铁应用环境的高水材料性能研究*

主要完成人员：
谢伟、夏军武、常鸿飞、郑玉莹、韩有民、王秋分、杨远征

完成单位：
中国矿业大学、江苏建筑职业技术学院

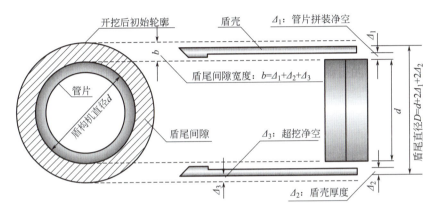

图1 盾尾间隙形成示意图

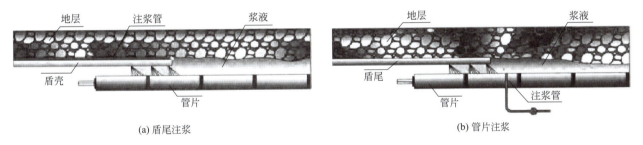

(a) 盾尾注浆 　　　　　　　　　　　　　　　(b) 管片注浆

图2 盾构施工壁后注浆示意图

1. 项目概况

地铁盾构法施工具有地面影响小、机械化程度高、安全、劳动强度低、进度快的优点。盾构施工主要由稳定开挖面、掘进和排土、管片衬砌及壁后注浆三大要素组成由于盾构壳体内径大于管片衬砌外径、壳体具有的厚度以及掘进超挖等原因，盾尾脱离管片后在管片与地层之间会形成盾尾间隙，一般在8～16cm左右。为避免因盾尾间隙造成地层变形过大，导致地表沉降超限，进而对周围建筑物产生影响，通常采用壁后注浆技术对盾尾间隙进行填充。

高水材料是一类高水灰比无机水硬性凝结材料的统称，通常由A料和B料两部分组成。其A、B料分别单独加水形成单浆，具有长时间不凝结，两种单浆混合后又能迅速凝结硬化，并具有一定早期强度的特性。

---

* 该项目获得2021年"江苏省土木建筑学会·土木建筑科技奖"二等奖

2. 应用领域和技术原理

应用领域：由于高水材料流动性高、可泵性好、凝结速度快、早期强度高、含水率高、材料用量少的优点，已在煤炭开采领域的巷旁充填、空巷充填、充填开采、巷道壁后充填等方面取得了卓有成效的研究和工程应用。然而，针对高水材料的研究及应用主要集中在地下开采领域，应用于地铁工程的相关研究尚未开展。针对高水材料优越的物理力学性能，结合其成功应用于地下开采领域的成功经验和研究成果，将高水材料应用于地铁隧道工程具备较为显著的可行性。

项目拟首次考虑将高水材料应用于地铁环境（如：盾构隧道壁后注浆、地铁隔振沟填充等），针对地铁应用环境特征，对高水材料物理力学性能、隔振性能等基本参数展开研究。

技术原理：

（1）研究基于盾构壁后注浆施工过程的高水材料物理性能，确定适用于隧道壁后注浆目的和工程环境的高水材料水灰比及材料配比参数；

（2）开展高水材料结石体物理力学性能研究，确定符合隧道壁后注浆工程需求的高水材料物理性能参数：胶凝性能、力学性能、环境稳定性、振动波传播特性等；

（3）开展高水材料注浆盾构隧道受力分析研究，分析考虑高水材料壁后注浆层影响的盾构衬砌管片形变压力大小和分布规律。

3. 性能指标

（1）确定了适应于地铁盾构隧道壁后注浆工程应用环境的高水注浆材料构成及配比，完成了高水材料胶凝时间、结石率、泌水率的分析，讨论了高水材料水化反应机理和微观结构分析。

（2）通过物理试验，研究了高水注浆材料结石体力学性能，包括单轴抗压强度、三轴抗压强度、弹性模量、剪切模量、体积模量、泊松比等力学参数的分析，并将高水材料胶凝性能、力学性能、环境稳定性与纯水泥浆、水泥—水玻璃浆、水泥胶砂 3 类其他注浆材料相应性能进行了对比分析。

（3）针对盾构隧道地铁运行造成的振动问题，完成了高水材料动力参数分析以及振动波在高水材料结石体中传播规律的研究，为高水材料壁后注浆层隔振应用提供支持。

（4）参考岩体力学模型思想，建立围岩—壁后注浆—衬砌结构共同作用受力模型，提出了弹塑性力学问题，并结合经典弹塑性理论，讨论了围岩弹塑性区应力、塑性区半径、洞周位移、衬砌位移等内容。

4. 创新点

（1）该项目开创性地将高水材料应用于盾构隧道壁后注浆，项目研究为高水材料应用领域的拓展以及盾构隧道壁后注浆材料选择优化提供了支持；高水材料具有流动性高、可泵性好、凝结速度快、早期强度高、充填性优异的优点，在地下资源开采领域已开展了卓有成效的研究和工程应用，然而，高水材料在盾构隧道壁后注浆的研究和应用尚未见开展。通过该项目的研究，一方面有助于将高水材料的应用从地下资源开采领域拓展至城市地下工程建设领域中；另一方面也有助于盾构隧道壁后注浆材料选择的发展和优化。

（2）研究适应于盾构壁后注浆的高水材料物理性能参数，建立基于盾构隧道壁后注浆的高水材料性能指标评价体系，为高水材料的壁后注浆应用提供评价依据。

（3）研究高水材料凝结体动力性能和隔振性能，为地铁隔振材料的选择提供新的思路。

（4）将高水材料壁后注浆层与地铁隔振技术有机结合，有助于为地铁隧道施工及地铁运营振动引起的环境问题提供新的解决思路和手段。

5. 新技术应用

（1）结合隧道壁后注浆工程应用环境需求，讨论了高水注浆材料原材料及构成，配置了三种水灰比高水注浆材料型号，通过物理试验的方法，对注浆材料胶凝时间、结石率、泌水率等胶凝性能与纯水泥浆、水泥—水玻璃浆液、水泥胶砂等三类其他壁后注浆材料开展对比分析研究。

（2）讨论高水材料水化反应机理，并结合水化反应机理利用 SEM&EDS 测试手段开展高水材料结石体微观结构进行分析。

（3）通过物理试验完成了对高水注浆材料力学性能的研究，针对 3 种水灰比高水材料结石体以及纯水泥浆、水泥—水玻璃浆、水泥胶砂 3 类其他注浆材料的结石体开展单轴压缩试验和三轴压缩试验，完成了相应结石体不同龄期单轴抗压强度和三轴抗压强度的对比分析。

（4）结合隧道壁后注浆工程环境特点，通过物理试验研究，开展了 3 种水灰比高水材料以及纯水泥浆、水泥—水玻璃浆、水泥胶砂 3 类其他注浆材料的结石体的环境稳定性能的研究，主要完成了抗水溶蚀性能、体积稳定性的研究。

（5）结合盾构隧道应用环境需求，开展高水材料结石体振动波传播规律研究，通过超声波测试完成高水材料结石体弹性参数的确定，利用数值模拟方法，完成应力波在结石体中传播的速度、位移分布规律研究以及能量变化研究。

（6）将高水材料作为盾构隧道壁后注浆材料，隧道穿过土层时的情况为背景，充分考虑高水材料盾构壁后注浆的影响，对土体—壁后注浆—衬砌结构共同作用效应展开研究。

6. 作用意义

课题组完成了课题研究报告 1 份、发表学术论文 2 篇，其中 EI 论文 1 篇，授权实用新型专利 1 件，申请国家发明专利 2 件。该项目将高水材料研究与城市地下工程建设所面临的工程环境问题紧密结合，确定了适应于地铁盾构隧道壁后注浆工程应用环境的高水注浆材料构成及配比，完成了高水材料胶凝时间、结石率、泌水率的分析，讨论了高水材料水化反应机理和微观结构，得到了高水注浆材料力学性能、环境稳定性等材料性能，完成了高水材料结石体振动波传播规律以及土体—壁后注浆—衬砌结构共同作用效应的研究。项目研究成果为地铁工程应用材料选择的拓展以及高水材料应用领域的拓展提供了依据，有助于为地铁隧道施工及地铁运营振动引起的环境问题提供新的解决思路和手段，促进城市地下工程建设安全、高效、环保、经济的可持续发展，具有很高的工程应用价值和积极的社会意义。

科技成果鉴定意见：

2020 年 12 月 28 日，江苏省土木建筑学会在南京组织召开了"基于地铁应用环境的高水材料性能研究"成果鉴定会，鉴定委员会听取了课题组的技术研究报告，审查了相关材料，经质询、讨论，形成如下鉴定意见：

(1) 课题组提供的鉴定资料齐全，符合鉴定要求。

(2) 开展了基于地铁应用环境的高水胶比注浆材料研究，分析了材料构成和配比对高水胶比注浆材料胶凝性能、反应机理、微观特征、力学性能、环境稳定性、振动波传播特征等性能的影响，研究了土体—壁后注浆—衬砌结构共同作用力学特性，研究结果有望为地铁工程应用提供技术支撑。

鉴定委员会认为，该课题完成了合同规定的目标任务，研究成果达到了国内先进水平。

科技成果奖集锦

（2022年）

盘扣式钢管脚手架关键技术研究与应用

主要完成人员：
郭正兴、钱新华、陈安英、沈高传、温科、陈刚、郭施展、李敏、费夏炎

完成单位：
江苏速捷模架科技有限公司、东南大学、合肥工业大学、无锡信泰模架科技有限公司、江苏建科鉴定咨询有限公司、中建八局第三建设有限公司、中国建筑第二工程局有限公司、品茗科技股份有限公司

图 1　能源、船舶作业架

图 2　大跨度挑空、异形结构作业架

1. 项目概况

我国在 20 世纪 60 年代初开始应用扣件式钢管脚手架，该脚手架具有搭设灵活、通用性强、价格低廉等特点，其使用量占 80% 以上，是当前使用量最多的一种脚手架。但这种脚手架存在的问题是品质日趋低下，散装搭设效率低、安全性差。

20 世纪 80 年代初，我国先后从国外引进门式、碗扣式等多种形式脚手架，其中碗扣式钢管脚手架曾在许多建筑和桥梁工程中得到大量应用。但碗扣式钢管脚手架存在的问题是重走扣件钢管脚手架道路，产品质量越来越差，给脚手架使用带来很大的安全隐患，其应用量日趋减少。

20 世纪 90 年代以来，国内一些企业引进国外先进技术，研制和开发了多种新型脚手架，如插销式脚手架、轮扣式脚手架、方塔式脚手架。但是，国内市场还没有培育起来，施工企业对新型脚手架的认识还不足，采用新技术的能力还不够。

该研究针对盘扣架体系的节点和整架试验，科学严谨地建立了一整套盘扣架体系的研究系统，创新性地研究了盘扣架架体承载能力并形成行业规范，在国际上属于前列。该研究围绕盘扣架的应用解决了一系列"专、精、特、异"的工程难题，为架体运用的实际推广奠定基础。

盘扣式钢管支架可作为施工支撑承力架（钢结构施工胎架或混凝土结构模板支架施工），需要形成稳定可靠的临时结构体系，以支撑上部施工结构的自重以及施工荷载。支架水平杆可认为是框架结构体系中的"梁"，作为直接承受竖向荷载杆件或立杆的水平向支撑构件分配结构顶部传下的竖向荷载；立杆可认为是框架结构体系中的"柱"，是主要承受竖向荷载的构件，无论是应用于施工支撑承力架还是辅助施工作业架，竖向荷载均由立杆承担；斜杆作为主要抗侧构件，起到抵抗水平荷载、有效增加支架

---

* 该项目获得 2022 年"江苏省土木建筑学会·土木建筑科技奖"一等奖

结构的抗侧刚度作用。

综上所述，在工程建设中对于大宗采用的临时性支撑结构施工脚手架的形式选用，既保证搭设高效又保证施工安全，是当前迫切需要解决的重大课题。

2. 应用领域和技术原理

项目成果主要应用于建筑工程及市政工程领域，并可广泛推广应用于核电、水利水电、船舶、石化等领域，具体应用于模板支撑架、钢结构安装支撑架和作业脚手架施工，具有广阔的应用前景。

盘扣式钢管支架是通过立杆、水平杆、斜杆、可调底座及可调托座等系列标准化组件现场人工拼接而成，架体搭拆简便、快速。竖向立杆每隔500mm焊接一个带有插销孔的连接盘，水平杆、斜杆两端焊接扣接头，通过插销组合连接，形成几何不变的架体结构体系。

3. 性能指标

引进并转化盘扣式脚手架新产品和新技术，采用标准引领工程应用的策略，制定国家行业工程标准及产品标准，建立自动化精益制造生产工艺流程，开发参数化配套设计软件，建立智能监测与预警系统，实现"科学理论—精益制造—先进施工技术—参数化设计—智能监测"的安全关键技术研究和创新工程实践。

4. 创新点

（1）建立了盘扣架承载力计算基本理论与方法

建立了盘扣架承载力计算方法，给出了节点抗弯刚度，提出了立杆承载力计算公式，形成了行业标准。

（2）盘扣式钢管脚手架基本性能及架体构造参数优化技术

提出了科学合理的立杆顶部悬臂高度、架体顶层缩小步高和斜杆合理布置的规定，形成了行业标准。

图3 足尺整架抗弯刚度反演分析试验

图4 施工现场斜杆布置

（3）改进了部件构造和生产工艺，提出部件质量检测方法

提出了8角盘形式、立杆上下对接接头新形式、插销弯钩新形式。提出了成套的部件质量检测方法，形成了工业行业标准。

（4）研发了配套计算软件和智能测控系统

研发了与新标准配套的计算软件和一体化智能测控系统。

图 5 精细化加工

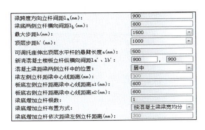 

图 6 参数化设置

5. 新技术应用

（1）开展了盘扣架连接节点转动刚度与结构整体多尺度多参数反演试验研究，揭示了影响盘扣连接节点转动刚度关键因素为节点构造形式和插销楔紧程度，提出了盘扣式钢管脚手架节点转动刚度值范围为 40～74kN·m/rad。

（2）发明了盘扣钢管脚手架立杆顶部无约束状态整体加载试验装置，实现 9 点同时智能加载。基于试验装置进行 36 组架体极限承载力试验，结合有限元分析，提出了盘扣式钢管脚手架架立杆承载力简化计算公式，有效解决了施工现场工程技术人员安全应用的量化复核计算技术难题。

（3）开展了盘扣式钢管脚手架架体主要构造参数的优化研究，提出了立杆悬臂端高度控制在 650mm 以下；标准型、重型架体根据架体高度、轴力大小竖向斜杆构造规定；提出了标准型、重型架体立杆轴力分别大于 40kN、65kN 顶层步距缩小一个节点盘；提出了支撑架架体高度超过 16m 时，顶层步距满布斜杆。

6. 作用意义

课题组参编 11 部国家和地方标准，获 11 项发明专利、52 项实用新型专利、1 项软件著作权，获得 5 项省级工法，发表论文 20 篇。项目所形成的关键技术 17 年来，我国的盘扣架发展飞快，市场占有率逐步提高，已成为施工脚手架的主流产品。盘扣架在公共建筑、地铁、桥梁、隧道、机场等领域得到普遍的推广和应用。标准制定为盘扣架体工程的生产、设计、施工、验收、管理提供了有章可循标准，解决了超高空、大悬挑、异形建筑外立面等一系列施工问题，该产品技术先进、高效节能、质量稳定、安全可靠，保障了既有工程施工安全。

据中国模板脚手架协会统计，国内市场盘扣式脚手架 2500 万 t 保有量，国内形成销售产值约 1652 亿元，国内形成租赁产值约 2304 亿元，国外销售产值 1026 亿元。

科技成果鉴定意见：

2022 年 9 月 8 日，江苏省土木建筑学会在无锡组织召开了"盘扣式钢管脚手架关键技术研究与应用"科技成果鉴定会。鉴定委员会听取了课题组的技术研究报告，查阅了相关资料，经质询、讨论，形成鉴定意见如下：

(1) 鉴定资料齐全，符合鉴定要求。

(2) 课题组针对盘扣式钢管脚手架进行了长达17年的研究，形成了架体结构设计、精益制造、不同场景施工、架体计算软件开发及智能监测等成套技术，其中主要创新成果如下：

1) 发明了连接盘节点承载力试验方法和9缸同步智能整架加载装置；提出了盘扣式钢管脚手架节点转动刚度值和架体承载力简化计算公式；开发了界面友好的安全计算软件；

2) 发明了连接盘、扣接头、插销、立杆连接件等主要节点和构造；研究确定了适应不同承载需求的顶层步距、立杆悬臂长度及竖向斜杆优化设置的原则和构造要求；

3) 创新研究了架体精益制造的设备和工艺；

4) 研究形成了针对建筑、市政、船舶、水利、核电、能源、石化等工程应用场景的系列施工安全保障和在线智能安全监测技术。

(3) 主参编国家和地方标准共11部（其中主编2部），获得专利63项（其中发明专利11项）、省级工法5项、软件著作权1项，发表论文20篇，成果在建筑、地铁、桥梁、隧道、机场等工程中广泛应用，综合效益显著。

鉴定委员会认为，该成果总体达到国际先进水平，其中连接盘、扣接头、插销、立杆连接件等主要节点和构造技术，节点抗扭刚度本构模型和架体承载力简化计算方法，达到国际领先水平。

景观桥梁美学实现的设计理论与关键技术创新*

主要完成人员：
丁建明、曹菲、景国庆、陈素华、李升玉、陈娟婷、李秉南、李丰群、于智光
完成单位：
东南大学、东南大学建筑设计研究院有限公司

图 1　广东深圳前海合作区梦海前湾河桥

图 2　河北崇礼太子城冬奥五环桥

1. 项目概况

桥梁作为人类生产生活中重要的公共设施，其功能不仅需要满足原本的跨越障碍的需求，还需要考虑交通、观光、休闲等多元化发展。随着国家新型城镇化的推进和实施，"以人为核心、以提高质量为导向"的新型城镇化战略基本内涵使人们对生产和生活环境景观质量的要求越来越高。同时，人们的审美意识和审美综合素质也在不断提高，对于服务于人的桥梁工程，其景观价值的凸显也显得愈发重要，尤其是在城市生活空间中和旅游休闲空间中的桥梁，其景观属性的优劣更是决定了一座桥梁建设的成败，"景观桥梁"的概念越来越深入人心。

桥梁建筑是时代的坐标，是凝固的文化，它表达和反映着时代的进步和时代对文化、审美的追求。社会、城市和人民都对桥梁的建设成效怀有很高期望，希望环境中的桥梁不仅仅是一座实现交通功能的构筑物，更希望它是一件能真正美化环境、沟通心灵、塑造风景的艺术品。

团队瞄准国际前沿，历时 20 余年产、学、研、用多学科交叉融合、协同攻关，形成了较为系统的景观桥梁艺术实现设计理论，在景观桥结构设计方法和建造关键技术等方面取得了系列创新成果，解决了艺术设计发散性与结构设计精确性难以融合；造型复杂、空间异形的景观桥梁结构难以赋形；景观桥梁的非规则结构难以标准化建造等问题。

2. 应用领域和技术原理

项目开发了景观桥梁结构赋形从设计理论、设计方法到"拟标准化"建造等一揽子关键技术。项目给抽象的自然、文化意象物化为具体的景观桥梁结构提供了一条清晰、明确、切实可行的技术路径，回答了"景观桥梁怎么进行美学赋形"这一关键问题。

---

* 该项目获得 2022 年"江苏省土木建筑学会·土木建筑科技奖"一等奖

3. 性能指标

（1）提高景观桥方案设计的水平和设计效率；

（2）实现景观桥结构设计和方案设计的还原度达到95%；

（3）实现景观桥建造过程的BIM参与率80%以上，工程品质满意度100%；提升了建造的精确度和品质。

4. 创新点

（1）系统提出了景观桥梁美学实现设计理论，阐述了景观桥梁在环境、文化、结构和人本体验方面的共生关系，将景观桥梁的美学问题、结构问题以及功能问题统一考虑，提出了从景观到结构、从文化到技术的实现方法，并与中国文化实践和技术发展水平相结合，为国内景观桥梁设计发扬中国特色提供了有力的理论支撑。

（2）提出了异形空间复杂结构的赋形和设计方法，从方案阶段的结构赋形，到设计阶段的结构分析，提供了完整的结构设计和分析方法，实现从方案理念到结构实现的完美过渡，打破专业壁垒，保证建成效果的还原度。

（3）通过研发通用的模板，降低了模板加工的成本。利用BIM技术快速的放样加工和定位安装，通过参数化技术快速的解决空间异面的定位难题，减少了施工中发生偏差的概率，提高了施工效率。使非规则非标准的景观桥梁结构建造能够实现一定程度的标准化和智能化，为提升景观桥梁的工业化水平提供了技术支撑。

5. 新技术应用

（1）提出了基于"环境协调、建筑文化、结构表现、多元体验"的景观桥梁"四维"设计理论

1）基于"体积平衡法、轮廓连续法、空间融合法、风格协调法"的环境协调分析方法；

2）基于"去繁就简、内涵优先、地域优先"三原则的建筑文化表达方法；

3）"目标确定、体系设计、模数化、雕塑化"的结构表现设计技术；

4）基于"人本主义、功能和空间拓展"的多元体验的营造策略。

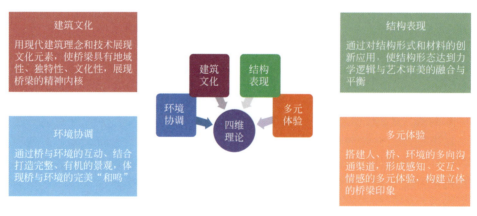

图3 四维美学实现理论

（2）基于"四维"设计理论，建立了景观桥梁美学实现的"四步造景"设计法

以景观桥梁的美学实现"四维"设计理论为基础，提出"环境分析、文化提炼结构赋形、功能验证"桥梁"四步造景"设计法。该设计方法将景观桥梁结构美学实现的设计流程进行了规范化、集成化，形成景观桥"四维"设计理论系统性美学实现及评价方法一体化平台。

（3）创建了基于"结构赋形"理论的结构体系设计方法

结构体系设计是结构设计中重要的前置环节，该设计方法把结构受力构件进行解构，从结构多元组合的角度完成结构的体系设计，这种体系既可以是单一结构类型，也可以是两种或多种结构类型的组合、叠加或变形。

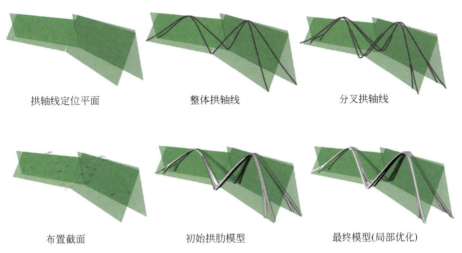

图 4　BIM 参数化赋形方法

（4）提出了异形空间桁架结构多阶段迭代设计方法

异形空间架结构是由规则架结构通过改变结构参数演变而来，该研究提出了异形空间架结构的多阶段迭代设计方法，揭示了空间架结构从"父代结构"到"子代结构"的演变规律，通过"遗传和变异"的结构迭代，实现空间异形架结构的赋形和结构性能遗传。

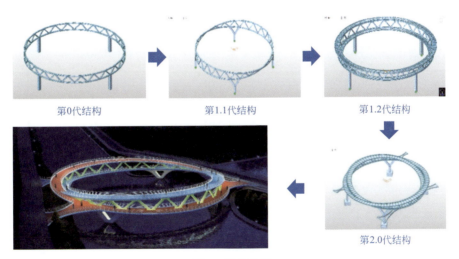

图 5　结构迭代

（5）提出了多肢、多连杆空间拱结构参数化组合设计方法

对现代拱结构造型设计和受力规律进行了分析与研究，充分利用拱、梁联合受力的结构优势，能主动控制拱结构的受力分配。提出了多肢、多连杆空间拱结构组合设计方法，通过对拱肋分肢组合、多连杆排列，可创造出多种拱桥形式。提出了基于"动态"平衡连杆、吊杆设计方法以及样条曲线拟合拱轴线、多边形变截面拱肋的设计技术，实现了拱肋造型优美、受力合理的景观桥梁设计目标。

（6）提出了空间缆索参数化设计方法

提出了空间缆索结构的参数化设计流程。提出了空间缆索参数化实现模型公式对空间拉索的参数化

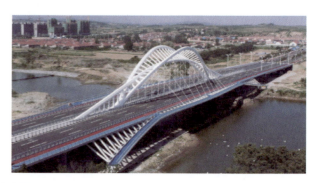

图 6　桥梁实景

找形和精细参数化设计进行研究。通过建立拉索锚固模板实现创建精细参数化模型的通用方法。通过智能知识工程脚本实现模板的批量实例化，可大大提高建模效率。提出了参数化模型数据批量处理的方法，实现了从设计图纸到施工控制的快速对接，提高了设计效率和建造品质。

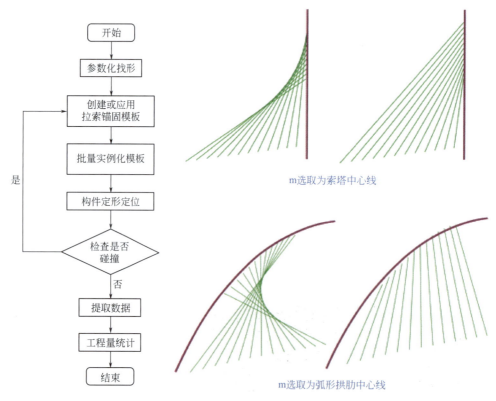

图 7　空间索结构参数化设计方法

（7）研发了雕塑化空间曲面混凝土桥梁成型技术

分析了混凝土桥梁结构雕塑化的结构特点和建造难点，针对异形混凝土结构模板成型和安装技术难题，研发了一种可重复使用任意成型的模板技术，通过该技术解决了混凝土雕塑化模板成型困难，加工成本高的难题。

（8）研发了空间三维及扭转结构构件的定位安装技术

提出了三维 BIM 正向设计及构造实现技术、空间三维杆件成型技术、三维专用胎架约束成型技术，解决了该类结构的三维放样、赋形和定位以及异形空间节点分析与构造设计难题，对类似的城市景观桥梁的设计加工有较强的指导意义。

6. 作用意义

项目研究成果在京津冀、长三角、大湾区、中西部等全国 21 个省份 226 座景观桥梁工程中得到直接应用，包括北京冬奥会张家口赛区"冰雪五环"桥、江苏张靖皋长江大桥景观设计、南京青奥体育公园桥、上海长三角中心"方厅水院"桥梁群、深圳前海自贸区桥梁群、雄安新区高速公路网桥梁等，产生重大社会影响。

项目共产生经济效益 16.7 亿元，建成的项目成为人民喜闻乐见的桥梁景观和公共空间，曾先后五次在央视新闻中报道，受到社会各界和媒体的关注，产生了广泛的社会效益。

科技成果鉴定意见：

2022 年 5 月 16 日，江苏省土木建筑学会在南京组织召开了"景观桥梁美学实现的设计理论与关键技术创新"科技成果鉴定会。鉴定委员会听取了课题组的汇报，审查了相关资料，经质询和讨论，形成鉴定意见如下：

（1）提交的技术资料齐全，符合鉴定要求。

（2）项目依托大量工程项目实践，产学研协同攻关，对景观桥梁美学实现设计理论、设计方法和建造技术进行了系统深入研究，形成以下主要创新点：

1）建立了景观桥梁"环境协调—建筑文化—结构表现—多元体验"美学实现理论，揭示了基于空间和视觉平衡的环境协调分析机理，构建了结构赋形参数化设计模型，研发了景观桥美学实现设计及功能评价软件平台，提出了景观桥梁美学表达与结构设计之间有机融合的设计理论。

2）提出了景观桥梁复杂造型、异形空间结构设计方法。包括：揭示了异形空间架结构三维形态变化规律与结构受力机理之间的关系，提出了异形空间架结构设计技术，研发了多肢、多连杆空间拱结构体系分析与结构设计技术，改进了空间索面布置方法及空间缆索铺固定位技术。

3）研发了景观桥梁非规则空间结构的"拟标准化"建造关键技术。发明了雕塑化空间曲面混凝土结构成型技术和空间三维结构构件的定位安装技术等成套关键技术并形成"拟标准化"施工工法。

（3）研究成果已经在全国 21 个省份 226 座景观桥梁工程中得到成功应用，具有重要的理论意义和实用价值，社会经济效益显著。

鉴定委员会认为，研究成果创新性突出，应用前景广阔，达到了国际领先水平。

城市废矿区生态修复与园区营造关键技术创新及应用

主要完成人员：
孙晓阳、陶亮、于健伟、颜卫东、陈新喜、张帅、边辉、赵彬、余清江

完成单位：
中建八局文旅博览投资发展有限公司、中国建筑第八工程局有限公司、江苏省城市规划设计研究院有限公司

图1　江苏园博园

图2　水下植物花园

1. 项目概况

面对城市矿区废弃地对城市环境的负面影响，城市设计可以施展生态修复的技术手段，促使城市生态肌理、生态关系以及一系列生态要素在不同向度上的均衡、联系与发展，促进城市可持续发展。快速城市化发展中所遗留的城市"伤疤"和处于衰退阶段的城市空间，可以通过修补的方式激发区域活力、优化城市结构、提升环境品质，提升社会对于美好生活的"获得感"。如何以"城市双修"为功能目标，不断适应时代进步与现代生活的新追求，在吸取传统园林精华的基础上，创新风景园林的建设和艺术展现，打造具有南京城市文化风景特色的园博园。

规划设计方面，课题组充分研究历届园艺博览会开发模式和经验，挖掘利用现有场地特色资源、历史文化特色，创新规划布局和开发利用模式，探索城市矿区废弃地与园艺博览会融合的规划策略。

在建造实施方面，该课题涉及的复杂山地环境下的大型园艺景观修复、工业遗产改造及再利用、山地环境下的大型园林建筑施工、复杂山地环境下的矿坑修复施工技术、大型园艺博览建筑群智慧建造施工等建造技术要求高，应充分结合理论分析、数值模拟和试验研究等优化施工方案和施工工艺，提升工程建造品质。

在项目管理方面，从EPC总承包技术管理角度，明确各责任方定位、责任，建立EPC总包部各方的技术关系。以管理实践诠释EPC总承包项目模式下技术管理的先进方法和改进方向，提高技术的预测性、先导性、可靠性和变现能力。

江苏园博园（一期）项目位于江苏省南京市江宁区汤山度假区，工程总占地面积345万 m²，园林绿化254万 m²，园林建筑322866.48m²，框架结构，地上建筑面积261623.9m²，地下建筑面积

---

* 该项目获得2022年"江苏省土木建筑学会·土木建筑科技奖"一等奖

61242.58m²，最大建筑高度40.8m，地下层数0～2层，地上层数1～9层，主要包括主展馆工业遗产保护改造、城市精品园林再现、配套酒店等园林建筑及绿植山石组景、生态景观水系、园路广场铺贴等园林景观工程。

2. 应用领域和技术原理

项目研究成果适用于城市废矿区的生态修复治理、大型生态园博园的规划、设计与施工，尤其适用于城市废矿区的生态景区开发。

技术原理：

1）针对矿坑生态修复，崖壁边坡治理、矿坑废弃地再利用、矿坑泥潭水系景观建造等，查找相关文献，分析常用做法、特点、适用范围；

2）采用实地调研、工程参观方法，针对工程涉及的仿古阁楼钢套木、夯混凝土肌理墙、仿古城墙、ETFE膜、胶合木、有机玻璃、不锈钢等新材料新工艺，通过参观类似工程、制造工程实地调研等，确定新材料工程应用的加工、制造工艺等；

3）采用试验、检测方法，对工业遗产保护的结构加固、钢设备仿旧修复、不锈钢与有机玻璃结构的构件、节点性能等开展模拟分析、试验研究等；

4）采用工程案例对比方法，查找类似园博园规划设计、园艺景观建造、工业遗址群保护再利用、大型生态景区建设等工程案例及技术，查找大型园艺博览园、公共景区建设工程的EPC总承包管理、运营系统建设等，提供参考借鉴。

3. 性能指标

该成果以超大型园艺博览园超大型综合性EPC总承包工程为载体，针对复杂矿坑生态修复、工业厂房遗迹群改造再利用、特色精品园林园艺景观建造等难点研发攻关，实现了超大型山地园艺博览园的高效建造管理，提高了管理效率30%，减少了材料损耗15%，缩短工期60d，节约成本20549万元。该技术成果已在江苏园博园项目、溧水无想国际创业小镇等多个文旅项目推广应用和迭代更新，经济和社会效益显著。

4. 创新点

（1）城市矿区多尺度"新旧共生"设计方法

提出了矿坑修复与重生活化策略及设计技术，解决了废弃矿坑空间再生、功能活化设计难题；创新采用精品园林"文化转译"策略与设计技术，解决了江苏传统园林内涵精粹转译难题；提出了石谷"历史文化植入"策略与设计技术，解决了地域文化资源多元化开发利用难题。

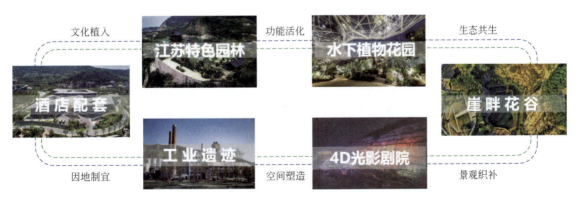

图3 "永不落幕"的园博园

图 4　多平台分级支护

图 5　复杂仿古阁楼钢木组合结构 BIM 模块化设计

（2）城市废矿区修复再利用施工技术

研发出废弃矿坑宕口崖壁及地貌复原技术，解决矿坑崖壁高效治理及岩层肌理景观呈现难题；首次提出废弃矿坑内"水下植物花园"营建技术，解决矿坑生态修复与特色资源利用难题；实现了城市区域既有矿坑的更新再利用。

（3）城市废矿区精品园林园艺景观艺术呈现技术

研发出精品园林特色木结构施工技术，实现了传统园林建筑的现代传承与创新；研发出复杂园林艺术肌理墙景观施工技术，有效提升仿古城墙、夯混凝土艺术墙等施工品质；开发了复杂精品园林园艺成套施工技术，解决精品园林景观精细化施工难题。

5. 新技术应用

（1）矿区废弃地再利用的园博园规划设计关键技术

针对城市复条矿坑生态修复和园博园建造，提出了矿坑修复与"重生活化"、精品园林"文化转译"、工业遗产"轻重映衬"改造、石谷"历史文化"植入等策略与设计技术，通过矿坑生态修复、精品园林园艺景观建造等，将城市废弃地改造为生态园博园。

（2）废弃矿坑宕口修复再利用关键施工技术

针对矿坑边坡、崖壁、泥潭等修复治理，采用超高边坡微创修复和工业崖壁保留施工废弃泥潭治理与水系景观再造、废弃矿坑"水下植物花园"营建等，解决了超高崖壁微创加固难、矿坑泥潭治理难、废弃地景观营造实施难等难题，将矿坑生态修复为天堑入口景观水下植物园、园林水系生态景观，实现了城市区域废弃矿坑的高效再利用

（3）江苏精品园林园艺景观艺术呈现关键技术

针对城市废矿区的园林园艺景观建造，研发出精品园林特色木结构施工技术、复杂园林艺术肌理墙景观施工技术，创新采用复杂精品园林园艺关键施工技术，融合传统和现代建造手法，完美呈现了江苏精品园林建筑和园艺景观特色。

（4）矿区既有水泥厂工业遗产修复再利用关键施工技术

针对水泥厂工业遗产修复再利用，通过多义性空间设计、"轻介入"功能改造设计等技术，以廊空间、垂直交通植入、"轻重映衬"等策略，解决了建筑功能转换与空间规模不确定性的设计适应性难题，实现了保护建筑与功能改造建筑并置及串联空间利用。

（5）超大型园艺博览园 EPC 总承包管理技术

研发了计划管控模块化管理、5G＋AI 园博智慧平台、全过程数字孪生园博建设等技术，形成了超大型复杂园艺博览园 EPC 总承包成套管理技术体系，实现了项目高效管理和施工。

6. 作用意义

项目研究成果申请专利 47 项，授权发明专利 3 项、实用新型专利 16 项，获省级工法 11 项，发表

论文 18 篇，参编标准 7 部。紧密结合了我国城市化发展进入了以存量用地改善城市环境的城市更新阶段，是当前城市更新与产业结构升级背景下城市废矿区再利用亟需的商业化开发模式创新探索，其研究内容不仅具有新颖性和创造性，而且具有很强的针对性和实用性，矿坑生态修复、既有水泥厂工业遗产改造再利用、精品园林景观建造等开发建造成果，技术先进，经济和社会效益显著，可为大型城市废矿区开发利用提供强有力的技术支撑，有利于生态环境的保护，促进城市绿色、健康和可持续发展。

江苏园博园完美呈现了"锦绣江苏、生态慧谷"盛景，已成功举办第十一届江苏省园博会、全国矿山生态修复学术交流会等活动，累计接待游客 300 余万人次，经济效益 2.1 亿元，已成为江苏省新的文化旅游地标。

科技成果鉴定意见：

2022 年 6 月 10 日，江苏省土木建筑学会在南京组织召开了"城市废矿区生态修复与园区营造关键技术创新及应用"科技成果鉴定会，鉴定委员会听取了课题组技术成果汇报，查阅了相关资料，经质询、讨论，形成鉴定意见如下：

（1）课题组提供的鉴定资料齐全，符合鉴定要求。

（2）针对城市复杂矿坑生态修复、水泥厂工业遗产改造、特色精品园林园艺景观建造等难点，研发了城市废矿区建造生态园博园关键技术，取得主要创新成果如下：

1）研发了废弃矿坑宕口修复再利用关键技术，提出了矿坑修复与"重生活化"策略及设计方法，发明了超高陡峭崖壁建造及地貌复原治理、废弃泥潭治理和水系景观再造、有机玻璃天幕面板结构等施工方法，实现了城市区域废弃矿坑的高效再利用；

2）研发了精品展园园艺景观艺术呈现关键技术，提出了精品园林"一城一园"文化转译模式及设计方法，发明了仿古阁楼钢木组合结构、大型仿古城墙构造和多曲面现代木结构屋面系统等施工方法，解决了特色园艺博览景观群建造难题；

3）研发了既有水泥厂工业遗产修复再利用关键技术，创新采用了"轻重映衬"策略及多义性空间设计方法，发明了砖烟囱结构加固、水泥筒仓结构立体绿化构造、既有工业厂房生产设备修复及混凝土灯芯绒艺术饰面效果呈现等施工方法，解决了水泥厂工业遗产保护与改造再利用难题；

4）研发了计划管控模块化管理、5G+AI 园博智慧平台、全过程数字孪生园博建设等技术，形成了超大型复杂园艺博览园 EPC 总承包成套管理技术体系，实现了项目高效管理和施工。

（3）成果已在江苏省第十一届园博园、溧水无想国际创业小镇项目成功应用，保证了工程质量，提高了工效，经济与社会效益显著，具有广泛的推广应用前景。

鉴定委员会认为，该成果总体达到国际先进水平，其中废弃矿坑"水下植物花园"营建技术、精品展园园艺景观艺术呈现技术、超大型园艺博览园 EPC 总承包管理技术达到国际领先水平。

超大深水风电基础灌浆材料制备及应用成套技术*

主要完成人员：
沙建芳、郭飞、夏中升、薛永宏、吴洲、徐海源、郑晓博、黄小军、秦晓川

完成单位：
江苏苏博特新材料股份有限公司、江苏省建筑科学研究院有限公司

图 1 陆上风机锚栓基础灌浆

图 2 海上石油平台快速修复加固

1. 项目概况

发展绿色清洁的风电能源是落实我国能源结构转型和"双碳"目标的重要部署。作为风机结构的关键部位，灌浆连接段发挥着传递风机荷载和保障基础施工的重要作用，是保证风机安全的命脉所在。而随着风电机组向大型化和深水化发展，灌浆连接段面临超高静动耦合荷载、内外强约束超大空腔连接、深水施工作业的严峻挑战，亟需灌浆材料及施工技术的变革性创新。项目历经10余年，在灌浆新材料、传力新技术、灌注新方法等方面开展系统研究，发明了超高强灌浆新材料，突破了无粗骨料体系极限强度不足以及水力作用下加速疲劳失效的难题，保障了超高动静耦合荷载下结构基础的服役安全。构建了高效传力新技术，攻克了水阻作用下灌浆料自流平性能差以及自收缩大与钢结构脱空的行业痛点，极大降低了连接段滑移导致风机倒塌的风险。研发了深水灌注新方法，解决了施工效率低以及水下灌注性能大幅衰减的突出问题，满足了复杂工况下快速安装和高质量保障的迫切需求。

2. 应用领域和技术原理

课题研究成果主要应用于海上风机基础、海上升压站等灌浆工程领域，相关科技成果扩展应用至陆上风电、装配式桥梁及结构修复等领域，实现多元化应用。

项目面向海上风机基础连接段超高静动耦合荷载、空腔承插式连接和深海施工作业的重大需求，针对材料制备技术、结构传力技术以及施工技术方面存在的突出难题，提出了多尺度颗粒紧密堆积构建坚

---

* 该项目获得2022年"江苏省土木建筑学会·土木建筑科技奖"一等奖

实骨架、复杂胶凝体系活性配伍提升水化度的协同增强技术，实现了水泥基灌浆料水中常温养护下的高强高模；发明了基体原位增韧和界面微区密实化的高抗疲劳技术，开发了可满足超高动—静耦合荷载下承载需求的超高强灌浆新材料；其次从核心原材料设计及构效入手，基于接枝共聚物降粘协同颗粒降阻技术，实现深水高阻下超大空间的自充填；发明了专用的低湿度敏感型膨胀材料，分阶段、全过程无收缩增大环箍应力，实现钢—灌浆料—钢组合结构的强力咬合和高效传力；最后基于关键技术集成及创新工艺，解决了超大空间灌浆效率低下以及深水灌注性能大幅衰减的难题，发明了深水灌注新方法；基于材料、技术、方法的集成创新，构建了超大深水风电基础灌浆材料制备及应用成套技术。

3. 性能指标

在材料性能方面：该项目开发的超高强灌浆新材料具有超高强、超早强、高弹模、大流态、高抗疲劳等优异性能，不掺加纤维条件下灌浆料20℃养护28d抗压强度超过180MPa，静弹性模量超过60GPa，与国际领先品牌Densit S5相当；空气中应力水平0.55时抗压疲劳200万次试件未破坏，水中低频加载0.35Hz、应力水平0.65时抗压疲劳15000次试件未破坏，水下疲劳性能是国际公认标准DNV规定的10倍。

在高效传力方面：基于极低水胶比浆体流变性调控技术，水中运动阻力为空气中770倍时实现20余米环形空间的灌浆料自充填；分阶段、全过程的微膨胀技术增大环箍应力，实现钢—灌浆料—钢结构的协同工作和高效传力，经原型试验验证，极限偏心下抗拔承载力超设计荷载50%界面无脱空、无滑移。

在施工技术方面：材料单机搅拌时间从7～10min缩短至3～4min，搅拌时间缩短约62%，总体施工效率提升40%；水下抗分散技术协同分级屏障防护方法，可实现水中垂直下落距离30m，解决了深水基础水下灌浆因物相分离导致性能大幅衰减的难题。

4. 创新点

该项目在灌浆新材料、传力新技术和灌注新方法等方面创新发展，打破国外技术垄断，填补国内空白，解决了现有材料及技术无法满足超大深水风电基础快速安装和安全承载的行业痛点，持续助力海上风电行业的技术发展。项目取得的主要创新点如下：

（1）在灌浆新材料制备技术方面，针对无粗骨料体系刚度低、极限强度止步于110MPa的难题，基于多元复杂胶凝体系的次第水化和活化激发以及多尺度高模量颗粒分级调控，提出了多尺度颗粒紧密堆积构建坚实骨架、复杂胶凝体系活性配伍提升水化度的协同增强技术，实现了水泥基灌浆料水中常温养护下高强高模，实现常温养护28d强度≥180MPa，弹性模量≥60GPa；针对灌浆段在弯剪扭复杂荷载下极易疲劳开裂导致提前失效的难题，揭示了超高强灌浆料在低频作用下因动态水压扩展裂缝以及反复

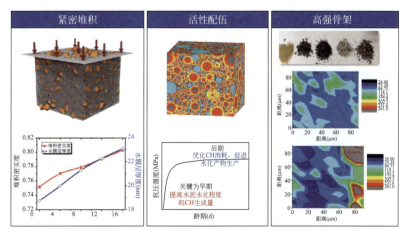

图3 超高强灌浆新材料

切削界面导致加速失稳的破坏机制,发明了基体原位增韧和界面微区密实化技术,实现高应力时水下疲劳寿命是国际设计标准规定的 10 倍,开发了超高强灌浆新材料,满足了超高动—静耦合荷载下的承载需求,保障了超高动静耦合荷载下结构基础的服役安全。

(2) 在高效传力新技术构建方面,针对极低水胶比体系黏度大、深水高阻作用下难以实现自充填的难题,揭示了极低水胶比浆体高黏机理与构象—吸附—流动作用机制,发明了接枝共聚物降黏协同颗粒降阻技术,提升浆体流动度 40%,降低黏度 60%,实现深水高阻下灌浆料自充填及界面初始密实化,水中运动阻力为空气中 770 倍时实现 20 余米环形空间的自充填及与钢结构的紧密粘结;针对超高强灌浆料因内部湿度低自收缩大以及内外强约束下界面易脱空的工程难点,发明了专用的低湿度敏感型膨胀材料,分阶段、全过程微膨胀增大环箍应力,经原型试验验证,极限偏心下抗拔承载力超设计荷载 50%界面无脱空、无滑移,构建了高效灌浆传力新技术,实现了组合结构的强力咬合和高效传力。

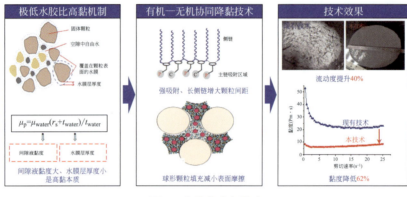

图 4 高效传力新技术

(3) 在深水灌注新方法研发方面,针对超大基础灌浆效率受限于搅拌时长难以提升的问题,发明了聚合物快速分散协同纳米粉体颗粒自分散技术,从球形润滑、表面能优化以及引入高 zeta 电位自分散粉体颗粒多途径提高混合效率,浆体搅拌时间从 8min 缩短至 3min,总体施工效率提升 40%,解决了超大基础灌浆效率受限于搅拌时间长难以提升的问题;针对深水基础水下灌浆因物相分离导致性能大幅衰减的突出问题,融合多尺度颗粒凝聚和离子缔合技术提高材料自身的抗分散性能,并创新性提出水下不分散协同分级屏障防护的深水灌注新方法,解决了深水基础水下灌浆因物相分离导致性能大幅衰减的难题,满足了深远海复杂工况下结构基础的快速安装和性能保障的迫切需求。

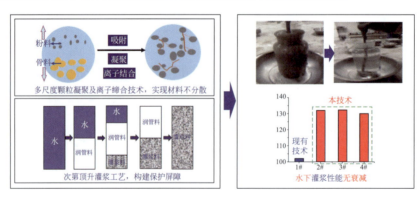

图 5 深水灌浆新方法

5. 新技术应用

(1) 海上风电

创新成果已应用于龙源南日岛海上风电场、福能三川平海湾海上风电场、三峡阳江沙扒海上风电场、中广核平潭大练海上风电场等10余个大型海上风电工程,创造了多项国内之最工程纪录,攻克了深水基础灌浆浆体易分散、充填不密实、强度损失大等难题,建立了超大深水风电基础灌注成套技术体系,满足了超大结构早期快速承载和长期高效稳定传力的技术需求,具有自主知识产权,填补了国内空白,打破了海上风电灌浆料国外品牌的市场垄断。

（2）陆地风电

项目成果在陆上风力发电机的锚栓基础和陆上风电装配式混塔灌浆领域成功应用,相关工程案例包括华电北疆乌鲁木齐、西华豫能、洁源灵璧灵北、中明乐陵、高邮协合、孟加拉国科巴等陆上风电项目。项目组开发的陆上风电专用无收缩水泥基灌浆料,具有优异的流动性能和微膨胀性能,可保证灌浆料与设备或结构面之间的长期紧密连接;早期强度快速发展,可迅速投入使用,解决了冬期施工难题,大幅提升冬期施工效率,同时具有较高的后期强度和优异耐疲劳性能,满足设备在静态和动态荷载下长期稳定运行的技术需求。

（3）修复加固及装配式桥梁等扩展应用

针对海上石油平台导管架基础的结构损伤,采用超高强灌浆卡箍方法修复受损钢管,解决了深远海构筑物强扰动下修补加固难题,实现了结构功能的快速恢复,1d 即可实现完全承载,同时该项目对其他同类导管架结构的修补具有重要指导意义。此外,在装配式桥梁领域,基于纤维混杂与表面处理技术,开发制备常规工艺和标准养护条件下具有直接拉伸强度 10MPa 以上、极限拉伸应变 $5000\mu\varepsilon$ 以上的超高性能纤维增强水泥基材料,实现锚固钢筋直连免焊的构造连接,全面应用于宁波机场路南延、嘉兴环线高架桥箱梁纵向湿接缝等工程,提高预制构件连接施工效率30%以上,推动大型装配式建筑施工的快速化与绿色化。

6. 作用意义

成果获授权专利10项,编制行标4部,发表高水平论文15篇;开发的灌浆料国内首家通过中国船级社认证,打破国外技术垄断,在10余项风电工程实现示范应用,并在装配式桥梁等领域实现多元化应用,近3年新增产值3.2亿元;经专家鉴定,成果总体达国际先进、风电灌浆材料综合性能达国际领先水平;引领了深水基础灌浆的技术进步,有力推动了风电基础超大化、深水化发展。

项目组经过10余年的科技攻关及技术积累,依托成果"超大深水风机基础灌浆材料制备及应用成套技术"形成的风机基础灌浆料、套筒灌浆料、修补加固材料等系列产品,及其低湿度敏感性的补偿收缩与减缩材料、功能性聚合物外加剂和流变调控改性矿物掺合料等系列核心原材料,已成功应用于海上风电、陆上风电、装配式桥梁及结构修补加固等建筑工程领域,实现材料的多元化应用,近3年累计新增销售额3.2亿元,利润5400万元;打破了海上风电用灌浆料被BASF、DENSIT、SIKA 少数几家国外品牌垄断的局面,且国产风电灌浆料的生产采购周期更短、运输成本更低、技术支持更快捷、售后服务更全面,可有效地降低海上风电场的建设成本,间接效益显著。随着国家"双碳"目标的持续实施,风电将成为未来第二大主体能源,风电投资的加大及风电项目的加速建设,也将带来风电灌浆料更广阔的市场前景。

超大深水风电基础灌浆技术的创新,为海上风机的安全、可靠服役提供必要的技术保障,并助力海上风电从近海向深远海高质量发展,持续拓展可开发资源;同时,在"双碳"背景下,助力中国能源结构由化石能源向可再生能源的转型发展,促进能源安全的提升和"双碳"目标的全面实现。

科技成果鉴定意见：

2019年5月9日,江苏省土木建筑学会在南京组织召开了"高强风电灌浆料的开发及应用"项目鉴定会。鉴定委员会听取了项目组的技术研究报告,审阅了相关资料,经质询和讨论,形成如下鉴定意见:

（1）提供的鉴定资料齐全,符合成果鉴定要求。

（2）研发了高强风电灌浆材料的流变、力学和变形性能的调控技术,研制出下落高度1.5m 条件下

28d 水陆强度比≥70%的水下抗分散高强灌浆料；研制出常温下 28d 抗压强度大于 140MPa 超高强风电灌浆料，具有低黏度、自密实、高弹模、无收缩、高抗疲劳和高耐久的技术特性。

（3）揭示了超高强风电灌浆料水下运动行为，形成了水下灌注抗分散技术体系，构建了海上风电水下灌浆施工成套技术，揭示了超高强风电灌条料与风机基础钢结构的协同工作机制，原型试验验证了超高强灌浆料与钢结构无脱空、无滑移，灌浆连接段抗拔承载力满足设计要求。

（4）项目研究成果成功应用于福建南日岛等大型海上风电工程，具有自主知识产权，填补国内空白，打破了海上风电高强灌浆料国外品牌的市场垄断，产生了很好的技术经济效益。

鉴定委员会同意通过鉴定，成果总体达到国际先进水平，海上风电灌浆材料综合性能指标达到国际领先水平。

富水软弱地层地铁盾构超近距始发即下穿既有线施工关键技术[*]

主要完成人员：
陆文学、王社江、陈海丰、蒋勇、陶东军、彭丹、王宏琳、罗佳、冉贵猴

完成单位：
苏州市轨道交通集团有限公司、中铁十一局集团有限公司、中铁十一局集团城市轨道工程有限公司、苏州市建设工程质量安全监督站

图 1　项目概况图

1. 项目概况

传统盾构施工对富水软弱地层中超近距始发即下穿问题缺乏可借鉴经验，加之对地层力学响应规律认识不清，安全控制系统性和联动性差，导致施工方案与参数缺乏科学指导，施工风险极大，往往使得此类工程的建设成为整条地铁线路的"卡脖子"节点。富水软弱地层地铁盾构超近距始发即下穿既有线的土建施工工程面临三大挑战：(1) 盾构始发水平空间受限，且地层富水软弱，造成掌子面建压困难，密封防水难度大；(2) 下穿既有线竖向空间受限，加上地层富水软弱，下穿控制不好会导致既有管片破坏、突水涌泥等灾害；(3) 始发即下穿，无法给人反应时间，无法提供足够长的区段积累施工试掘进经验，地层安全控制难度大，给城市轨道交通建设带来了巨大挑战和难题。

该项目依托苏州市轨道交通 5 号线 V-TS-06 标段工程，其所处地层富水软弱，始发端空间受限，下穿段水土压力高，面临渗水塌陷、大变形等灾害威胁。基于上述传统盾构施工的不足，课题围绕富水软弱地层地铁盾构超近距始发即下穿既有线施工关键技术展开研究。

2. 应用领域和技术原理

项目成果主要应用于城市轨道交通领域，具体应用于深埋隧道盾构有限空间始发超近距下穿既有线施工，可推广应用于复杂环境地层地铁隧道下穿既有建（构）筑物施工中，具有广阔的应用前景。

---

[*] 该项目获得 2022 年"江苏省土木建筑学会·土木建筑科技奖"一等奖

课题综合采用科学理论研究、新型设备研制、先进技术研发等多种手段，以既有线变形控制为核心目标，构建了富水地层地铁盾构受限空间始发"冻结加固＋短筒建压"双控技术，提出了基于"五步注浆法"的超近距下穿既有线成套施工技术，研发了以实时监测与施工参数的自动伺服联动为特色的智能监控与决策系统，形成了富水地层地铁盾构受限始发与超近距下穿既有线安全控制关键技术，实现了此类工程施工技术的突破。

3. 性能指标

（1）受限空间始发"冻结加固＋短筒建压"双控技术的应用，在保证端头加固满足要求的条件下，冻结施工时间缩短20%，能耗降低30%。

（2）盾构始发钢套筒相较于传统钢套筒（10m）长度缩短至1.2m。

（3）新型渣土输送装置的使用，使出渣效率较常规方法提高1.5倍。

（4）盾构下穿既有线过程中将既有线的沉降控制在5mm内。

（5）自主研发的新型浆液凝结时间为12h，密度为1.89t/m。

4. 创新点

（1）构建了"冻结加固＋短筒建压"双控技术，解决了富水软弱地层地铁盾构受限空间始发时洞门密封防渗和土仓建压难题。

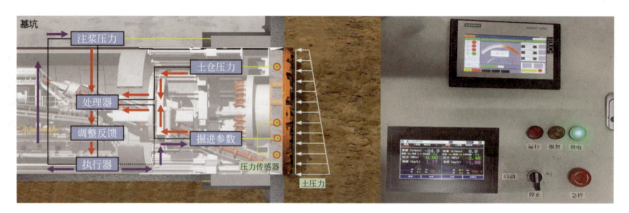

图2 短筒注浆与掘进协同的土仓压力精准调控

（2）研制了多类型浆液拌制、运输与注入一体化多功能壁后注浆设备，提出了基于"五步注浆法"的超近距下穿既有线施工成套变形控制技术，实现了时间和空间两个维度下近距下穿既有线变形的系统控制。

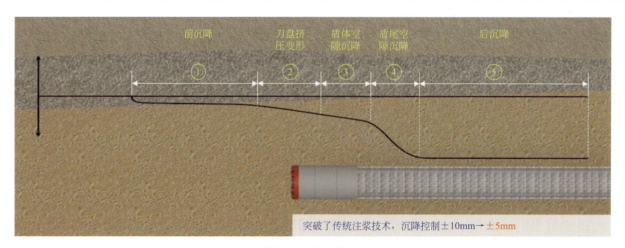

图3 五步注浆法

（3）研发了下穿既有线变形自动化监测与盾构掘进智能决策系统，实现了富水软弱地层地铁盾构施工参数实时调控与安全控制。

图 4　施工参数智能互馈调控系统平台

5. 新技术应用

（1）近接既有线地铁车站超深埋基坑施工安全性分析、评价方法与控制技术

探究不同施工工况中所蕴含的科学规律，充分利用现有的研究手段，构建近接既有线地铁车站超深埋基坑施工的数值分析方法；最终建立近接既有线地铁车站超深埋基坑施工安全性分析、评价方法与控制技术。

（2）近接既有线盾构始发施工关键技术及其控制效果评价

构建近接既有线地层稳定性数值评价指标与方法，形成"冻结—钢套筒—多孔管片注浆"的施工变形控制技术；最终建立近接既有线盾构始发施工关键技术及其控制效果评价体系。

（3）超近距下穿既有线施工安全性评价、预警与施工参数动态优化

通过构建超近距下穿既有线施工关键技术与支护体系、进行有限元数值分析、监控量测和实时信息反馈，保证下穿既有线过程中既有线的结构状态和运营始终处于安全的状态。建立超近距下穿既有线施工参数动态优化、围岩安全性评价与预警体系。

6. 作用意义

项目获授权发明专利 10 项、软件著作权 2 项、省级工法 5 项、实用新型专利 14 项、论文 20 篇。

该项目成果所形成的关键技术在国内城市轨道交通建设中进行了广泛应用，为工程施工提供了新方案、新技术，并获得了广泛好评，社会效益显著。扬子晚报和铁建工人报评价道"该技术标志着 5 号线施工中最大的难点被攻克，也填补了苏州在富水软弱地层始发即下穿既有线的空白"；建筑杂志社评价道"开创了国内盾构在富水砂卵石地层成功下穿既有线的先河"；搜狐新闻评价道"该工法为富水复杂地层下穿施工积累了宝贵的经验，最终实现了始发即下穿既有线'零沉降'的要求，保障了既有线的运营安全"。

研究成果在苏州市轨道交通 5 号线、成都地铁 6 号线、深圳国际会展工程中心、广州地铁 6 号线等工程中得到推广应用，取得了显著的经济效益，为工程安全高效地施工提供了保障，证明了项目成果的科学性与先进性。

科技成果鉴定意见：

2022 年 9 月 18 日，江苏省土木建筑学会在苏州组织召开了"富水软弱地层地铁盾构超近距始发即下穿既有线施工关键技术"科技成果鉴定会。鉴定委员会听取了课题组的技术研究报告，查阅了相关资

料，经质询、讨论，形成鉴定意见如下：

（1）鉴定资料齐全，符合鉴定要求。

（2）项目依托苏州市轨道交通5号线工程，通过试验、技术研发和工程应用，形成的主要创新成果如下：

1）构建了"冻结加固＋短筒建压"双控技术，解决了富水软弱地层地铁盾构受限空间始发时洞门密封防渗和土仓建压的难题；

2）研制了多类型浆液拌制、运输与注入一体化多功能壁后注浆设备，提出了基于"五步注浆法"的超近距下穿既有线成套施工技术，实现了时间和空间两个维度下近距下穿既有线变形的系统控制；

3）研发了下穿既有线变形自动化监测与盾构掘进智能决策系统，实现了富水软弱地层地铁盾构施工参数实时调控与安全控制。

（3）该项目获授权发明专利10项，软件著作权2项，省级工法5项。成果在苏州市轨道交通5号线、成都地铁6号线等工程中得到成功应用，取得了显著的经济、社会和环境效益。

鉴定委员会认为，该成果总体上达到国际领先水平。

第三代核电站超大吨位预应力技术、装备及应用*

主要完成人员：
廖春生、刘强、朱明亮、向群、杨浩、梁权刚、孙帅、张波、单意志

完成单位：
中国核工业华兴建设有限公司、江苏中核华兴建筑科技有限公司、东南大学

 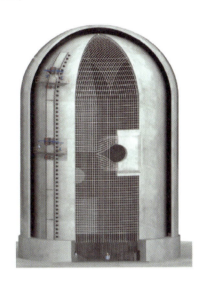

图1　核电安全壳大高差预应力管道

1. 项目概况

2011年日本福岛核电站事故后，我国对于核电站的安全性提出了更高的要求，新建的核电站均使用了第三代核电技术，而第三代核电站安全壳对于预应力张拉吨位提出了更高的要求，因此在台山核电（EPR）1号机组，田湾核电（WWER-1000）3&4机组，福清核电（华龙一号）5号机组，海外巴基斯坦卡拉奇核电（华龙一号）2&3机组等第三代核电站预应力建设过程中采用了超大吨位的预应力技术，张拉吨位超过1200t，单束钢绞线数量达到55根，最大钢束长度达到了220m，给预应力施工带来了诸多困难，针对第三代核电站预应力技术要求，对预应力施工的穿束、张拉、灌浆三个主要工序开展了科研攻关，研发成功了一整套超大吨位预应力施工关键技术及装备，并在第三代核电站成功应用，研发形成的核电站安全壳1200t后张预应力锚固体系的等应力预紧张拉技术及设备、倒U形整体牵引成套设备、整体式大吨位双层平台、新型预应力稳定浆体和触变浆体等，对第三代核电站的建设起到了积极促进作用。其中预应力数字化张拉技术、预应力触变浆体制作及灌注技术、大高差预应力孔道灌浆技术成功在台山核电1号机组应用；新型稳定浆体灌浆在田湾3&4机组成功研发并应用，使公司成功掌握了4种以上的预应力浆体灌注技术；倒U形整体牵引成套设备以及预应力水平双层平台成功研发并在华龙一号投入使用。

---

* 该项目获得2022年"江苏省土木建筑学会·土木建筑科技奖"一等奖

2. 应用领域和技术原理

应用领域：该技术主要应用于第三代核电站安全壳的预应力施工。

技术原理：核电站反应堆厂房安全壳为预应力钢筋混凝土结构，其安全壳由圆柱体筒体和半球形穹顶组成；为确保安全壳具备抗压能力，在安全壳混凝土内安装预应力系统，预应力钢束主要由水平束、竖向倒 U 形钢束组成，每根钢束由 55 根公称直径为 15.7mm 的高强低松弛钢绞线组成。预应力水平钢束绕筒体墙 360°环形单层布置，竖向倒 U 形钢束采用特有的倒 U 形布置，在穹顶部位分两层、互成 90°交叉布置。通过管道预埋成孔、钢绞线穿束、张拉、灌浆等一系列工艺流程，完成预应力系统安装。

3. 性能指标

（1）钢绞线

钢绞线由 7 根钢丝组成，公称直径为 15.7mm，参考截面积为 150mm² 钢绞线的抗拉强度不小于 1860MPa，每一交货批钢绞线的实际强度不能高于其抗拉强度级别 200MPa，整根钢绞线的最大力 F_m 为：279kN（最小值）。

（2）水泥浆

水泥浆中氯化物和硝酸盐的含量分别不得超过水泥质量的 0.015%，硫酸根离子含量不得超过 0.025%（当水泥成分中的硫酸盐以硫的三氧化物出现时不需考虑）。水泥浆中硫化物的硫离子含量不超过 0.0002%。初凝时间必须小于 50h，终凝时间在＋5℃时必须小于 80h。28d 的抗弯强度值大于 4MPa，抗压强度值大于 30MPa，毛细吸水小于 1.5g/cm²。

4. 创新点

（1）研发了一种由 55 个独立油缸组成的等应力张拉千斤顶，该千斤顶可实现对每根钢绞线的独立张紧，以保证钢束内钢绞线应力偏差≤10kN。

（2）自主研发整体式大吨位双层施工平台。上下平台可独立分离，形成流水施工，节约工期，施工效率大大提高。

（3）自主研发倒 U 形整体牵引成套设备。其中，30t 卷扬机具有自适应调平、手动排绳、电动收绳并在廊道内可自由移动的功能，牵引效率高；导向装置采用液压顶升技术，节省人力，可操作性强；钢绞线与卷扬机采用镦头连接，性能可靠，无污染；可实现由 55 股钢绞线编束而成的大直径钢绞线束的由下向上、穿束长度达到 220m 的穿束。

（4）千斤顶安装数字可视化张拉模块。张拉数据直接传输到电脑终端，精度高；整个张拉过程连续，数据实时处理，张拉现场可控性强。

（5）采用千分表进行摩擦力测试。操作简单，精确度高，减少设备和人力投入，经济性好。

（6）研发了一种新型稳定浆体、触变浆体以及相应的大高差灌浆工艺，灌浆密实度要求最大孔洞小于 5mm，浆体泌水率小于 0.3%，预应力孔道最大高差达到 13.8m。

5. 新技术应用

（1）整体式大吨位预应力双层平台

1）平台左半幅与右半幅连通形成一个整体式的大平台，平台上人员、材料、设备、工具可通过连通通道进行移动，提高施工效率以及平台的稳定性安全性。

2）平台左半幅与右半幅底部均设置有液压千斤顶，且平台上设置液压泵站可联动控制平台角度，以确保平台在提升至穹顶后的平整度，便于作业人员施工。

3）平台顶部左右各设有一台卷扬机，通过电气控制系统可进行平台的自动调平操作。

4）采用上下双层平台，上层平台进行预应力的主要流程作业，下层平台完成预应力辅助工作，两层平台同时施工，提高了预应力施工效率，缩短施工工期。

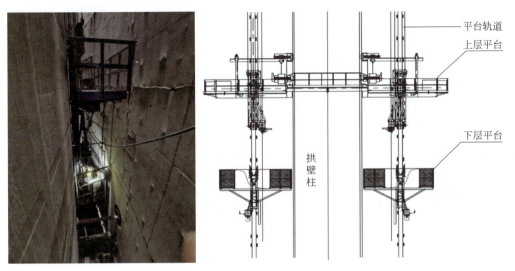

图 2 预应力双层平台

(2) 预应力倒 U 形整体穿束成套设备

1) 该设备为可自适应调平、手动排绳、电动收绳的可移动式整体牵引成套卷扬设备，可实现由 55 股钢绞线编束而成的大直径钢绞线束的由下向上、穿束长度达到 220m 的穿束。

2) 导向装置可实现钢绞线束整体变向，同时采用液压顶升技术代替传统人工顶升安装方式，大大提升了施工效率。

3) 钢绞线与卷扬机连接方式采用镦头连接，连接可靠，无污染。

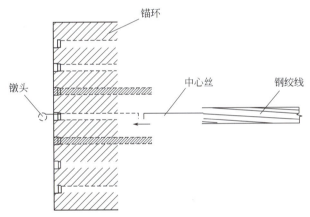

图 3 钢束镦头工艺及原理图

(3) 预应力新型浆体

1) 该浆体是国内核电站项目首次采用并成功运用的新型浆体，其组分在传统缓凝浆中加入一定掺量的稳定剂搅拌而成。

2) 该浆体具有良好的收缩及泌水性能，其泌水率≤0.3%，比传统缓凝浆泌水率≤2%的泌水性能更好、更优，更易保证管道灌浆的密实度。

3) 该浆体灌注采用真空辅助灌浆，可适用于所有类型管道的浆体灌注（包括竖向钢束垂直段、穹顶段和水平钢束的各类型管道），其使用范围比其他类型的浆体更广泛。

4) 该浆体可针对所有类型管道进行一次性完成浆体灌注，无需进行吹浆及二次灌浆操作，具有显著优点。

(4) 千分表摩擦力试验法

1) 优化传统测定摩擦系数的施工工艺，简化摩擦系数测定的操作步骤。

2) 减少摩擦系数测定的数据收集与处理的工作量。

3) 利用简单的数学手段获得被动端的压力值，方法通俗易懂。

4) 孔道摩擦系数与正式张拉可同步开展，钢束可连续进行施工。

5) 减少人、材、机的投入，提高施工效率，缩短工期，节约施工成本。

(5) 大高差预应力管道触变浆灌浆技术

1) 触变浆成浆后在静止状态具有较高黏稠度，在受到外力触动时，其黏稠度会迅速变化。在浆体

图 4　摩擦力试验主、被动端千斤顶张拉

灌注过程中其性能满足灌浆流动性要求的同时，仍具有良好的黏稠度。该浆体同时具有微膨胀、无泌水等特点。

2）利用触变浆黏稠度较高的特点，使浆体在管道中行进时保持"齐头并进"的状态，更有利于管道内部空气的排出，且在管道弯起部位的下行段不易塌陷，避免浆体在下行段形成孔隙。

3）简化传统灌浆工艺，取消二次灌浆操作。大高差预应力管道可一次灌浆成型，缩短施工工期、节省材料和劳动力的投入；同时减少人为出错的几率，利于质量控制，避免二次灌浆交叉作业带来的安全风险。

（6）预应力数字化张拉技术

1）张拉过程中的数据通过电脑自动输出和计算，避免了人为读数和计算的错误，确保了数据的准确性。

2）利用该模块可以实时监控、及时发现问题，鉴于预应力张拉属于一项高风险作业，数字可视化技术的应用可以有效避免较大的张拉事故发生。

3）预应力张拉数字可视化技术还可实现千斤顶油压与荷载张拉力的双重控制，确保了张拉的精确度。

4）发明了由55个独立油缸组成的等应力张拉千斤顶，该千斤顶可实现对每根钢绞线的独立张紧，以保证钢束内钢绞线应力偏差≤10kN。

图 5　全比例灌浆试验现场图

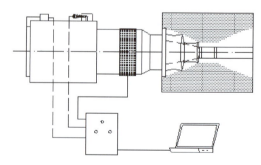

图 6　张拉数据读取系统连接运行示意图

6. 作用意义

研究成果已获14项发明专利，11项实用新型专利，2项省级工法，主编了4项行业标准。通过采用先进的预应力施工技术，工序得到了优化，主要材料钢绞线的损耗大幅度降低，人力成本也大大缩减，创造了良好的经济效益。预应力施工处于核电建造土建施工的关键线路上，对整个工期的贡献起着举足轻重的作用，通过运用一系列先进的预应力施工技术，在保证施工质量的前提下使整个工期缩短了约6个月。

预应力施工保质保量地完成，能够为后期安全壳冷试、热试的顺利进行提供保障，因此对整个核电的建造工期和安全运行都具有重要的社会意义。

科技成果鉴定意见：

2022年9月15日，江苏省土木建筑学会在南京组织召开了"第三代核电站超大吨位预应力技术、装备及应用"科技成果鉴定会，鉴定委员会听取了课题组的技术汇报，审阅了相关资料，经质询、讨论形成鉴定意见如下：

（1）提交的鉴定资料齐全，符合鉴定要求。

（2）课题组结合第三代核电站超大吨位预应力施工技术的特点和要求，开展了第三代核电站超大吨位预应力管道精准测量安装技术、预应力钢绞线整体穿束成套技术与设备、超大吨位预应力张拉技术、超高密实度灌浆技术等一系列创新技术研究，形成以下创新点：

1）研发了核电站安全壳超大吨位后张预应力铺固体系的等应力预紧张拉技术及设备，张拉力达到12276kN，实现了单根钢绞线拉力最大偏差小于5%；

2）自主研制了倒U形整体钢绞线牵引成套设备，解决了倒U形穿束难题，牵引效率提升1.5倍；研发了整体式大吨位双层作业平台，预应力施工效率提升60%；

3）自主研发新型预应力稳定浆体和触变浆体，解决了全孔道浆体密实度保障的技术难题，缩短工期并保证了灌浆质量。

（3）研究成果已获14项发明专利，11项实用新型专利，2项省级工法，主编了4项行业标准。研究成果在国内外的5个重大核电项目安全壳上获得成功应用，取得了显著的社会和经济效益，具有广泛的应用前景。

鉴定委员会认为，研究成果总体技术达到国际领先水平。

滨海高密度砂层水下大直径盾构隧道施工关键技术及应用*

主要完成人员：
施瑾伟、汪宏、何源、韩晓明、金凤、朱金彭、张飞雷、钟涵、尹蓉蓉

完成单位：
中交二航局第三工程有限公司、江苏科技大学、中交第二航务工程局有限公司

图1　南京扬子江过江通道（纬三路）

图2　南京地铁6号线

1. 项目概况

项目依托孟加拉国卡纳普里河底隧道、南京纬三路过江通道等多个重大工程，开发了拥有自主知识产权系列大直径盾构隧道施工装备和技术，为拟建及在建的其他过江、跨海通道工程提供理论依据和实用技术借鉴，促进和推动了水下大直径盾构技术的发展和提高。

孟加拉国卡纳普里河底隧道为中交第一条海外长、大直径隧道项目，单条隧道总长为2450延米，双线总长约4900m。项目位于孟加拉国吉大港市郊区卡纳普里河入海口位置，连接卡纳普里河东西两岸，海水对地下承压水补给显著，区域内水体具有高盐、高压、流动性强、地温高、潮差波动变化大等特点。

南京市纬三路过江通道位于纬七路过江通道下游5km、南京长江大桥上游4.5km处，连接南京主城区与浦口规划新市区中心。通道采用八车道"X"形隧道方案，隧道设计为双层双向八车道。隧道在江中段采用左右线分离两管盾构，管片外径为14.5m，内设上下层双向四车道，上层均为北岸至南岸方向，下层均为南岸至北岸方向。左右两线北岸段均与定向河路相连，与浦珠路相交。隧道N线（北线）潜洲北部过江与主城的扬子江大道相接，长4930m，其中盾构段3557m。

马来西亚吉隆坡地铁2号线工程地下段共3个车站和1个区间。该项目区间（HKL-CRO区间），全长2100.222m，北线里程28+635.748～28+818.032为300m转弯半径曲线段。该曲线段大部分位于HKL医院足球场沼泽软弱土层区域，隧道埋深为12～14m。在软土区域，由于地质软弱，不足以抵

---

* 该项目获得2022年"江苏省土木建筑学会·土木建筑科技奖"一等奖

御管片所受的侧向分力，容易造成管片大幅度的侧向偏移，不但影响成型管片隧道的线形，还会导致管片提供的纠偏反力不足，导致盾构机纠偏困难。

2. 应用领域和技术原理

技术主要应用于复杂地质条件下的跨海越江水下大直径盾构隧道工程。

技术原理：

（1）前期技术准备，首先针对依托工程，结合理论计算、数值仿真和实际应用对钢套筒施工方案及潜水带压进舱作业方案进行优化设计，针对方案可实施性进行分析研究；

（2）分析项目关键技术问题，查阅相关文献资料，了解项目相关内容前沿现状，并通过项目参观、交流与学习了解大直径盾构进出洞工艺、盾构施工动态模拟模型建立、海水制浆及废浆处置、带压进舱换刀以及隧道衬砌可靠度分析方法，明确项目研究重点；

（3）采用数值软件手段摸清钢套筒及其辅助工装安全性能、建立隧道关键施工步骤动态模拟模型，基于室内试验的手段摸清海水泥浆劣化和泥水盾构闭气泥膜成膜规律，用于指导隧道项目现场施工；

（4）采用数值计算方法建立隧道荷载—结构模型，建立隧道衬砌结构极限状态模糊随机可靠度分析方法及隧道安全评估体系；

（5）总结提升研究成果，并对研究成果进行评估。

3. 性能指标

（1）研制辅助大直径泥水盾构始发和接收的钢套筒设备，研制辅助大直径盾构平移转体的钢球组装置，形成狭窄空间条件下浅覆土、大坡度和高水压条件下大直径盾构始发、接收和转体成套技术，并达到国际先进水平；

（2）基于有限元数值分析软件，实现施工过程动态模型模拟，实现参数化建模，为隧道工程设计和施工提供理论和计算支撑；

（3）研发一整套超高水压大直径盾构潜水带压进舱作业装置及设备，形成复杂地质、高水压条件下饱和潜水带压进舱换刀关键技术，并达到国际先进水平；

（4）厘清海水中盾构泥浆劣化规律，并提出解决方法，摸清海水泥浆在地层中的成膜规律，并形成废弃泥浆回收再利用关键技术，达到国际先进水平；

（5）建立隧道荷载—结构模型，研究隧道结构在"渗流—应力场"及双因素侵蚀下衬砌结构极限状态下随机可靠度分析方法，形成水下海底盾构隧道安全评估体系。

4. 创新点

（1）水下大直径盾构进出洞及转场技术研究。

研发超大直径泥水盾构钢套筒始发装置与技术，构建隧道掘进盾构始发段大高差下管片运输系统及方法，研发大直径盾构机整体平移转体装置及技术，建立隧道建设关键技术动态模拟模型。

（2）超高水压大直径盾构潜水带压进舱作业装置及工法研究。

开发高承压复合地层长寿命闭气泥膜制备技术，建立基于饱和潜水技术的泥水盾构带压进舱作业系统和泥水气压平衡盾构机潜水换刀作业系统，形成超高水压大直径泥水盾构常规压缩空气带压进舱作业工法。

（3）海底盾构隧道海水造浆制备技术及安全性评估研究。

研发高盐度海水泥浆制备技术和废弃泥浆配制壁后浆技术，构建海底盾构隧道安全性评估方法。

5. 新技术应用

（1）研究了水下大直径盾构进出洞及转场技术。首次研制了12m级直径超大型气垫式泥水加压平衡盾构密闭始发钢套筒及其成套技术，提出了隧道掘进盾构始发段大高差下管片运输系统及方法，发明了大直径盾构机整体平移转体装置，实现了大直径盾构整体异步协同调坡、长距离平移及原位180°转体，同时建立了隧道建设关键技术动态模拟模型，有效保障了隧道施工安全。

（2）开发了超高水压大直径盾构潜水带压进舱作业装置及工法。在国内首次引进饱和潜水带压进舱技术，研制了盾构机内氦氧饱和潜水穿梭舱应用装置，提供了带压换刀施工的泥水管路结构，开发了高承压复合地层长寿命闭气泥膜制备技术，研究了海水泥浆渗透成膜规律，提出了优质泥膜控制指标，制定了现场泥膜质量评价方法，解决了复杂地质、高水压条件下多频次带压换刀高风险作业难题。

图 3　大直径、多功能密闭钢套筒

图 4　氦氧饱和潜水穿梭舱对接

图 5　耐盐型高性能环保泥浆调节剂材料

（3）研究了海底盾构隧道海水造浆制备技术及安全性评估。研制了一种耐盐型高性能环保泥浆调节剂材料，开发了高盐度海水泥浆制备技术，提出了废弃泥浆配制壁后浆技术，形成了一种既经济又环保的废弃泥浆再利用工法，解决了海水中泥浆劣化问题，实现了废弃泥浆的再利用。建立了考虑应力拱效应的隧道荷载结构模型、隧道偏心受压钢筋混凝土构件在"渗流—应力场"及 SO_4^{2-} 和 Cl^- 作用下抗力衰减模型、考虑衬砌结构抗力模糊性及荷载效应随机性的正常使用极限状态下模糊随机可靠度分析方法，为盾构隧道长期安全性评估提供了基础理论和方法。

6. 作用意义

成果获授权发明专利12项、实用新型专利20项、软件著作权1项、省部级工法6项，发表学术论文53篇（SCI/EI 11篇）。技术成果在孟加拉国卡纳普里河底隧道、马来西亚地铁MRT2、南京纬三路过江通道、哈尔滨地铁3号线、佛山地铁2号线、南京地铁6号线等多个国内外工程中成功应用，累计取得经济效益约80.72亿元，社会效益良好，应用前景十分广阔。

该项目开发的大直径钢套筒始发施工保障技术体系、大直径盾构机整体平移调头工装和系统、高承压复合地层长寿命闭气泥膜制备技术及超高水压大直径泥水盾构常规压缩空气带压进舱作业工法等关键技术，为日渐增加的大直径盾构作业提供了技术支持，保障了施工和使用安全。

科技成果鉴定意见：

2022年7月27日，江苏省土木建筑学会在南京主持召开了"滨海高密度砂层水下大直径盾构隧道施工关键技术及应用"科技成果鉴定会。鉴定委员会听取了项目组科技成果汇报，审阅了有关文件资料，经质询、讨论，形成如下鉴定意见：

（1）项目组提供的资料齐全，符合科技成果鉴定要求。

（2）项目采用理论分析、数值模拟、室内试验、工程验证等方法，针对滨海高密度砂层水下大直径盾构隧道施工关键技术开展研究，取得了以下主要创新成果：

1）研发了12m级密闭钢套筒及多功能底座成套技术，解决了盾构始发接收、调坡和平移转体等施工难题；

2）研发了快速穿梭舱对接装置、基于超高压力下饱和氨氧混合气体装置和工法提升了带压进仓作业安全性、可靠性和作业效率；

3）研发了海水环境下抑制不良离子、提高泥浆分子稳定性的泥浆制备技术，实现了海水制浆、废浆利用的绿色施工。

（3）成果获授权发明专利12项、实用新型专利20项、软件著作权1项、省部级工法6项，发表学术论文53篇（SCI/EI 11篇），在孟加拉国卡纳普里河底隧道、南京纬三路过江隧道等重大工程中成功应用，具有显著的经济、社会效益和推广价值。

鉴定委员会认为，研究成果总体达到国际领先水平。

大型复杂会议会展项目建造关键技术研究*

主要完成人员：
陈刚、国宏雪、洪盛桥、徐晓晖、全有维、陈向阳、陈伟
完成单位：
中建八局第三建设有限公司、启东建筑集团有限公司

图1 扬子江国际会议中心

图2 一楼会议厅

1. 项目概况

会议项目作为国际会议设施建设中的主流表现建筑载体形式，具有"建造难、投资大、标准高"等特点。由于所承办会议的级别种类与风土人情不同使得其造型各异，建筑上为达到国内或国外著名建筑大师各自的美学效果，往往会产生大量的异形结构体，室内、室外声学装修、设备隔振、绿色建造等技术均与剧院、机场、体育场馆大不相同，其防火疏散、智能控管配套系统和设备费用高昂，给传统的施工工艺带来极大挑战。

该课题依托扬子江国际会议中心项目进行研究。该项目是长江之滨的地标性建筑，位于江北新区核心区中部临江地区，滨江大道南侧、长江防洪堤外侧、滨江风光带东侧，滨江大道与广西埂大街交叉口，用地面积8.7万 m^2，总建筑面积约18.72万 m^2。地上建筑面积约13.117万 m^2，分为4大功能区，建筑以T字形中央通廊为核心串联起各不相同的功能空间。其中会议宴会区共3层，建筑高度约36m，包含3000m^2主会场及2700m^2主宴会厅；多功能厅建筑高度约24m，包含9000m^2展厅；酒店共33层，面积约5.84万 m^2，总高约157m；办公区共6层，面积约0.39万 m^2。地下设一层连体地下室，建筑面积为5.4万 m^2，建筑功能为车库、功能机房及人防等。

2. 应用领域和技术原理

该成果主要应用于高端会议会展项目相关的绿色建造、异构体施工、施工总承包管理模式、EPC管理模式、建筑内外装饰、机电安装、结构节点处理工艺以及新材料新工艺等领域。

---

* 该项目获得2022年"江苏省土木建筑学会·土木建筑科技奖"二等奖

针对国际会议中心建筑大跨度结构关键技术问题，通过调研、理论分析、试验研究和数值模拟的方式，形成具有更高安全性、经济性、施工便捷性的解决方案，填补了行业相关研究的空白，并通过工程应用进行检验和提升。该课题形成的行业标准和技术文献，可直接指导于后续相关工程项目。

3. 性能指标

提高建筑结构抗震、提高建筑结构舒适性、建筑附近水源基线保护等方面的技术储备；为类似工程的施工、工期、质量、安全和效益提供保障，并为周边环境类似的大型会议、宴会、酒店一体工程的施工提供技术支撑。

4. 创新点

（1）对复杂造型大跨度空间钢结构的建模问题、结构参数化优化问题、异形结构施工测量和控制问题进行综合研究，形成整体解决方案，有利于打通从设计到施工全流程的数据传递，方便设计和施工，将建筑信息数据的使用效率最大化。

（2）创新性将异形大跨结构体作为整个结构抗震体系的有机组成部分，开发大跨度桁架耗能结构体系。提出大跨结构的抗震延性构件数值模拟计算的合理单元和本构关系，将数值分析结果与试验结果进行对比分析。提出耗能延性桁架的设计方法，通过试验、理论和数值分析验证结构安全度。

（3）针对复杂造型建筑极端气象条件下的荷载进行研究，得到其分布规律和极端数值，并基于概率论的方法将其统一成最终可用于设计及施工安全评估的可能出现的最大荷载形式，对提高设计和施工过程中的安全度有重要意义。

（4）开发针对高端国际会议中心建筑大跨度结构整体提升、整体顶升、整体滑移快速建造方式的结构设计成套技术，使得设计方法与现有快速建造施工方法相配合，形成对大跨结构快速建造施工过程和使用过程的更加有力的安全保障。

（5）通过对高危险点的系统性梳理，使得对于各个部位各种荷载条件下可能的结构失效模式及概率有整体把握，并基于此有针对性地编制检测和监测方案。相对于常规的预判形式更加科学、准确。

（6）借助大数据 AI 智能分析技术，将传统的依靠经验而非参数获取的方式逐渐变为利用软件自主学习特性，短时间内选取最为合适的方案方法。随着参数维度和数据量的增加，其判别准确性也随之提高。

5. 新技术应用

（1）复杂造型大跨度空间钢结构的关键技术研究

创新性地提出适用于双曲屋盖表皮下空间桁架的设计与优化方法，即：将桁架高度和桁架节间距离作为关键参数进行结构建模和优化，得到较优的参数组合区间，再综合建筑效果及屋面构造需求，得到供后续深化设计结果，再经过多次迭代得到满足容差要求或优化目标要求的计算结果。在实现整体方案设计与优化的同时，针对异形复杂节点，充分考虑钢材与混凝土在弹模、强度等材性的巨大差异，将钢材的理想弹塑性模型与混凝土损伤塑性模型进行耦合分析，再合并计算，得到趋于真实的计算模型。

（2）超限高层高效抗震体系关键技术研究

针对长宽比和高宽比均超限且主要发生第一和第三振型的超高层钢结构，创新性地运用钢板剪力墙 BRB＋钢框架结构体系，解决抗震超限若干难题。同时依托既有基础理论，提出四种钢板剪力墙概念组合形式（钢管混凝土-钢板剪力墙、钢管混凝土-钢板剪力墙-合理布置钢梁、带 BRB 钢管混凝土格构柱、带可更换钢连梁联肢柱）并深度展开试验、有限元等专项研究，探求工作机理和破坏机制，确定最佳组合方式，为设计提供数据支撑。其间，运用三维激光扫描仪，得到构件的三维散点模型，以此形成带有初始缺陷趋于真实的 ABAQUS 模型，再以此模型进行有限元分析模拟，与试验数据进行比对，证实改建模拟方式切实有效、数据更为真实。

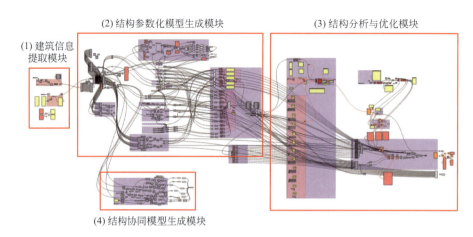

图 3　参数化模拟及优化模块构成

（3）高端国际会议中心建筑舒适性提升关键技术研究

利用缩尺模型进行风洞试验，再依托试验得到的体型系数等相关参数进行有限元分析模拟，得出建筑的空气动力特性，确定了更符合空气动力学特性的立面形式。再运用全国为数不多、江苏省内唯一的主被动结合质量调谐阻尼器进一步提升结构舒适性，该装置利用电磁涡流阻尼装置进行消能减振，利用主动驱动装置应对超过设计年限的风载工况，保证超限超高层使用中的舒适性。另外，运用有限元分析软件进行事先模拟，分析结构本身振动响应特征，明确 ATMD 安装位置和设置参数；现场安装后进行三次调试，确保消能器与结构自振频率吻合，达到最佳减振效果。

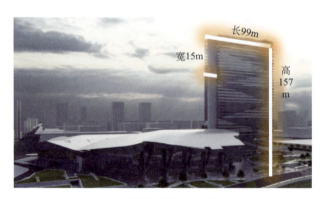

图 4　钢屋盖拆除单元模拟图

图 5　ATMD 运行状态

（4）水源基线保护相关绿色施工的关键技术研究

借助无人机倾斜摄影技术生成地表数字模型及地勘数据的三维可视化 EVS 模型，结合各土层相关参数，实现施工过程中任意剖面信息的查看和污染物地表径流、地下渗流预判及控制。接着根据数统原理，依托大量案例及相关数据，建立起以密度、黏度及含沙量为轴的三维散点区块分布云图，利于项目根据自身参数快速选取合适的泥浆处理方案。

（5）动态监测辅助的超危施工关键技术研究

为了加快施工进度，从地下室顶板非荷载裂缝控制和荷载裂缝控制两个角度出发，通过事前分析模拟确定合理的后浇带及分区分块的预应力措施，同时在顶板上搭设临时钢栈桥，将上部施工荷载直接传给地下室柱，满足重型履带起重机在顶板上进行吊装作业的条件，过程中在钢栈桥底部设置传感器，实时监测各履带起重机的自重及受力情况，避免出现受力不均匀等危险情况。

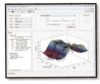 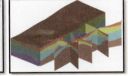 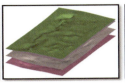 

| 提取地勘数据 | 地层面三维模型 | 建立三维地质模型 | 地下渗流方向及速度 |

图 6　基于 EVS 的地下径流可视化模型

| 履带起重机模拟 | 钢栈桥受力分析 | 搭建钢栈桥 | 预埋传感器 |

图 7　履带起重机装顶板前措施准备

6. 作用意义

项目获得综合报告 1 项，实现专利授权 49 项（其中发明专利 2 项），专利受理 17 项（其中发明 13 项），完成 8 项省级工法，形成论文 26 篇。

扬子江国际会议中心项目在施工过程中本着诚信经营、绿色施工、追求卓越、关爱生命的方针，在研究和应用每项新技术的过程中，严格做好质量控制，做好环境保护，确保职业健康安全。积极推广应用和开发新技术，在该工程的施工过程中创造了较好的经济效益和社会效益。直接经济效益达 5549.452 万元。

对已有老旧场馆加以改造形成适应新时代新需求的国际会议中心建筑，可以避免大拆大建，节省了建造时间，具有良好的经济性，更在建筑这一大尺度物品层面实现了循环利用。国际会议结束后，国际会议中心场馆亦作为所在地重要的会议、会展建筑，继续承担了服务于行业和当地重要社会活动的场所的任务，带动了行业交流和当本地经济的发展。同时，标志性国际会议中心建筑也成为当地城市形象宣传的载体，频繁曝光于公众媒体，强化了本地市民对城市的认同感。

科技成果鉴定意见：

2022 年 2 月 27 日，江苏省土木建筑学会在南京组织召开了"大型复杂会议会展项目建造关键技术研究"成果鉴定会。鉴定委员会听取了课题组汇报，审查了相关文件资料，经质询、讨论，形成鉴定意见如下：

（1）课题组提供的资料齐全，符合鉴定要求。

（2）该课题以扬子江国际会议中心建设项目为依托，针对大跨复杂钢结构、超限高层高效抗震减振技术、水源基线保护绿色施工、动态监测下的快速高效建造等难点，开展了大型复杂会议会展项目建造关键技术研究，创新成果如下：

1）针对大跨度复杂钢结构，研发了双曲建筑外形下空间架结构的设计与优化方法，以及大型履带起重机地下室顶板联合吊装施工技术，解决了大跨度复杂钢架的设计和建造难题；

2）针对 10.5 高宽比、6.6 长宽比的超高层超限钢框架结构，创新采用钢框架＋BRB＋钢板剪力墙的抗震结构组合形式，辅以两套 175t 基于电磁涡流的 ATMD 设备，以及大跨度钢筋架楼承板临时吊挂免支撑体系施工技术，解决了超大高宽比、长宽比复杂钢结构抗震及建造难题，提升了舒适度；

3）针对项目紧邻水源保护地的特征，研发了基于 BFS 算法的地质剖面图封闭区域查找填充算法以及泥浆原位处理技术，解决了污染物地表径流和地下渗流的预判难题，实现建造过程中对长江的生态安全保护；

4）针对项目体量大、结构复杂的特质，全过程采用数值模拟的分析方法，结合施工期和运维期的工程健康智能监测，实现项目快速建造、健康运维。

（3）该课题形成了 6 项关键技术，实现专利授权 49 项（其中发明专利 2 项），专利受理 17 项（其中发明 13 项），完成了 8 项省级工法，形成论文 26 篇。该成果在扬子江国际会议中心建设项目中得到成功应用，保证了工程质量、安全和工期，取得了较好的经济和社会效益，对类似工程具有推广和应用价值。

鉴定委员会认为，该课题研究成果达到了国际先进水平，其中：主被动结合质量调谐阻尼器（AT-MD）抗风振研究、复杂造型结构参数化模拟建造技术研究达到国际领先水平。

长江漫滩构造裂隙岩溶复杂地层特超长桩基础设计施工关键技术研发与应用[*]

主要完成人员：
韩友强、刘松玉、陈贵、安雄宝、马泽琛、马林、郭鹏飞

完成单位：
中建二局第三建筑工程有限公司、东南大学、江苏建科工程咨询有限公司

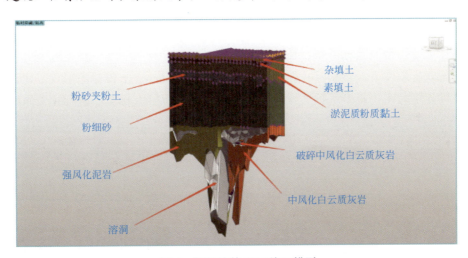

图 1　超长桩基 BIM 施工模型

1. 项目概况

南京华能双子座项目位于南京市鼓楼区，北侧红线距离长江约 140m，东侧距离地铁 3 号线上元门地铁～柳州东路站过江大直径盾构区间隧道约 75m，南侧为老虎山及幕府山交界处。项目总用地面积 20336m²，建筑面积 218153m²，包含裙房、2 栋 150m 高的塔楼，地下四层。塔楼结构类型为钢筋混凝土框架核心筒结构，裙房为钢筋混凝土框架结构，基础为桩基础，采用钢筋混凝土钻孔灌注桩。

项目用地所在区域为典型的长江漫滩地貌单元，与拟建场区有关的主要断裂有 2 条，次要断裂有 1 条：（1）南京—湖熟断裂（F2）；（2）幕府山—焦山断裂（F5）；（3）草场门—杨坊山—长林村断裂（f1）。其中幕府山—焦山断裂（F5）横穿拟建场地，场地南部位于震旦系灯影组白云质灰岩分布区，该岩层岩溶发育，可见岩石溶蚀现象。

以幕府山—焦山断裂为界，场地岩层分布：西区为强风化泥岩、东区为白云质灰岩，而待建西塔楼正位于两种不同岩性交界，下部构造裂隙（溶洞）空间分布大，施工勘察报告显示最高达 80 余米，构造裂隙内填充物为泥质、砂质和基岩风化碎屑、碎块等，胶结松散。灰岩和泥岩岩性相差非常大。

西塔泥岩桩设计为摩擦桩，需考虑以下因素：（1）西塔不均匀沉降问题（灰岩和泥岩压缩模量相差867倍）；（2）需有效持力层提供足够摩阻力。因此造成西塔泥岩桩需要穿越溶洞，为超长桩且超规范设计，最深桩底标高达到 −134.25m（相对标高），此深度已知是目前国内房建项目最深钻孔灌注桩。

---

[*] 该项目获得 2022 年"江苏省土木建筑学会·土木建筑科技奖"二等奖

同时，为避免大量桩基穿过构造裂隙情况发生，设计在该位置避免了传统桩基＋筏板的基础形式，自主创新，采用新型悬挑式筏板构造，在降低施工难度及成本的同时，保证了结构的安全与稳定。

2. 应用领域和技术原理

该技术成果可应用于长江漫滩构造裂隙岩溶复杂地层场地超限超高层建筑基础及桩基工程。

3. 性能指标

以南京华能双子座项目为依托工程，深入开展长江漫滩岩溶地质条件下142m超长钻孔灌注桩及4m超厚悬挑式筏板综合技术研究，以形成一整套超长混凝土钻孔灌注桩及超厚悬挑式筏板施工方案及关键技术总结，为国内外今后类似工程的设计和施工提供参考。

4. 创新点

（1）建立了巨厚悬挑式筏板＋超长桩＋短桩的创新技术方案，创造性地解决了长江漫滩构造裂隙岩溶复杂地层超限超高层建筑的基础设计难题。

（2）针对不同地质条件下泥浆悬浮效果不理想等问题，通过建立土样库的形式，对泥浆配比进行模拟试验，确认最优泥浆配比，提出了粉细砂层及岩溶地质复杂土层下桩基多重配比泥浆综合护壁技术。

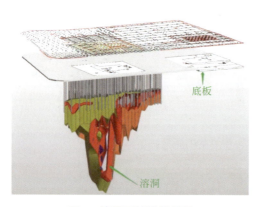

图2　溶洞区域桩基情况　　　　图3　泥浆配比模拟试验

（3）为解决传统成孔技术难以达到施工深度的问题，保证成孔质量及效果，基于已有的反循环成孔技术进行改良优化，完善为气举反循环成孔技术，同时针对不同地质钻进困难等问题，自主研发新型钻头，并采用最优钻杆＋新型钻头组合的方案保证了成孔效果，采取多钻头组合钻进方式施工，形成了长江漫滩构造裂隙岩溶复杂地质条件下超长桩基全液压气举冲击反循环成孔技术以及多钻头组合钻进技术。

图4　自主研发的新型钻头

（4）为避免传统混凝土浇筑导管在超深水压受压变形以及破裂等问题，采用一体化超长导管进行浇筑，同时调控混凝土配比，控制混凝土最优坍落度，创新发展了长江漫滩构造裂隙岩溶复杂地层下超深桩基水下灌注高强混凝土综合技术。

图 5　一体化超长导管浇筑混凝土

（5）在桩基施工过程中，为避免泥浆外运，研发了除砂机与压滤机结合的环保型泥浆回收技术，实现了绿色施工。

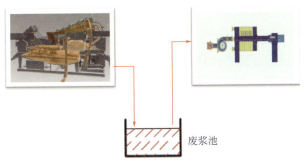

图 6　环保型泥浆回收技术

5. 新技术应用

（1）通过泥球护壁结合套管法、多层套管护壁法以及跨孔 CT 技术，解决了地质勘探过程中的泥浆稀释、穿越多层地质困难、钻孔间地质情况难以明确的问题，总结形成了构造裂隙岩溶地质超高层桩基超前勘探技术。

（2）通过建立土样库的形式，对泥浆配比进行模拟试验，确认最优泥浆配比，提出了粉细砂层及岩溶地质复杂土层下桩基多重配比泥浆综合护壁技术，可解决不同地质条件下泥浆悬浮效果不理想等问题。

（3）自主研发新型钻头，并采用最优钻杆＋新型钻头组合的方案保证了成孔效果，形成了长江漫滩与岩溶地质条件下超长桩基全液压气举冲击反循环成孔技术，可解决传统成孔技术难以达到施工深度的问题。

（4）采用一体化超长导管进行浇筑，同时调控混凝土配比，控制混凝土最优坍落度，形成了超深高强度水下混凝土导管浇筑技术，可避免传统混凝土浇筑导管在超深水压受压变形以及破裂等问题。

（5）通过在桩基施工前，预埋应力传感器，来对桩身施工后的受力数据进行采集与整理，建立了超长钻孔灌注桩桩基力学检测数据库。

（6）通过在混凝土内设置温度传感器，并连通外界循环水总控制中心，对混凝土内部温度的数据进行采集以及分析,进而确认是否需进行冷却水循环作业,达到全自动的循环水启动及关闭工作,完成了超厚混凝土筏板冷却水自动循环技术。

(7) 通过在筏板内预埋一系列应力传感器,通过对数据的采集,进一步验证悬挑式筏板的受力效果是否理想、可控,保证了后续结构施工的安全及稳定,形成了超厚混凝土筏板力学性能监测系统。

6. 作用意义

研究成果共获得发明专利 3 项,实用新型专利 5 项,软件著作权 1 项,省部级工法 2 项。原超长桩方案为全护筒全回转施工工艺,预计桩基工程需 4000 万元成本,现方案为气举反循环施工工艺,成本可控,节约成本约 4800 万元。

在该项目的施工过程中克服了多项技术难关,积累了丰富的施工经验,同时也产生了良好的社会效益,为国内外今后类似长江漫滩地质,复杂岩溶地质环境下超高层及桩基工程的设计和施工提供参考,项目也多次组织了观摩活动,得到了政府及社会各界的一致好评。

科技成果鉴定意见:

2022 年 6 月 22 日,江苏省土木建筑学会在南京组织召开了"长江漫滩构造裂隙岩溶复杂地层特超长桩基础设计施工关键技术研发与应用"项目科技成果鉴定会。鉴定委员会审阅了相关资料,听取了项目成果汇报,经质询、讨论,形成如下鉴定意见:

(1) 项目提供的技术资料齐全,符合科技成果鉴定要求。

(2) 项目针对长江漫滩构造裂隙岩溶复杂地层场地超限超高层建筑基础及桩长达 142m 的特超长桩基础施工技术难题,结合工程实践,开展了技术研发与应用研究,取得了以下创新成果:

1) 建立了巨厚悬挑式板+超长桩+短桩的创新技术方案,创造性地解决了长江漫滩构造裂隙岩溶复杂地层超限超高层建筑的基础设计难题;

2) 研发了长江漫滩构造裂隙岩溶复杂地层下特超长桩基施工多重配比泥浆综合护壁技术、全液压气举冲击反循环成孔技术、多钻头组合钻进技术;

3) 创新发展了长江漫滩构造裂隙岩溶复杂地层下超深桩基水下灌注高强混凝土综合技术;

4) 研发了除砂机与压滤机结合的环保型泥浆回收技术,实现了绿色施工。

(3) 依托该成果授权发明专利 3 项、实用新型专利 5 项、软件著作权 1 项,省部级工法 2 项,发表论文 8 篇,成果已在南京华能双子座超高层项目等工程中得到成功应用,取得了显著的经济、社会和环境效益。鉴定委员会认为,研究成果整体处于国际领先水平。

超大型高科技电子生产厂房工程关键建造技术

主要完成人员：
孙江龙、詹必雄、张航科、周予启、杨光明、张洪、张泽玉

完成单位：
中建一局集团建设发展有限公司、世源科技工程有限公司、中国电子工程设计院有限公司

图1 苏州三星第8.5代电子液晶显示器件厂房

图2 南京台积电12英寸晶圆厂与设计服务中心一期项目

1. 项目概况

信息技术产业是关系国民经济安全和发展的战略性、基础性、先导性产业，也是世界主要国家高度重视、全力布局的竞争高地。自改革开放以来，中国经济取得了重大成就，并持续飞速发展。电子消费市场的快速膨胀使国内终端产品厂商对芯片、面板的需求急剧扩大。面对百年未有之大变局和产业大升级、行业大融合的态势，加快电子元器件及配套材料和设备仪器等基础电子产业发展，对推进信息技术产业基础高级化、产业链现代化，乃至实现国民经济高质量发展具有重要意义。在全力推进《中国制造2025》、"十三五"规划中，国家相继出台了相关产业政策持续提升保障能力和产业化水平，支持电子元器件领域关键短板产品及技术攻关，全面加快我国芯片、面板产业布局。

过去数年间，我国实现了国产存储器芯片、液晶显示器从无到有的突破。以高端技术为支撑，在自动化搬送系统高、洁净度、防微振等领域提供了有效的解决方案。不断耕耘，助推我国电子器件产业从无到有，从国内走向国际，总计完成了超大型高科技电子生产厂房累计321座，施工面积约1652万 m^2，涉及LCD、OLED、AMOLED、半导体芯片等各大主流前沿产品，累计合约额逾千亿。

2. 应用领域和技术原理

研究成果可应用于超大型电子生产厂房施工领域。
提出国内TFT-LCD生产环境的微振动控制标准和防微振控制系统解决方案。

3. 性能指标

在国内首创超大体量、超高防微振控制等级的超大型高科技电子厂房的防微振控制技术，达到国际先进水平。该技术提出了国内TFT-LCD生产环境的微振动控制标准和防微振控制系统解决方案，确定

---

* 该项目获得2022年"江苏省土木建筑学会·土木建筑科技奖"二等奖

了理论计算模型、关键影响参数、核心控制指标，并经过多个项目实测数据进行了验证，确保了超高精度防微振控制要求。

研发的超大面积、超高洁净度控制精度洁净环境控制技术，保障了超大面积（40万m^2）洁净室的超高温湿度精度（温度控制精度22±0.1℃、相对湿度控制精度45%±3%）控制要求。

4. 创新点

创新性地研发了超大面积、超高洁净度控制精度洁净环境控制技术，建立了超大洁净厂房CFD气流仿真模拟技术，研发了净化空调系统温水淋水加湿空气处理技术。

研发的极端工程设计特性下超大型高科技电子厂房建造技术包括了种类繁多、独具特色的建造技术。

（1）构建的极端超长无伸缩缝结构的裂缝控制技术，通过选材措施、设计措施及施工控制措施的综合利用，完美解决了极端超长无伸缩缝结构裂缝控制技术。远远超出现行《混凝土结构设计规范》GB 50010关于室内伸缩缝的最大间距要求。

（2）极端大体量条件下的高精度"Fast-Track"建造技术。研究了不同类型的超大型高科技电子生产厂房工程工期极其紧迫、建造精度要求高等难题，应对其"高效高精度快捷"的施工模式，创造性地提出了大面积混凝土"月牙叉板面标高平整度控制"技术与超大厂房控前点互换测量技术，快速有效地解决了超大超长结构施工测量；发明了预制型钢桁架双皮墙安装技术，在实现墙体快速施工提高工程质量和劳动生产率的同时，大幅减少环境污染；首次采用主体结构半正半逆施工方法与回风夹道钢结构分段快速安装技术，解决了厂房如何提前封闭给后续专业包商提供有效工作面加快施工进度的难题。

5. 新技术应用

（1）高世代显示器件生产线工艺仿真及组线技术

项目研究主要内容包括：依据工业工程的基本思想研究高世代TFT-LCD工艺组线技术；通过理论分析，利用多种动态和静态仿真工具软件来解决工厂经济规模合理确定、工艺设备最优配置、自动化搬送系统规划、设备布局优化和生产线整体性能评价等问题。

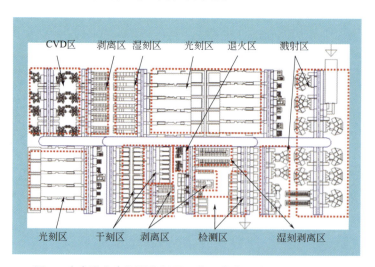

图3 生产线生产瓶颈分析及工艺组线典型布局和优化布局

（2）超大体量、超高防微振控制等级的超大型高科技电子厂房的微振动控制设计施工技术

剖析了振源及振动传递机理，确定"抗振""隔振"技术方案，建立了不同振动类型的仿真分析方法和多振源、多振动类型的等效分析方法，制定了TFT-LCD厂房的微振动控制国家标准。

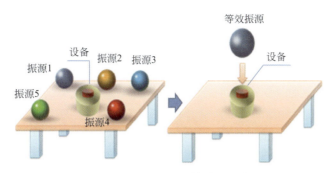

图 4　多振源振动响应等效分析方法

（3）超大面积、超高洁净度控制精度洁净环境控制设计施工技术

自主研发超大面积洁净室的超高温湿度精度（±0.1℃、±3%）控制技术，具有调节方便、节能显著、适应工艺的更新换代及显著节省非生产面积与空间的优点。

（4）极端工程设计特性下超大型高科技电子厂房建造技术

1）极端超长（350～500m）无伸缩缝结构的裂缝控制技术：基于工艺生产线、抗微振等各方面要求，厂房的结构不允许设置伸缩缝，该技术解决了极端超长混凝土结构的无缝设计，并且有效控制结构构件的裂缝在允许的范围内，达到了国际先进水平；

2）超长超宽（300～500mm）混凝土板高精度测量施工技术、预制型钢桁架双皮墙安装技术、主体结构半正半逆施工方法、回风夹道钢结构分段快速安装技术解决了不同类型的超大高科技电子生产厂房工程工期极其紧迫、建造精度要求高、建筑施工节能低碳等一系列难题，应对其"高效快捷"的施工模式，具有极高的参考意义及推广价值。通过对超大型高科技电子生产线工程一系列关键设计措施的研究，在总结了国内外成熟的面板、芯片工艺技术基础上，对重点研究内容提出了分析和解决方案，制定了具体的分析方法和分析手段，并通过实例介绍了这些分析方法和分析工具的具体应用效果。这些分析问题的方法和分析手段，可以帮助业内人士全面、准确地优化生产工艺和工艺组线，合理规划相关保障系统，达到建设经济、合理、高效的电面板/芯片生产线的目的。

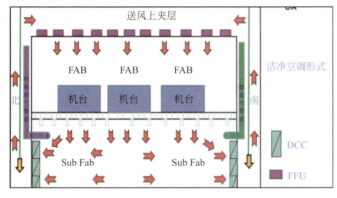

图 5　洁净室气流流向示意图

图 6　高精测控成型效果

6. 作用意义

项目研究成果获国家发明专利 12 项，实用新型专利 24 项，软件著作权 4 项。参与编制国家标准 6 部，团体标准 3 部。

（1）经济效益分析

以南京台积电项目为例，应用了超大型高科技电子生产厂房工程设计及施工关键技术三项成果。其中通过主体结构半正半逆作法施工技术为厂房建设节省工期20天，节省施工成本90万元；采用一种免拆卸华夫板SMC模壳专利技术，节省人工、工期成本600万元；以上成果的应用为项目累计节约成本约690万元。

以无锡海力士厂房项目为例，应用了超大型高科技电子生产厂房工程设计及施工关键技术，减少3台塔式起重机的安装，为厂房建设节省工期30天，节省施工成本220万元；采用减振公共支架施工技术，节省成本1000万元；以上成果的应用为项目累计节约成本约1220万元。

该综合技术也是通过不断地建造超大高科技电子厂房工程，从中积累、分析、总结而逐渐形成的。超大高科技电子厂房关键施工技术研究与应用为国内超大高科技电子厂房持续化快速增长建造规模找到了一个非常恰当的解决方案，更是依托国家对高科技电子产业的大力扶持，保证了大型电子厂房高效快捷的顺利实施，可为后续相关工程提供借鉴和参考价值。

（2）社会效益分析

超大型高科技电子生产厂房工程设计及施工关键技术创新性地采用成套高效快捷设计施工技术，提高了生产线的经济性和准确性，提高了施工效率，缩短了工期，适应了超大型高科技电子生产厂房工程的快节奏。其创新性开发了工艺组线技术、防微振控制技术、洁净控制技术，开创了国内超大型高科技电子生产厂房快速绿色建造技术的先河，为实现中华民族伟大复兴的强国梦，做出贡献。

（3）环境效益分析

通过新技术的创新与应用，在施工中提高能源利用效率，减少能源损耗，做到节地、节水、节材、节能，用有限的资源和最小的能源消费代价取得最大的经济和社会效应。该研究成果包含的多项创新技术有利于提高施工过程中的节能减排效果，降本增效成效显著，为绿色施工技术的发展和进步做出了积极的贡献。

科技成果鉴定意见：

2022年9月15日，江苏省土木建筑学会在南京组织召开了"超大型高科技电子生产厂房工程设计与施工关键技术"成果鉴定会议，鉴定委员会听取了课题组的技术研究报告，查阅了相关技术资料，经质询和讨论，形成鉴定意见如下：

（1）课题组提供的技术资料齐全，符合鉴定要求。

（2）课题依托"南京台积电项目""合肥京东方10.5代线项目""西安三星10纳米级闪存生产线项目"等56个电子厂房工程，进行了设计与施工关键技术的创新与应用。主要创新成果如下：

1）研发了高世代显示器件生产线工艺仿真及组线技术，通过自主开发的多种动态和静态仿真工具软件，解决了工厂经济规模合理确定、工艺设备最优配置、自动化搬送系统科学规划的难题；

2）提出了超高精密制造高科技电子厂房纳米级微振动设计施工控制系统的解决方案，解决了高精密生产线工程微振控制难题；

3）自主研发了超大面积、超高洁净度环境控制专有技术，达到了超高温湿度精度（±0.1℃/±3%）控制要求；

4）形成了电子厂房超长无伸缩缝结构的裂缝控制技术，解决了超长混凝土结构的无缝设计和裂缝控制难题；系统解决了不同类型的超大型高科技电子生产厂房工期紧、结构精度要求高、建筑施工节能低碳等一系列难题。

（3）该课题研究成果应用价值高，经济和社会效益显著。获得软件著作权4项、发明专利12项、实用新型专利24项、省级工法14项、发表论文21篇，主编国家标准4部，参编国家标准2部，获得詹天佑奖1项、全国勘察设计金奖2项、鲁班奖1项、国家优质工程奖3项。

鉴定委员会认为，该成果整体达到国际先进水平，其中高世代显示器件生产线工艺仿真及组线技术、高精密电子厂房微振动控制设计施工技术、装配式电子厂房回风楼层板采用预制格构梁一体化免拆卸SMC膜壳技术达到国际领先水平。

多折面大跨双向交叉张弦木梁屋盖及异形幕墙建造综合关键技术*

主要完成人员：
刘剑、韩树山、李国建、陆伟东、潘鸿、张谨、程小武

完成单位：
中亿丰建设集团股份有限公司、中亿丰（苏州）绿色建筑发展有限公司、中衡设计集团股份有限公司、南京工业大学

图 1　项目实景图

1. 项目概况

项目依托苏州市第二工人文化宫项目，外观设计典雅大方，提取了传统苏州城区连绵起伏的坡屋顶和粉墙黛瓦元素，配以现代的复杂异形玻璃幕墙，以神似姑苏传统建筑的内敛绵延呈现，是现代建筑与苏式园林的完美融合。

该项目游泳馆屋面为坡屋面形式，屋盖采用弦支木结构（胶合木），外围采用型钢混凝土框架结构，游泳馆纵向长度 67.2m，横向跨度 36.6m。屋面木结构折线多变，与传统张弦结构相比，受力体系多变，木结构撑杆垂直方向只承担竖向荷载，预应力拉索相交保证力达到平衡。施工上需要分析整个预应力拉索施工过程及张拉时相互的影响。对拉索张拉过程进行监测，达到设计要求的最终张拉形态。通过对木材蠕变的细致研究，钢木节点、索木节点的深化、施工，各索力、木梁应力的监测分析来实现结构受力的合理性、建筑理念的展现以及良好的社会效应。目前国内外双向交叉张弦木梁结构在大跨度结构中较少使用，特别是大跨度双向交叉张弦木梁屋盖体系，更是少之又少，专业技术发展还不完善，技术措施还不够科学合理，在一定程度上制约了大跨度双向交叉张弦木梁屋盖结构的应用发展。预应力组合结构体系使预应力技术与空间结构（组合结构）在发展中找到了共同的结合点，它是当代建筑结构学科中的最新成就。这种结合，不仅提高了经济效益，而且创造了过去无法想象的新奇结构体系。

该项目中庭位置为大跨度玻璃肋全玻璃幕墙系统，南北方向约 108m，高度 17.1m，总面积约 1846.8m²。项目南立面、北立面以及 6 号楼为异形人造板幕墙系统，面积大约 5200m²，抛弃了传统单

---

* 该项目获得 2022 年"江苏省土木建筑学会·土木建筑科技奖"二等奖

一的平面，采用海浪形凹凸不平的造型。针对本大型公共场馆的复杂外立面包含大跨度玻璃肋、异形人造板幕墙系统的设计优化与施工等重难点，课题通过在设计阶段对大型异形等不规则造型外立面幕墙系统进行 BIM 建模优化设计分析，在施工阶段针对大跨度玻璃肋的拼装、整体吊装施工、异形人造板等重难点进行分析，从设计、施工角度，采用多种科技创新手段进行解决。

2. 创新点

（1）多折面大跨度双向交叉张弦木梁屋盖体系形态设计技术

1）多折面交叉张弦梁结构找形技术

屋面沿纵向呈折线形，采用双向交叉张弦胶合木梁体系，该体系可有效减小上弦杆胶合木梁的弯曲应力与挠度。传统的张弦梁结构上弦杆通常采用平面样式，而在该游泳馆屋盖中，结构上弦杆、腹杆以及下弦索总体沿着屋面呈折线形布置，这种结构形式在如此大的跨度下实现在国内是第一次尝试。

2）多折面交叉张弦梁结构节点创新技术

采用可滑动支座与半刚性节点设计，解决了屋盖跨度大、节点适用性要求高的难题，保证了多折面大跨度屋盖体系的形态合理及受力安全。

（2）多折面大跨度双向交叉张弦木梁屋盖体系数字化分析与施工技术

1）多折面大跨度双向交叉张弦木梁屋盖体系数字化施工模拟技术

在拉索张拉过程中，如何控制张拉的次序、步骤、每次预应力张拉过程的索力值及木结构的形状变化是本技术的研究重点。根据现场施工工况，采用有限元分析软件 Midas Gen 2019，在拉索张拉阶段对张弦木梁整体结构影响进行数字化分析，作为后续现场施工依据。根据现场施工进度，拉索施工主要分安装阶段、张拉阶段、附属体系施工阶段。

2）多折面大跨度双向交叉张弦木梁屋盖体系创新施工技术

为了解决斜面梁与支撑平台接触问题，设置一种斜面胶合木梁的固定支座。通过三角形垫块滑动，微调可调板角度，以保证木梁与搁置板接触面贴合紧密，防止受力不均匀造成木梁损坏；支座下部为可调底座平台，用于调整木梁底标高，以弥补平台搭设时的高度误差。

多角度插芯钢板连接件由于插芯钢板互相独立，如某个插芯钢板有偏差，只需单独改动这个插芯钢板，不需要整个改动，对连接件加工质量及进度都有极大提升。

研究一种连接构件，将万向铰和连接件连接方式改为法兰连接。万向铰的加工制作可以在连接件加工及木梁拼装期间同步进行，从而大大节约了项目工期。

3）多折面大跨度双向交叉张弦木梁屋盖体系健康监测技术

屋盖跨度比较大，施工涉及架体搭设、高空拼装、节点处理以及施加预应力等，施工过程繁杂，张弦结构在施工过程中受力状态是个动态的结构状态变化过程，是一个极其复杂的状态，因此健康监测是十分必要的。实际结构状态与分析模型是有差异的，需要及时修正模型，与监测数据进行对比分析，为后续健康监测提供参考。

构建了全生命周期健康监测系统并服务于施工和运维，反馈和验证了提出的设计理论和施工方法的先进性和科学性。

（3）倒置式大跨度玻璃肋全玻幕墙系统建造技术

研创了一种分段式大跨度玻璃肋与横向拉杆和竖向拉索相结合的幕墙结构体系，针对长大跨度玻璃肋拼接的稳定性与可靠性难题，研创了一种大跨度玻璃肋拼接技术，确定采用拼接式的钢化夹胶玻璃肋支撑龙骨，单支钢化夹胶玻璃肋采用三段钢化夹胶玻璃肋拼接，拼接处采用 16mm 厚的不锈钢夹板和双头螺栓对夹固定，不锈钢夹板与玻璃肋间采用高强度的环氧树脂胶粘接，双头螺栓与钢化夹胶玻璃肋间采用高强度抗压胶固定，使孔边受力均匀，解决了局部应力导致钢化夹胶玻璃肋破损的安全隐患；通过钢化夹胶玻璃肋与不锈钢拉索对幕墙进行双重保护，达到了保持幕墙整体完整性的效果。针对现场有限空间内大跨度玻璃肋整体吊装的难题，研创了一种大跨度玻璃肋支撑幕墙系统装配式吊装技术，采取玻璃肋在地面玻璃肋保护胎架上预拼接的方法，在有限空间内利用自制的玻璃肋保护胎架以及轨道葫芦作为运输及辅助吊装设备，整体进行提升吊装的安装方式，大大提升玻璃肋吊装速度。

（4）异形人造板幕墙系统装配化建造技术

采用 BIM 参数化设计、自动化下单技术，开发一项幕墙下料插件、设计一种可调角度的抱箍连接系统，解决了异形幕墙下单效率与加工精度难题，保证了异形面板拼缝和立面折缝的均匀度。采用 BIM 技术对骨架结构进行建模优化节点连接，使其满足面板成型效果的同时，确保幕墙系统的整体稳定性与连接可靠性。利用 BIM 技术建立模型，充分发挥 BIM、犀牛、Tekla 等软件各自优势，对挑件、圆管、抱箍件进行精确加工，大大提高了下单效率与精准度，提高了安装效率，确保了安装质量，提升了整体建筑的装配化率。

3. 新技术应用

（1）多折面大跨度双向交叉张弦木梁屋盖体系形态体系设计技术

游泳馆屋盖采用双向交叉张弦胶合木梁空间结构体系，上弦主次梁采用胶合木梁，主梁非直线形且两两双向交叉，下弦采用预应力拉索，撑杆采用木撑杆。整体结构沿着屋面呈折线形交叉布置，其中上弦木梁沿屋面呈交叉布置，投影为有规律的菱形，梁截面采用平行四边形，在交叉节点处采用沿一个方向梁通长，另一个方向梁断开的方式，可以巧妙地将本结构形式与建筑多折斜坡屋面相结合，形成空间传力的交叉张弦胶合木梁结构体系，这种结构形式在如此大的跨度下实现在国内是第一次尝试。需要研究其受力的稳定性和结构的可靠性。

实现该体系还需要研究其主结构的性能和节点适用性：木结构受其材料本身特性限制，一般用于小型公建和住宅。相比于传统木结构，拟采用胶合木结构，基于胶合木结构的优势——不受自然原木尺寸的限制，可制成各种外形和截面，还可以避免木材中木节和裂痕的影响，量材使用，提高木材使用率和材料强度。考虑到木材易燃的特点，该项目在使用胶合木结构之前，根据现行《建筑设计防火规范》GB 50016 和《木结构设计标准》GB 50005，设计要求胶合木构件耐火极限为 1h，防火设计时需要考虑结构防火以及防火漆耐火极限。胶合木框架梁柱节点采用外加钢板与螺栓连接，其受力具有明显的半刚性特征，因此梁端节点转动刚度的取值值得推敲，各节点的受力情况需要分析计算确定。屋面木梁整体安装完成后，因预应力拉索张拉受力，木梁屋盖结构会出现一个明显起拱的过程，屋面木结构变形较大，在该项目

图 2　多折面大跨度双向交叉张弦木梁屋盖

中设计了一种支座节点能使得整个屋盖张弦梁结构实现受力平衡。

（2）多折面大跨度双向交叉张弦木梁屋盖体系数字化分析与施工技术

为保证预应力拉索在张拉过程中的可控性，运用多折面大跨度双向交叉张弦木梁屋盖体系数字化施工模拟技术，通过 Midas 模型进行计算控制，以张拉计算的理论分析为指导，确定拉索施工顺序及张拉顺序，采用分阶段按顺序张拉，保证木梁和拉索的受力在合理的范围内。

对多折面大跨度双向交叉张弦木梁屋盖体系创新施工技术进行研究，选取一种临时支撑平台作为屋面胶合木梁吊运、安装搁置平台，临时支撑平台应具备搭拆方便、安全稳定、适应折线形屋面不同标高要求；木梁与混凝土结构的连接、木梁与木梁之间的连接、腹杆与木梁、拉索的连接均为定加工成品构件通过相关连接件进行连接安装。需要优化各类连接件加工、安装精度及连接措施。

多折面大跨度双向交叉张弦木梁屋盖体系健康监测技术研究，对结构施工、运营阶段进行了监测，

通过合理地划分结构监测阶段，监测了结构的位移、索力和应力，形成了一套有效的实时动态的各阶段监测系统；木结构建筑往往以最大位移作为结构安全的控制指标，索力是张弦钢结构监测的重要参数，因此在该工程中以位移为主控参数，索力为第二控制参数，并综合考虑构件的应力，来判断结构的安全性。根据模型分析，对结构重要构件及重点部位作为监测点位，用于监测撑杆的竖向位移、拉索的索力和木梁控制截面的应力，并形成数据分析；通过 Midas Gen 有限元分析软件模拟分析结果与现场实际监测结果进行对比分析，进行相关建模数据修正，使模型贴近实际，为后续健康监控提供参考。

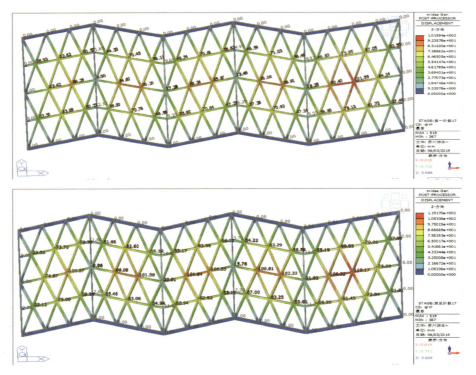

图 3　数字化模拟

（3）倒置式大跨度玻璃肋全玻幕墙系统建造技术

针对倒置式大跨度玻璃肋全玻幕墙系统玻璃肋拼接的稳定性与可靠性难题，研创了一种倒置式大跨度玻璃肋全玻幕墙系统设计技术；针对现场有限空间内大跨度玻璃肋整体吊装的难题，研创了一种倒置式大跨度玻璃肋全玻幕墙系统玻璃肋安装技术，取得了较好的安装效果。

图 4　倒置式大跨度玻璃肋全玻幕墙　　　图 5　异形人造板幕墙

(4) 异形人造板幕墙系统装配化建造技术

针对异形人造板幕墙系统设计优化、排板、下料、加工及整体安装成型的技术难题，研创了一种BIM参数化设计、自动化下单技术，通过自主开发一项幕墙下料插件，大大提高了下单效率与加工精准度。采用BIM技术对骨架结构进行建模优化，设计了一套可调角度的抱箍连接系统，可以任意调节垂直方向间的夹角角度，确保面板拼缝和立面折缝的均匀度，保证了幕墙系统的整体稳定性及连接可靠性。

4. 作用意义

项目研究成果获省级工法1项，发明专利3项，实用新型专利5项，发表学术论文5篇。荣获2021年度中国建设工程"鲁班奖"、2021年度江苏省优质工程奖"扬子杯"。

项目采用节点处搭设承重脚手架，各承重架之间满拉形成一个整体，相比传统满堂架节省钢管材料用量，比钢柱钢梁重复利用率高。木梁节点处采用多角度插芯钢板连接件，如果某个插芯钢板有偏差，只需单独改动这个插芯钢板，不需要整个改动，对连接件加工质量及进度都有极大提升，安装速度快、效率高，相较于传统的两两焊接如若一个方向的钢板角度不满足要求，整个连接件就要全部作废的形式，该技术节约费用约100万元。木结构的吊装与木撑杆的拼装同时进行，且安装时十分简便，大大缩短了施工工期，相比节约工期30d。

项目中庭玻璃肋全玻幕墙采用倒置式大跨度玻璃全玻幕墙系统建造技术，所有幕墙系统材料均工厂标准化加工，现场直接组装，加工及安装精度高，减少了材料的损耗，玻璃肋采用研制的移动胎架及轨道捯链吊装，安装速度快，效率高，相对于传统型多种大型吊装设备交叉作业施工，共节约施工成本141.68万元，节约工期共计30d。采用异形人造板幕墙系统装配化建造技术，施工全过程应用BIM参数化设计、排板优化、自动化下单，大大提高了异形幕墙下单效率与加工精度，节约工期28d，材料加工损耗减少40%，共计节约成本约282.45万元。

科技成果鉴定意见：

2022年5月28日，江苏省土木建筑学会在苏州组织召开了"多折面大跨度双向交叉张弦木梁屋盖体系关键技术研究"科技成果鉴定会，鉴定委员会听取了课题组的技术研究报告，审查了相关资料，经质询、讨论，形成如下鉴定意见：

(1) 提供的技术资料齐全，符合鉴定要求。

(2) 课题组针对多折面大跨度双向交叉张弦木梁屋盖体系的形态设计、数字建造、施工方法等关键技术进行研究创新，主要研究成果如下：

1) 创造性地提出了多折面大跨度双向交叉张弦木梁屋盖体系形态设计技术，采用双向交叉张弦胶合木梁体系和半刚性节点设计，解决了屋盖跨度大、节点适用性要求高的难题，保证了多折面大跨度屋盖体系的形态合理及受力安全；

2) 施工全过程应用多折面大跨度双向交叉张弦木梁屋盖体系数字化分析与施工技术，构建了全生命周期健康监测系统并服务于施工和运维，反馈和验证了提出的设计理论和施工方法的先进性和科学性。

(3) 研究成果申请国家发明专利3项，获得实用新型授权专利5项，获批省级工法1项，发表学术论文5篇。

研究成果在苏州第二工人文化宫建设工程中得到成功应用，取得了显著的经济效益和社会效益。

鉴定委员会认为，该成果整体达到国际先进水平。

大跨度无环索多向张弦穹顶结构建造关键技术*

主要完成人员：
周军红、方振亚、于吉圣、耿军军、高如国、陈江、杜俊

完成单位：
中建钢构工程有限公司、中建钢构江苏有限公司、中建科工集团有限公司、中南建筑设计研究院股份有限公司、浙江大学

图 1　瓯海区奥体中心项目

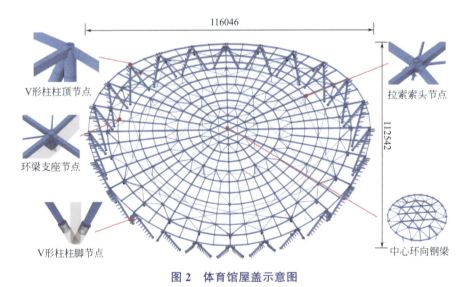

图 2　体育馆屋盖示意图

1. 项目概况

瓯海区奥体中心项目位于浙江省温州市瓯海区娄桥街道商汇路，定位为具备承办地区性运动会主会场、全国单项赛事的能力，能满足竞技体育比赛、群众健身、文化娱乐、旅游休闲的一体化需求，成为一个环境优美的体育公园。结构形式采用主体结构钢筋混凝土框架＋钢结构屋面。钢结构主要分布在体

---

* 该项目获得 2022 年"江苏省土木建筑学会·土木建筑科技奖"二等奖

育场、体育馆、游泳馆屋盖结构以及体育配套区钢框架结构。钢结构用量约9100t。

体育场罩棚由一个直径约223m的外圆及直径约176m的内圆作差集所形成，呈月牙状，周边支撑于看台外侧混凝土柱以及周边V形柱（钢管柱）上。罩棚纵向水平投影长度约223m，沿中心轴对称布置。罩棚整体倾斜约7.5°，最大悬挑约38.7m。

体育馆屋盖平面呈圆形，曲面为圆柱面，采用无环索弦支网壳结构，屋盖主体支承于24根外圈环梁上，屋盖最大跨度约为100.6m。该结构主要由上部网壳、下部交叉索系及竖向撑杆组成，屋盖上部网壳主要采用箱形截面。游泳馆屋盖平面呈圆形，采用正交桁架结构，直径（跨度）为105.2m，与体育馆不同的是，游泳池周边的框架柱可以升至屋面作为屋盖结构的支座，屋盖最大跨度约67.2m×58.8m。

近年来，随着国内体育场馆大量兴建，大跨空间结构的应用和发展显著加快。体育场馆大跨屋盖结构的主要类型有实体结构、网壳结构、张力结构及其相互组合。随着技术经济要求的提高以及新理念、新材料、新工艺的发展，新型体育场馆大跨屋盖结构形式不断涌现，以索膜结构、弦支类结构等为代表的一批新型预应力空间结构类型应运而生。弦支穹顶是基于张拉整体概念而产生的一种预应力空间结构，具有力流合理、造价经济和效果美观等特点。

2. 应用领域和技术原理

无环索弦支网壳结构在国内尚属首次运用，可为后续类似项目提供丰富建造经验，使得体育场馆施工质量得到进一步提高，推动了体育场馆结构类型的升级，行业多样化的发展进程。

以瓯海区奥体中心项目钢结构施工为研究对象，针对体育馆无环索弦支网壳结构、体育场大跨度倒三角桁架结构、游泳馆正交桁架结构，提出体育馆屋盖采用液压同步计算机控制整体提升施工技术，无环索支的拉索结构采用"由内到外再由外到内分批分级张拉"施工技术，游泳馆大跨度正交桁架结构采用液压同步计算机控制整体提升技术，体育场大跨度倒三角桁架屋盖采用地面整体拼装+高空原位吊装的方案，采用2台450t履带起重机进行对称安装。

3. 性能指标

项目采用径向交叉索索夹节点设计、实现索结构张拉的拉索耳板节点设计、万向铰索头连接节点设计，节省用钢量56t。提高工作效率，节省工期12d，360名人工，合计可节约94.8万元。体育馆整体提升节约高空拼装胎架280t，游泳馆节约高空拼装胎架320t，共节约胎架600t，节约300万元。无支撑V形柱安装，共节省胎架720t，节约360万元。技术成果为该项目节约834.8万元，若能推广至整个行业，效益会更显著。

4. 创新点

（1）通过对无环索弦支网壳安装技术的研究，创新性提出适合无环索弦支网壳结构的施工技术。

（2）通过对大跨度倒三角桁架安装技术的研究，创新性提出采用计算分析软件对临时支撑体系进行模拟分析，验证临时支撑体系的安全性和有效性。

（3）通过对大跨度单层网壳整体提升施工技术的研究，创新性提出大跨度单层网壳整体提升施工安装工艺控制要点。

（4）通过对大跨度正交桁架整体提升施工技术的研究，创新性提出大跨度正交桁架整体提升施工安装工艺控制要点。

5. 新技术应用

（1）无环索弦支网壳结构的索结构施工技术

采用地面铺索，单根吊装并分批分级张拉的工艺进行施工，索结构张拉采用"由内到外再由外到内分批分级张拉"施工技术。

通过将拉索撑杆顶部的万向铰索头连接节点，以铰节点的形式将拉索撑杆与单层网壳结合，使得作用在单层网壳上的索力通过铰节点的传递变得有利于结构的稳定。通过球形连接件和多个碗扣节点，避免了径向索交叉连接时角度偏差带来的连接强度和刚度不够高的问题，提高了径向交叉索的节点连接强度和刚度。

通过将张拉耳板与锁扣耳板连接在一起，提高了索张拉施工过程的安全性，鼓形节点内部的厚板交叉T形全熔透结构以及16块内隔板保障了该节点在索拉力、钢结构屋盖箱形梁拉力及剪力的复杂受力环境下的刚度及强度，锁扣厚板内外轮廓圆滑的造型避免了应力集中，提高了索结构耳板的连接强度和刚度。

（2）大跨度倒三角桁架安装技术

现场地面桁架拼装采用倒三角方式拼装，遵循先局部后整体，先下弦后上弦，最后腹杆的拼装原则。各杆件拼装时先点焊固定，待全部拼装完成并测量校核无误后，再完成最终的焊接工序。

通过工字钢在埋件周围竖向固定在地面上，工字钢之间拉设角钢，角钢通过与埋件定位板接触并焊接使其固定。通过将柱脚锚栓的永久定位环板与临时措施相连，而不是通过土建主筋固定，最大程度上避免了土建的施工误差对钢结构的影响，使得后续V形钢柱的精确安装得到保障。

（3）大跨度单层网壳屋盖整体提升技术

采用地面拼装+整体提升的施工方法，利用临时胎架作为提升点，共布置7个提升点，通过计算机同步控制系统实现屋盖整体同步提升。

液压泵源系统与7台液压提升器同步连接，采用自主编程的程序可实现各个提升点的协同操作，实现完全智能化控制，保障整体提升的同步性。

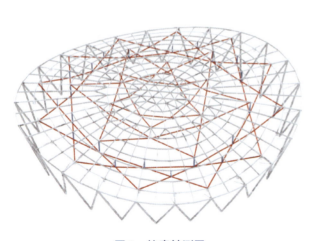

图3 拉索轴测图

图4 提升施工

（4）大跨度正交桁架整体提升技术

采用地面拼装+整体提升的施工方法，利用游泳馆四周立柱作为提升点，共布置8个提升点，通过计算机同步控制系统实现桁架整体同步提升。

根据游泳馆结构特点，设置后锚式提升架，通过计算模拟仿真分析，测算最合理的材料截面尺寸，兼具提升点的稳定性与经济性。

6. 作用意义

项目研究成果获实用新型专利授权7项，国家发明专利受理3项，实用新型专利受理2项，软件著作权2项，发表论文1篇。

该课题研究的大跨度无环索弦支网壳结构体育场馆项目施工技术，为国内首次运用，给后续类似项目提供了丰富的经验，起到了良好的示范作用，获得了社会各界的关注，提升企业知名度，打响企业品牌。

通过该课题研究成果的成熟运用，体育场馆施工质量得到进一步提高，推动了体育场馆结构类型的升级，行业多样化的发展进程，为该技术的推广应用奠定了良好的基础。

科技成果鉴定意见：

2022年9月9日，江苏省土木建筑学会在靖江组织召开了"大跨度无环索多向张弦穹顶结构建造关键技术"科技成果鉴定会。鉴定委员会听取了课题组的技术研究报告，审查了相关资料，经质询、讨论，形成鉴定意见如下。

（1）提供的技术鉴定资料齐全，符合鉴定要求。

（2）课题组针对瓯海区奥体中心项目的"大跨度无环索多向张弦穹顶结构建造"关键技术难题，开展了科技攻关，主要创新成果如下：

1）研发了新型无环索多向张弦穹顶结构体系，实现了大跨度空间结构轻量化；

2）发明了斜交拉索撑杆的万向铰索头连接节点与索夹节点，实现了撑杆上下端节点的多向转动；

3）提出了穹顶结构分级安装提升＋斜交索网分区分级张拉的施工方法，保证了斜交索系的索力和结构形态的安装精度；

4）建立了该工程的物联网远程无线智能监测系统，实现了施工过程的智能监控，并为后续的健康监测奠定了基础。

（3）该成果已在瓯海区奥体中心项目、厦门新体育中心项目、郑济高铁山东段站房项目等大型建设工程项目得到成功应用，获得实用新型专利授权7项，国家发明专利受理3项，实用新型专利受理2项。

鉴定委员会认为，研究成果整体达到国际先进水平，其中大跨度无环索多向张弦穹顶结构施工技术达到国际领先水平。

盾构法超长水下公路隧道防火减灾与快速救援关键技术[*]

主要完成人员：
王峻、薛光桥、谢宝超、徐志胜、周欣、陈玉远、张忆

完成单位：
江苏省交通工程建设局、中铁第四勘察设计院集团有限公司、中南大学

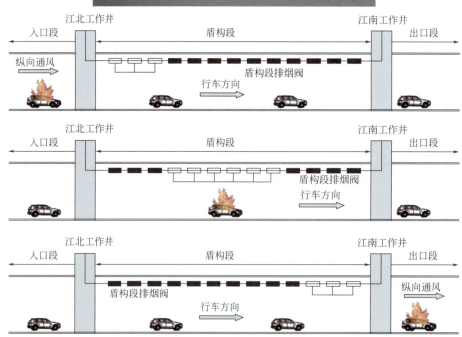

图 1 基于交通流态的火灾烟控方法

---

[*] 该项目获得 2022 年"江苏省土木建筑学会·土木建筑科技奖"二等奖

1. 项目概况

随着中国的隧道建设规模飞速增长，超长隧道的工程数量与日俱增，超长水下隧道防灾疏散技术研究显得尤为重要。目前国内外针对超长隧道尚无成熟规范可供参考，结合江阴靖江长江隧道工程，该项目开展长度大于 6km，直径大于 15.5m 的盾构法超长水下隧道防灾疏散技术的研究。

江阴靖江长江隧道是《长江干线过江通道布局规划（2020—2035 年）》中批复的江苏省 41 条过江通道之一，工程位于江阴大桥和泰州大桥之间，路线全长约 11.825km，采用盾构隧道穿越长江。隧道段长约 6445m（K 线计），隧道承受最大水压超过 80m，最大覆土厚度约 50m。盾构内径 14.2m，外径 15.5m，管片厚度 0.65m。

江阴靖江长江隧道采用集中排烟模式，排烟距离长，通风排烟阻力大，且排烟阀预留孔洞增加，漏风量增多，对解决火灾时快速控制与排出烟气的问题提出了挑战。从方案设计、施工技术等不同方面考虑，如何降低漏风量、减小排烟系统阻力，提升盾构法隧道排烟性能，成为采用集中排烟模式的超长水下公路隧道亟须解决的问题。

江阴靖江长江隧道具有车流特征复杂、空间封闭性强、火灾危险性高、人员疏散救援距离长等特点，紧急条件下的人员如何快速、安全疏散及救援成为挑战性难题。超长盾构隧道的加压送风距离长，常规的加压送风方式难以满足疏散口风速、风压要求，如何保证疏散通道内正压值及疏散口断面风速值，提高加压送风系统有效性，成为超长水下公路隧道疏散亟须解决的关键问题。

2. 应用领域

该成果可应用于盾构法超长水下公路隧道工程、盾构法超长水下公路隧道防灾疏散技术领域。

3. 性能指标

（1）超大直径高水压盾构隧道结构防灾安全研究

1）选取合适的数值模拟方法。采用非线性有限元分析软件 Abaqus 顺序热力耦合的方法进行结构抗火分析，并采取科学方法验证数值模拟有效性。

2）防火保护层效果数值化。等效热阻可用来衡量防火保护层的效果，可利用合理的防火保护等效热阻值提出相应的防火保护方案。

3）设计合理的耐火试验试件尺寸。依据试验炉尺寸确定合理的耐火试验试件尺寸，设计参数符合国内外相关规范的规定。

（2）超长距离盾构隧道火灾排烟试验与数值模拟

1）依据严格的缩尺寸关系，选取合适的相似准则，依据几何特征、流动状态搭建火灾排烟试验平台，提高数值模拟的可靠性。

2）精细化数值模拟技术。揭示超长水下公路隧道内活塞风对火灾初期烟气运动影响规律，提出考虑交通正常及堵塞情况下的火灾气流组织模式。

3）在高密闭排烟阀组、排烟道密封保障方面，提出隧道火灾排烟系统密封性保障技术，提升盾构法隧道排烟性能。

（3）隧道防灾疏散数值模拟与试验验证

1）选取合适的人员安全疏散基本参数。根据文献调研，依据工程特点、隧道交通预测量、通行车型构成比例，确定紧急条件下的人员荷载、行走速度等关键特征参数，作为数值仿真模型建立依据。

2）保证现场试验人员样本多样性和场景设计合理性。在人员招募时应充分考虑性别及年龄组成结构，构建疏散场景应更接近真实火灾情形。

3）在进行疏散通道加压送风仿真模拟时，应确保关键技术参数设置准确性，加压送风量理论计算应采用风速法。

4. 创新点

（1）建立了基于内部结构与管片结构一体化的盾构法超长公路隧道防火技术体系，体现了防火保护结构免维护的新理念。探明了烟道层及车道层盾构管片防火保护等效热阻，实现了 RABT 火灾升温曲线和 CFD 模拟温度场作用下结构防火保护层厚度的快速设计；提出了非封闭内衬防护结构，解决了侧墙管片抗火防护的技术难题；研发了轻薄、耐火的高性能烟道板结构，取消了烟道板防火板，加强了排烟口附近拱顶管片防火保护，提高了结构安全水平，大幅降低了工程投资，实现了免维护工作。

（2）研发了高密闭性排烟技术，大幅提升了超长盾构法隧道排烟性能。揭示了超长水下公路隧道内活塞风对火灾初期烟气运动影响规律，提出了考虑交通正常及堵塞情况下的火灾气流组织模式；研发了"大开口、高密闭、低阻力"的新型高密闭排烟阀组；提出了超长距离盾构隧道排烟道密封性保障技术，解决了超长隧道集中排烟口多、漏风量大的问题。

（3）率先提出了救援车辆快速直达式疏散救援通道设计新理念，大幅提升了防灾疏散的效率；揭示了单侧及双侧送风方式下疏散口及疏散通道内风速分布规律，提出了疏散通道分段加压送风技术；开展了超大直径水下盾构隧道内大规模人群纵向楼梯疏散现场试验，获得了疏散楼梯通行能力为 38 人/min 的结果，解决了紧急条件下的人员疏散救援效率低的难题。

5. 新技术应用

（1）基于内部结构与管片结构一体化的盾构法超长公路隧道防火技术

研发了轻薄、耐火的高性能烟道板结构，取消了烟道板防火板，加强了排烟口附近拱顶管片防火保护，提高了结构安全水平，大幅降低了工程投资，实现了免维护工作。通过采用 PP 纤维、钢纤维双掺混凝土技术，大幅提升了烟道板本身的抗火功能，取消了烟道板防火板，无需担心其在运营时脱落，实现免维护的设计理念；基于提出的烟道层盾构管片防火保护等效热阻，对排烟口附近拱顶管片设置了喷射混凝土进行防火保护，提高了盾构管片结构的抗火安全水平。

图 2 结构与防火一体化设计

（2）高密闭性排烟技术

研发了"大开口、高密闭、低阻力"的新型高密闭排烟阀组。随着采用集中排烟模式的隧道距离加长，导致排烟阀预留孔洞增加，漏风量增多，如何降低漏风量成为采用集中排烟模式的超长水下隧道在设计过程中需要注意的问题。研发了"大开口、高密闭、低阻力"的新型高密闭排烟阀组，单位面积漏风量降至 $50 m^3/(h·m^2)$，成果应用于江阴靖江长江隧道，通过物理模型试验、数值模拟等方法，揭示了不同排烟阀组内间距对火灾烟气蔓延特性的影响规律，获得了排烟阀组内间距不应大于 1 倍的排烟阀宽度，验证了新型高密闭排烟阀组推广应用的可行性。

图 3 新型高密闭排烟阀组

（3）救援车辆快速直达式疏散救援通道设计

首次考虑盾构段疏散通道与明挖段车行道连通一体的疏散救援新理念，救援车可由明挖段经车行道直达盾构隧道底部疏散通道，实现长距离隧道快速疏散救援。车辆由快速救援通道行驶至火灾点疏散地点，疏散救援车按 30km/h 的行驶速度可在 12min 内将隧道内人员运输出隧道，实现快速疏散与救援功能。

图 4　大规模人群纵向楼梯疏散现场试验

6. 作用意义

项目完成科学报告 3 部，发表学术论文 17 篇，授权专利 10 项。研发了轻薄、耐火的高性能烟道板结构，取消了烟道板防火板，实现了免维护工作。研发了"大开口、高密闭、低阻力"的新型高密闭排烟阀组，单位面积漏风量较少 75%，减小烟道面积，优化盾构断面布置，节省设备投资。结构、设备等总计为江阴靖江长江隧道节省工程投资约 1.1 亿元。

建立了盾构法超长水下公路隧道防灾与快速疏散救援技术体系，提出了考虑交通正常及堵塞情况下的火灾气流组织模式、超长距离盾构隧道排烟道密封性保障技术及救援车辆快速直达式疏散救援通道设计新理念，有利于推动水下隧道公共安全体系建设，提高城市交通安全水平，保障城市的消防安全，提升我国关键核心技术领域高质量知识产权创造力，推动我国知识产权文化建设事业的发展。

科技成果鉴定意见：

2022 年 9 月 23 日，江苏省土木建筑学会在南京组织召开了"盾构法超长水下公路隧道防火减灾与快速救援关键技术"科技成果鉴定会。鉴定委员会听取了课题组的技术研究报告，查阅了相关技术资料，经质询、讨论，形成如下鉴定意见：

(1) 课题组提供的鉴定资料齐全，符合鉴定要求。

(2) 课题组通过理论分析、数值模拟、模型试验、现场试验等手段，对长度大于 6km、直径大于 15.5m 的水下公路盾构隧道结构抗火、通风排烟及快速救援关键技术进行了系统研究，取得了丰硕成果。主要创新成果如下：

1) 建立了盾构隧道结构与防火一体化技术体系。获取了烟道层及车道层盾构管片防火保护等效热阻参数，提出了耐火性能的判定方法，研发了非封闭内衬防护结构与轻薄型高性能耐火烟道板，解决了盾构隧道防火免维护的技术难题。

2) 研发了超长水下盾构隧道高密闭性排烟技术。发明了"大开口、高密闭、低阻力"的新型高密闭排烟阀组与排烟道密封性保障技术，揭示了火灾烟气运动规律，提出了基于交通流态的火灾烟控方法，实现了超长水下盾构隧道高效排烟。

3) 创新了超长水下盾构隧道快速救援保障技术。研发了应急车辆直达式快速救援通道，揭示了疏散口及救援通道内风速分布规律，提出了救援通道分段加压送风技术，开展了隧道内大规模人群纵向楼梯疏散现场试验，获得了疏散楼梯通行能力的技术参数，大幅提升了防灾疏散的效率。

(3) 该项目研究成果已成功应用于江阴靖江长江隧道工程，社会和经济效益显著，推广应用前景广阔。

鉴定委员会认为，研究成果总体达到国际领先水平。

桥梁超高强度钢构件制造关键技术

主要完成人员：
刘志刚、吴江波、李瑞峰、李彦国、袁俊、薛喆彦、穆长春

完成单位：
中铁宝桥集团有限公司、江苏科技大学

图1 武汉江汉七桥

图2 澳门澳氹四桥

1. 项目概况

超高强度桥梁用钢制造的钢桁梁拱桥承载力强、桥梁自重轻，因此较之钢筋混凝土拱桥具有更大的跨越能力。与发达国家相比，我国钢结构桥梁建设用材还存在许多问题，如钢板强度级别偏低，不利于实现钢桥梁的轻量化设计和建造的进一步发展要求，目前已经实现工程应用的钢材最大屈服强度仅500MPa级，而美日等国家使用的桥梁钢板最高屈服强度已达690MPa级。因此，我国急需在钢结构桥梁建造方面取得突破，实现超高强度桥梁钢板的大规模推广应用，以促进我国钢结构桥梁行业快速升级与跨越式发展，为我国钢结构桥梁制造水平领先世界提供重要保障。

该项目依托武汉江汉七桥进行研究。江汉七桥位于江汉六桥和江汉二桥之间，汉口岸与古田四路相接，汉阳岸与玉龙路相接，是武汉市城市规划的第七座跨汉江通道，路线全长约为2754m。主桥为中承式钢桁系杆拱桥，主桥跨径布置为132m+408m+132m=672m。

大桥设计时根据受力要求，在钢桁拱支座受力最大的拱下弦杆部位首次采用超高强度钢Q690qE，桥梁其他部位根据受力的不同由下及上分别采用Q500qE及Q370qD等高强度钢。其中Q690qE钢系首次工程试点应用，用钢量约2000t，因此超高强度钢Q690qE焊接以及其与不同强度级别桥梁钢的异种钢焊接成为制约钢桁拱桥关键构件制造的重要因素。并且，由于桥梁在汉口侧改变走向，拱桁桁宽由34m突变至39.5m，造成桥梁构件的纵向拱度与横向弯曲叠加，形成双曲结构，也系工程应用的首次尝试，因此双曲线钢桁梁的生产制造成为又一技术难点。

2. 应用领域和技术原理

该项技术成果可应用于钢结构桥梁钢构件制造领域。

---

* 该项目获得2022年"江苏省土木建筑学会·土木建筑科技奖"二等奖

研发690MPa级超高强度钢的高质量焊接技术，解决异种钢焊接焊缝强度不匹配的难题；开发无痕马板解决使用过程中面板局部损坏的问题。

3. 性能指标

解决超高强度桥梁钢（Q690qE）可焊性及500MPa、370MPa级别钢的高质量焊接难题，并进一步提高超高强度桥梁钢焊接效率，以及焊缝一次无损检测合格率。同时，攻克新型钢拱桥梁关键构件（双曲杆件及正交异性面板）的高精度制造难题并进一步推广。

4. 创新点

(1) 首创了Q690qE超高强桥梁钢焊接防裂技术要点及焊接接头韧性匹配的复合焊接技术，焊缝屈服强度≥700MPa，焊接接头裂纹率为0。

(2) 首创了不同强度级别桥梁钢"中强过渡匹配"焊接技术，解决传统焊接技术"高强过渡匹配"焊缝屈强比高、焊缝易开裂、焊接接头安全性差的世界性难题。

(3) 首创Q690qE超高强桥梁钢拱桥双曲弦杆板单元焊接预热技术、焊接无码反变形技术及多层多道焊接自动化系统，解决采用该新钢种的拱桥弦杆批量化生产的高效预热、高精度制造、变形控制及焊缝合格率低等难题。

(4) 首创正交异性面板U肋K型双面坡口全熔透焊接工艺、U肋嵌补段全熔透焊接技术及板单元焊接变形控制技术，解决U肋焊缝全熔透合格率低、嵌补段熔透难及桥面板单元焊接变形大等难题。

5. 新技术应用

(1) 通过智能化焊接小车在内部狭小空间内实现了U肋内焊，通过多机位外焊设备，实现了U肋外焊缝船位焊接。以自动化焊接装备为基础，通过5G网络，建立了焊接群控系统，实现了焊机管理、焊接规范管理、焊接状态实时监控、焊接数据统计分析、历史数据曲线重现、焊机故障实时提醒等多种功能，达到了规范化、精细化、科学化的管理目标。

(2) 创新正交异性面板U肋K型双面坡口全熔透焊接工艺通过焊接材料优选和焊接热输入的实时调控，实现了U肋的高质量焊接，焊缝熔合良好，无裂纹、气孔、夹杂、夹渣等焊接缺陷出现，焊缝过渡匀顺，相控阵检测的全熔透率均达100%。

(3) 采用焊前双向预变形焊接变形控制技术及焊后变形矫正的方法对焊接变形量进行了有效控制，使得最终U肋焊接后桥面板纵向变形量控制在1~3mm之间，横向变形量控制在1~2mm之间，板单元平面度达到1mm/m。焊后矫正包括整体冷矫正和U肋测热矫正，经有限元模拟和焊缝取样观测可知，冷矫正不会对焊缝造成开裂，且对焊缝位置影响不明显。

(4) 通过实桥线性连续匹配方式完成了桥面板块预拼，桥面板对接焊缝间隙、接口处平面度及桥面板横坡等各项指标均达到相应技术要求。设计了新型复合非永久性垫块，实现了桥面预拼时U肋嵌补段的高质量焊接，降低了嵌补段焊接的用料成本和时间成本。设计了无痕马板，提高了桥面板块组焊效率，提高了产品外观质量和制造精度。

6. 作用意义

690MPa级超高强度桥梁钢美日等国家虽研究应用较早，但受制于焊接技术瓶颈未能持续推广，该课题针对690MPa级超高强度桥梁钢及其与不同强度等级桥梁钢焊接技术进行研究，技术成果领先美日，开创了我国690MPa级超高强钢在桥梁方面应用的先河。690MPa级超高强度桥梁钢强韧性、抗性焊接技术和不同强度等级桥梁钢"中间强度过渡"匹配焊接技术等关键技术，将超高强度桥梁钢焊接效率提升2倍以上，焊缝一次无损检测合格率达到98.5%以上，大幅提升了生产效率和工效，减少人力成本和设备投入，节约成本约700万元，完成产值约3.7亿元，经济效益显著。同时，在当前降碳减排的国际背景下，钢结构桥梁设计势必向着轻量化、高强化发展，该课题研究成果将有力地推动我国甚至世界超高强度桥梁钢的发展，成果技术推广应用价值高，社会及环境效益显著。

科技成果鉴定意见：

2022年5月24日，江苏省土木建筑学会在南京组织召开了"桥梁超高强度钢构件制造关键技术"科技成果鉴定会。鉴定委员会听取了项目成果汇报，审阅了相关资料，经质询讨论形成鉴定意见如下：

（1）提交的鉴定资料齐全，符合鉴定要求。

（2）项目依托"十三五"国家科技重点研发计划和武汉江汉七桥，开展了桥用690MPa级超高强度钢构件制造关键技术研究，取得了以下主要创新成果：

1）研发了690MPa级超高强桥梁钢成套焊接技术，攻克了焊接接头强度韧性匹配差、冷裂敏感性强等关键技术难题，为我国第七代桥梁钢Q690gE焊接接头性能指标的制定提供了技术支撑；

2）研发了低-中-高不同强度级别桥梁钢的匹配复合焊接技术，解决了传统匹配焊接接头屈强比高、抗裂性不足等难题，实现了370~690MPa不同强度钢焊接接头的高质量焊接；

3）研发了镂空加热带电磁感应加热缓冷、无马反变形焊接变形控制及U肋K型双面坡口全熔透焊接等技术，解决了超高强桥梁钢构件制作内应力大、几何尺寸及线形精度控制要求高等难题，实现了高精度制造。

（3）项目已获授权发明专利16项，省部级工法1项，编制标准3项。成果已经在武汉江汉七桥成功应用，并推广至澳门澳氹四桥、常泰长江大桥等重大工程，经济社会效益显著，推广应用前景广阔。

鉴定委员会认为，成果总体达到国际领先水平。

复杂环境下浅覆土矩形大断面顶管施工关键技术研究*

主要完成人员：
刘剑、陈伟、李向红、马险峰、王圣康、耿小飞、华俊凯

完成单位：
中亿丰建设集团股份有限公司

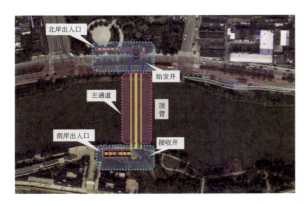 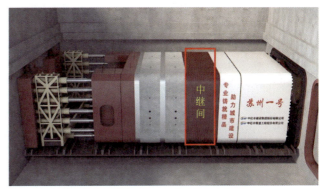

图1 项目位置及设备示意图

1. 项目概况

顶管施工是一种不开挖或者少开挖的管道埋设施工技术，其在工作坑内借助于顶进设备产生的顶力，可克服管道与周围土壤的摩擦力，将管道按设计的坡度顶入土中，并将土方运走。顶管施工是一节管道顶入土层之后，再下第二节管道继续顶进，该方法可用于隧道穿越铁道、公路、河川等。近几十年来，随着施工技术和施工机械的研制和发展，如各种导向仪、钻进系统、挖掘机械的出现，中继间的应用，触变泥浆减阻的使用，使得长距离顶管、曲线顶管、水下顶管、小口径顶管成为可能，且足以适应各种土质条件和施工环境，原本作为特殊施工法的顶管技术现已成为普通施工工法被广泛应用。

但对于覆土厚度陡变条件下近间距大截面矩形顶管下穿苏州古护城河施工遇到顶管顶进过程中，顶进施工对护城河两岸的稳定问题、大断面矩形顶管下穿超浅软土河床的风险控制等会形成新的问题。目前，在覆土厚土变化较大的条件下，长距离下穿河道的矩形顶管施工对河岸、河堤、河道等影响规律和关键技术的研究尚无相关文件报道，因此，很有必要以该项工程为例对前述问题开展专项研究。

东汇公园南下穿护城河隧道工程位于江苏省苏州市姑苏区，北起东汇公园南侧，向南穿越东汇路和北环城河至南岸拙政园片区，包含齐门风光带至北园路区域的人行步道。该项目为一期工程，为下穿护城河隧道范围。下穿护城河隧道北侧连接东汇公园地下停车场，南侧直通苏州古城区，主通道全长约163.5m，其中顶管长度112.4m，管道净间距1.5m，为人行通道。内部南北单向分流通行，南北侧各设置单独出入口直通地面。北侧接东汇公园地下车库负二层，并单独设置出入口通道长约55m；南侧接齐门景观带，南侧出入口长度约39m。

---

* 该项目获得2022年"江苏省土木建筑学会·土木建筑科技奖"二等奖

2. 应用领域和技术原理

该研究可应用于大断面浅覆土下穿河道大断面矩形顶管施工、双线近间距顶管工程等领域。

根据前期勘察资料，给出了超浅覆土下穿苏州古城护城河顶管施工的设计方案，包括基坑设计、始发接收井的结构设计以及顶管设计等。为满足穿越隧道时行人的舒适度，设计高于常规人员通行隧道高度的隧道净空，通过方案比选，论证可行性的方法，对原设计进行优化，采用更合理的净空高度。

该研究研发了一种浅覆土条件下双排近间距大断面矩形顶管下穿护城河的施工技术体系，实现了顶进施工过程中对其周围土层产生变形的控制；技术体系包括对顶管机小盲区切削刀盘进行设计，对顶管进、出洞前的地层加固、防水措施进行研究，有效控制了洞口突沙涌水风险；研究并设计专业的顶管切土装置，有效控制近间距双线顶管先后顶进时土体的扰动和二次扰动；利用创新的"五位一体"顶管测量技术准确识别顶管姿态，及时控制纠偏，保证了施工精度。

针对多种工况、多种设计参数的变化进行了有限元模拟分析、离心模型试验研究和理论研究，研究结论为施工提供了理论依据。

结合研究的需要制定了详细的监测方案，对施工监测数据进行深入的分析和研究，深入分析研究施工过程中地层沉降规律、土压力和水压力变化规律、变厚度覆土的变形规律等，为施工变形控制提供了理论指导。

对河床浅覆土软土地层的隔水处理方法进行研究，研究成果可有效控制大断面矩形顶管顶进施工过程中浅覆土地层的透水风险。

3. 性能指标

在参阅国内外相关文献的基础上，梳理了以往大断面顶管的关键技术，并结合工程项目特点，针对在覆土厚度变化很大的条件下，大断面双顶管施工过程对地表、古护城河堤岸、古河道等环境的影响规律，研究相应的减少环境影响的关键技术措施，以确保工程的安全以及护城河、河堤的安全和环境的保全，通过开展相关研究取得预期成果，对未来更多的穿越苏州护城河的其他隧道以及穿越苏州古运河的隧道工程设计、施工和环境保护，具有重要的借鉴和参考价值。

4. 创新点

（1）浅覆土双排近间距矩形大断面顶管顶进施工土层微扰动施工技术。
（2）大断面顶管施工高性能减阻新材料技术。
（3）创新的智能动态测量技术。
（4）河床极浅覆土条件下顶管隔水新技术。

5. 新技术应用

（1）浅覆土双排近间距矩形大断面顶管顶进施工土层微扰动施工技术

顶管施工前除必须对河床进行加固处理外，顶进施工时还要控制对原有土层的扰动，减少顶管周边土层的影响范围，降低因土层扰动造成的土层损失，并减小土层沉降，避免对已处理的河床处理层造成不利影响。

项目顶管采用多种施工技术，综合控制顶管过程对护城河河床下浅覆土土层的扰动和施工安全，控制先顶进的左幅隧道对土层的扰动范围、控制后顶进的右幅隧道的轴线偏差。

（2）大断面顶管施工有效减阻新材料技术

为减小顶管施工对周边土体的扰动，减少土层沉降量，施工中通过开发研究，试验研究出不同的泥浆配比，得出适合该项目施工的有效减阻泥浆配比等。该项目主要通过试验研究了以下四种不同作用的泥浆，在顶管顶进过程中它们分别发挥不同的作用。

1）液态减阻泥浆

首先液态减阻泥浆能有效减小顶管阻力，相应地顶管对土体的反力同步减小，从而控制顶管对土体的影响范围，其次优化的泥浆配比使得土层内承压水不容易穿透泥浆套，渗漏进入顶管通道内，避免了原有土层的水土流失造成空隙，减少地表不均匀沉降。

2）固态泥浆

固态泥浆具有较高黏度和较小流动性，主要用于顶管机纠偏。固态泥浆注入顶管机外侧土层后，在注浆管外聚集，不易向外扩散，从而挤压顶管机头，产生指向机头的反推力，用以纠正顶管机偏位。

优化的固态泥浆用于顶管纠偏时，可以较小的注入量达到理想的纠偏效果，并有一定的止水效果和较小的摩阻力。在纠偏的同时，尽量减小对原有土层的挤压范围，在减少土层扰动的同时，具有良好的止水性，局部替代减阻泥浆，保证顶管施工安全。

3）土体改良剂

将土体改良剂注入顶管机开挖面，与开挖面土体混合后，对土体进行改良，增强土体和易性，防止泥饼产生，增强开挖面土体的流塑性。

4）固结置换泥浆

研究优化固结置换泥浆技术，保证泥浆置换率以及置换后硬化层质量，是减小顶管通道在今后使用过程中沉降与渗漏水的重要措施。

（3）大断面矩形顶管施工对软土地层扰动规律的理论研究

为研究不同地层损失、不同侧摩阻力、不同土仓平衡力、不同注浆压力以及不同隧道间距对于顶管隧道下穿护城河产生的地面沉降的影响，利用有限元分析软件Plaxis建立模型，对不同条件下的下穿护城河顶管施工进行模拟，分析其沉降值，给出施工建议。

为进一步研究软土地层受顶管施工影响产生的扰动情况，利用同济大学岩土离心试验机进行了注浆压力对地层沉降影响的离心模型试验研究。研究分析得到了注浆压力对地层沉降的影响机理，并基于此为顶管施工提供了注浆压力与注浆量建议。

（4）深基坑管井运行封闭底板结构无损伤施工技术

为解决因封井引起底板混凝土二次浇筑引发的地下水渗漏问题，课题研究一种全新的降水井封井施工技术。在施工垫层以前，通过将抽水管改变方向引至基坑边缘与自吸泵连接，停止降水后将水管封堵，避免了在底板上开洞以致后期出现地下水渗漏的风险。

6. 作用意义

经济效益：项目在顶管施工后，河床处理费用增加15.0万元，顶管设备工艺改造升级花费8.4万元，施工安全可靠，顶管无渗漏水现象，节省止水封堵及应急处置措施费27.2万元，且施工快，节省设备租赁费用21.8万元，总共产生经济效益25.6万元。并将大概率、后果严重的风险控制在可接受的范围内，对未来运营期间的结构抗浮、防水均起到良好的效果，有明显的经济效益。

社会效益、环境保护效益：项目有效控制河床的不均匀沉降，且不破坏原有河底生态。采用带水作业的施工方式，无须在河上进行围堰，保护了古城区河道自然环境，具有良好的经济和社会效益。通道施工完成后，在使用过程中出现渗漏水几率小，对正常使用影响小，具有较好的社会效益。

科技成果鉴定意见：

2021年11月4日，江苏省土木建筑学会在苏州组织召开了"复杂环境下浅覆土矩形大断面顶管施工关键技术研究"科技成果鉴定会，鉴定委员会听取了课题组的技术研究报告，审查了相关资料，经质询、讨论，形成如下鉴定意见：

（1）课题组提供的技术资料齐全，符合鉴定要求。

（2）"东汇公园南下穿护城河隧道项目"是苏州市第一条下穿护城景观河道工程，具有施工环境复杂、软土地层的极浅覆土、变厚度覆土、矩形大断面、双排小间距等严苛条件，总体施工难度和风险在国内同类项目中少见。课题组对其施工关键技术进行了系统的研究，主要创新成果如下：

1）通过施工全过程的三维数字模拟仿真技术，揭示了超浅覆土矩形大断面顶管顶进过程及环境影响的基本规律，开发了矩形大断面顶管施工离心模拟技术，阐明了矩形大断面顶管浆套的形成机理、浆液参数对顶进摩阻力和环境影响的规律。

2）针对矩形大断面顶管微扰动施工难题，研发了减阻新材料、"五位一体"智能动态测量控制技术、双通道顶管相邻侧机头超切装置等，确保了对环境的微扰动控制效果。

3）针对景观河道超浅覆土、变覆土矩形大断面顶管施工，提出了生态模袋混凝土的多层复合隔水层河床处理体系和顶管动态施工控制技术。

（3）成果已申请受理发明专利3项，获实用新型专利授权4项、省级工法多项，发表论文多篇。研究成果成功应用于苏州东汇公园南下穿护城河隧道工程项目，取得了显著的经济效益、社会和环境效益，为类似下穿河道工程提供了示范，推广应用前景广阔。

鉴定委员会认为，该成果总体达到国际先进水平，其中矩形大断面顶管施工离心模拟技术达到国际领先水平。

城际轨道交通工程结构混凝土裂缝微生物自修复技术应用研究*

主要完成人员：

韩向朝、葛宁、王大鹏、陈浩、孙国茹、蓝桂华、张旋

完成单位：

中电建铁路建设投资集团有限公司、南京地铁建设有限责任公司、东南大学、北京城建中南土木工程集团有限公司、南京市轨道交通建设工程质量安全监督站

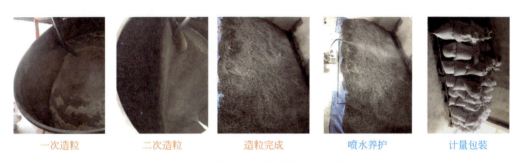

图1 微生物自修复混凝土制备

1. 项目概况

该项目以南京至句容城际轨道交通工程 DS6-TA01 标工程为依托，标段区间地表分布有汤泉水库、九乡河等水体，且区间地层水位较高，地下水丰富，工程地质环境复杂。高架车站预制混凝土箱梁采用预制混凝土构件，其表面气孔控制水平要求较高。因此，有必要针对地下车站主体结构混凝土的防裂、抗裂、治裂，以及预制混凝土构件表面气泡控制开展研究，为今后同类型工程提供有益的借鉴。

2. 应用领域和技术原理

应用领域：可广泛应用于地下防水混凝土结构，水工混凝土结构，海洋混凝土结构，各种工业、民用建筑的外墙面，道路及桥梁混凝土等。

技术原理：混凝土裂缝自修复原理是模仿生物组织损伤愈合机能，基于"开裂—O_2/CO_2 扩散驱动—微生物萌发矿化—裂缝封闭"自修复策略，在混凝土中添加微生物自修复剂，形成智能型自修复系统。该技术低碳环保、感知能力强，修复效果好，可及时、有效地避免水泥基材料早期和后期开裂产生的耐久性、安全性和防水等使用功能下降的危害。混凝土抗泛碱原理是利用微生物代谢活动，产生酶催化作用，在水泥基材料表层一定区域内发生矿化反应，将氢氧化钙转化为碳酸钙，进而形成一定厚度的致密梯度结构，抑制了碱金属离子等向外迁移。

3. 性能指标

（1）形成粉状微生物修复剂和颗粒型微生物修复剂的混凝土生产和施工工艺。

（2）掺用非固载型微生物修复剂的微生物自修复混凝土，早期 0.5mm 宽度以下的裂缝在浇筑完成

---

* 该项目获得 2022 年"江苏省土木建筑学会·土木建筑科技奖"二等奖

60d后完全自修复，0.3mm宽度以下的裂缝在浇筑完成41d后完全自修复，无渗水迹象。掺用固载型微生物修复剂的微生物自修复混凝土，早期0.45mm宽度以下裂缝在浇筑完成28d后完全自修复，无渗水现象。

（3）微生物修复剂对混凝土其他性能无负面影响。

（4）形成包含初始含气量、粗骨料粒径、塑性黏度系数、初始屈服应力的高鲁棒性材料学参数区间，包含振动频率、振动时间、振动幅度的高鲁棒性施工工艺参数，以及以接触角为主要特征的模板参数。

4. 创新点

（1）发明了掺用非固载型微生物修复剂和掺用固载型微生物修复剂的微生物自修复混凝土。微生物修复剂对混凝土其他性能无负面影响，显著提升了混凝土裂缝自修复功能。

（2）构建了以裂缝面积修复率、裂缝抗水渗透压力、超声波测试法、修复深度为核心修复性能表征体系。运用表征手段和方法综合分析裂缝自修复性能。提出了掺加固载型和非固载型两类修复剂的微生物自修复混凝土的配合比设计方法。

（3）具有高鲁棒性的材料参数区间：为了获得优良等级的混凝土表观气孔状况，混凝土拌合物的初始含气量控制区间宜为2%～3%，粗骨料粒径为5～25mm，塑性黏度系数为5～10Pa·s，初始屈服应力为100～200Pa，泌水率为8%～10%。此外，微生物抗泛碱剂具有抗泛碱作用，对清水混凝土表观气孔无明显影响。

（4）具有高鲁棒性的工艺参数区间：为了获得优良等级的混凝土表观气孔状况，振动频率宜为10000～12000次/min、振动时间为20～25s、振动幅度为1～1.2mm。

（5）模板表面接触角调控区间：亲水性隔离剂和疏水性隔离剂调控模板接触角的统计分析表明，适宜的接触角区间为102°～112°。

5. 新技术应用

（1）工程化应用的微生物自修复混凝技术

对于固载型和非固载型两类微生物修复剂进行了性能测试和技术指标确定，提出了微生物自修复混凝土的配合比设计、试配和确定方法，对于不同龄期的混凝土自修复性能明确了指标并提出了相应的检测方法。

（2）内实外美预制梁混凝土表面气泡控制技术

针对预制梁混凝土表观质量中的气泡问题，研究初始含气量、粗骨料最大粒径、黏度系数、屈服应力等材料学参数耦合作用影响下的预制清水混凝土表面气泡的鲁棒性，并建立混凝土表面气泡定量评价体系。混凝土表观气泡定量评价体系主要包含三个定量控制指标：表观气孔面积率、气孔分布标准差和最大气孔直径。

6. 作用意义

经济效益：对宁句城际轨道交通马群站、麒麟镇站、高架区间等多个站点和区间的施工参建人员进行技术交底及培训，并开展了两项技术的工程实践。微生物自修复混凝土技术成功在马群站和麒麟镇站开展工程化应用，内实外美混凝土表观气泡控制技术成功在预制构件厂进行了成果转化和技术培训。经测算，共节约155万元的费用，经济效益较为显著。

社会效益：城际轨道交通混凝土自修复技术和表观气泡控制技术，实用性强，实践表明其对于混凝土裂缝防治和提升表观美学功能具有优异的效果。结合实践经验形成了中国工程建设标准化协会标准、江苏省工程建设地方标准各1项，并支撑申报了省级工法1项。相关原理和技术在国内地铁领域属于首创，整体实用、高效，可推广价值高。两项技术已经在宁句城际轨道交通工程地下车站和预制构件厂实施了规模化应用,取得了较好的经济技术效益和社会效益,为后续轨道交通类似工程提供了必要的技术支撑。

科技成果鉴定意见:

2022 年 4 月 24 日,江苏省土木建筑学会在南京组织召开了"城际轨道交通工程结构混凝土裂缝微生物自修复技术应用研究"科技成果鉴定会。鉴定委员会专家听取了课题组的成果汇报,经质询和讨论,形成鉴定意见如下:

(1) 提供的技术资料齐全,符合鉴定要求。

(2) 课题依托宁句城际轨道交通工程,针对地下车站主体结构常见开裂渗漏难题,通过材料研发、工艺研究及现场试验等途径,首次将混凝土裂缝微生物自修复技术应用到城际轨道交通工程地下车站中。

(3) 主要研究成果与创新点:

1) 设计和制备了针对不同龄期裂缝自愈合需求的两类微生物自修复混凝土;构建了以裂缝面积修复率、裂缝抗水渗透压力、超声波测试法、修复深度为核心的修复性能表征体系;

2) 针对混凝土不同龄期裂缝特征,依托工程实践形成了非固载型和固载型两类微生物自修复混凝土的工程化应用技术,为首部标准《微生物自修复混凝土应用技术规程》T/CECS 973—2021 提供了支撑。

(4) 研究成果已成功应用于宁句城际轨道交通工程 DS6-TA01 标段,依据该成果形成中国工程建设标准化协会标准 1 项,江苏省工程建设地方标准 1 项,江苏省级工法 1 项,实用新型专利 1 项,发明专利 1 项,论文 2 篇。经济社会效益显著,具有推广应用价值。

鉴定委员会认为,该研究成果达到了国际先进水平。

科技成果奖集锦

（2023年）

住宅工程品质提升综合技术研究与应用*

主要完成人员：
王永生、苏宪新、李敏、刘克举、顾笑、韦佳、王俊平、杨海、杜洋、王宁、史静

完成单位：
中国建筑第二工程局有限公司、南京安居保障房建设发展有限公司、南京长江都市建筑设计股份有限公司

图1　项目效果图

图2　项目实景图

1. 项目概况

南京百水工业园地块保障房一期项目是南京市"十三五"规划建设首个开工的重点保障房工程，项目位于南京市栖霞区马高路。其中A地块总用地面积为33865.10m²，总建筑面积为86874.27m²，地上建筑主要为6栋19～20层高层住宅（含低层配套商业）、1栋3F商业、2栋1层配电间、1栋1层配电间及开关站和1栋1层门卫，地下建筑为住宅楼及其楼间区域的1层整体地下车库。住宅楼采用预制装配整体式剪力墙结构，预制率达31%，装配率达60%。

2. 应用领域和技术原理

针对保障性住房在建筑产业化过程中存在的共性和关键技术问题，在全生命周期条件下保障性住房标准化设计的创新性理论研究以及保障性住房装配式混凝土建筑设计与建造技术、装配式装修技术、信息化技术等方面开展了高效适用的装配式建筑产品与技术，形成了具有江苏特色并引领国内专业领域的成套应用技术。项目成果已推广应用于7项保障性住房工程，总面积约140万m²。

3. 性能指标

随着现代城市化进程的加速，人们对于宜居环境的高品质需求日益迫切。长期以来，我国住房整体建设质量、居住品质与性能得不到有效保障，房屋质量不高、居室隔声差、厨卫串味和漏水等问题持续困扰百姓的居住生活。依托南京百水工业园地块保障房一期项目，开展了以人为本、优美宜居的设计创

---

* 该项目获得2023年"江苏省土木建筑学会科学技术奖"一等奖

新、涵盖了社区规划设计、高品质高效建造工艺创新研究、基于BIM的智慧建造创新等一系列研究，解决了房屋交通生活不便捷、通风采光差、隔声差、厨卫串味、漏水等难题，实现了住宅工程品质的提升。

4. 创新点

（1）以人为本、优美宜居的创新设计研究

提出了"4C策略"的规划设计方法，创建和谐共生社区。形成了多元化的建筑一体化设计方法、建立了装配式建筑集成设计体系。通过科技创新，将模块化、工业化和绿色低碳融为一体，创造了适应性强、宜居耐久的居住空间，解决了住宅建筑短寿命和耐久性的可持续建设、住宅长期品质不佳和更新运维的可持续质量难题，满足了人民群众对高品质高质量发展的要求。

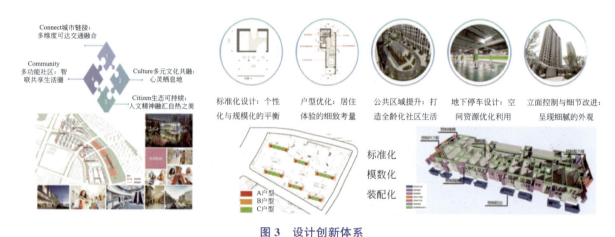

图 3　设计创新体系

（2）高品质高效建造工艺创新研究

研发了提升建造品质的新工艺，形成了混凝土结构预制构件精准安装，现浇结构清水混凝土成型施工方法和填充结构，装饰装修保温、隔声、隔热一体化无湿作业施工方法及住宅防渗漏体系等成套施工技术，解决了房屋隔声差，外墙、屋面、地下室等关键部位漏水等难题，实现了住宅工程的高品质高效建造。

图 4　夹心保温墙体系

图 5　外立面一次成优技术

（3）基于BIM的智慧建造创新技术研究

研发了PC剪力墙结构施工全过程BIM智造技术，实现了建造过程智能管理，为住宅品质提升提供了技术支持。

BIM应用—预制构件深化设计及施工应用

BIM应用—综合管线深化设计及施工应用

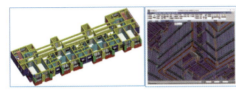
BIM应用—铝合金模板设计及施工应用

BIM应用—附着式升降脚手架设计及施工应用

图 6 基于 BIM 的智慧建造创新技术

5. 新技术应用

（1）基于"4C策略"的规划设计方法

社区规划作为城市建设的基础，采用了基于"4C策略"的设计方法。其中，Connect策略强调多维度可达交通融合，为居民提供更便捷的出行方式；Community策略构建了多功能社区，促进智能化共享；Culture策略追求多元文化共融，为居民创造了心灵栖息地；Citizen策略强调生态可持续，实现人文精神与自然之美的融汇。"4C策略"共同构筑了一个注重生态、文化、社会和经济发展的综合社区规划模式。

（2）多元化融合的建筑一体化设计研究

1）以持续可居性为核心的全生命期可变户型设计

采用标准化设计（平面标准化、户型标准化、立面标准化），住宅单体仅采用3种户型模块，1种核心筒模块，达到"少户型、多组合"的特点，最大限度地提高效率，降低成本，充分发挥工业化建造的优势，针对项目特点开展基于标准化的空间可变设计，可实现小户型住宅、适老型住宅、创业型办公等8种户型的转换。形成了"可推广、可复制""低成本、高效益"的设计体系。

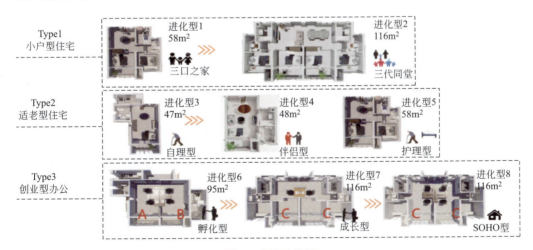

图 7 户型转换图

2）自然融合生态优化建筑设计

通过精细的设计提升了居住体验，实现高效、灵活、智能、舒适的住房。创新融合自然通风、采光系统，提升室内舒适性，应用声环境优化策略改善居住环境，在卧室和客厅采用了装配式架空地板体系，空气声隔声量达到 51dB，撞击声隔声量更是高达 56dB，相较国家标准限值提升了超过 25%。基于 CFD 技术优化风环境，实现能效与水资源双重优化，夏季和冬季的舒适度要求得到满足，达到了 71% 和 64%。冬季的建筑区域风速保持在 0.3～3.2m/s，夏季的风速在 0.3～4.5m/s 之间。为生态友好建筑设计提供范本。项目建筑节能率 65%，可再生能源利用率 30.64%，绿地率 35%，非传统水源利用率 3.7%，可再循环建筑材料用量比 7.44%。

3）装配式建筑集成技术研究

从预制剪力墙、叠合板、预制阳台、预制空调板到预制飘窗等构件，项目实现了装配式主体结构、围护结构、装配化装修系统综合集成设计应用，预制装配率达到了 60%。在充分发挥标准化设计的前提下，实现了高装配率的保障性住房建造。

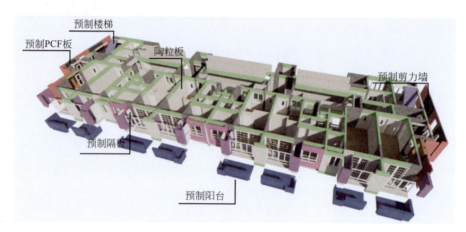

图 8　标准层户型图

（3）高品质高效建造工艺创新研究

1）高品质一次成优技术

通过开展施工建造品质提升工艺创新研究。深研住宅工程建造领域的四项关键技术，创新形成混凝土结构预制构件精准安装、现浇结构仿清水混凝土成型施工，填充结构、装饰装修保温、隔声、隔热一体化无湿作业施工，住宅防渗漏体系等成套施工技术，实现住宅工程精益、高效，低碳建造，一次成优，提升人民群众幸福指数。

2）高效建造穿插施工技术研究

通过外墙高效建造穿插施工技术，实现外墙迅速安装与精准对接，为建筑外观提供一体化美感。通过室内高效建造穿插施工技术，将室内装修工程与主体结构同步推进，优化施工流程，提高工程效率。通过装配式装修施工技术，实现室内装饰元素的快速组装与精准安装，创造出高品质的居住体验。

3）基于肌肤式防水理念的防渗漏创新技术研究

图 9　项目主体结构施工

针对当前住宅工程小业主投诉问题，其三分之二为渗漏问题，外墙外窗渗漏、卫生间渗漏、屋面渗漏等。为有效解决住宅工程防渗漏问题，专注于创新性的新防渗漏技术，基于肌肤式防水理念，针对住宅工程地下室、外墙、室内、屋面四大关键区域从深化设计、材料、防水构造和施工工艺进行优化，针对地下室，研发综合技术，解决关键节点渗漏问题，确保地下空间的防水性能；针对外墙，提出综合技术解决关键节点渗漏难题，加强建筑外围的密封性；针对室内，提出关键节点渗漏综合技术，保障室内环境的干燥与舒适；针对屋面，解决关键节点渗漏问题，确保建筑屋面的完整性与耐久性。

图 10　结构阴阳角倒角一次成型

4）绿色建造技术

针对城市环境可持续发展，深入研究海绵城市建设，探讨其在建筑设计中的应用，以实现雨水管理、生态保护等目标。关注可再生能源在建筑领域的应用，探索太阳能、空气能等可再生资源的利用，以推动建筑能源的可持续利用。研究垃圾减量化技术，探索建筑废弃物处理、资源回收等方法，实现建筑垃圾的减少与资源化。

图 11　顶板后浇带错缝散水　　　　　　　　　图 12　小区海绵城市应用

（4）设计建设全过程 BIM 技术应用

1）BIM 智慧管理平台技术

构建 BIM 智慧管理平台，BIM 技术贯穿整个工程的设计阶段、深化设计阶段、构件生产和施工安装全过程，工程采用 BIM 技术将节点深化、预制构件制作、构件模拟安装、场地布置模拟、工艺优化、采用 BIM 技术进行施工交底、质量安全现场巡检、工程进度 BIM 跟踪、资料 BIM 同步上传，将整个建造过程协调统一。

2）数字化智慧工地建造技术

项目通过"大数据＋BIM、物联网、人工智能"等技术综合应用，通过互联网、物联网、人工智能等先进信息技术与建造技术融合，建立和应用智能化系统，实现施工现场智能化的数据采集、数据分析、智能监控、风险预警、辅助决策等，提高建造过程智能化水平，减少对人的依赖，实现安全建造，并实现性价比更好、质量更优的施工管理建造过程。

在"绿水青山就是金山银山"的号召下，建筑业作为传统的高能耗行业，只有依靠不断创新，应用

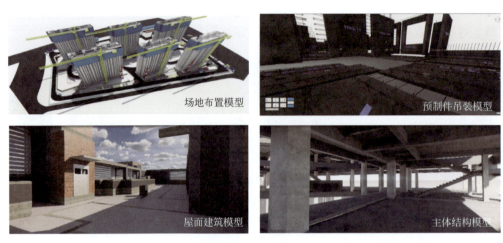

图 13　BIM 技术应用

图 14　智慧工地综合应用控制系统

新技术，改进施工工艺，才能有效降低能源消耗，减少污染排放，助力生态环境保护。科技是第一生产力，只有加大科技创新，才能实现建筑行业大幅降低工程造价，缩短工程工期，提高工程质量，保证工程安全的目标。新技术的应用推广应结合项目的实际情况，充分发挥示范工程的示范作用，试点引路作用、示范推动作用，助力地区、行业建筑业的创新发展。

6. 作用意义

项目已获发明专利 6 项、编制地方标准 2 项，获省级工法 3 项、省级 BIM 奖 7 项、中施企协绿色示范工程 1 项、省级绿色施工示范工程 1 项、省级新技术应用示范工程 1 项、三星级绿色建筑设计标识 1 项。

通过运用防渗漏创新技术、高品质成优技术、装配式装修综合施工技术、高品质建造穿插施工技术等，共计产生经济效益 829.66 万元。

项目积极落实质量提升行动，精心组织并完成了装配式结构工程优质示范创建活动，先后承办了省、市现场质量、安全观摩会，对促进当地装配式结构工程质量提高起到很好的示范带头作用。工程实施期间，公司积极配合业主、主管部门，迎接省内、省外装配结构工程的调研工作，并与当地高校及政府部门共同深研装配结构施工技术、装配结构检测技术取得很好的效果，推动全国装配结构的发展。

工程结构、使用功能均达到设计要求，已竣工交付并投入使用，各项使用功能完善，设备运行正常，达到了预期的水平和效果。各方均非常满意，同时也赢得了社会的一致好评。2023 年 5 月 26 日由中国建筑业协会主办，公司承办的中国建筑业协会住宅品质提升现场交流会在南京召开，全国 500 多人参观了该项目。这次观摩会也是对工程取得成绩的肯定，产生了良好的社会效益。

科技成果鉴定意见：

2023 年 8 月 30 日，江苏省土木建筑学会在南京组织召开了"住宅工程品质提升综合技术研究与应用"科技成果鉴定会。鉴定委员会听取了课题组的技术研究报告，审阅了相关技术资料，经质询、讨论，形成如下鉴定意见：

（1）提供的技术资料齐全，符合科技成果鉴定要求。

（2）课题针对南京百水工业园地块保障房一期项目，系统研发了以人为本、优美宜居的创新设计、高品质高效建造工艺创新、基于 BIM 的智建造创新技术等综合技术，解决了住宅建筑质量通病和耐久性等影响品质的难题。主要创新技术如下：

1）提出了"4C 策略"的规划设计方法，创建和谐共生社区。形成了多元化的建筑体化设计方法、建立了装配式建筑集成设计体系。通过科技创新，将模块化、工业化和绿色低碳融为一体，创造了适应性强、宜居耐久的居住空间。

2）研发了提升建造品质的新工艺，形成了混凝土结构预制构件精准安装、现浇结构清水混凝土成型施工方法和填充结构、装饰装修保温、隔声、隔热一体化无湿作业施工方法及住宅防渗漏体系等成套施工技术。

3）研发了 PC 剪力墙结构施工全过程 BIM 智造技术，实现了建造过程智能管理为住宅品质提升提供了技术支持。

（3）项目已获发明专利 6 项、编制地方标准 2 项、发表论文 4 篇，获省级工法 3 项、省级 BIM 奖 7 项、中施企协绿色示范工程 1 项、省级绿色施工示范工程 1 项、省级新技术应用示范工程 1 项、三星级绿色建筑设计标识 1 项。

鉴定委员会认为，研究成果达到国际领先水平，一致同意通过鉴定。

超大直径高水压盾构隧道结构设计与施工控制关键技术

主要完成人员：
蒋振雄、王峻、周欣、薛光桥、明珠、张力、谢宝超、李明、张忆、苏昂、张旭生

完成单位：
江苏省交通工程建设局、中铁第四勘察设计院集团有限公司、西南交通大学、江苏中路工程技术研究院有限公司、江苏省建筑科学研究院有限公司、中南大学、中铁十四局集团有限公司、中交隧道工程局有限公司

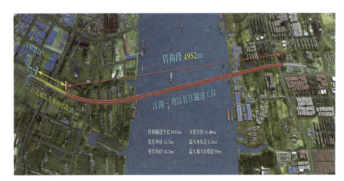 

图 1　江阴靖江长江隧道

1. 项目概况

随着中国的隧道建设规模飞速增长，超长隧道的工程数量与日俱增，超大直径高水压盾构隧道结构设计与施工控制关键技术研究显得尤为重要，目前国内外针对超长隧道尚无成熟规范可供参考。

课题结合江阴靖江长江隧道工程，开展直径大于15.5m的超大直径高水压盾构隧道结构设计与施工控制关键技术的研究。通过文献调研、理论推导、数值模拟、试验分析和工程实践，系统研究了超大直径高水压盾构隧道管片结构、材料、施工控制等关键技术，首次提出了超大直径盾构结构承载安全性评价方法，创新了高水压盾构隧道防水结构体系，研发了非封闭内衬防护结构、轻薄型高性能耐火烟道板及抗裂防渗混凝土，建立了盾构管片上浮试验和评价体系，形成一批可推广可复制的科技创新成果。

通过研究应用，解决超大直径高水压盾构隧道结构韧性、防水性能、防火性能、防渗抗裂、管片上浮等难题，取得了一系列突破性创新成果，对推动建设交通强国，建设江苏样板标志性工程，支撑长江三角洲区域一体化发展具有重要意义。

2. 应用领域和技术原理

项目研究成果可应用于交通工程建设、盾构法超长水下公路隧道工程技术领域。

开展足尺试验研究新型管片接头的抗弯、抗剪性能和破坏特征，建立了管片衬砌结构接缝抗弯刚度和抗剪承载力设计方法；首次搭建了15.5m超大直径原型管片衬砌结构加载试验平台，根据加载破坏

---

* 该项目获得2023年"江苏省土木建筑学会科学技术奖"一等奖

试验的破坏过程总结了结构的失效机理,并以此为依据提出了超大直径盾构结构承载安全性评价方法,提高了超大直径盾构隧道结构韧性。

创新了高水压盾构隧道防水结构体系,首次打破了双道密封垫不能提高整个系统防水能力的传统观念,提出了螺栓孔外侧布置双道密封垫新型防水方法,并揭示了其防水机理与防水性能,开发了隧道主体结构抗裂防渗高性能混凝土材料,隧道防水等级提高至一级。

开展了盾构衬砌管片抗火性能数值模拟及烟道板耐火性能试验,提出了盾构隧道结构防火一体化设计方法,研发了非封闭内衬防护结构及轻薄型高性能耐火烟道板,提高了隧道主体结构的防火性能。

针对盾构隧道同步注浆过程及管片上浮问题,建立了盾构管片上浮试验和评价体系,开发了同步注浆缓凝增稠的多功能复合稳定材料,优化了注浆施工设备和工艺,解决了盾构法隧道管片上浮的通病。

3. 性能指标

(1) 超大直径高水压盾构隧道结构韧性设计指标:管片接缝力学行为试验研究;局部结构加载试验与数值模拟;管片衬砌结构原型试验与数值模拟。

(2) 高水压盾构隧道防水防灾结构协同耦合体系:盾构隧道结构防灾安全分析研究;新型防水体系研究;盾构隧道防水性能研究。

(3) 盾构管片结构防裂防渗混凝土材料技术体系:混凝土抗裂性评估与设计;高性能混凝土制备与性能研究;管片混凝土劣化指标控制研究。

(4) 高水压盾构隧道管片上浮试验方法与施工控制标准:大直径盾构隧道管片上浮机理与安全评价;盾构隧道注浆材料性能提升研究;同步注浆设备及试验研究。

4. 创新点

通过文献调研、理论推导、数值模拟、试验分析和工程实践,系统研究了超大直径高水压盾构隧道管片结构、材料、施工控制等关键技术,取得了以下创新成果:

(1) 首次提出了超大直径盾构结构承载安全性评价方法,搭建了15.5m超大直径原型管片衬砌结构加载试验平台,建立了管片衬砌结构接缝抗弯刚度和抗剪承载力设计方法,提高了超大直径盾构隧道结构韧性;

(2) 创新了高水压盾构隧道防水结构体系,首次提出了螺栓孔外侧布置双道密封垫新型防水方法,开发了隧道主体结构抗裂防渗高性能混凝土材料,隧道防水等级提高至一级;

(3) 提出了盾构隧道结构防火一体化设计方法,研发了非封闭内衬防护结构及轻薄型高性能耐火烟道板,提高了隧道主体结构的防火性能;

(4) 建立了盾构管片上浮试验和评价体系,开发了同步注浆缓凝增稠的多功能复合稳定材料,优化了注浆施工设备和工艺,解决了盾构法隧道管片上浮的通病。

5. 新技术应用

(1) 超大直径高水压盾构隧道结构韧性:首次提出超大直径盾构结构承载安全性评价方法,搭建15.5m超大直原型管片衬砌结构加载试验平台,建立管片衬砌结构接缝抗弯刚度和抗剪承载力设计方法,含钢量优化15%。

(2) 超大直径高水压盾构隧道结构防水:创新了高水压盾构隧道防水结构体系,首次提出了螺栓孔外侧布置双道密封垫新型防水技术,开发了隧道主体结构抗裂防渗高性能混凝土材料,管片接缝防水性能提升30%;无湿渍、无渗漏。

(3) 超大直径高水压盾构隧道结构防火:提出了盾构隧道结构防火一体化设计方法,研发了非封闭内衬防护结构及轻薄型高性能耐火烟道板,实现了侧墙的防火保护,防火板保护范围减少了70%,基本实现了防火措施免维护;烟道板减轻25%,极限火灾下不塌落、不爆裂,保障了运营安全。

（4）超大直径高水压盾构隧道管片上浮：创建立了盾构管片上浮试验和评价体系，开发了同步注浆缓凝增稠的多功能复合稳定材料，优化了注浆施工设备和工艺，由以往的30mm控制至5mm以内；实现了壁后注浆效果的同步检测，保证了注浆质量，减少了运营维护阶段的安全隐患。

6. 作用意义

该课题研究成果获得授权发明专利10项，授权实用新型专利6项，发表了高水平论文10余篇，成果已成功应用于江阴靖江长江隧道、青岛第二海底隧道、武汉二七路长江隧道、海太长江隧道等隧道工程建设，取得了显著的经济、社会、环境效益。

经济效益：建立了管片衬砌结构接缝抗弯刚度和抗剪承载力设计方法，对项目2476环管片（单洞）结构接缝抗弯刚度和抗弯承载力进行优化，首次提出了超大直径盾构结构承载安全性评价方法。研发了轻薄、耐火的高性能烟道板结构，取消了烟道板防火板，实现了免维护工作。应用外侧双道密封垫夹设遇水膨胀止水胶+管片嵌缝+封闭式内部结构新型防水方法，隧道防水等级提高至一级，减少后期渗漏修补处治。应用高性能混凝土，提升混凝土的质量与耐久性能，达到高性能、经济、环保的效果。应用研发的缓凝、增稠的多功能复合稳定剂，显著降低施工堵管风险，减少管片上浮量，提高隧道的使用寿命。结构、设备等总计为江阴靖江长江隧道节省工程投资约1.25亿元。

社会效益：建立了超大直径高水压盾构隧道结构设计与施工控制关键技术体系，首次提出了超大直径盾构结构承载安全性评价方法，研发非封闭内衬防护结构、轻薄、耐火的高性能烟道板结构和超大直径盾构耐久型抗渗混凝土新材料，建立了螺栓孔外侧间隔布置双道密封垫防水方式，设计研发模拟同步注浆过程及管片上浮的试验装置，形成一批可推广可复制的科技创新成果，稳步推进"十四五"期间交通规划和交通强国战略，指导同类型工程项目设计施工，最大程度管控风险。

科技成果鉴定意见：

2023年8月27日，江苏省土木建筑学会在南京组织召开了"超大直径高水压盾构隧道结构设计与施工控制关键技术"科技成果鉴定会。鉴定委员会听取了课题组技术研究报告，查阅了相关技术资料，经质询、讨论，形成如下鉴定意见：

（1）课题组提交的鉴定资料齐全，符合鉴定要求。

（2）课题组通过文献调研、理论推导、数值模拟、试验分析和工程实践，系统研究了超大直径高水压盾构隧道管片结构、材料、施工控制等关键技术，取得了以下创新成果：

1）首次提出了超大直径盾构结构承载安全性评价方法，搭建了15.5m超大直径原型管片衬砌结构加载试验平台，建立了管片衬砌结构接缝抗弯刚度和抗剪承载力设计方法，提高了超大直径盾构隧道结构韧性；

2）创新了高水压盾构隧道防水结构体系，首次提出了螺栓孔外侧布置双道密封垫新型防水方法，开发了隧道主体结构抗裂防渗高性能混凝土材料，隧道防水等级提高至一级；

3）提出了盾构隧道结构防火一体化设计方法，研发了非封闭内衬防护结构及轻薄型高性能耐火烟道板，提高了隧道主体结构的防火性能；

4）建立了盾构管片上浮试验和评价体系，开发了同步注浆缓凝增的多功能复合稳定材料，优化了注浆施工设备和工艺，解决了盾构法隧道管片上浮的通病。

（3）研究成果获得授权发明专利10项，发表了高水平论文10余篇，成果已成功应用于江阴靖江长江隧道、甬舟铁路金塘海底隧道、海太长江隧道等隧道工程建设，取得了显著的经济、社会、环境效益。

鉴定委员会认为，研究成果总体达到国际领先水平。

苏州轨道交通 5 号线全自动化运行系统关键技术研究与应用[*]

主要完成人员：
金铭、王占生、夏从东、邹艳、李文涛、渠军、陈志、吴澄、李亮

完成单位：
苏州轨道交通建设有限公司、南京恩瑞特实业有限公司、中车南京浦镇车辆有限公司、苏州大学、江苏经纬轨道交通设备有限公司、中铁第四勘察设计院集团有限公司

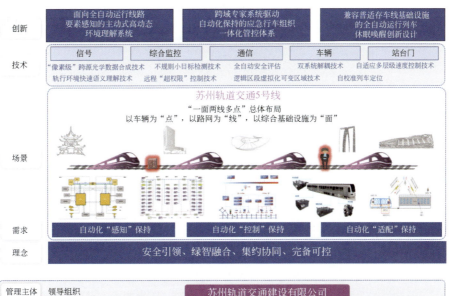

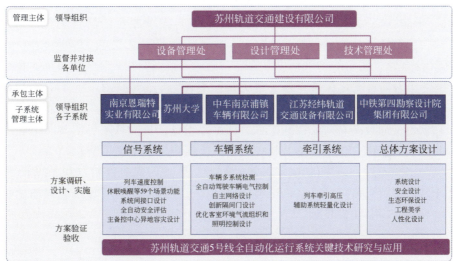

图 1　苏州轨道交通 5 号线全自动化运行系统关键技术示意图

---

[*] 该项目获得 2023 年"江苏省土木建筑学会科学技术奖"一等奖

1. 项目概况

在"十三五"发展期间，我国共计有北京、上海、天津等15个城市开通全自动运行系统线路，共计30条线路，已经形成了716.83km的全自动运行线路规模。目前全自动运行线路大多能够自动地完成运行任务，如起动、停车、开关门、调度等，无须人工干预或辅助。但是当列车遇到紧急情况或故障时，无法自主地进行处理和恢复，需要依赖于人工的指令或干预。这就导致了列车的自保持能力差，即无法在任何场景下保持全自动运行的状态，需要人工的监督和干预，而"十四五"发展阶段更强调全自动运行系统的全场景自动化保持能力，需要对现有的全自动运行系统进行全面升级，减少对人工干预的依赖。

图2　苏州市轨道交通5号线线路走向示意图

苏州轨道交通以"十四五"规划和交通强国建设纲要为导向，在分析借鉴国内外已有全自动运行线路的优缺点的基础上，结合苏州轨道交通实际情况和未来发展需求，提出了更加先进智能的全自动运行系统，并选择了正在建设中的5号线作为试验线路，以验证和实现全自动运行系统的理念。项目规划建设以全场景保持的全自动化运行系统为建设目标，强调应急场景下保持以安全为第一要务的全自动化运行，在降级运行的特殊情况下线路仍能保持全自动运行。该项目提出全新的"安全引领、绿智融合、集约协同、完备可控"轨道交通建设和运营理念，直击线路全场景自动化难以保持这一痛点，采用横跨信号、综合监控、通信、列车和站台门的强联动设计，完善以列车为"点"，以路网为"线"，以综合基础设施为"面"的"一面两线多点"全场景自动化保持总体布局，围绕"感知-控制-适配"，打造以线路全场景自动化保持为核心能力的全自动运行系统。

该项目由苏州轨道交通建设有限公司、南京恩瑞特实业有限公司、中车南京浦镇车辆有限公司、苏州大学、江苏经纬轨道交通设备有限公司和中铁第四勘察设计院集团有限公司共同组成主要团队，全面参与项目研究的具体实施工作，包括理论分析、现场试验研究、技术论证与总结等。

通过科研攻关与工程实践，该项目共授权或申请专利28项，其中发明专利19项，实用新型专利9项，共发表论文12篇，软件著作权20篇，最终形成了《苏州轨道交通5号线全自动化运行系统关键技术研究与应用》的基础理论与关键技术。

2. 应用领域和技术原理

该项目应用领域为城市轨道交通线路，技术原理包括车地通信、跨源数据合成、目标检测、区域限速、休眠唤醒、系统解耦等，主要技术内容为："像素级"跨源光学数据合成技术、轨行环境快速语义理解技术、不规则小目标检测技术、全自动线路评估技术、自适应多层级速度控制技术、远程"集中控制"技术、双系统解耦技术、保持关键模块带电技术、可变逻辑区段标记技术等。

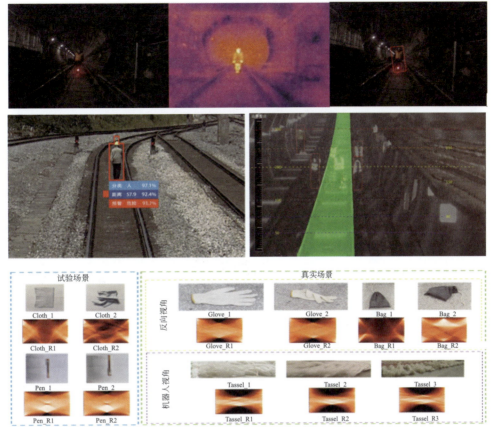

图 3 轨行环境理解

图 4 多层级限速

3. 性能指标

（1）轨行环境感知指标

1）微小目标检测尺寸达到 15cm×15cm×15cm。

2）小目标检测精度提升 3%，检测实时性提升 31%。

3）语义理解精度提升 3%。

（2）应急行车管理能力指标

应急处置时间控制在 90s 以内。

（3）存车线基础设施功能指标

1）自检时间缩短至 5min 以内。

2）支持最短 7m 距离停车。

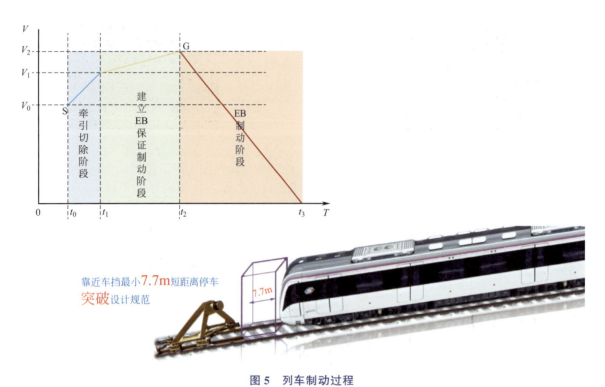

图 5　列车制动过程

横轴 t 为时间，纵轴 V 为列车行驶速度，其中 V_0 为列车超速事件发生时的速度，V_1 为开始建立 EB 保证制动时列车的速度，V_2 为列车 EB 保证制动率完全生效时的行驶速度，EB 表示无法自动缓解的紧急制动

4. 创新点

该课题研究了面向轨交全自动运行场景的三个创新设计，分别从环境感知、智能控制、模式适配三个角度，提升了轨交全自动运行的安全性、可靠性和效率。项目的主要创新点如下：

（1）面向全自动运行路况要素感知的主动式高动态环境理解系统

1）采用"像素级"跨源光学数据合成技术，能够在高动态行车场景下，将多源传感数据融合为一幅完整的路况图像，提高了数据的完整性和一致性。

2）采用轨行环境快速语义理解技术，能够实现限界内外的变尺度环境理解能力，对路况要素进行分类、定位和识别，提高了理解的准确性和实时性。相比于传统方法，该技术将理解准确性提升了3%，实时性提升了31%。

3）采用不规则小目标检测技术，能够降低侵限异物尺寸和形状对识别精度的干扰，对微小目标进行精准检测和跟踪，提高了检测的灵敏度和稳定性。相比于传统方法，该技术将微小目标检测精度提升了3%。

（2）跨域专家系统驱动自动化保持的应急行车组织一体化管控体系

1）采用全自动路线评估技术，能够自主对线路条件进行专家级分析和判断，快速确定最优的应急路线和限速策略，保证应急管理3min黄金时间。

2）采用自适应多层级速度控制技术，能够在不同维度下构建更具针对性的精准限速决策集，根据实时的列车位置、状态和环境信息，动态调整限速模式和参数，提高了限速的合理性和灵活性。

3）采用远程"集中控制"技术，能够实现了"准站级、准车级"的超远程控制，通过远程紧急制动、远程限速、区域限速等手段，对列车运行进行有效干预和调控，应急处置时间控制在90s以内。

（3）兼容既有存车线基础设施的全自动运行列车休眠唤醒创新设计

1）采用双系统解耦技术，能够让列车自检的信号系统和车辆系统并行开展工作，自检时间节约至

5min 以内，提高了自检的效率和准确性。

2）采用保持关键模块带电技术，能够储存运动时序参数，自校准列车定位，能够支持最短 7m 距离停车，突破了当前设计规范限制，降低了轨道建设成本。

3）采用逻辑区段可变区域标记技术，能够实现无限制列车休眠唤醒，提高了列车的灵活性和可靠性。

5. 新技术应用

通过该课题发表的期刊论文、授权公开的专利文件，在全国范围内广泛传播；参加国际和国内的各类学术会议，以学术报告的形式进行宣讲；通过课题参与人员在行业内与同行交流推介的方式进行推广。目前在苏州、南京、深圳、西安、福州、徐州等城市轨道交通工程中得到广泛应用。

新技术应用情况表 表1

序号	应用单位	应用时间、地点	应用情况
1	苏州轨道交通建设有限公司	2019年苏州	苏州轨道交通5、6、8、11号线
2	南京地铁集团	2019年南京	南京地铁7号线
3	深圳地铁集团	2020年深圳	深圳地铁16号线
4	西安轨道交通集团	2022年西安	西安地铁15号线
5	福州地铁集团	2020年福州	福州地铁4号线
6	徐州地铁集团	2020年徐州	徐州地铁6号线

6. 作用意义

通过项目研究，建立了"苏州轨道交通5号线全自动化运行系统关键技术"，直击感知、控制、适配过程中全自动运行难保持的痛点，全方位立体覆盖车辆、信号、综合监控、通信和站台门。相关工作突破了设计规范限制，超越了系统规范需求，实现降本、增效、减障、提质。

苏州轨道交通5号线全自动化运行系统研制以来，备受政府及各大新闻媒体的关注。作为江苏省首条全自动运行轨交线路，苏州轨道交通5号线受到人民网、新华网、中国江苏网、苏州日报、姑苏晚报、名城苏州网等多家媒体持续报道，有效提升了苏州轨道交通和苏州市影响力。

项目已形成60项科研成果，包括发明专利19项、实用新型专利9项、软件著作权20项和论文12篇。项目成果应用于苏州轨道交通5、6、8、11号线，并在南京、福州和西安等城市轨道交通工程中得到推广应用，累计实现超过19亿销售收入。采用轻量化的牵引系统，节能效果明显，在AW2载荷、每天上线运营8次、运营一年的情况下，苏州轨道交通5号线比国内同行节省能耗约11650.8kWh，比国外同行节省约11796.8kWh。在列车运营使用方面，有人驾驶地铁每列车通常需配置6名司机，每名司机的年人力成本约15万元，当采用全自动驾驶后，每年可节约90万元/列的司机投入，节约人力成本效果明显。

该成果成功应用于苏州轨道交通5、6、8、11号线、南京地铁7号线、深圳地铁16号线、西安地铁15号线、福州地铁4号线、徐州地铁6号线等工程，社会、经济、环境效益显著，综合技术达到了国内外领先水平。

科技成果鉴定意见：

2023年8月11日，江苏省土木建筑学会在苏州组织召开了"苏州轨道交通5号线全自动运行系统关键技术研究与应用"科技成果鉴定会。鉴定委员会听取项目组的技术研究报告，查阅了相关资料，经质询、讨论，形成鉴定意见如下：

(1) 项目组提供的鉴定资料齐全，符合鉴定要求。

(2) 项目依托苏州轨道交通 5 号线工程，围绕轨道交通感知、控制、适配和耦合过程中全自动运行的关键技术，开展了自动化运行系统研究，取得主要创新成果如下：

1) 构建了面向全自动运行线路要素感知的主动式高动态环境理解系统；提出了基于轨行环境的快速语义理解技术，实现限界内外的变尺度环境解析能力，提高了不规则小目标检测精度；

2) 从列车点、区域线或联锁区块等多维度，设计了自主切换限速模式的多应急场景行车管理策略，进一步提出了全新的远程控制技术，使应急处置时间控制在 90s 以内；

3) 提出了兼容既有存车线长度的自校准列车停车技术，实现了最短 7m 停车距离。

(3) 课题已获授权发明专利 19 件，实用新型专利 9 件，发表论文 12 篇，软件著作权 20 项。成果应用于苏州轨道交通 5、6、8、11 号线，并在南京、福州和西安等城市轨道交通工程中得到推广应用，取得了显著的经济和社会效益。

鉴定委员会认为，成果总体上达到国际先进水平，其中兼容既有存车线长度的自校准列车停车技术处于国际领先水平。

既有水泥厂工业遗存改造再利用关键技术研究与应用

主要完成人员：
孙晓阳、张帅、董元铮、于健伟、颜卫东、林朋朋、赵彬、张博玮、唐鑫坤、雷涵、江亮亮

完成单位：
中建八局文旅博览投资发展有限公司、中国建筑第八工程局有限公司、中国建筑设计研究院有限公司

图 1　水泥厂改造实景

1. 项目概况

随着城市经济发展和产业结构升级，传统工业建筑遗存与城市土地资源需求、环境保护要求矛盾突出。工业建筑遗产如何妥善保护与再利用、保留城市发展的印迹、延续城市发展的文脉，已成为当前城市更新背景下具有重要性和紧迫性的研究课题。项目以江苏昆元白水泥厂改造、无锡粮仓改造、六合高新科技城等工程为载体，针对既有水泥厂工业遗存原貌保留、改造建筑与工业遗存共生融合、特色工业景观营造等开展系统研究与应用，形成了一系列创新成果。

2. 应用领域和技术原理

该成果可应用于城市更新领域，适用于既有水泥厂工业遗存改造再利用，尤其是在当今城市转型模式不断升级，给废弃工业遗存烟囱、筒仓、厂房及钢制设备改造及价值重生提供了良好的借鉴。

技术原理：

（1）规划设计方面，借鉴国内外工业遗存改造开发模式，在绿色共生的基础上，创新提出"轻介入"空间规划、"轻重映衬"更新改造、"景区化"造景理念，加入新的功能，将新旧之间形成一个整体，探索既有水泥厂工业遗存保护的最适宜规划策略。

（2）功能改造方面，充分尊重基地文脉与历史遗存，对既有工业遗存建筑的砖烟囱、砖砌体筒仓、水泥厂厂房及钢制设备等进行个性化研究，挖掘工业遗存的独特性、艺术性，"能保则保，能用尽用"，尽量保留现有建筑、构筑物、设备并充分利用。

（3）景观营造方面，秉承上位规划大的功能定位，结合场地条件因地制宜打造主展馆片区特色，挖掘体现建筑物的历史文化与工业遗产价值，充分考虑会展期间各项活动、展览、休闲的核心场所景观需

---

* 该项目获得 2023 年"江苏省土木建筑学会科学技术奖"一等奖

求和会后功能转型及再利用，打造极具标志性、辨识度、话题性的建筑景观群。

3. 性能指标

（1）通过场地地形、废弃空间多义性规划设计策略，废弃厂房、老旧设备再利用等加固改造策略，优化土方挖填处理40%，提升非保护结构再利用率50%，降低拆除新建结构成本30%，缩短施工工期10%。

（2）研发砖筒仓灯芯绒艺术饰面处理、砖烟囱自悬挂提升平台钢箍带加固施工老旧厂房结构柱预应力撑杆转换加固、砖混结构预制板及悬挑梁加固施工方法，提升结构加固改造施工效率30%。

（3）研发筒仓绿化种植盆、筒仓群屋面钢树池系统及施工方法，挖掘筒仓结构承载潜力，减少结构加固措施，节约成本20%，研发钢结构种植槽屋面绿化施工技术，实现新建区屋顶绿化覆盖100%，种植屋面成活率提升20%，降低人工维护成本30%。

（4）通过水泥厂工业遗迹群功能改造、艺术改造再利用，形成标志性工业建筑景观和工业遗迹历史文化展示平台，实现了水泥厂工业遗迹保护再利用，提升园区品牌影响力20%。

4. 创新点

（1）建立了基于绿色共生理念的水泥厂工业遗存再利用设计方法体系，解决了工业建筑遗产保护、传承与发展之间关系适应性设计难题。

1）首次提出既有水泥厂工业遗存"微介入"空间规划策略与设计方法。通过装配式钢结构新增"轻的结构"，结合攀爬类绿化形成"轻的形象"，使工业遗址建筑形象消解在绿色自然之中，展现"轻的态度"，解决了7.8万m²工业遗存保护与功能改造融合设计难题，实现了水泥厂遗迹与自然环境绿色共生，兼顾了短期会展和长期运营需求。

图2 工业遗址建筑形象消解

2）创新提出既有水泥厂改造"轻重映衬"策略与设计方法。通过改造建筑和水泥厂轻重反差，表达对未来人居环境绿色化、轻量化、开放化的新美学思考，结合情境化设计，实现水泥生产特色工艺保留建筑、构筑物、设备的最大利用，保留了工业风貌的延续和细部的视觉效果，解决了1万m²水泥生产特色工艺保留与改造再利用设计难题。

图3 改造建筑与水泥厂建筑物对比

3）首次提出既有水泥厂"绿色共生"造景策略与设计方法。通过"多义性"空间设计，增强工业建筑的空间功能关联和灵活性，将原有筒仓、厂房等作为园区配套服务设施，丰富园内服务功能，借助高大独特的工业设备及构筑物，打造标志性工业景观，彰显工业遗产建筑核心文化价值，实现了工业遗产历史文化的保护再利用，解决了20万 m² 工业遗存一体化景观营造设计难题。

图4　标志性的工业景观天际线

图5　主展馆广场地形多义性设计

（2）提出了既有水泥厂工业遗存价值评估与安全评定方法，解决了7.8万 m² 水泥厂建筑、构筑物及设备等工业遗存保护与改造方案的量化评估难题。

1）提出了既有水泥厂工业遗存价值评估方法。针对水泥厂建筑、构筑物及设备等工业遗存保护与改造方案的量化评估难题，提出了既有水泥厂工业遗存价值评估方法，通过综合评分考虑工业遗存的历史价值、建筑艺术和科学价值、环境影响以及现状保存和潜在利用价值等方面，实现了工业遗存保护与改造方案的量化评估、优化和辅助决策。

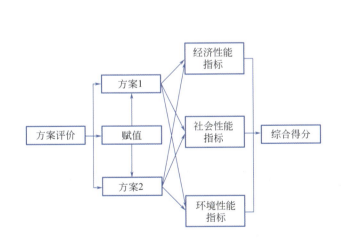

一级指标	二级指标	权重	子权重	评分
经济指标 SI_1	SI_{11}	i_1	A_{11}	V_{11}
	SI_{12}		A_{12}	V_{12}
	SI_{13}		A_{13}	V_{13}
	SI_{14}		A_{14}	V_{14}
	SI_{15}		A_{15}	V_{15}
	SI_{16}		A_{16}	V_{16}
社会指标 SI_2	SI_{21}	i_2	A_{21}	V_{21}
	SI_{22}		A_{22}	V_{22}
	SI_{23}		A_{23}	V_{23}
	SI_{24}		A_{24}	V_{24}
	SI_{25}		A_{25}	V_{25}
	SI_{26}		A_{26}	V_{26}
	SI_{27}		A_{27}	V_{27}
	SI_{28}		A_{28}	V_{28}
环境指标 SI_3	...		...	...

图6　工业遗存拆、改、留评估策略

2）提出了既有水泥厂工业遗存安全评定方法。针对建筑、构筑物及钢设备等工业遗迹安全评定及加固改造难题，提出了既有水泥厂工业遗存安全评定方法，采用实体检测与承载力分析，完成水泥厂建筑、构筑物及钢设备损伤程度评估，确定保留、拆除范围内的承载力等级，辅助结构加固改造，解决了工业遗存群损伤评估及拆、改、留规划难题。

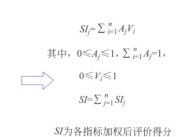
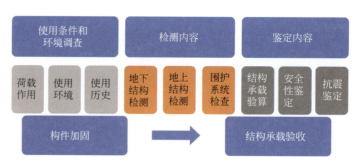

图 7　方案量化评分指标　　　　　　　　　图 8　安全评定措施

（3）建立了既有水泥厂工业遗存加固与修复技术体系，实现了工业遗存群工业特色风格最大程度保留和文化记忆保护再利用。

1）研发了既有水泥厂厂房加固更新施工技术。发明了结构柱预应力撑杆转换加固、厂房屋架保护性拆除、既有厂房结构受损加固等施工方法，采用预应力撑杆托换，并加大截面加固修复受损结构柱，解决了水泥厂建筑整体风格适应性加固和历史文化特征保护改造难题，提升非保护结构再利用率50%，降低拆建成本30%。

2）研发了既有水泥厂构筑物加固更新施工技术。为解决废弃砖烟囱、筒仓群加固难题，发明了自悬挂提升钢平台自上而下加固、筒仓内饰面灯芯绒混凝土饰面施工、筒仓群新增钢结构加固等方法，解决了42个水泥厂构筑物景观化改造难题，最大程度保留了烟囱、筒仓原有工业风格和文化记忆，实现了水泥厂构筑物艺术价值重生。

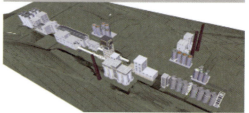

图 9　逆向建模整合模型

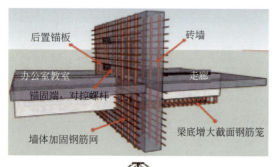

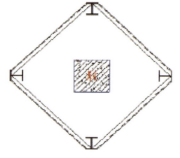

图 10　预应力撑杆转换加固

图 11　加固与修复效果

3）研发了既有水泥厂生产线设备修复施工技术。发明了既有生产设备修复方法，通过三维激光扫描、快速逆向建模，部分锈蚀严重钢设备拆除1∶1同比例复刻替换，确保修复构件尺寸精确。研发了

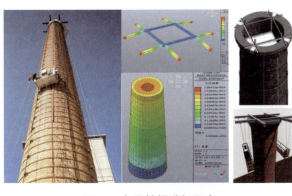

图 12　自悬挂提升钢平台

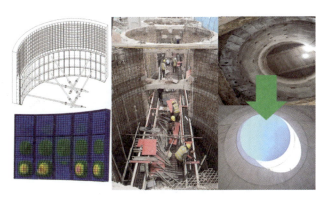

图 13　筒仓饰面灯芯绒混凝土

类铁红锈改性涂料仿旧修复施工技术，改进锈蚀肌理防腐涂料表面调色、涂刷工艺等，实现了工业设备修旧如旧修复，艺术价值重生，解决了200余件水泥厂遗存生产设备原貌保留、艺术呈现及功能化改造难题。

序号	名称	喷涂工艺	效果
1	类铁浅褐	无色底漆一道+浅褐色漆两道+面漆一道	
2	哑光锈黄	无色底漆一道+锈黄色色漆一道+面漆一道	
3	哑光铁红	带锈底漆一道+聚氨酯色漆两道+哑光水性面漆面漆一道	
4	斑点锈红	锈黄底漆两道+浅褐色锈红色漆不规则涂刷+无色面漆一道	

图 14　类铁红锈改性涂料

图 15　设备仿旧修复前后

（4）建立了既有水泥厂工业遗存景观营造关键技术体系，解决了水泥厂工业遗存特色景观塑造和新旧建筑融合难题。

1）研发了既有水泥厂筒仓树池景观施工技术。发明了筒仓结构立体绿化构造及施工方法，通过对筒仓内壁浇筑混凝土、外侧采用聚合物砂浆进行加固式修复，筒仓顶部种植大型乔木，通过大型受力型钢将荷载传递给加固筒体内壁，实现了筒仓富余承载力再利用，解决了筒仓顶部大型乔木景观营造难题。

2）研发了既有水泥厂工业建筑垂直景观营造技术。在绿色共生、"轻重映衬"理念的总体策略下，发明了墙面垂直绿化用模块式种植系统、全覆盖式屋面绿化系统、单层拉索膜藤蔓式

图 16　三维逆向建模

绿植屋盖系统、立体网格轻钢结构系统等施工方法，将改造建筑"轻介入"工业遗产建筑，实现了工业废墟重生为现代园艺展馆，解决了4万m²新旧建筑融合下特色景观塑造难题。

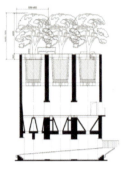

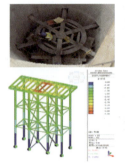

图17　树池结构　　　　图18　苗木吊装　　　　图19　变形分析　　　　图20　筒仓垂直绿化实施效果

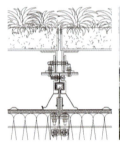

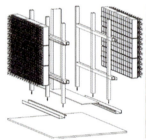

图21　全覆盖式屋面绿化系统　　　　　　　　　　图22　墙面垂直绿化系统

5. 新技术应用

（1）建立了基于绿色共生理念的水泥厂工业遗存再利用设计方法体系，首次提出既有水泥厂"轻介入"空间规划、"轻重映衬"更新改造和"景区化"造景策略与设计方法，解决了既有水泥厂工业遗存再利用的设计难题。

（2）提出了既有水泥厂工业遗存价值评估与安全评定方法，建立了水泥厂改造历史、科学、艺术等综合价值评估体系，研发了烟囱、筒仓、水泥厂房及钢设备等工业遗存安全评定技术，解决了工业遗存群安全评定和改造方案价值评估的难题。

（3）建立了既有水泥厂工业遗存加固与修复技术体系，发明了超高烟囱结构安全加固、既有结构加固施工、既有工业厂房生产设备修复等施工方法，解决了厂房、构筑物及生产设备原貌保留、艺术效果呈现及功能化改造难题。

（4）创建了既有水泥厂工业遗存景观营造关键技术体系，发明了筒仓结构立体绿化构造、全覆盖式屋面种植盆系统、单层拉索式膜结构藤蔓式绿植系统、现代夯混凝土艺术肌理墙等施工方法，解决了新旧建筑融合下特色景观塑造难题。

6. 作用意义

成果形成专利23项（其中发明专利8项），获省级工法7项，参编标准2部，发表论文9篇，经鉴定，整体达国际先进水平，关键技术达国际领先水平。成果已在江苏昆元白水泥厂改造、无锡粮仓改造、六合高新科技城工程、融腾启园等工程成功应用，保证了工程质量和安全，社会、经济效益显著，具有良好的应用推广前景。

该成果紧密结合了我国城市化发展进入了以存量用地改善城市环境的城市更新阶段，是当前城市更新与产业结构升级背景下工业遗迹保护与再利用亟需的商业化开发模式创新探索。

该成果建立了水泥厂工业遗存改造再利用目标下的从设计深化、评估鉴定、加固修复到景观营造的成套技术体系，近三年，成果的应用累计产生经济效益3274万元。可为拓展城市空间、提升城市功能，提供经济、适用的绿色发展方案，深度契合我国城市更新中绿色低碳转型、生产生活生态多元导向、功能空间提升的发展趋势，社会效益显著。

科技成果鉴定意见：

2023年1月11日，江苏省土木建筑学会在南京组织召开了"既有水泥厂工业遗存改造再利用关键技术研究与应用"科技成果鉴定会，鉴定委员会听取了课题组的技术研究报告，审阅了相关资料，经质询、讨论，形成鉴定意见如下：

（1）课题组提供的技术资料齐全，符合鉴定要求。

（2）该成果针对既有水泥厂工业遗存原貌保留、改造建筑与工业遗存共生融合、特色工业景观营造等难点，以汤山园博园内江苏昆元白水泥厂改造工程为依托，研发了既有水泥厂工业遗存改造再利用关键技术，主要创新成果如下：

1）基于绿色共生"轻介入"空间规划、"轻映"更新改造和"景区化"造景理念下的设计方法，建立了水泥厂工业遗存改造再利用目标下的从设计深化、评估鉴定、加固修复到景观营造的成套技术体系；

2）提出了既有水泥厂工业遗存价值评估与安全评定方法，建立了水泥厂改造的历史、科学、艺术等综合价值评估体系，研发了烟囱、筒仓、水泥厂房及钢设备等工业遗存安全评定技术，解决了工业遗存群安全评定和改造方案价值评估的难题；

3）建立了既有水泥厂工业遗存加固与修复技术体系，发明了超高砖烟囱标志性景观构筑物加固、既有结构加固施工、既有工业厂房生产设备修复等施工方法，解决了厂房、构筑物及生产设备原貌保留、艺术效果呈现及功能化改造难题；

4）创建了既有水泥厂工业遗存景观营造关键技术体系，发明了筒仓结构立体绿化构造全覆盖式屋面种植盆系统、单层拉索膜藤蔓式绿植屋盖系统、现代夯艺术肌理墙等施工方法，解决了新旧建筑融合下特色景观塑造难题。

（3）该成果形成专利23项（其中授权发明专利8项），获省级工法7项，参编标准2部，发表论文9篇。成果已在江苏昆元白水泥厂改造工程成功应用，保证了工程质量和安全，社会、经济效益显著。

鉴定委员会认为，研究成果总体达到国际先进水平，其中超高砖烟囱标志性景观构筑物加固、单层拉索膜结构藤蔓式绿植屋盖系统及施工技术达到国际领先水平。

城市轨道交通高架桥梁绿色建造关键技术研究*

主要完成人员：
李慧、白唐瀛、葛宁、李磊、郭建强、张杰、赵连军、王大鹏、陈浩、章群、李晓峰

完成单位：
南京地铁建设有限责任公司、北京城建设计发展集团股份有限公司、中国建筑第八工程局有限公司、南京工业大学、东南大学、江苏省建筑工程质量检测中心有限公司、中船双瑞（洛阳）特种装备股份有限公司

图 1　项目实景图

1. 项目概况

南京至句容城际城市轨道交通工程（简称"宁句城际"）是南京地铁第一条跨市域的线路，于2018年12月21日正式开工，于2021年12月28日通车运营。宁句城际起于南京东部综合换乘枢纽马群站，途经麒麟、汤山、黄梅、句容北部新城、句容城区等规划人口超过10万的组团，终于句容高铁站，为宁镇扬一体化进程的标志性基础设施项目，线路全长43.602km，其中高架与地面过渡段长约26.824km。列车采用市域B型列车4节编组，预留6节编组。

U形梁场　　　　　　　　　　　桥墩吊装

图 2　施工工程应用

---

* 该项目获得2023年"江苏省土木建筑学会科学技术奖"一等奖

为响应国家"双碳"等政策的号召,并提高工程质量与施工效率,宁句城际高架段标准梁全部采用梁场预制 U 形梁、现场吊装的施工方案,部分标段采用预制拼装下部结构。宁句城际为我国首次规模采用该技术的城市轨道交通工程项目。

2. 应用领域和技术原理

该项目属于城市轨道高架桥领域。

随着城市轨道交通系统规模的不断扩大,轨道交通高架桥建造过程中产生的碳排放也越来越高。在传统的高架桥建造过程中,会出现在图纸设计中专业内和专业间统一性不足,施工中存在较多空间碰撞的问题;在施工阶段采用整体现浇施工较多,会出现,模板需求大、工期较长、劳动力需求大等问题;建造过程中节能、低碳、环保水平不足,现浇施工产生大量的建筑垃圾,易造成空气污染、噪声污染,对道路交通也产生较大干扰。因此,充分利用资料调研、现场实测、模拟试验和有限元方法等理论和技术手段,依托宁句城际,开展协同设计与数字设计应用,对上部结构 U 形梁和预制下部结构开展脱轨荷载、动力系数、温度效应、抗震计算等研究,将施工过程信息化,采用工业化施工技术建造桥梁,为城市轨道交通建设提供一套新的技术手段和解决问题的选择,对城市轨道交通高架桥梁设计及实施具有引领意义和工程应用价值。

3. 性能指标

随着国民经济的快速发展和城市化进程的加快,城市轨道交通系统规模的不断扩大,轨道交通高架桥的里程也越来越长,其建造过程中产生的碳排放也越来越高。因此,该项目的开展具有实际及理论意义,研究成果实用性强,具有创新性和先进性,有较好的社会、经济及环境效益,对类似工程具有重要的应用价值,研究成果可以为城市轨道交通高架桥建设提供一套绿色建造技术,对城市轨道交通高架桥梁设计及实施具有引领意义和工程应用价值。

项目团队应用 BIM、GIS 等数字技术开展城市轨道交通桥梁工程数字设计,在传统设计标准的基础上,研究建立城市轨道交通桥梁数字设计标准体系,形成了一套行之有效的适合城市轨道交通桥梁的协同设计与数字设计解决方案,在宁句城际桥梁设计中效益显著,提升了生产效率,提高了设计质量和水平,实现了设计协同、优化和绿色设计推动了城市轨道交通行业数字技术的进步。

项目团队对 U 形梁受力特点、预应力损失、传递长度、动力系数等展开研究,构建并完善了轨道交通桥墩预制拼装设计计算方法,开发了基于 BIM 的施工过程自动化监测系统,整理了先张法预制 U 形梁以及预制下部结构施工工艺等。

4. 创新点

(1)首次对城市轨道交通高架桥绿色设计技术进行系统研究,提出了轨道交通高架桥碳排放计算方法,研发了轨道交通桥梁下部结构装配式技术,形成了绿色低碳轨道交通高架建造体系。

(2)建立了轨道交通高架桥梁数字协同设计标准和体系,形成了一整套适合城市轨道交通高架线的 BIM 实施技术。

(3)研发了一种具有快速调高和绝缘功能的城市轨道交通桥梁抗震球形钢支座,有效解决了大沉降区域城市轨道交通桥梁支座快速调高的关键技术问题,同时避免了城市轨道交通杂散电流外泄的危害。

(4)通过对 U 形梁、墩柱、盖梁等构件的预制、存运以及安装施工工艺研究,研发出城市轨道交通高架桥梁工业化施工成套技术,实现了新型建筑工业化绿色建造。

5. 新技术应用

(1)以设计本身作为对象,以"设计资源→设计行为→设计成果"过程模型为基础,深入研究协同工作环境、数字技术标准、系统开发、融合应用等,形成了一套行之有效的适合城市轨道交通桥梁的协同设计与数字设计解决方案。

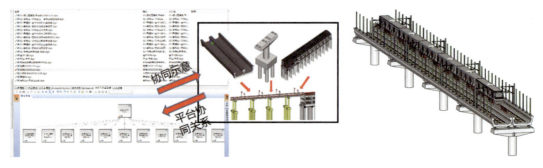

图 3　数字设计与协同设计

（2）从绿色建造、低碳环保的角度，研究预制 U 形梁在绿色建造中适用性，并基于理论分析和工程试验，就受力特点、预应力损失和传递长度、动力系数等方面对 U 形梁展开研究，并给出一定设计参考数值，验证了 U 形梁在宁句城际的应用可行性，并基于宁句城际的特点，对先张法 U 形梁的施工工艺进行了对比研究，选取最佳方案并取得了较高的效益，为 U 形梁在城市轨道交通高架桥中的推广应用做出了贡献。

轨道交通高架桥碳排放计算方法

U 形梁动力特性测试

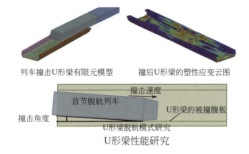

U 形梁性能研究

预制悬拼连续 U 形梁荷载试验

图 4　上部结构绿色设计

（3）对城市轨道交通高架桥预制盖梁、预制桥墩连接形式进行了系统研究，分析预制盖梁、预制桥墩需求的设计理论，构建轨道交通桥墩预制拼装设计计算方法，完善了相关设计理论和计算方法，并结合宁句城际高架桥工程试验，对计算理论进行验证比较，为城市轨道交通工程预制下部结构的设计计算提供一定依据。

（4）针对常规轨道交通桥梁支座存在问题，研发出具有大调高及绝缘功能的轨道交通桥梁球钢支座，降低了维修养护成本，提升了对轨道交通杂散电流的防护能力，有效降低了对周边构（建）筑物耐久性和安全的影响，完善了轨道交通高架桥绿色建造技术。

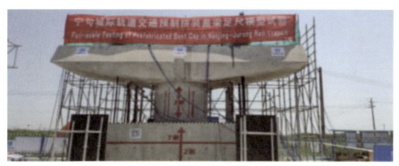

预制盖梁足尺破坏试验

图 5　下部结构绿色设计

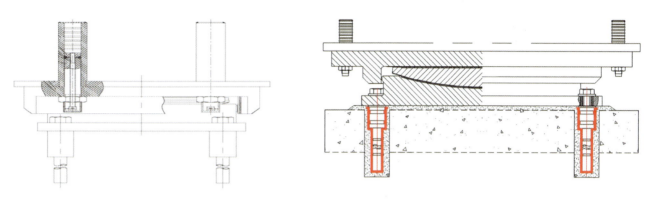

图 6　轨道交通桥梁球钢支座

（5）该课题通过在桥梁施工管理、装配式桥梁拼装施工、梁场建设等方面开展信息化技术研究和应用，大大提升了绿色施工技术水平，并开发了基于 BIM 的施工过程自动化监测系统，开展混凝土桥梁数字化模拟预拼装研究，研究预制混凝土桥梁构件安装误差控制措施，分析施工过程中各阶段的误差因素，对混凝土桥梁各施工阶段和成桥后进行受力预测，保证了施工的安全性，提高了施工的效率，为后续施工管理提供依据。

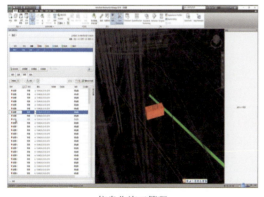　　

信息化施工管理　　　　　　　　　　　　　　　自动化监测

图 7　施工过程信息化

（6）针对轨道交通桥梁工业化施工过程中存在的问题，依托宁句城际，整理了先张法预制 U 形梁以及预制下部结构施工工艺，为我国在城市轨道交通工程的施工中，逐步实现标准化、工厂化、专业化、机械化、系统化等提供参考。

钢筋加工的工业化技术

存梁区设计与建造技术研究

生产区设计与建造技术研究

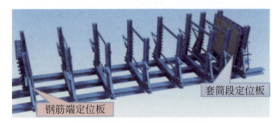
预制盖梁、预制墩柱场内预制

图 8　轨道交通桥梁工业化施工

6. 作用意义

项目团队目前已完成相关论文 19 篇，申报相关专利 29 项，发布、立项规范标准 8 部，申报省市级工法 10 项以及多项软件著作权。

（1）社会效益

课题从协同设计和数字设计两方面对城市轨道交通高架桥梁绿色设计关键技术进行研究。研究工作以设计本身作为对象，以"设计资源→设计行为→设计成果"过程模型为基础，深入研究协同工作环境、数字技术标准、系统开发、融合应用等，形成了一套行之有效的适合城市轨道交通桥梁的协同设计与数字设计解决方案，并基于该课题编制的《城市轨道交通工程信息模型 分类及编码》等一套 BIM 设计团体标准已经颁布，该套标准为协同设计和数字设计在城市轨道交通工程中的应用提供依据。

课题依托宁句城际，结合工程试验与理论分析，验证了预制 U 形梁的构造要求和计算要求的可行性，并进一步完善 U 形梁设计理论，优化了 U 形梁设计指标，提出时速 120km 下市域 B 型车城际城市轨道交通预制 U 形梁行车道板动力系数建议值，为 U 形梁在城市轨道交通工程的推广做出贡献；对城市轨道交通高架桥预制盖梁、预制桥墩连接形式进行了系统研究，研发出了适合城市轨道交通的新型连接形式，并完善了相关设计理论和计算方法。

（2）环境效益

课题研究的预制装配式 U 形梁系统相较传统桥梁建设方式，具有绿色可持续发展的特点，其优势明显。主要体现在："一优"，工厂化预制，构件质量更优、外观更优；"二减"，减少周转用材料和机械，减少建筑垃圾约 50%；"三节"，节省人工 40%，节省工期 35%～40%，节省施工用地 50%；"四降"，降低对市政交通的影响时间达到 55.3%，降低粉尘污染，降低噪声污染，降低施工安全风险。宁句城际桥梁全长 24.686km，应用该课题科研成果，共减少碳排放 94396t，相当于节约了 2.62 万户家庭一年用电量，同样相当于节约了 2.64 万辆小汽车一年耗油量，符合绿色建造发展要求。

（3）经济效益

宁句城际在设计方面，部分高架桥采用了课题研究的"U 形梁+T 形墩"的组合方式，相较于传统的"小箱梁+花瓶墩"的组合方式，节约成本约 1.5 亿元；同时使用协同设计和数字设计技术，对比传统二维设计方式，节约设计及工程成本总计约 1300 万元。在施工方面，通过采用课题研究的信息化施工管理、工业化施工工艺，工程节约资金约 5800 万元。

除了宁句城际，课题研究成果还应用于北京轨道交通 22 号线（平谷线）工程、雄安新区至北京大兴国际机场快线项目、长春市城市轨道交通空港线一期工程，共降低工程成本 3.3 亿元。

科技成果鉴定意见：

2023 年 7 月 19 日，江苏省土木建筑学会在南京组织召开了"城市轨道交通高架桥梁绿色建造关键技术研究"科技成果鉴定会。鉴定委员会听取了课题组的技术研究报告，经质询、讨论，形成鉴定意见如下：

（1）课题组提供的技术资料齐全，符合鉴定要求。

（2）该项目对城市轨道交通高架桥绿色设计技术、数字设计标准和体系、装配式结构工业化施工体系等方面进行了系统研究，主要创新成果如下：

1）首次对城市轨道交通高架桥绿色设计技术进行系统研究，提出了轨道交通高架桥碳排放计算方法，研发了轨道交通桥梁下部结构装配式技术，形成了绿色低碳轨道交通高架建造体系；

2）建立了轨道交通高架桥梁数字协同设计标准和体系，形成了一整套适合城市轨道交通高架线的 BIM 实施技术；

3）研发了一种具有快速调高和绝缘功能的城市轨道交通桥梁抗震球形钢支座，有效解决了大沉降区域城市轨道交通桥梁支座快速调高的关键技术问题，同时避免了城市轨道交通杂散电流外泄的危害；

4）通过对 U 形梁、墩柱、盖梁等构件的预制、存运以及安装施工工艺研究，研发出城市轨道交通高架桥梁工业化施工成套技术，实现了新型建筑工业化绿色建造。

（3）该项目获发明专利 6 项、其他知识产权 29 项，形成标准 8 部，授权工法 10 项，发表论文 19 篇。研究成果成功应用于南京至句容城际轨道交通工程以及北京轨道交通 22 号线（平谷线）工程、雄安新区至北京大兴国际机场快线项目等工程，取得了显著的经济、社会和环境效益，推广应用前景广阔。

鉴定委员会认为，该成果总体达到国际先进水平，其中有粘结竖向预应力与灌浆套筒组合式连接预制桥墩技术处于国际领先水平。

基于数字孪生建筑智能运维技术研究与应用

主要完成人员：
周敬、邹厚存、孙晓波、朱江林、蔡有庆、陈一峰、李继业、朱斌、董红平、钱进、闻玮

完成单位：
江苏扬建集团有限公司、南京戎光软件科技有限公司、扬州市文化投资管理有限公司、扬州华科智能科技有限公司

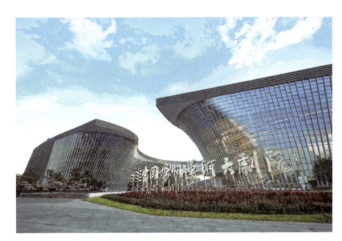 

图1　项目实景图

1. 项目概况

扬州运河大剧院项目总建筑面积 81512.5m²，地下 37153.1m²，地上 44359.4m²，地下二层、地上四层。由东西两幢建筑组成，西区为剧院功能区，有四个演出厅，分别是 1600 座歌剧厅、800 座戏剧厅、500 座曲艺剧场、300 座多功能厅；东区是配套商业文化综合体，包括购物中心、书城、影院、商业餐饮等。扬州运河大剧院 2021 年 4 月 18 日投入试运营，是 2021 年度扬州烟花三月国际经贸旅游节 4·18 活动主会场。

工程功能分区多，专业设备复杂，对运维工作提出了较高的要求。

整体项目实施核心流程分为 BIM 全专业建模和智能化系统（包括 BIM 运维子系统）、信息化系统建设。首先完成大剧院建筑、结构、钢结构、装饰、幕墙、机电、智能化等建筑全专业建模，

图2　扬州运河大剧院智慧运营中心

---

* 该项目获得 2023 年"江苏省土木建筑学会科学技术奖"一等奖

模型深度达到 LOD400；其次完成剧院智能化主要系统建设，包括综合布线、信息发布、门禁一卡通、监控、停车场、楼宇自控、机房、计算机网络、能耗监测等系统的建设；还需要完成信息化系统的建设，包括智慧运营中心展厅、网络安全系统、云存储和超融合服务器等系统的建设；最后通过 BIM 运维平台对以上所建系统进行集成。

2. 应用领域和技术原理

经过研究方案策划、分析，确定基于数字孪生建筑智能运维技术研究方向和内容具体为：基于运维交付的"BIM+"数字一体化设计技术、智能化系统集成监控技术、设施设备标准编码与物模型映射及数据流转技术、自感知自运行孪生建筑运维技术、360 全景与视频融合技术。采用数字一体化设计、智能化系统集成、模型轻量化、健全编码体制等多种技术手段应用，对上述关键施工技术进行了反复推敲与论证，并经过技术经济比较分析和不断的技术方案优化和持续改进，形成了最终的研究成果，并成功运用于扬州运河大剧院工程。

3. 性能指标

系统具备良好的性能响应速度，具体的响应能力包括以下指标：
（1）在建议配置的系统环境中，渲染多栋建筑或 10000 个以上管理对象场景，3D 帧率可达到＞30 帧。
（2）系统支持模型分层分专业系统加载，在同时加载 10000 个构件规模下，模型加载速度＜3s。
（3）智能化数据从采集到报送到系统的响应时间≤1s。
（4）设备的控制命令下达延迟时间≤1s。
（5）系统支持接入的设备数量不低于 30 万个。
（6）系统支持 200 路的线程并发上报数据。

4. 创新点

（1）建立智慧运维的集成管控系统，基于多级联分布式控制架构，搭建了扬州运河大剧院智能管理平台，实现了设备控制、能耗监测、环境管控、安防安保等多系统数据的互联互通，解决了数据孤岛问题。

采用全网 IP 控制器和全环网架构，将能耗监测、环境管控与楼宇控制进行系统集成，集成管控系统自动汇总统计各子系统的实时数据，让系统的数据"主动"服务和指导智慧运维管理系统，为智慧运维系统提供有效的运维决策，降低建筑运维成本。

 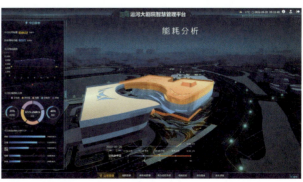

图 3　扬州运河大剧院智慧管理平台

1）楼宇集成管控平台将各子系统实现融合管理，将所有功能、数据、流程整合在一个平台，可以避免智慧运维管理系统在机电设备、环境管理、能源管理上的单兵作战、多渠道获取系统决策数据，避免信息孤岛、单一决策，实现管理效率提升、设备管理流程简化。

2）楼宇集成管控系统利用系统集成方法，将楼宇控制、能耗监测、环境管控各系统的数据有机结合，实现设备集中管控、能源闭环管理、环境舒适可控。可以实现整个大楼从数据采集到数据分析、再到设备巡检，故障报警及数据异常发现问题，进而在智慧运维管理系统中多维体现。

3）楼宇集成管控平台基于系统历史运行大数据，将其空间信息、物联网应用、物业管理与动态的数据信息相结合，当建筑处于不同的环境状态时，系统会自动感知建筑环境、同时自动判断并决策系统优化控制参数，通过人工智能判断，不遗漏任何细节，直接给出智慧运维管理决策建议，及时做出联动反应。

（2）设施设备标准编码与物模型映射及数据流转技术，基于空间解析几何的数学方法、设备设施、信息模型相关要素，实现建筑数字信息与楼宇智能化的精准映射、双向互动，形成剧院建筑运维的数字孪生。

图 4　机电模型标准化设置

1）使用线性代数与空间解析几何的数学方法，对 BIM 模型中同类型的构件进行分析，分析出使用可复用技术成型的构件模板数据和在 BIM 模型中的世界坐标系矩阵数据。第三方系统获取到数据后，通过原始构件模板的局部坐标系网格数据，结合其矩阵数据进行运算获得的世界坐标系，进行预定义的数据结构解析，得到矩阵数据和构件模板几何数据。使用矩阵数据与其构件模板几何数据，通过线性代数与空间解析几何的数学方法计算后，逐个解析信息，重新还原该构件在 BIM 模型世界坐标系下的实际物理位置数据，即还原成原始 BIM 模型中的构件。

2）采用编码统一管理体系打通轻量化 BIM 模型和智能楼宇系统的数据，实现建筑数字空间与智能楼宇弱电系统的精准映射、双向互动，保证数据的时效性、持续性、可靠性。

（3）自感知自运行孪生建筑运维技术，根据运维大数据，构建业务规则引擎；通过数据集成、融合、优化等手段，实现子系统集约化，剧院安全、高效、节能运维。

1）通过对物理时空的数字重现，全场景全要素呈现扬州运河大剧院在过去、现在、未来不同时期的文化风貌，采用三维模型、二维面板定制化设计功能，满足不同阶段的运维需求。

2）运用数据集成、融合、优化等专利技术，降低数据采集延迟、实现子系统集约化建设、建筑系统指令自动生成群调群控。

5. 新技术应用

该课题依托扬州运河大剧院工程，基于数字孪生技术，研究了智能运维平台在运维管理中的应用，具体内容如下：

（1）基于运维交付的"BIM+"数字一体化设计技术

在建筑的方案设计和初步设计阶段，采用 BIM 技术对建筑、幕墙、机电、结构、钢结构进行初步设计，施工图设计阶段使用 BIM 模型导出施工图纸，并对初步设计的建筑模型进行性能分析，使得设计效果三维可视化、信息化，确保了建筑使用性能。

在设计阶段的后期，对建筑、幕墙、机电、结构、钢结构建筑全专业进行设计细化，使用BIM技术进行净高、碰撞分析，实现了全专业的一体化设计，减少了设计错误，确保了建筑模型的深度。

（2）智能化系统集成监控技术

采用全网IP控制器和全环网架构，将楼宇控制、能耗监测与环境管控的所有功能、数据、流程整合提供给楼宇集成系统，让楼宇集成系统的数据有效服务和指导智慧运维管理系统，为智慧运维系统提供高效的运维决策，降低建筑运维成本。

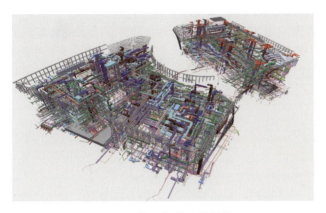

图5　三维可视化设计效果

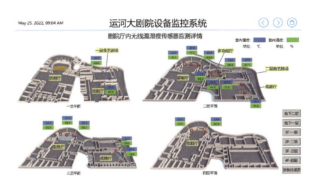

图6　智能化系统集成监控系统

（3）设施设备标准编码与物模型映射及数据流转技术

使用矩阵数据与其构件模板几何数据，通过线性代数与空间解析几何的数学方法计算后，逐个解析信息，重新还原该构件在BIM模型世界坐标系下的实际物理位置数据，即还原成原始BIM模型中的构件。采用编码统一管理体系打通轻量化BIM模型和智能楼宇系统的数据，实现建筑数字空间与智能楼宇弱电系统的精准映射、双向互动，保证数据的时效性、持续性、可靠性。

（4）自感知自运行孪生建筑运维技术

通过对物理时空的数字重现，全场景全要素呈现运河大剧院在过去、现在、未来不同时期的文化风貌，采用三维模型、二维面板定制化设计功能，满足不同阶段的运维需求。运用数据集成、融合、优化等专利技术，降低数据采集延迟、实现子系统集约化建设、建筑系统指令自动生成群调群控。

（5）360全景与视频融合技术

对大剧院演播厅进行360全景建模，通过物联网将银幕播放内容实时投射到360全景模型中，利用VR技术实现在线沉浸式观影体验。

图7　自感知自运行孪生建筑运维

图8　360全景建模

6. 作用意义

"基于数字孪生建筑智能运维技术研究与应用"成果应用在扬州市重大城建项目和扬州地标式建筑——扬州运河大剧院工程建造及运营过程中，共计授权发明专利3项，国家专利、软件著作权23项，获奖论文2篇，BIM大赛获奖9项，省级工法2项，各项创新技术的应用，建造出当地的标志性公共建筑。通过研究、总结具体工程实践的经验和做法，形成了针对大型公共建筑数字孪生智能运维平台运用的成套技术，为今后同类型公共建筑建设提供有力的技术支持。

维护成本降低：通过智能运维平台的应用，对建筑设备进行实时监测和维护，及时发现故障和异常情况，并进行预测性维护，避免设备突发故障带来的损失，通过对设备维修记录的统计，和传统运维方式对比，降低了设备维修费用。

节能环保：智能运维平台可以对建筑设备的能耗进行实时监测和分析，通过优化设备运行策略和调整参数，实现节能减排的效果。通过合理管理建筑能耗，可以降低能源消耗和运营成本，同时减少对环境的影响，实现可持续发展。

提高设备运行效率：通过智能运维平台的应用，可以实现设备运行数据的实时收集和分析，帮助运维人员快速了解设备的运行状态和性能表现，及时发现问题并进行处理。同时，通过数据分析和反馈，可以对设备运行策略进行优化和改进，提高设备的运行效率和可靠性。

基于数字孪生建筑智能运维平台的运用效益还体现在数据共享与协同、提高用户满意度、降低风险和提高安全性等方面。

科技成果鉴定意见：

2023年8月16日，江苏省土木建筑学会在扬州组织召开了"基于数字孪生建筑智能运维技术研究与应用"科技成果鉴定会。鉴定委员会听取了课题组的技术研究报告，审阅了相关材料，经质询、讨论，形成以下鉴定意见：

（1）课题组提交的技术资料齐全，符合鉴定要求。

（2）课题组基于扬州运河大剧院工程，应用BIM、物联网、数字孪生等技术，实现了"BIM＋"数字一体化设计，智能化系统集成，设施设备标准编码与物模型映射及数据流转，自感知、自运行数字孪生建筑运维等目标。

（3）课题成果与创新如下：

1）基于多级联分布式控制架构，搭建了运河大剧院智能管控平台实现了设备控制、能耗监测、环境管控、安防安保等多系统数据的互联互通，解决了数据孤岛问题；

2）基于空间解析几何的数学方法、设备设施、信息模型相关要素实现建筑数字信息与楼宇智能化的精准映射、双向互动，形成剧院建筑运维的数字孪生；

3）根据运维大数据，构建业务规则引擎；通过数据集成、融合、优化等手段，实现子系统集约化，实现安全、高效、节能运维。

（4）研究成果获得国家发明专利3件，实用新型专利、软件著作权等20余项，社会效益与经济效益显著。

鉴定委员会认为，成果总体达到国内领先水平，其中大型剧院数字孪生、多系统数据互联互通技术达到国际先进水平。

桥梁水下基础病害精准探测、智能修复与安全加固关键技术及工程应用[*]

主要完成人员：
顾维扬、杨亚强、张旋、张艳芳、陈俊、丁卫峰、朱志峰、任春红、曹旻昊、赵祥、仇建国

完成单位：
江苏瑞沃建设集团有限公司、江苏邗建集团有限公司、中建安装集团有限公司、江苏科技大学、江苏天润环境建设集团有限公司、江苏兴业环境集团有限公司、江苏省交通工程集团有限公司

图 1　项目效果图

图 2　项目实景图

1. 项目概况

随着近几年世界各地涉水桥梁事故的增加，水下基础病害的诊治已成为桥梁工程领域研究的难点与热点。如何实现复杂运营环境下桥梁水下基础病害精准探测、智能修复与安全加固是延长涉水桥梁服役寿命、保证运行安全的关键，因此水下基础的长期服役安全问题，已成为涉水桥梁面临的重大工程与交通安全问题。目前涉水桥梁水下基础的病害诊治技术通常采用人工潜水探摸、经验评估、被动修复、排水加固等传统方法，存在工作风险大、检测费用高、检测速度慢、评估不准确、耐久性差、加固效果不理想等问题，已经无法满足现在涉水桥梁诊治工程自动、客观、快速、耐久、经济等要求。随着科学的发展与工程技术的进步，综合声呐技术、图像分析与处理技术、自修复混凝土材料、先进复合材料以及水下施工技术等多个领域知识的复杂运营环境下桥梁水下基础病害精准探测、智能修复与安全加固关键技术应运而生。复杂运营环境下桥梁水下基础病害精准探测、智能修复与安全加固关键技术利用声场探测、三维图像重构技术以及安全评估技术对桥梁水下基础进行精准检测评估，结合自修复混凝土材料、纤维增强复合材料与不排水水下施工技术对桥墩、桩基等桥梁水下基础结构进行快速施工自主修复，实现涉水桥梁水下基础病害的综合诊治，有效提高桥梁耐久性、延长使用寿命，已经发展成为提高桥梁结构运营效率、保障桥梁结构安全运营的有效手段。

主要研究内容如下：

（1）桥梁水下基础三维可视化检测评估系统。包括：桥梁水下基础的声场图像快速扫描平台、水下基础样貌三维图像重构理论、水下基础病害分类分级细则与水下基础安全评估方法等。

---

[*] 该项目获得 2023 年"江苏省土木建筑学会科学技术奖"一等奖

（2）桥梁水下基础裂缝自修复技术。包括：水下混凝土专用矿化微生物选育及其生物学特性和催化效率提升方法、双金属氢氧化物-微生物协同修复裂缝理论与技术、新型修复剂及自修复混凝土生产和应用技术等。

（3）桥梁水下基础快速加固技术。包括：水下不分散自修复混凝土配合比、FRP模壳不排水加固桥梁墩柱设计方法、FRP模壳不排水桥梁墩柱快速加固技术等。

2. 应用领域和技术原理

项目研究成果可应用于涉水桥梁水下基础病害诊治领域。

项目针对"涉水桥梁水下基础病害诊治"这一重大工程需求，遵循"检测评估→自主修复→快速加固"的研究主线，开展持续的理论研究和工程实践，创新利用声呐技术、自修复混凝土材料、纤维增强复合材料、水下快速施工技术，实现涉水桥梁水下基础病害的检测、修复和加固。

3. 创新点

（1）研发了桥梁水下基础三维可视化检测评估系统，实现了水下基础的精准检测与评估。

1）研发了适用于桥梁水下基础的声场图像快速扫描平台。基于声场扫描技术，研发了水下桩墩检测辅助固定平台与拼装浮岛式检测平台，可拆卸且尺寸可拓展结构，与桩墩/桩基连接后均可以围绕桩墩做圆周运动，并且能够紧贴桩墩上下移动，平台稳定性不受水流湍急的影响，能够保证声呐仪器在水下的稳定运行，解决了既有桥梁水下基础检测装置机构复杂、安装调试困难、作业效率低等难题。

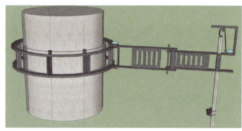
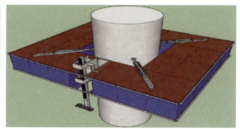

图 3　桥梁水下基础声场图像快速扫描平台

2）提出了基于图像融合和模式识别的桥梁水下基础样貌三维图像重构理论。建立了针对带噪声序列声场图像的组合滤波算法，声呐图像的平均识别速度提升为0.15s/幅；建立多尺度下的声场图像中对象特征跟踪、提取及立体匹配算法，实现了仅需6～9张声像图即可构建出建模误差7%～15%的病害三维形貌，显著提升了检测效率；基于二维声像图的桥墩表观缺陷信息进行三维重构，剥落与孔洞病害识别误差小于10%，最大截面缺损面积误差小于15%，攻克了声呐图像斑点噪声强、弧形畸变、检测效率低、识别误差大等难题，实现了桥梁水下基础病害样貌的精准识别。

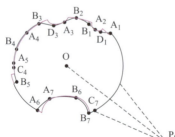

图 4　桥梁水下基础样貌三维图像重构

3) 建立了桥梁水下基础病害分类分级细则和评估方法。基于百余座中小跨径桥梁水下基础设计信息构建有限元模型,建立了病害损伤程度-水下基础水平承载力数据库,提出了各评估标度对应的评估指标值区间界限值,建立了桥梁水下基础病害评估指标的分级标准;确立了桥梁水下基础安全评估层次关系,引入客观权重应用组合赋权法,建立了桥梁水下基础安全评估层次分析模型,基于熵权法和 CRITIC 法构建了桥梁水下基础安全评估指标体系,建立了桥梁水下基础安全评估方法。

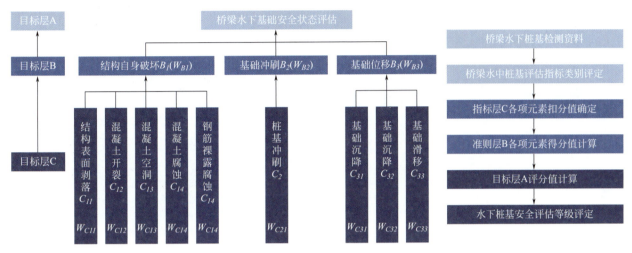

图 5 桥梁水下基础安全评估

(2) 研发了桥梁水下基础混凝土裂缝自修复技术,实现了损伤的主动探查与自主修复。

1) 选育了专用矿化微生物,建立了生物学特性和酶催化矿化效率提升方法。针对水泥基材料高碱性特征,筛选驯化了专用耐碱微生物,探明了碱性条件下的芽孢萌发规律,建立了萌发效率的物理/化学提升方法;提出了基于复杂功能组分的生长性能调控方法,微生物数量提升幅度达 102.1%;甄别了微生物诱导矿化的主控酶蛋白种类,探明了环境因素对酶催化效率的影响规律,从分子角度揭示了碳酸酐酶催化过程;发展了水泥基材料液相环境下的微生物诱导矿化机制。

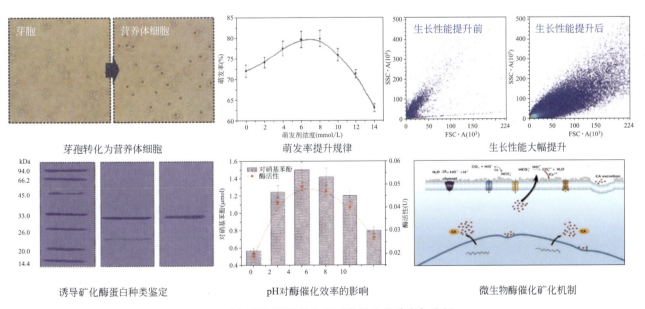

图 6 水泥材料裂缝修复用矿化微生物选育与分析

2) 构建了基于双金属矿物-微生物协同作用的新型裂缝自修复路线。构建了多源离子供给的修复产物生成机制,形成了裂缝区膨胀性层状双金属氢氧化物原位生成技术,既可实现裂缝有效封堵,兼具腐蚀介质固化能力，Cl^-固定效率达97.4%，SO_4^{2-}固定率达86.6%；建立了双金属矿物优化液相环境提升微生物矿化能力的交互作用机制，形成了裂缝表层和深部双区域多元组分协同修复技术，实现了裂缝全断面内的修复产物分布，突破了自修复深度限制。

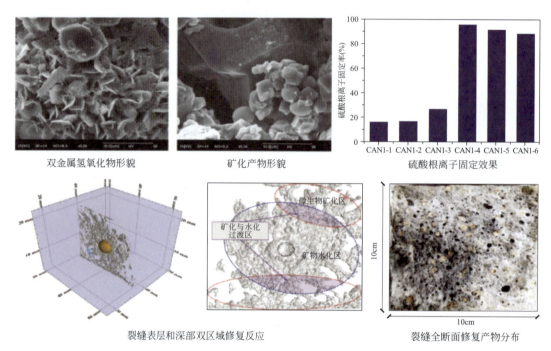

图7 双金属氢氧化物协同微生物提升裂缝修复效果

3）研发了新型修复剂及自修复混凝土，建立了生产和应用技术。研发了以双金属矿物、微生物和辅助功能成分为核心的新型修复剂，开发了基于滚动造粒方法的批量化制备工艺，探明了修复剂对混凝土多维度自修复性能的提升规律，14d裂缝面积修复率可达95%以上，14d抗水渗透修复率可达95%以上，28d超声波速度可恢复至完好混凝土87%，最大裂缝自修复宽度达1.2mm；形成了自修复混凝土配合比设计方法，建立了水下混凝土生产和应用技术。

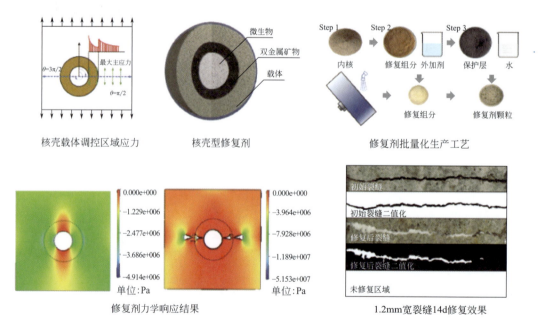

图8 修复剂设计、制备及对混凝土裂缝修复性能提升效果

(3)研发了不排水桥梁水下基础快速加固技术,实现了涉水桥梁水下基础安全性能的高效提升。

1)研发了FRP组合模壳与水下不分散自修复混凝土。基于高性能纤维增强复合材料(FRP)网格筋、FRP布研发了FRP组合模壳,提出了FRP组合模壳加工制备工艺,制备时间缩短20%,耐久性提升了35%;研发了水下不分散自修复混凝土,抗分散性提升15%,水陆抗压强度比提升10%,具备裂缝自修复功能,宽度小于1.0mm的裂缝28d面积修复率大于等于99.0%,破解了传统水下加固材料力学强度低、分散性强、耐久性能差等难题。

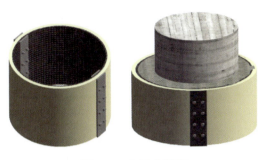

图9 FRP组合模壳

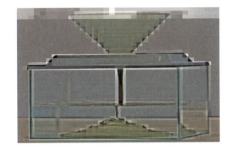

图10 水下不分散自修复混凝土

2)提出了FRP模壳不排水桥梁墩柱快速加固方法。提出了FRP模壳不排水桥梁墩柱快速加固方法,研究了FRP模壳不排水快速加固后桥梁墩柱的抗压性能,加固后抗压承载力提高130%;开展了FRP模壳不排水快速加固后桥梁基础的抗震性能研究,加固后峰值荷载提高100%,位移延性系数最高提高38%,获取了FRP模壳不排水快速加固后桥梁墩柱的滞回耗能机理。

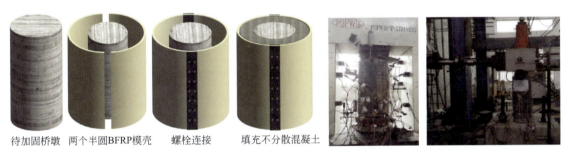

图11 FRP模壳不排水桥梁墩柱快速加固方法

3)提出了FRP模壳不排水桥梁水下基础快速加固施工工艺。考虑FRP模壳特性、水下不分散自修复混凝土性能以及桥梁水情,设计了不排水桥梁水下基础快速加固施工流程,优化了桥梁水下基础加固施工工序;基于预制装配方法提出了不排水桥梁水下基础快速加固施工工艺,克服了既有水下加固施工方法的不足,解决了既有水下加固工艺难度大、危险高、污染大、效果差、工期长、成本高的难题。

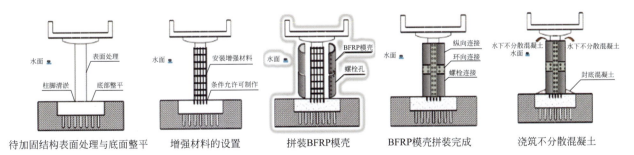

图12 FRP模壳不排水桥梁水下基础快速加固施工工艺

4. 新技术应用

（1）研发了能方便绕基础旋转与上下移动、简便拆装且满足深水作业要求的扫描平台，实现了对于基础上任意角度和位置的固定，能够适应深水和高流速水情，并准确获取水下基础的二维声场图像序列；分析了声场图像噪声来源，并根据其特点研究建立了针对带噪声序列声场图像的组合滤波算法，分析了声场图像失真原因，研究了不同失真对应的校正算法，建立了多尺度下的声场图像中对象特征跟踪、提取及立体匹配算法，基于多尺度下的图像立体拼接与数据融合方法，研发了图像融合和模式识别的桥梁水下基础样貌三维图像重构理论与技术，实现了桥梁水下基础病害特征的直观、定量描绘；依据现有规范规程及桥梁水下基础病害资料调研，初步建立了桥梁水下基础病害分类分级细则，将水下基础病害特征与现场采样所得数据相结合，分析并确定了影响基础安全的各类因素及其对基础安全性的影响，根据基础样貌三维重构技术，建立了三维有限元模型，通过定量计算对桥梁水下基础当前服役性能进行评估，建立了安全评估方法。

（2）面向桥梁水下混凝土特性，选育驯化了专用矿化微生物，系统测试了芽孢萌发—生长—繁殖—凋亡的演变规律，明确了萌发和生长效率提升的功能组分及用量，探明了微生物矿化的酶蛋白种类，定量表征了碳酸酐酶活性和催化效率，从分子角度揭示了微生物产酶诱导生物碳酸钙沉积作用机制；以矿化微生物为基础，构建了双金属氢氧化物协同作用的新型裂缝自修复路线，比选了不同价位金属离子种类和比例对产物的影响规律，明确了双金属矿物水化对液相环境的改善规律及对微生物生长性能的促进作用，阐明了金属矿物水化与微生物矿化的交互作用规律，实现了在裂缝全断面范围内的产物分布，突破了自修复深度限制；构建了核壳结构载体的理论设计方法，指导开发了对基体无负面力学影响的新型核壳结构修复剂，匹配研发了批量化滚动造粒工艺，探明了修复剂作用下的混凝土裂缝自修复性能提升规律，结合自修复混凝土配合比设计方法，形成了系统的桥梁水下混凝土生产和应用技术。

（3）基于微生物自修复水泥基材料与水下不分散混凝土，提出了水下不分散自修复混凝土的配合比，研发了适用于桥梁水下墩柱水下加固的不分散自修复混凝土；基于高性能纤维增强复合材料（FRP）网格筋、FRP布研发了FRP组合模壳，研究了FRP模壳不排水快速加固后桥梁墩柱的抗压性能，提出了FRP模壳约束加固混凝土墩柱的承载力设计方法，建立了FRP模壳不排水加固桥梁墩柱的有限元模型，研究了影响桥梁水下墩柱不排水加固效果的关键因素；考虑FRP模壳特性、水下不分散自修复混凝土性能以及桥梁水情，设计了不排水桥梁水下基础快速加固施工流程，优化了桥梁水下基础加固施工工序，基于预制装配方法提出了不排水桥梁水下基础快速加固施工工艺，基于水下基础加固实际工程研究了涉水桥梁水下基础综合诊治技术优化策略。

5. 作用意义

项目研究成果授权发明专利11项、实用新型专利5项、软件著作权2项；发表SCI论文22篇；主编省级地方标准1部，省级工法3部，有力促进了桥梁运维学科发展。同时能够确保桥梁的长期运营安全，防止突发的倒塌破坏等恶性安全事故；避免由于不能有效维护而拆除重建，大幅减少建筑垃圾产生，实现了桥梁基础的精准维护和智能修复，避免大规模探查和修复工作；提升了耐久性，延长桥梁服役寿命，直接减少新建桥梁产生的碳排放。

科技成果鉴定意见：

2023年2月11日中国科技产业化促进会采用视频会议的形式，组织召开了由中建安装集团有限公司、江苏科技大学、福州大学、天津城建大学等单位共同完成的"桥梁水下基础病害声像探测、自修复加固关键技术及工程应用"项目成果评价会。评价委员会专家听取了项目组的汇报，审阅了相关技术资料，经质询讨论形成评价意见如下：

（1）项目组提交的资料齐全、内容翔实，符合科技成果评价要求。

(2) 针对桥梁水下基础病害难以精准测评、混凝土病害早期无法及时防治、水下受损基础加固困难的共性关键问题，采用理论分析、技术开发、装备研制与工程应用相结合的研究方法取得了以下创新成果：

1) 研发了桥梁水下基础声场图像快速扫描检测装备与测试方法，提出了一种声呐图像多病害识别方法和三维图像重构技术，建立了相应的病害分级体系、量化指标和评估方法；

2) 开发了金属矿物与微生物协同作用的混凝缝自修复新技术，研制了固载型微生物修复剂，揭示了双金属矿物水化与微生物矿化交互作用机制，研发了自修复混凝土生产工艺；

3) 研发了水下不分散自修复混凝新材料，提出了桥梁水下基础 FRP 模壳不排水快速加固方法及施工工艺。

(3) 项目已获授权发明专利 11 项、实用新型专利 5 项、软件著作权 2 项，发表论文 29 篇，主编标准 1 部、省级工法 3 部。研究成果已推广应用于多项工程，应用效果显著，取得了良好的经济效益、社会效益和环境效益。

综上所述，该项目研究成果总体上达到国际先进水平。

大型会展场馆综合施工技术研究*

主要完成人员：
耿裕华、张昕、张卫国、徐卓、顾东锋、蔡铭、张华君、曹立忠、穆小香、顾卫东、李方旭
完成单位：
南通四建集团有限公司

图1　项目外观

1. 项目概况

南通国际会展中心是南通市政府重点打造的集会议、展览于一体的环保节能型高端会展项目，包括会议中心、展览中心两个单体。地下均为1层，会议中心地上3层，展览中心地上2层，为多层民用公共建筑，总造价12.6亿，总建筑面积12.3万 m^2。2018年11月1日开工，2019年9月30日竣工验收，总共仅有11个月的工期。工程质量目标为确保"扬子杯"，争创"鲁班奖"。

工程完工后立即作为"2019年中国森林旅游节（2019年10月18日）"的举办场馆，社会关注度高，政治影响大，工程必须及时竣工，给后期物业进场留有充裕的时间。

工程的钢结构施工为工程的主要节点，一个科学合理的钢结构施工策划可以为工程节省宝贵时间，给后续施工创造有利条件，并为工程创优带来便利。

课题主要的研究方向是压缩钢结构的施工工期和保证钢结构的施工质量。

2. 应用领域和技术原理

该成果主要适用于大型会展场馆施工建设领域。

经过研究和实践，该成果总结出4项关键技术成果，其技术原理如下：

（1）基于北斗GNSS&BIM的结构施工多点同步高精度定位方法

利用360°电控旋转光电测距装置对被测结构多个关键节点同步测量的，通过北斗GNSS提供的坐标，以及测距装置与高精度定位装置、被测关键节点之间的相对距离、相对仰角和方向角，自动计算被测节点的大地坐标，并通过坐标转化和映射关系，直接替换BIM模型中相应节点的坐标。

在结构施工的同时，在结构本身不受施工干扰的位置布设北斗GNSS高精度定位设备，获取该位置的大地坐标；在被测结构与北斗GNSS定位设备之间的空旷区域，布设360°电控旋转光电测距装置，所

---

* 该项目获得2023年"江苏省土木建筑学会科学技术奖"二等奖

述光电测距装置用于监测其自身与北斗 GNSS 定位设备以及被测结构关键节点的相对距离、相对仰角和方向角；远程操控测距装置，对被测结构多个关键节点实时同步测量，计算被测关键节点的大地坐标，并存储；根据被测结构关键节点与施工 BIM 模型之间的映射关系，对施工 BIM 模型相应坐标同步替换，进行施工 BIM 模型与结构施工的同步。

图 2　顶升现场照片

（2）基于 BIM 的箱形杆件内置短牛腿对接连接快速安装方法

大型桁架的上下弦杆截面有 H 形、箱形等，箱形杆件的现场对接节点往往是个难于处理的地方，因为弦杆的现场对接焊缝质量为全熔透一级焊缝，要做到全熔透一级焊缝质量，弦杆两端钢板必须开坡口之外，还要按规范要求设置焊接衬板，这些工序在施工现场往往是很难做到的。

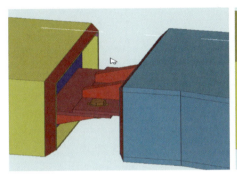 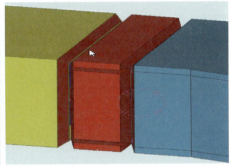

图 3　节点模型图

由于杆件制作时的尺寸偏差、现场安装时的位置偏差等原因，将导致对接杆件之间的间隙也达不到原设计要求，间隙偏小就需要火焰切割多余位置才能就位安装，间隙偏大会造成焊缝过宽，同时焊接衬板很难安装到位，因此焊缝质量很难保证，进而影响工程施工质量。

（3）采用结合 BIM 的圆锥面与三角斜面金属屋面施工技术

图 4　屋面板空间模型　　　　　　图 5　成型屋面

利用三角形中位线原理，在边线中点位置进行上下板位置划分，既能充分利用 945mm 宽的板材一分二斜分下料，减少原材料损耗，又能保证整体扇形屋面的大小头尺寸一致，瓦楞对瓦楞，直立锁边成一直线，成型效果好；支架间增加一块 3mm 钢板，起到支撑搭接缝节点的作用，使得搭接缝不会因为人为踩踏面板而产生裂缝，进而破坏密封胶导致漏水；圆锥面与三角斜面扇形板按 360°顺序排布：圆锥面与三角斜面屋面的空间结构比较复杂，普通的平面处理技术不能满足要求。BIM技术的利用使得放样准确，视觉效果直观，便于材料统计与下料，能够指导现场施工，在技术层面上确保了工程顺利进行。

（4）具有自动监测装置的滑移结构及控制技术

采用滑移支座装置，通过高精度工业红外测距传感器，实时探测滑移构件在钢轨纵向的滑移距离，不需要工人拉尺报数，克服同一频道的对讲机不能实现同时通话的缺点，通过数值显示与位置模拟，便于操作员实时观察、实时控制、实时调节液压顶推油泵的压力。

3. 性能指标

在展览中心钢桁架滑移过程，采用基于北斗 GNSS&BIM 的结构施工多点同步高精度定位方法对桁架的水平移动与承受变形进行监测，实时收集数据与 BIM 模型进行比对，显示直观，取得了良好的效果。

采用基于 BIM 的箱形杆件内置短牛腿对接连接快速安装方法，提高了工效，解决了现场安装尺寸偏差问题，确保了焊缝质量，节约了成本。

采用结合 BIM 的圆锥面与三角斜面金属屋面施工技术屋面整体安装效率提高了 25%；由 BIM 模型指导采购材料与下料，整体屋面结构节约材料 10%；屋面外形达到原建筑设计要求，造型美观；扇形屋面板接缝的搭接处理，以及防水涂料的使用，屋面板防水效果好，无漏点。

采用具有自动监测装置的滑移结构及控制技术使得现场桁架监测效率明显提高，控制人员对桁架滑移位置实时掌握，有效提高了滑移效率 5%，提高了滑移的安全性。

4. 创新点

（1）一种基于北斗 GNSS&BIM 的结构施工多点同步高精度动态变形测控方法

施工现场的测量一直是施工质量最基本的保证，现场轴网的控制、构件的变形监测都是非常重要的，测量人员也非常辛苦。随着现代技术的发展，借用卫星等多种设备进行测量的技术越来越多，测量的精度与实时性越来越高，也更方便了现场的测量。

对于大型钢结构液压提升和滑移而言，掌握其提升和滑移过程关键节点的坐标，对于评估其最终施工的精度和施工过程的安全性极为必要。现有的技术手段，只能对其个别关键节点进行监测，不能满足大跨结构施工大范围监控的需要。有基于此，提出基于北斗 GNSS 高精度定位的结构施工多点同步快速定位方法。

（2）基于 BIM 的箱形杆件内置短牛腿对接连接快速安装方法

经技术攻关，在箱形杆件现场对接位置，设置内置端头小牛腿，外加四块盖板的施工工艺。该方法定位简单，操作简便，箱形杆件现场拼装时，不需要因间隙原因现场修改杆件尺寸；可以通过实测尺寸进行面板下料，进而消除轴向偏差和扭转偏差；可以方便安装焊接衬板，提高焊接质量，确保施工质量。

（3）基于 BIM 的圆锥面与三角斜面金属屋面的连接构造

展览中心登录厅金属屋面为圆锥面与三角斜面组合屋面，屋面檩条的设置、屋面板的排布与施工成为施工难题。考虑到最后的建筑成型效果，屋面板采用大小头扇形板，圆锥面与三角斜面在平面投影上呈共圆心扇形的排布形式。

大小头扇形屋面板的上板与下板的接缝处是施工的难点，要做到施工方便、成型美观并达到防水要求。除了采用常规防水和加固措施外，在上下面板的支座之间设置一块 3mm 厚的钢板，起到支撑搭接缝节点的作用，使得搭接缝不会因为人为踩踏面板而产生裂缝，进而破坏密封胶导致漏水。将板缝对接处 150mm 区域清理干净，用金属板防水涂料密封，再喷涂与面板颜色相同的面漆，达到防水要求。

（4）具有自动监测装置的滑移结构及控制技术

钢桁架在滑移过程中必须对桁架的位置进行实时监测，才能规避风险，顺利完成滑移任务。往往都是靠人工来实现监测的，遇到复杂工程，尤其是夜间滑移的项目，人工监测存在很大的风险，需要研究出一套可以实时监测桁架位置的装置。

5. 新技术应用

目前国内由于大型会议和展览的需要，在许多城市都建设或准备建设大型会展中心，大型会展中心大多设计超大面积钢结构网架屋盖和超大面积金属铝板幕墙，但是由于这些项目工期紧、质量要求高，需要形成一系列可推广的成熟技术进行合理优化其施工管理。

南通会展中心项目建筑面积超 12 万 m^2，工期不到一年，为了确保其工期和质量，施工期间公司集中大量技术人员研究总结了大型会展场馆综合施工技术，形成可复制、好推广的技术成果，是存在现实需求的。该研究在大型会展场馆领域具有广泛应用前景。

6. 作用意义社会环境经济效益及应用

经济效益：在整个项目施工过程中，通过综合技术的使用，不仅保证了工程质量，保障了施工安全，加快了施工进度，节约了施工成本。通过新技术的积极应用和推广，共取得经济效益超 164.08 万元，有力地推动了企业施工技术和管理技术的进步。

社会效益：南通国际会展中心项目包含大量钢结构、大型双曲面金属屋面板等高难度的施工作业，一直受到地方、行业的高度关注，且该工程为南通市重点工程。先后顺利承办了中国森林旅游节、南通市两会等大型会议，业主使用非常满意；工程先后荣获"扬子杯""鲁班奖""安装之星""钢结构金奖"、省部级 QC 成果、中建协和中安协 BIM 应用成果等 18 项省级以上荣誉。

科技成果鉴定意见：

2022 年 12 月 27 日，江苏省土木建筑学会在南京组织召开了"大型会展场馆综合施工技术研究"成果鉴定会。鉴定委员会听取了课题组的技术研究报告，审查了相关资料，经质询、讨论，形成鉴定意见如下：

（1）提供的资料齐全，符合鉴定要求。

（2）课题组结合南通国际会展中心项目施工，对会议中心箱形梁的吊装、会议中心架提升实时监测和展览中心桥架滑移实时监测、展览中心登录厅圆锥面与三角斜面金属屋面安装等做了技术创新，具体成果为：

1）课题组发明一种基于北斗 GNSS&BIM 的结构施工多点同步高精度动态变形测控方法，解决了关键节点坐标的同步实时测控，提高了测量效率，保证了架屋顶液压整体提升的安全性；

2）课题组研发了基于 BIM 的箱形杆件内置短牛腿对接连接快速安装方法，提高了工效，解决了现场安装尺寸偏差问题，确保了焊缝质量；

3）课题组创新了基于 BIM 的圆锥面与三角斜面金属屋面的连接构造，优化了屋面节点，提升了安装效率，解决了连接部位处的防水难题；

4）课题组结合钢管架分区段累积滑移施工，研发了具有自动监测装置的滑移结构及控制技术提高了滑移效率和安全性。

（3）课题研究成果取得发明专利 1 项，实用新型专利 3 项，省级工法 3 项，缩短了整个展馆的施工工期，保证了质量，提高了施工安全性，取得了显著的社会效益和经济效益。

鉴定委员会认为，该项目成果整体达到国际先进水平，其中基于北斗 GNSS&BIM 的结构施工多点同步高精度动态变形测控方法达到国际领先水平。

超大直径桩基水平尺寸效应机制与组合承载力设计关键技术研究*

主要完成人员：
李小娟、竺明星、王卫国、赵绪峰、周鹏程、王贤坤、胡正勤

完成单位：
江苏科技大学、东南大学、江苏邳建集团有限公司、中铁建苏州设计研究院有限公司、徐州市宏达土木工程试验室有限责任公司、江苏天润环境集团有限公司、江苏兴业环境集团有限公司

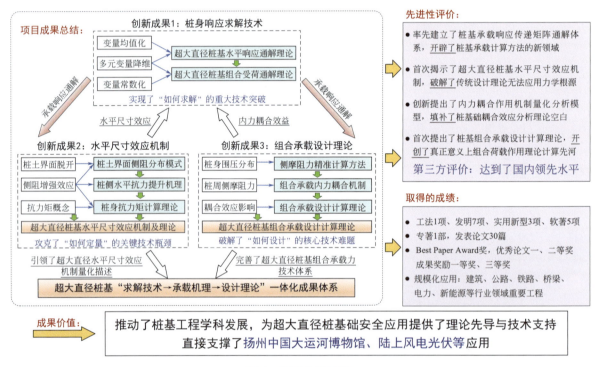

图1　项目总体思路

1. 项目概况

面对超大直径桩基承载理论缺乏，传统小直径设计方法风险高，威胁工程和生命财产安全的重大需求，项目从高度非线性桩身响应如何求解、超大直径桩尺寸效应如何评估以及复杂荷载桩承载性能如何计算等三个关键科学与技术问题，采用理论研究、有限元模拟、试验研究、技术研发与工程应用相结合的手段，重点突破超大直径桩基水平尺寸效应机制与组合承载力设计关键技术研究，取得了三大科技创新成果。

2. 应用领域和技术原理

该项目成果主要应用于公路、桥梁、铁路、建筑、市政、电力、核电等行业重要基础设施工程建设

---

* 该项目获得2023年"江苏省土木建筑学会科学技术奖"二等奖

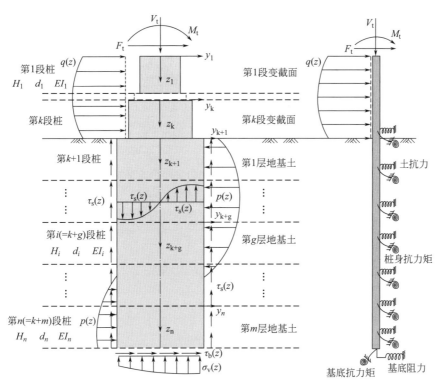

图 2 桩基组合承载力理论体系

过程中,遇到的极端自然环境(强风、强浪等)、复杂荷载作用、突发工程建造事故威胁等情况下的超大直径桩基水平尺寸效应机制与组合承载力设计及研究。

该项目技术原理为:

(1) 针对复杂条件下桩身响应无法求解困境,率先提出非线性变量常数化及多元变量降维处理新方法,创建了任意荷载、复杂地层等影响下桩身响应传递矩阵通解,实现了超大直径桩基"如何求解"的重大技术突破。

(2) 针对水平尺寸效应无法定量评估难题,提出界面脱开与侧阻增强效应联合下桩身抗力矩概念,首次建立了超大直径桩基水平尺寸效应形成机制及计算理论。攻克了水平尺寸效应分析"如何定量"的关键技术瓶颈。

(3) 面向组合荷载下桩基响应精准计算需求,开创性地构建了桩身内力耦合作用机制与计算模型,提出了考虑内力耦合效应的桩基组合承载力设计计算新理论,破解了桩基组合承载力"如何设计"的核心技术难题。

3. 性能指标

与国内同类技术相比,该项目成果解决了超大直径桩基水平尺寸效应评估及组合荷载下基桩耦合承载力设计计算难题,实现了零的突破。与传统理论方法相比,该技术可实现桩基组合承载力精准计算、超大直径桩基建造成本优化 5%～10%。

4. 创新点

该项目主要有三大科学技术创新点。

(1) 提出了桩基承载响应传递矩阵通解方法,揭示了组合受荷桩承载与变形求解技术原理,实现了桩基承载响应的高效率、高精度计算。

1) 桩—土界面侧阻分布模式确定新方法

针对桩—土界面侧阻无法精确确定的难题，原始创新地构建桩—土界面脱开效应及摩阻力增强效应计算理论，实现了连续水平荷载作用下桩—土界面动态刚度精准评估的重大突破。

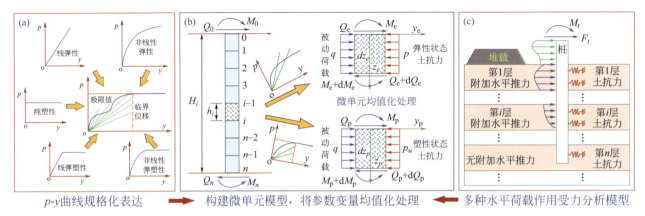

图3 变量均值化、常数化

2）组合荷载下桩基承载响应降维求解新技术

针对组合荷载下桩身微单元变量耦合度高、多元变量难以分离局限，首次提出竖向载荷作用等效为附加弯矩的降维新技术，极大地降低了多元变量耦合求解难度，创建了复杂组合荷载下桩基承载响应分析新技术，实现了传递矩阵法理论的重大创新与突破。

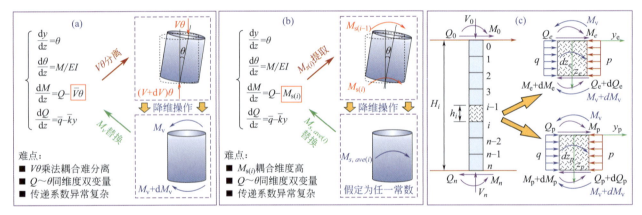

图4 组合承载桩基多元变量降维

（2）建立了超大直径水平受荷桩尺寸效应理论，提出了桩身抗力矩新概念及理论解，破解了超大直径水平受荷桩尺寸效应定量分析的技术难题。

首次提出单位长度桩身抗力矩与侧阻抗力矩概念并推导得出解析解与简化解，从量化角度揭示了超大直径桩基水平尺寸效应形成机制，破解了传统小直径桩基设计理论无法应用于超大直径桩基的力学根源。

（3）发展了超大直径桩基组合承载计算理论，实现了组合荷载作用下桩身内力耦合分析的突破，支撑了超大直径桩基组合承载设计计算理论的工程应用。

1）桩基组合承载的内力耦合作用新机制

首次创建全桩身围压分布模型及计算方法，巧妙搭建桩身截面竖向内力与水平内力联系桥梁，原始创新地提出桩身组合承载内力耦合机制及计算模型，填补了传统理论无法考虑耦合效应的关键技术空白。

2）超大直径桩基组合承载设计理论

通过内力耦合作用模型将竖向及水平承载解重组迭代，克服了传统计算理论"只拆不合"局限；建立考虑耦合效应影响的组合受荷承载力迭代计算流程，奠定了大规模宽领域工程推广应用的理论基石。

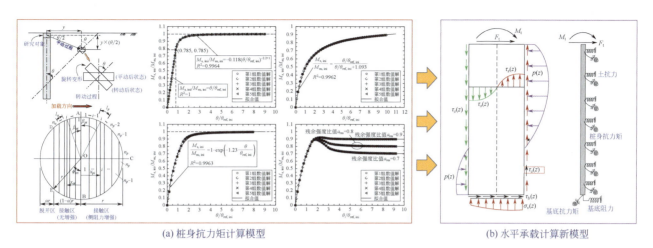

(a) 桩身抗力矩计算模型   (b) 水平承载计算新模型

图 5 水平尺寸效应量化分析理论

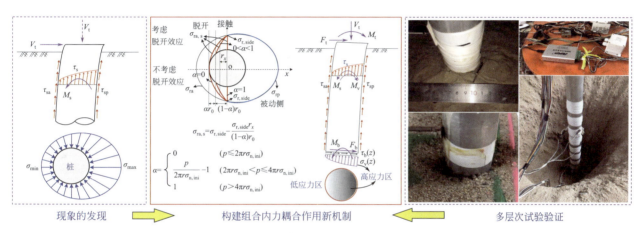

现象的发现   构建组合内力耦合作用新机制   多层次试验验证

图 6 内力耦合作用新机制

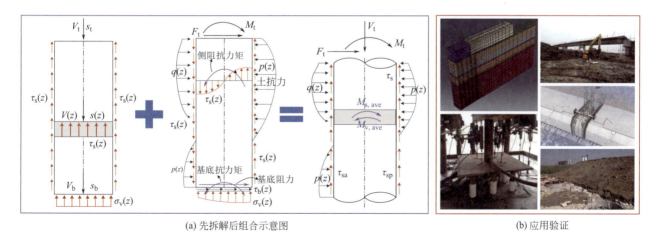

(a) 先拆解后组合示意图   (b) 应用验证

图 7 超大直径桩基组合承载计算理论

5. 新技术应用

该项技术成功破解了多重效应影响下的桩基础主被动承载机制研究匮乏的困境，突破了承载性能难以评估、性能提升及灾害防控措施依赖经验等行业技术瓶颈，形成了超大直径桩基水平尺寸效应机制与组合承载力设计关键技术研究，成功解决了重要文化建筑、高速铁路工程、交通枢纽工程、海上风电工程,以及市政工程、陆上能源工程等不同行业重大重要工程中的共性关键技术难题,对我国大规模基础设施安全建设起到了重要支撑作用。

代表性工程应用主要有:

重要文化建筑:扬州中国大运河博物馆、扬州运河大剧院。

高速铁路工程:连镇铁路、淮宿蚌铁路、阜淮铁路、洋吕铁路。

重要桥梁工程:垣高速黄河特大桥等。

市政桥梁工程:扬线航道整治桥梁工程—午安大桥项目、江平西路二期工程(润扬北路互通式立交)、雨水及港前四路深港河桥等。

交通枢纽工程:南通市海启高速公路、无锡地铁3号和4号线等。

房屋建筑工程:内蒙古呼和浩特公共实训中心建设工程、南京外国语仙林分校空港新城小学中学工程、扬州大学广陵校区PPP搬迁工程、扬州市射击运动中心等。

陆上风电工程:江苏金湖安晟99MW风电场基础工程等。

6. 作用意义

项目团队历时八年持续攻关,形成了系统的关键技术,出版专著1部、发表论文33篇,获国家发明专利7件、实用新型3件、软件著作权5件以及工法1项,推动了岩土工程学科的发展。已成功在多项重要工程中应用,为工程风险可防可控、应急管理及补救措施提供关键技术支撑。

该项目成果可使业主单位、管理部门、设计单位、施工企业和监理单位的相关负责人与技术人员快速得出桩基础承载安全性能的精确评估结果,做到风险可防可控,实现风险超前预防目的。同时,该项目亦可作为一种灾变事故致因分析的快速排查方法,达到快速锁定主要致灾因素,为应急管理、原因分析以及补救措施提供了一种崭新的思路。最后,所研发的超大直径桩基水平尺寸效应机制与组合承载力设计方法,可显著提升重要基础设施工程安全水平,最大限度减轻灾害风险,该项目总体实施效果良好,对我国大规模基础设施安全建设起到显著支撑作用,为重大工程安全、经济奠定了扎实可靠基础。直接经济效益达10465万元,社会经济效益显著,极具推广应用潜力。

科技成果鉴定意见:

2021年8月3日,江苏省工程师学会主持召开了由江苏科技大学、中国能源建设集团江苏省电力设计院有限公司、东南大学、江苏邢建集团有限公司、中国能源建设集团安徽省电力设计院有限公司、江苏省建筑工程集团第一工程有限公司、扬州市邗江区市政建设管理处、扬州市建筑安全监察站、扬州工业职业技术学院、江苏省装饰装修发展中心、江苏旭科建设工程有限公司,以及江苏省交通工程集团有限公司共同完成的"超大直径桩基水平尺寸效应理论与组合承载设计关键技术研究及应用"科技成果评价会,评价委员会听取了项目组的汇报,认真审查了相关技术资料。经质询、讨论,形成评价意见如下:

(1)项目组提交的技术资料完整齐全、内容翔实、数据可信,符合评价要求。

(2)项目主要创新成果:

1)提出了桩基承载响应传递矩阵通解方法,揭示了超大直径组合受荷桩承载与变形机制,实现了桩基承载响应的高效率、高精度计算;

2)建立了超大直径水平受荷桩尺寸效应理论、计算方法及扣除抗力矩影响的实际 p-y 曲线反推技术,破解了超大直径水平受荷桩尺寸效应定量分析的技术难题;

3)发展了超大直径桩基组合承载计算理论,实现了组合荷载作用下桩身内力耦合分析的突破,支撑了超大直径桩基组合承载设计计算理论的工程应用。

(3)成果成功应用于国家电投江苏响水大有风电场EPC项目、江苏金湖安晟99MW风电场地基与基础工程、江苏泗洪光伏发电领跑奖励激励基地5号渔光互补项目、扬州中国大运河博物馆等代表性工程中,取得了显著的经济和社会效益。专家委员会一致认为,该成果达到了国内领先水平。

立体交通共建条件下大跨度无柱地铁车站施工关键技术及应用*

主要完成人员：
宫志群、马占国、许锋、丁北斗、龚鹏、陈达、张峻、张亮亮、曹小为
完成单位：
中建华东投资有限公司、中国矿业大学、中建市政工程有限公司、上海同筑信息科技有限公司、徐州地铁集团有限公司

图 1　站台外观

1. 项目概况

该项目依托徐州南三环无柱大跨变截面地铁车站，为国内首座下穿桥梁与地下车道共建的大跨无柱车站。车站为地下三层、局部四层的岛式车站，是 3 号线和 4 号线换乘车站。车站上方为解放南路下穿三环南路地下通道，二者同时施工。车站总长为 217.5m，标准段宽度为 21.5m，开挖深度为 24～31m，其中大跨无柱区段为 75.4m。车站西侧为三环南路高架桥，与路面、车站共同构成六层竖向空间结构布局。地铁车站地下一层为三号线及四号线两线站厅层，地下二层为四号线设备层及地铁三四号线换乘层，地下三层为四号线站台层。车站场地覆盖土层为杂填土、中风化泥灰岩和中风化灰岩。

该项目具有以下特点：（1）地铁车站公共区存在纵向长度为 75.4m，跨度为 21m 的大跨无柱区段；（2）地铁车站处于高架桥、路面和场地土的荷载影响范围之内，承担多层多向的复杂荷载作用；（3）车站结构负一层顶板即进入中风化泥灰岩，整个车站均处于岩层之中，岩溶发育且不良地质作用明显，具有较强的区域特性。

2. 应用领域和技术原理

应用领域：该项目属于土木建筑工程的地下工程技术领域。

技术原理：该研究基于大跨无柱站隧合建结构力学响应机理分析，形成了复杂荷载作用下大跨无柱站隧合建结构稳定性分析及评价方法；基于切割预裂辅助破岩过程中扬尘流场演化特征研究，结合现场

---

* 该项目获得 2023 年"江苏省土木建筑学会科学技术奖"二等奖

开挖试验实际效果，对全硬岩机械开挖方式下振动频率、振幅等关键参数进行了优化，研发了全硬岩超深基坑预压力、超声高频振动联合破岩开挖技术；基于主体结构稳定性分析，获取荷载传递路径，辨识站隧共建下大跨无柱顶板的危险节点，开发了空间受限条件下无柱车站主体结构钢包梁分节分段施工和主体结构关键节点加强技术；通过BIM与项目管理逻辑、施工过程风险控制和施工现场动态数据的深度融合，研发了空间多尺度多源数据BIM模型轻量化技术，开发了BIM+GIS复杂空间下人机物精确定位技术。

3. 性能指标

（1）形成了复杂荷载作用下大跨无柱站隧合建结构稳定性分析及评价方法；
（2）优化了全硬岩机械开挖方式下振动频率、振幅等关键参数；
（3）提出了主体结构关键节点加固技术方案和隧站合建大跨无柱换乘空间顶板施工控制技术；
（4）研发了全硬岩大跨无柱站隧合建施工风险控制技术；
（5）研制了地下工程大跨装配式变截面新型外钢包梁—混凝土组合梁。

4. 创新点

（1）构建了空间受限条件下大跨无柱站隧合建结构三维力学计算模型，揭示了大跨无柱站隧合建结构受力和变形规律，优化了站隧合建结构设计施工方案，系统解决了立体交通共建条件下大跨无柱地铁车站站隧合建结构力学分析及稳定性控制关键技术及应用。
（2）研发了全硬岩超深基坑预压力、超声高频振动联合破岩开挖技术，揭示了硬岩预裂自由面参数对压力、超声联合高频振动破岩施工效率的影响规律，确定了振动频率、振幅等关键破岩参数，实现了全硬岩开挖的高效环保。
（3）开发了空间受限条件下无柱车站主体结构钢包梁分节分段施工技术，解决了主体结构关键节点加强技术和站隧合建大跨无柱换乘空间顶板施工控制技术难题。
（4）研发了空间多尺度多源数据BIM模型轻量化技术，开发了BIM+GIS复杂空间下人机物精确定位技术，实现了对人机物的定位与全过程跟踪，对风险实时监控和预警。

5. 新技术应用

（1）复杂结构体系三维力学计算模型建构及分析技术
建立了下穿桥梁环境下与地下车道共建的大跨无柱车站结构地铁车站的大型三维力学计算仿真模型，参数匹配度达90%以上。经过分析得到了静载、地震、车辆动载大跨无柱站隧合建结构受力和变形规律以及扰动条件下硬岩深基坑围护结构动力响应，为无柱大跨变截面地铁车站的设计、减振以及扰动条件下全硬岩基坑及围护结构稳定性控制技术提供参考依据。

（2）立体交通共建无柱车站主体结构安全高效施工关键技术
基于结构稳定性分析和钢包梁加载试验结果，获取荷载传递路径，辨识站隧共建下大跨无柱顶板的危险节点，提出主体结构关键节点加强技术（重点加强上部结构）。采用新型门型模板支撑架，其下方区域可与上方结构同步铺轨施工，使"洞通"节点如期实现。型钢结构具有强稳定性、分节分段加工、安装灵活等优势。

（3）全硬岩超深基坑高效环保机械开挖技术
基于硬岩基坑开挖过程的动力学分析，揭示预裂自由面参数对压力+高频振动组合破岩施工效率的影响规律，确定了振动频率（40kHz）、裂缝深度（500mm）等关键破岩参数。在预裂压力+高频振动破岩机理的基础上，优化振动破岩参数和施工工序，提出了全硬岩超深基坑预裂压力、超声高频振动联合破岩开挖技术，实现一次破岩所需时间4.3s。

（4）基于BIM的全硬岩大跨无柱站隧合建施工风险控制技术

为解决南三环站在施工过程中风险管控难度大、信息集成度较低、工程管理流程与BIM技术融合不足等难题，研发了TZM、TOS等BIM轻量化数据格式，实现了BIM大体量模型自动重构，信息保有率100%、体积压缩率95%。创新了基于BIM的智能建造管理模式，实现了信息智能采集、高效协同管理、数据科学分析、过程智能预测的地下空间工程施工智能管控。突破了BIM+GIS及多源异构数据的融合，实现了对人机物的定位与全过程跟踪，对风险实时监控和预警。

6. 作用意义

该项目在应用过程中取得了显著的经济效益，相关成果已陆续推广应用于徐州地铁3号线一期工程、天津地铁7号线一期工程、深圳地铁13号线二期（北延）等地下工程中，近三年累计新增利润约5173.41万元，有力地推动了我国复杂地铁车站建造技术的进步。

南三环站作为江苏省首座站隧共建大跨无柱车站，是3号线工期控制性节点工程，立体交通共建条件下大跨度无柱车站施工关键技术的应用对确保全线按期保质通车奠定了坚实的基础。徐州地铁3号线一期工程荣获2021～2022年度鲁班奖，是中建集团和徐州市首个地铁整线且全专业的鲁班奖项目，备受社会各界关注。

科技成果鉴定意见：

2023年5月31日，江苏省土木建筑学会在南京组织召开了"空间受限条件下大跨无柱地铁车站施工关键技术及应用"科技成果鉴定会，鉴定委员会听取了课题组的技术研究报告，查阅了相关技术资料，经质询和讨论，形成鉴定意见如下：

（1）课题组提供的技术资料齐全，符合鉴定要求。

（2）该成果依托徐州地铁南三环站等工程，针对空间受限条件下大跨无柱地铁车站施工及管理进行了系统研究。主要创新点如下：

1）构建了空间受限条件下大跨无柱站隧合建结构三维力学计算模型，揭示了大跨无柱站隧合建结构受力和变形规律，优化了站隧合建结构设计施工方案；

2）研发了全硬岩超深基坑预压力、超声高频振动联合破岩开挖技术，揭示了硬岩预裂自由面参数对压力、超声联合高频振动破岩施工效率的影响规律，确定了振动频率、振幅等关键破岩参数；

3）开发了空间受限条件下无柱车站主体结构钢包梁分节分段施工技术，解决了主体结构关键节点加强技术和站隧合建大跨无柱换乘空间顶板施工控制技术难题；

4）研发了空间多尺度多源数据BIM模型轻量化技术，开发了BIM+GIS复杂空间下人机物精确定位技术。

鉴定委员会认为，该成果总体达到国际先进水平。

竹质工程材在建筑领域中高附加值利用研究与应用*

主要完成人员：
王志强、郑维、鞠泽辉、胡正勤、朱志峰、祝飞飞、徐永海、俞君宝、赵祥

完成单位：
南京林业大学、江苏天润环境建设集团有限公司、江苏兴业环境集团有限公司、江苏邗建集团有限公司、东晟兴诚集团有限公司、扬州工业职业技术学院

1. 项目概况

我国 2020 年的碳排放量占全球碳排放量的 30.7%，其中建筑全过程碳排放总量已经超过全国碳排放量的一半。为此，国务院印发的《2030 年前碳达峰行动方案》强调：要加强绿色建材产品的研发应用。竹木材具有绿色、环保、可再生的特点，以其为原材料制作的工程竹材和工程木具有极高的经济附加值，且在生产、运输、建造、运行、维护以及拆除回收阶段都具有显著的低碳优势。然而，由于对结构用竹质材料力学性能认识不全面、连接技术落后、结构用竹构件性能不突出等问题，其在现代建筑领域仍未得到广泛应用。

图1 山东阳信·水韵梨乡特色乡村旅游项目

项目重点围绕原竹、竹工程材、竹木复合材工程材 3 类结构用竹木质材料，经过多年联合攻关，在竹质结构材防腐处理及胶合技术、竹木复合正交胶合木（CLT）组坯技术、竹木复合剪力墙技术等方面取得重要突破。项目提出将竹质工程材多维度地运用于建筑领域，通过阳信·水韵梨乡、瘦西湖徐园修缮等近 50 余项重要建筑工程的应用，实现了竹质工程材在建筑领域高效、安全运用，体现了竹木结构建筑的美观和结构性能优势，在建筑领域有效践行了我国"双碳"目标，推动了经济发展方式转型。项目开展通过多项重点工程项目示范与实践，提升了竹质工程材的研发和应用水平，为推动我国竹木结构建筑发展、降低建筑行业碳排放提供了科技支撑，具有重要的理论和应用推广价值。

2. 应用领域和技术原理

项目属于建筑工程领域，主要以竹材作为研究对象，制备竹木结构建筑用结构和功能性材料，并研究其装配式建造技术在竹木结构建筑领域的应用。

项目提出将竹质工程材多维度地运用于建筑领域，即将大直径毛竹作为原竹直接用于建筑主体受力构件，将中直径毛竹疏解施胶后组坯热压成重组竹，将小直径毛竹经蒸汽爆破技术处理后加工成无胶混杂型纤维板，全面评价了各类竹质工程材的力学性能和耐火性能，多维度地拓展了竹质工程材在建筑领域应用；通过高压电场金属电化学处理技术对竹材进行表面改性，全面提升竹质复合材料的防腐和耐久性；研发了新型竹木复合正交胶合木（CLT）产品，克服了 CLT 横向层滚动剪切性能低的不足；提出了高效、高性能的竹胶板夹板剪力墙，建立了抗侧力性能评价方法和符合我国抗震设防水准的损伤评价方法。

---

* 该项目获得 2023 年"江苏省土木建筑学会科学技术奖"二等奖

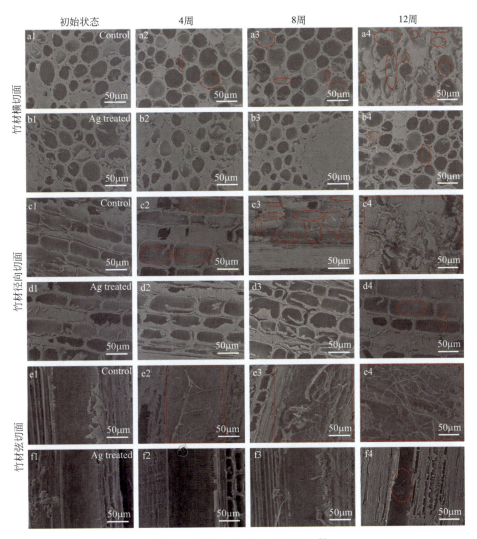

图 2　工程竹材防腐处理效果比较

图 3　工程竹材在美丽乡村项目中应用

3. 性能指标

项目确定了最优的竹木复合 CLT 构件组坯结构，克服了 CLT 横向层滚动剪切性能低的不足；确定了竹胶板厚度、钉间距、墙肢长度等参数变化对抗侧力性能的作用机制；确定了毛竹弦向抗拉强度计算公式，含水率15%的5年生毛竹弦向抗拉强度和弹性模量分别为3.24MPa、224.04MPa；4～5年生毛竹制成的重组竹顺纹抗压强度、顺纹抗拉强度、顺纹抗剪强度、抗弯强度和抗弯弹性模量分别为70.3MPa、110.5MPa、26.5MPa、105.3MPa和8.3GPa；核桃壳粉10%、杨木纤维54%、竹纤维36%可制备生态友好且性能良好的6mm厚混杂型生物质无胶纤维板；金属电化学处理的竹材具有良好的防腐性能，最优工艺经过耐腐试验，其质量损失率小于1%。

4. 创新点

（1）创新了竹材防腐处理及胶合技术，提出了一种多功能竹质复合材料制备方法。基于高压电场能够激发金属（银、铜）以离子形态存在，并且能够与竹材化学组分相反应，提出竹材防腐处理方法。经过金属（银、铜）处理的样品，其耐腐性能显著提高。同时该处理后的竹材在高压电场的诱导下，能够进一步提高力学性能以及耐久性。

（2）创新了CLT组坯方式，研发了新型竹木复合CLT产品。项目针对CLT构造特征和滚动剪切变形破坏特性，结合竹材高强度和高滚动剪切性能优势，优化设计CLT层板材料和组坯结构。采用展平原竹作为最表面纵向层，实木锯材作为其他纵向层，重组竹作为其他横向层，形成竹木复合正交胶合木。

（3）创新了竹木复合剪力墙技术，研发了高性能竹胶板夹板剪力墙。竹胶板夹板剪力墙很好地避免了既有轻型剪力墙中常见的钉连接失效、端部墙骨柱拉断等破坏模式，得到高性能的新型竹—木抗侧力墙体。揭示了竹胶板厚度、螺钉间距、墙肢长度等构造参数对墙体抗侧力性能的影响规律，提出了符合我国抗震设防水准的损伤评价方法。

5. 新技术应用

项目成果适用于常见建筑工程中的生物质建筑材料，生物质竹木材的推广应用扩大了竹材的使用范围，重组竹性能均优于木材，可代替木材使用，弥补了天然木材存量不足的缺陷。设计研发了重组竹构件的装配式连接节点，降低施工周期，节约成本。因此，该项目创新技术成果的工程应用场景将十分广阔，同时也将显著推动竹木建筑进步和发展。

6. 作用意义

项目研究成果推动了竹材和速生木材在建筑工程领域的应用，提高了竹材和速生木材的利用率和应用价值，在降低建筑对非可再生资源依赖、保护木材森林资源、促进竹材在建筑领域生态高效利用等方面具有重要的科学价值和实用意义，同时可提高毛竹所在地农民的经济收入，助力"三农"问题的有效解决。扬州园林有限责任公司、江苏邗建集团有限公司利用该项目技术将工程原竹、重组竹等材料应用于具体工程项目，获中国木结构优质工程奖等荣誉；宜兴市凯旋木业有限公司利用该项目技术生产了无胶纤维板；浙江竹楠木建筑工程有限公司、广西绿境竹业有限公司利用该项目技术生产了重组竹和正交胶合竹木，并应用于装配式竹木生态建筑中。

项目研究毛竹全竹化和竹木复合在建筑工程中高附加值利用，对于提高毛竹及产品附加值，促进竹材加工产业的可持续发展，提升产业技术水平和国际竞争力，解决农村就业，产业化前景广阔；重组竹建筑材料以竹材为原料，减少木材砍伐量，竹木结构建筑绿色环保，符合可持续发展战略，保护了自然资源和生态环境，响应了国家绿水青山的发展思路；装配式连接节点的研发促进建筑企业核心技术发展、加速企业转型，且装配式竹木结构建筑具有标准化设计、工厂预制、现场安装的特点，建造速度快，受气候条件制约小，节约劳动力并可提高建筑质量，促进建筑工业化的发展。

项目开展过程中，培养了江苏省产业教授1人，省"六大高峰"高层次人才1人，省"333"高层次人才1人，省高校"青蓝工程"中青年学术带头人1人，3名博士、10名硕士。同时在设计院、施工单位和管理部门进行评估与关键技术普及推广，显著提高了行业核心竞争力。主编标准4部、发表论文

40篇，获国家发明专利13项，实用专利18项，计算机软件著作权1项，推动了行业整体科技进步，社会效益显著。

科技成果鉴定意见：

2023年6月16日，江苏省土木建筑学会在南京组织召开了"竹质工程材在建筑领域中高附加值利用研究与应用"科技成果鉴定会，鉴定委员会听取了课题组的研究报告，审阅了有关资料，经质询、讨论，形成如下鉴定意见：

（1）课题组提交的鉴定材料齐全，符合鉴定要求。

（2）课题组构建了竹质材料在建筑工程中高附加值利用体系，将不同直竹质材料在建筑工程中分类使用，实现了竹质材料高附加值利用。研发了高压电场来激发金属（银、铜）粒子发生迁移对竹材进行改性的技术，首创了金属电化学处理提高竹材防腐性能及胶合性能的方法，开发了一种多功能竹质复合材料和制备工艺。

（3）创新了竹木复合正交胶合木（CLTB）产品结构设计，采用双向—定向组环增强技术，提升了CLTB滚动剪切和抗弯性能，研制了高强度CLTB；发明了高效、高性能的竹胶板夹板剪力墙，并揭示了抗侧机理，阐明了各项构造参数的影响规律；建立了CLTB楼板和墙体结构验算数据库，开发了结构设计软件，构建了符合我国抗震设防水准的损伤评价方法。

（4）该成果获授权发明专利13项，实用新型专利18项和计算机软件著作权1项，发表论文40篇，培养博士和硕士研究生13名。

鉴定委员会认为，整体达到国际先进水平，其中CLTB结构设计、竹胶板夹板剪力墙和金属电化学改性竹材防腐、胶合性能技术达到国际领先水平，一致同意通过鉴定。

桥梁数字孪生智慧运维分析系统与监测平台*

主要完成人员：
熊文、王永友、朱彦洁、钱钧、宋晓东、黄敏、周小燚、郑则仪、朱逸尘

完成单位：
东南大学、无锡市市政设施建设工程有限公司

1. 项目概况

交通强国、新基建等国家战略对基础设施智能化与数字化提出了新的要求，以数字桥梁为代表的"新基建"是未来城市交通基础设施的必然发展方向。项目依托国家自然科学基金、江苏省重点研发计划、江苏省建设系统科技项目以及产学研合作项目等科研课题，面向市级/路网/区域桥群/桥梁，以数字底座为载体、以数字孪生为手段、以一网统管为模式，通过编制数字桥梁核心算法，构建数据分析技术体系，形成性能评估功能模块，实现预防养护状态预测，最终集成开发桥梁数字孪生智慧运维分析系统与监测平台。

图 1　智慧运维图像

2. 应用领域和技术原理

项目成果应用于桥梁工程领域，服务于"交通强国""新基建""新城建""生命线"工程等全新国家战略发展需求。项目采用理论推导、数模构建、算法开发、系统研发、数据分析现场测试、示范应用与反馈更新等技术方法，面向市级/路网/区域桥群/桥梁，以数字底座为载体、以数字孪生为手段、以一网统管为模式，通过编制数字桥梁核心算法，构建数据分析技术体系，形成性能评估功能模块，实现预防养护状态预测，最终集成研发桥梁数字孪生智慧运维分析系统与监测平台，对全面提升桥梁智能化水平，完善智慧运维自主技术，具有重要的理论意义与推广价值。

3. 性能指标

包括基本信息、检测系统、分析与评估、检修与决策，其中分析与评估系统包括多源荷载分析与评估、静力响应分析与评估、动力响应分析与评估、病害损伤分析与评估等核心模块。车辆荷载轴重识别误差15%以内，桥梁静/动力性能可实时/自动，精准识别与评估，系统运行稳定。

4. 创新点

（1）基于数字底座与监测数据的桥梁智慧运维孪生软件构架

针对区域状态/单桥状态/性能状态三个层级，分别面向管理团队/养护团队/专家团队三组对象，构

---

* 该项目获得 2023 年"江苏省土木建筑学会科学技术奖"二等奖

建基本信息/监测系统/分析评估/检修决策四项模块，建立基于数字底座与监测数据的多需求/多层级/模块式/可分解/可重构的桥梁智慧运维孪生软件构架。

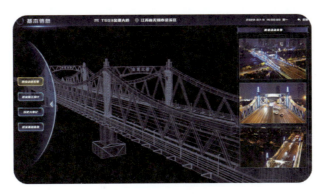

图 2　桥梁动态实景页面

（2）荷载识别—响应监测—视觉检测—性能评估—预警决策一体化分析技术

提出荷载—车流复合模型动态实时识别与孪生可视化方法，构建桥梁静/动力指标长/短期预测算法与评估阈值体系，形成无人机定航病害图像机器视觉批量识别技术，建立荷载监测病害检测—评估决策一体的检监测融合孪生可视化方法，实现基于监测数据性能分析结果的桥梁检修决策。

图 3　常规定期检查

（3）非中断交通下实时荷载试验连续评价与性能趋势不确定性分析技术

面向不中断交通桥梁服役常态，构建基于主梁高频应变传感数据的重车荷载动态识别与实时反算方法，提出基于识别荷载—可视车流—实测响应的桥梁实时荷载试验与连续评价技术赋予桥梁静/动力核心评估指标不确定性表征与发展趋势性状，为桥梁预养护实施策略与运维措施提供数据支撑与决策依据。

图 4　车辆荷载分析与评估

5. 作用意义

课题成果已立项江苏省地方标准 1 部，获软件著作权 16 项、发明专利 6 项、实用新型专利 9 项，发表 SCI/EI 论文 26 篇，系统平台已上线运行。

为保障桥梁长效服役，需长期持续运维管理，工作艰巨、消耗巨大。借助数字孪生技术赋能桥梁智慧化管养是其必然发展方向，可节省大量财力和人力资源。然而，目前传统安监测系统与运维诊治技术，仍以主观经验判定为主，严重缺乏面向服役性能的数据挖掘与趋势分析，多源数据系统仍相对独立，巨量监测数据并未积极有效利用，难以科学预测未来状态与发展，对预养护实施、长效服役保障、智能化提升带来巨大困难。

项目创建了桥梁数字孪生智慧运维分析系统与监测平台，研发了数字孪生可视化映射车流识别与荷载水平分析、静力特性跟踪与长期趋势分析、动力特性跟踪与长期趋势分析表观病害定航识别与分析评估、检监融合分析与检修孪生决策等核心算法与关键技术，实现了"聪明的桥自己看病"，大幅降低了维修加固养护运营成本，有效保障了预养护实施和长效服役，支撑了交通强国建设与数字新基建发展。取得了显著的社会经济效益。

科技成果鉴定意见：

2023 年 3 月 29 日，江苏省土木建筑学会在无锡组织召开了"桥梁数字孪生智慧运维分析系统与监测平台"项目成果鉴定会。鉴定委员会听取了课题组的成果汇报，审阅了相关技术资料，经质询、讨论，形成如下鉴定意见：

（1）课题组提供的资料齐全，符合科技成果鉴定要求。

（2）课题围绕国家自然科学基金、江苏省重点研发计划、江苏省建设系统科技项目以及产学研合作项目的任务，通过理论分析、软件开发和示范应用等方式，针对桥梁数字孪生智慧运维分析系统与监测平台进行了系统研究，取得了以下成果：

1）针对桥群、单桥、性能指标 3 个状态层级，面向管理、养护、专家团队 3 组对象，研发了基本信息、监测系统、分析评估、检修决策 4 项可分解、可重构模块，构建了基于数字底座与监测数据的桥梁智慧运维孪生软件系统架构；

2）提出了荷载—车流复合模型动态识别与孪生可视化方法，构建了桥梁静、动力指标预测算法与评估体系，研发了定航无人机图像批量识别病害技术，实现了基于监测数据性能分析的桥梁管养决策；

3）面向不中断交通服役常态，提出了基于主梁动应变的重车荷载动态识别与反算方法，研发了基于识别荷载—可视车流—实测响应的实时荷载试验与连续评价技术。

（3）课题成果已立项江苏省地方标准 1 部，获软件著作权 16 项、发明专利 6 项、实用新型专利 9 项，发表 SCI/EI 论文 26 篇，系统平台已上线运行，经济社会效益显著，推广应用前景广阔。

鉴定委员会认为，以上研究成果达到国际领先水平，一致同意通过鉴定。

盾构隧道环切式顶推法联络通道施工关键技术研究

主要完成人员：
李向红、宫长义、刘剑、蔡荣、陈伟、尉胜伟、李海、华俊凯、吴强
完成单位：
中亿丰建设集团股份有限公司、苏州轨道交通市域一号线有限公司

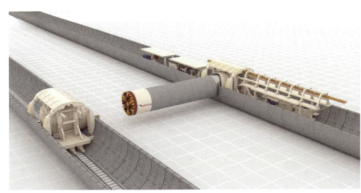 

图 1　示意图

1. 项目概况

传统的联络通道施工大多采用对冻结法或者其他地层加固、止水，人工开挖的方式进行，冻结法施工联络通道出现了多次重大工程事故、土体加固的方法质量也存在加固体质量风险，使联络通道开挖面土体失稳，不仅会造成已贯通的隧道衬砌结构的损坏，而且还会引起周边建筑物的破坏。因此在主体区间隧道施工完成后开挖联络通道，必须保证相邻主隧道不失稳、不开裂、不坍塌，还必须尽可能减小对环境的不良影响，例如不因过度土体变形引起地面市政管线、道路破坏，不引起沿街房屋超规范的不均匀沉降、倾斜和开裂等。将环切顶推法隧道掘进技术应用于联络通道的施工，具有安全、高效、经济、机械化程度高等优点。

该研究首先对环切顶推法联络通道掘进装备进行全方位的设计，通过试验及现场测试设定及优化施工参数；对联络通道进出洞门处的管片特殊化设计，从材料及工程特性角度综合设计联络通道特殊管片；降低联络通道施工进、出洞全过程对环境的影响，达到安全性与时效性的双重标准。

2. 应用领域和技术原理

（1）应用领域：地铁、公路、铁路左右线联络通道，给水排水、电缆隧道等主支线水平 T 形对接施工，通风井、物料井等竖向通道 T 形对接等。

（2）技术原理：

1）针对软土地区地下土层特点，进行了联络通道成套掘进装备的研发设计与制造。首先对核心掘进装备进行设计选型，确定了以顶管机结合环切式复合平面刀盘的总体设计思路，以此为核心进行了掘

---

* 该项目获得 2023 年"江苏省土木建筑学会科学技术奖"二等奖

进机主机的系统配置；根据长三角地区常用的主隧道规格进行了后配套系统和掘进密封系统的集约化设计，使其能够满足绝大多数轨道交通盾构隧道的尺寸要求。

2）根据对联络通道施工时和联络通道成型后主隧道的力学响应情况，给出了联络通道处主隧道洞门管片、联络通道小直径管片以及主隧道和联络通道连接处结构的设计方案，包括盾构区间洞门复合管片设计、联络通道对称管片设计和T形结构设计等。对隧道内置泵房进行了针对性设计，保证主隧道排水顺畅。

3）研发了一种盾构隧道环切式顶推法联络通道施工技术体系，实现了顶进施工过程中对其周围隧道结构的变形控制，降低了联络通道上部土体的沉降；技术体系包括对主隧道洞门复合管片的加固密封、防水措施研究；对主隧道周边土层以及联络通道拟开挖区底部的加固研究，有效控制了洞口突沙涌水风险；对接收端管片进行植筋拉结，保证了其被切割后的整体性；研究了平面刀盘切削玻璃纤维筋管片始发技术以及环切刀整圆切割钢筋混凝土管片并整体顶推进入接收套筒的高效接收技术。以上措施有效控制了主隧道结构的变形，实现了对主隧道联络通道洞口处的微扰动切削，保证了微扰动的快速施工和施工安全。

4）结合研究的需要制定了详细的监测方案，分析研究施工过程中地层沉降规律、主隧道的变形规律，为施工变形控制提供了理论指导。

3. 性能指标

性能指标　　　　　　　　　　　　　　　　　　　　　　　　　　　　　　　　　　　表1

性能指标	内容
台车数	5
刀盘	平面刀盘＋环切刀
切削能力	接收端可切削钢筋混凝土管片
联络通道管片	0.9m宽，180°＋180°对称管片
主隧道洞门管片	1.2m宽内覆钢板钢筋＋玻璃纤维筋混凝土管片
推进方式	顶推力由撑靴作用在后靠背处
接收端	环切主隧道管片后将管片整体顶推进入接收套筒
施工时间	45d

4. 创新点

（1）采用切削环切割技术破除接收端主隧道管片

顶管接收时需要破除洞门处的主隧道管片，该工法采用切削环切割技术将洞门处的主隧道管片环切脱离，顶推进入主隧道接收套筒中，有效减少了原有技术磨除洞门过程中产生的扰动，避免了顶管姿态在接收过程中可能发生的突变。

（2）采用对称的管片形成管节间的错缝拼装

采用该工法形成的截面为圆形的联络通道，每环管节采用完全相同的两块管片拼接而成，避免了传统大小块管片加工过程中难以脱模和运输、安装不便的问题。通过管节拼装过程中一定角度的旋转，实现管节间的错缝要求。

（3）采用土压平衡、泥水平衡双模式顶管设备

主隧道管片破除过程中，可能会掉落大块的混凝土或较长的玻璃纤维筋，如进入土仓内，可能会造成螺旋输送机卡死，无法出土。该工法对传统的土压平衡顶管机进行了改进，使其能够进行泥水平衡掘进，加大了螺旋机卡死的容错率。

（4）采用铰接式撑靴反力体系

联络通道施工过程中，顶管机后顶力依靠其后方油缸提供，通过油缸将反力作用到后端撑靴上，从而传导至整环主隧道管片中。通过铰接式撑靴反力体系顶部撑靴能够和前、后部撑靴相连，形成整体结构，内部应力分布更为均匀，能够减少单片管片受到的集中力。

（5）采用常规平面刀盘

如采用机械法施工，常用的方案是利用带弧度的刀盘，切削主隧道管片。该工法采用了传统的平面刀盘，减少了掘进机刀盘的生产难度。同时可将顶管机长度缩短至3m，减少了顶管机在盾构隧道内的占用空间，更适宜狭小空间的作业。

（6）采用内覆钢板的常规尺寸主隧道管片作为联络通道洞门

传统机械法工法由于始发接收时对主隧道的扰动较大，为了加强主隧道的整体性，采用了加宽的主隧道管片，增加了抗裂防渗的钢箱结构。须使用特殊的管片制造模具进行浇筑。该工法施工时对主隧道影响较小，因此仍使用了通用的1.2m的管片宽度，仅需在其内弧面预埋钢板，无须重新制造模具和特殊化加工，更易控制管片质量。

5. 新技术应用

该课题将联络通道施工关键技术分为联络通道结构设计、施工装备研发以及施工工艺研究等多个研究项目，运用理论模拟分析、室内试验分析以及现场应用等多个方法综合研究分析，解决了现阶段传统联络通道施工技术存在的安全性差，施工精度无法保证等问题，对于我国今后盾构隧道联络通道和各种通道的T形联通建造的相关科学技术的发展意义深远。取得的具体成果如下：

（1）联络通道掘进装备设计研究

首次创新研究出可以伸缩的切削环的复合平面刀盘的环切接收端主隧道管片的特殊切削技术，国内首次实现可以切削钢筋混凝土管片，可整圆切割混凝土管片，提高切削效率的同时，减少了刀盘整体磨削对主隧道产生的不利影响；特殊的复合平面刀盘设计使主机长度缩短，良好适应了狭小空间掘进始发和接收的需要。

（2）联络通道关键结构设计研究

结构设计方面，采用内覆钢板的八块1.2m环宽的主隧道管片构成联络通道洞门。联络通道管片采用完全对称的两块管片组成管节通过错缝拼装构成，没有采用市场上现有的由大小块管片实现错缝，避免了超过180°的单节管片加工过程中难以脱模和安装不便等问题。

设计了地铁区间隧道内置泵房结构，能够完全代替原有联络通道下方泵房，实现主隧道内的汇水、集水、排水功能。

（3）环切式顶推法联络通道掘进关键技术研究

施工技术方面，创新采用了环切＋顶推的掘进机接收模式。在接收端将切割下的管片整体顶推进入套筒完成接收。

6. 作用意义（社会环境经济效益及应用）

该课题在研究及实施过程中，共申请发明专利17项，授权发明专利4项，授权实用新型专利13项，获批省级工法1项。

（1）环切式顶推法联络通道施工技术考虑到施工经济性、安全性、施工效率以及对施工环境的保护，采取了微加固注浆手段，避免了大面积的地层冷冻。该技术具有施工速度快、隔水性能好、施工不影响周边建筑物、对原状地层生态破坏小的优点，非常适用于施工条件复杂、土层复杂多变的富水软土地层、工期窗口小的轨道交通联络通道项目。

（2）该项目开发出的成套顶管联络通道施工装备，能够有效保证施工环境差的联络通道施工安全，施工质量良好。在类似条件复杂的工程项目中，可针对性地借鉴本科研技术成果，有效解决复杂环境条件下的施工风险控制和施工环境保护问题。

（3）该项目能够有效控制地面的不均匀沉降，且不破坏原有的地层生态。采用顶管法掘进的方式，避免了施工人员直接暴露在加固土环境下，具有良好的安全性。通道施工完成后，在使用过程中出现渗漏水几率小，具有很好的社会效益。

科技成果鉴定意见：

2023年8月23日，江苏省土木建筑学会在苏州组织召开了"盾构隧道环切式顶推法联络通道施工关键技术研究"科技成果鉴定会，鉴定委员会听取了课题组的技术研究报告，审查了相关资料，经质询、讨论，形成如下鉴定意见：

（1）课题组提供的技术资料齐全，符合鉴定要求。

（2）课题组通过理论分析、模型试验、工程实施等综合研究方法，针对环切式顶推法联络通道建造技术难题，开展了系统研究，研制了全套环切式顶推建造装备，形成了成套施工关键技术，主要创新成果如下：

1）研发了刀盘可伸缩的环切技术，形成了成套带可伸缩切削环的联络通道掘进装备，高效切割主隧道洞门管片，有效减小切削扰动，解决了非垂直的T形接头切入和偏离的难题；

2）研发了铰接式内支撑体系和配套装备，通过铰接式撑靴反力体系，实现了主隧道内部应力均匀分布和洞门处主隧道结构的稳定；

3）研发了联络通道半圆管片和错缝拼装技术，形成了盾构隧道环切式顶推法联络通道施工成套技术。

（3）成果已获授权发明专利4项、实用新型专利13项、省级工法1项。研究成果成功应用于苏州轨道交通11号线和6号线，取得了显著的经济、社会和环境效益，推广应用前景广阔。

鉴定委员会认为：该成果总体达到国际先进水平，其中刀盘可伸缩环切技术处于国际领先水平，一致同意通过鉴定。

异形教学楼斜拉式跨河道连接体关键技术研究*

主要完成人员：
程建军、曲扬、李佳鹏、陈波、张富勇、刘承智、唐宁、吕益明、张伟伟
完成单位：
中建八局第三建设有限公司

图 1　西交利物浦大学太仓校区

1. 项目概况

课题成果依托于西交利物浦大学太仓校区教学区项目，总投资达 28 亿元，建筑面积 27.25 万 m²。项目由 7 栋 U 形教学楼、2 栋圆形教学楼、3 个跨河道连接体、一栋体育馆多功能厅以及一个环状金属屋面组成。结构总用钢量达 1.3 万 t，最高材质等级为 Q420GJC，最大壁厚 130mm。受力索共计 92 根，总长超过 2km。

图 2　项目整体效果

2. 应用领域和技术原理

西交利物浦大学太仓校区学校采用开放性个性化、多元化式空间营造，在校园空间中极力塑造应对教育诉求的复合型空间。为了总结出一套适用于此类项目的普适性技术，规范此类项目的施工方法，课题组针对大型校园工程施工开展科技攻关，形成以下关键技术，包括：

（1）跨河道连接体吊挂钢框架结构施工技术；
（2）跨河道连接体斜拉索二次张拉及索力调整技术；
（3）大面积弧形玻璃幕墙精准安装技术；
（4）大跨度环状金属屋面分段拼装技术；
（5）异形墙体复合施工技术；
（6）健康监测数据处理技术；

---

* 该项目获得 2023 年"江苏省土木建筑学会科学技术奖"二等奖

（7）支座变刚度模型修正技术。

3. 性能指标

主要技术指标：异形教学楼斜拉式跨河道连接体关键技术 7 项，并提炼形成省级工法 7 项，关键技术申报发明专利 10 项，实用新型专利 11 项，发表论文 18 篇。

主要经济指标：通过异形教学楼斜拉式跨河道连接体关键技术研究中各项关键技术的成功应用，取得了良好的经济利益。经施工前后的方案对比和成本计算，直接经济效益总量达 4861.85 万元。

4. 创新点

（1）跨河道连接体吊挂钢框架结构施工技术

1）本技术采用"中心扩展法"施工工艺进行施工，使钢框架"逐层扩展"安装至设计位形，斜拉索力"循环扩展"张拉至设计索力，建筑荷载"逐级扩展"加载至与吊挂力平衡，最终实现节约机械投入、提高成型质量、确保施工安全的效果。

2）采用 SAP2000 和 Midas 对施工过程进行模拟分析和比选，验证了方案安全性。

 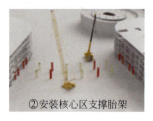 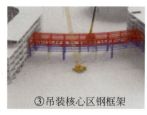 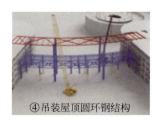
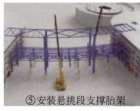 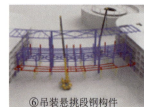  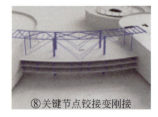

①吊装劲性支承柱　②安装核心区支撑胎架　③吊装核心区钢框架　④吊装屋顶圆环钢结构
⑤安装悬挑段支撑胎架　⑥吊装悬挑段钢构件　⑦斜拉索安装、张拉　⑧关键节点铰接变刚接

图 3　中心扩展法施工次序

（2）跨河道连接体斜拉索二次张拉及索力调整技术

1）本技术采用穿心式千斤顶牵引法安装销轴，运用四级对称循环张拉法，关键节点先铰接后刚接释放转动变形，大大减小了索力张拉导致的结构不平衡力，提高了施工便捷性和安全性。

2）采用 Midas 和 Ansys Workbench 对拉索施工和节点安全性进行校核，安全可靠。

图 4　斜拉索效果图

(3) 大面积弧形玻璃幕墙精准安装技术

1) 本技术将幕墙受力体系由传统的"竖通横断"式，改为"横通竖断"式进行龙骨布置，即将横龙骨通长设置作为受力主龙骨，竖龙骨断开设置作为次龙骨，结合多类型面板组合构造，提质增效缩短工期，实现了独特的立面效果。

2) 采用麦格天宝对试拼装的弧形幕墙进行三维扫描，对点云模型二次深化，减少了放样不精准导致的返工风险。

图 5　弧形幕墙体系效果图

(4) 大跨度环状金属屋面分段拼装技术

1) 针对周长 1.4km 的环状金属屋面，本技术研究了一种优化构造和快速拼装方法，实现了菱形板插挂组拼装配式拼装。结合变形缝的划分，可实现多批次平行作业。大大提高了板面平整度和拼装效率。

2) 采用 Rhino 软件进行 BIM 效果模拟，实现了精准放样和分格。

图 6　金属屋面成型效果图

(5) 异形墙体复合施工技术

本技术针对大量弧形内隔墙体，通过对比不同工艺综合单价、施工效率、文明环保、成型效果和适用工况，遴选出二次结构复合施工最优方案，保障弧形墙的品质要求，大幅度提高经济和社会效益。

(6) 健康监测数据处理技术

1) 采用基于 EMD 多级解耦技术的监测数据处理技术，大大降低异常数据及随机波动数据对监测结果的不利影响，极大程度保留了反映实际施工过程的长期趋势变化，提高了监测数据结果的可读性。

2) 采用 MATLAB 平台进行算法编程，对数据处理算法进行集成化。

图7 弧形墙体成型效果

（7）支座变刚度模型修正技术

1）针对依托工程存在变刚度支座的难题，提出施工过程静力有限元模型修正方法，引入施工监测数据进行刚度修正，给出修正后的支座刚度值和有限元模型，大大提高了施工模拟的准确性，为后续施工预警评估提供计算支撑。

2）采用基于残差向量的目标函数，构造了变刚度修正函数，形式简洁、易于理解。

5. 新技术应用

（1）跨河道连接体吊挂钢框架结构施工技术，采用"中心扩展法"施工工艺进行施工，使钢框架"逐层扩展"安装至设计位形，斜拉索力"循环扩展"张拉至设计索力，建筑荷载"逐级扩展"加载至与吊挂力平衡，最终实现节约机械投入、提高成型质量、确保施工安全的效果，达到设计预期的效果，其观感、工程质量、安全功能均满足业主、设计及施工规范要求，为同种类型工程施工提供了极有价值的参考。

（2）跨河道连接体斜拉索二次张拉及索力调整技术，采用索力多次张拉和调整技术，提高施工便捷性和安全性，简化了张拉工序缩短施工工期，实现结构体系质量安全管控可视化，达到设计预期的效果，其观感、工程质量、安全功能均满足业主、设计及施工规范要求，为同种类型工程施工提供了极有价值的参考。

（3）大面积弧形玻璃幕墙精准安装技术，采用"横通竖断"幕墙龙骨受力体系，结合多类型面板组合构造，提质增效缩短工期，因地制宜降低造价，达到设计预期的效果，其观感、工程质量、安全功能均满足业主、设计及施工规范要求，为同种类型工程施工提供了极有价值的参考。

（4）大跨度环状金属屋面分段拼装技术，针对1.4km环状金属屋面，研究了一种优化构造和快速拼装方法，实现了多彩菱形环状金属屋面的建筑效果，同时实现在施工过程中的快速拼装，使得板块之间拼缝整齐一致，提高施工成型质量和拼装速度。

（5）异形墙体复合施工技术，针对异形内隔墙体，通过对各工艺综合单价、施工速度、文明施工、施工效果和工况应用的分析，遴选出二次结构复合施工最优方案，保障弧形墙外观效果和品质要求，解决异形复杂二次结构施工难题的同时，大幅度提高经济和社会效益。针对异形材料墙体交接处，采用方钢柱连接加固，此措施操作灵活便捷，无材料损耗，无施工间歇期，绿色节能。

（6）健康监测数据处理技术，采用以EMD多级解耦技术为基础的监测数据处理技术，大大降低异常数据及随机波动数据对监测结果判断的不利影响，极大程度地保留了反映实际施工过程逐步加载的长期趋势变化，大大提高了监测数据结果的可读性，便于后续处理、观察、分析，为技术人员提供了利用监测数据进行施工决策的有力依据。

（7）支座变刚度模型修正技术，采用考虑支座刚度变化的模型修正技术，大大降低对支座刚度变化敏感构件的计算误差，大大提高施工过程模拟计算分析的准确性和实用性，能够更准确地为后续结构施工过程预警评估提供计算支撑。

6. 作用意义

课题研究成果有力保障了西交利物浦大学太仓校区项目的顺利实施，经检查验收，项目达到了设计和规范的要求。经成本对比分析，直接经济效益达 4861.85 万元。

借助省级云观摩活动，向业界充分展示了该课题的研究成果，助力项目成果获得国际 LEED 金奖、中国钢结构金奖、国家级 QC 成果，国家级 BIM 成果等多项荣誉。

科技成果鉴定意见：

2023 年 2 月 12 日，江苏省土木建筑学会在南京组织召开了"空间斜拉索吊挂钢框架环形建筑群建造关键技术研究"成果鉴定会。鉴定委员会听取了课题组技术研究报告，审查了相关文件资料，经质询、讨论，形成鉴定意见如下：

（1）课题组提供的资料齐全，符合鉴定要求。

（2）该课题以西交利物浦大学太仓校区项目为依托，通过科技攻关，形成"空间斜拉索吊挂钢框架环形建筑群建造关键技术"，创新成果如下：

1）研发了空间斜拉索吊挂多层钢框架安装技术，运用中心扩展式吊装方法和四级对称式循环张拉方法，解决了吊挂钢框架体系吊装难度大、张拉速度慢、交叉作业多的难题，提高了施工效率和安全性；

2）研发了弧形幕墙快速安装技术，运用横通竖断式幕墙龙骨和插挂组拼式的菱形板构造优化，解决了弧形玻璃幕墙及环形金属屋面拼装速度慢、高空作业多的难题；

3）研发了空间斜拉索吊挂多层钢框架健康监测数据处理及模型修正技术，提高了监测数据的可读性和仿真模拟的准确性。

（3）该课题形成专利 21 项（发明专利 10 项）、省级工法 7 项、论文 18 篇。课题成果在西交利物浦大学太仓校区项目中得到成功应用，经济效益和社会效益显著。

鉴定委员会认为，该课题研究成果达到国际先进水平，其中空间斜拉索吊挂多层钢框架安装技术达到国际领先水平，一致同意通过鉴定。

富水软弱地层大断面土压平衡矩形顶管工程关键技术及应用*

主要完成人员：
史培新、贾鹏蛟、桂林、程诚、刘跃军、周宇清、薛青松、王飞、张道广

完成单位：
苏州大学、苏州轨道交通建设有限公司、中铁上海工程局集团华海工程有限公司、中亿丰隧道工程股份有限公司、中铁二十局集团第一工程有限公司、江苏广泓重工设备有限公司

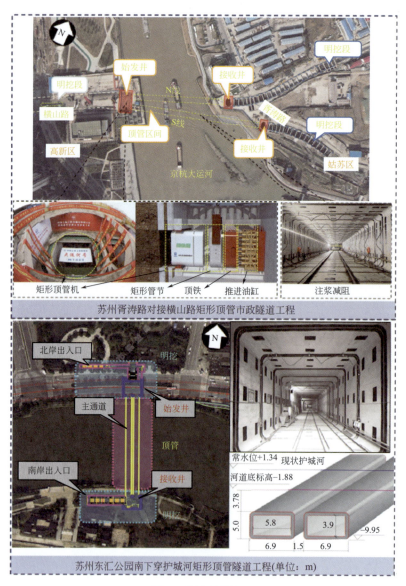

图 1 依托项目概况

---

* 该项目获得 2023 年"江苏省土木建筑学会科学技术奖"二等奖

图 2 工程关键技术及效果

1. 项目概况

苏州地处长江中下游平原地带，水系发达，地质类型主要以富水软质黏土和细砂地层为主，土体强度整体偏低。该项目主要依托苏州市两项顶管越河工程，即胥涛路对接横山路矩形顶管市政隧道工程和东汇公园南下穿护城河矩形顶管隧道工程，两项工程分别下穿"世界文化遗产"京杭大运河以及苏州护城河。工程施工对护城河及古城墙文物保护任务重，对周边环境，尤其是水环境的保护要求高。此外，矩形顶管水下施工环境复杂，其中，京杭大运河穿越顶管断面为 9.8m×5.9m，属大断面顶管，顶进长度分别为 215.9m 和 154.9m，顶部覆土最小厚度分别为 4.39m 和 4.45m。矩形顶管下穿苏州护城河段最浅处覆土约为 3m，顶进距离为 112.4m，双排净距 1.5m，属于小间距并行顶管隧道。当顶管穿越河道时，很容易出现河床穿透形成漏斗，造成顶管机头或者管节浸水，甚至出现工作井涌水涌砂事故。

2. 应用领域和技术原理

应用领域：该项目属于隧道工程领域。

技术原理：顶管法是借助顶推设备将工具管或掘进机从工作坑（始发井）内穿过土层一直推到接收坑（到达井）内，依靠安装在管道头部的钻掘系统不断地切削土屑，由出土系统将切削的土屑排出，顶进、切削、渣土输送同步进行，实现管道逐段向前铺设的一种非开挖施工技术。顶管施工是继盾构施工之后而发展起来的一种地下工程施工方法，无须开挖表层土体，并且能够穿越公路、铁道、河川、地面建筑物、地下构筑物以及各种地下管线等。顶管施工借助于主顶油缸及中继间等推力，把工具管或掘进机从工作井内一直推到接收井内吊起。与此同时，也就把紧随工具管或掘进机后的管节埋设在两井之间，以实现非开挖施工。

3. 性能指标

（1）结合矩形顶管多轴平行切削的工作机制，改进了刀盘组交替布设方式，刀盘断面切削率接近 90%。

（2）研发了土压平衡矩形顶管重载变频控制驱动系统，实现螺旋出土机平滑调速，并设计了新型双道闸门防喷涌装置，排渣量误差降至5%以下。

（3）开发了全断面水土压力监测技术，开挖面水土压力监测精度提高至95%以上。

（4）研发了矩形顶管防背土智能调控装置，通过壳体沉槽布设的注浆孔及电动球阀，实现了浆液流量控制，促进了矩形断面泥浆套的成型，减阻效率提升了40%以上。

4. 创新点

（1）提出了水下大断面矩形顶管开挖面渣土缓冲支护理论及稳定性控制技术

针对水下大断面矩形顶管开挖面自稳性差且易涌水垮塌的工程难题，揭示了渗流作用下的土舱渣土流动规律及渣土—地层耦合作用机制，明确了渣土缓冲作用下的矩形顶管开挖面失稳模式，建立了渣土缓冲作用下的开挖面力学平衡解析模型；为实现渣土稳态流动，改进了多轴平行切削机制的混合式矩形顶管机切削刀盘，优化了刀盘注浆系统，实现了全断面土压力监测；结合开挖面失稳模式，研发了新型螺旋输送机保电防喷涌装置、套筒式注泥纠偏装置和新型止退装置，改进了刀盘主轴连接及驱动装置，实现了土舱渣土施工全过程动态稳定，保证了开挖面的力学平衡及稳定性控制。

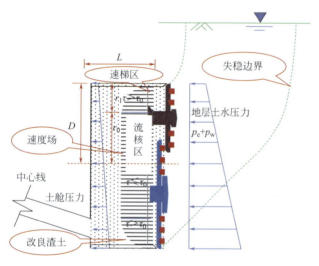

图3　缓冲作用平衡模型

L—土舱舱室厚度；D—土舱半程高度；τ—渣土剪应力；
τ_0—渣土屈服抗剪强度；r_0—流核区半径；r_1—速梯区半径；
p_e—土压力；p_w—水压力

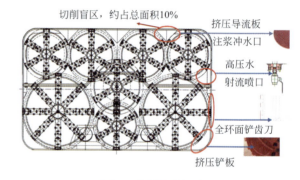

图4　多轴切削刀盘

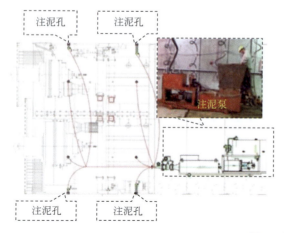

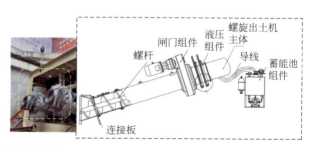

图5　注泥纠偏装置

（2）提出了大断面矩形顶管管周有限接触理论与长距离顶进减阻技术

针对大断面长距离矩形顶管减阻泥浆套成型困难及顶力需求大的工程难题，揭示了大断面矩形顶管超挖空隙浆液流动规律及管—土—浆相互作用机制，构建了有限接触条件下的矩形顶管摩阻力预测模型；基于管—土—浆接触面力学作用机制，改进了矩形顶管触变泥浆的注入模式，揭示了矩形泥浆套的形成机制，研发了防背土智能调控装置，减阻效率提升了40%以上；提出了考虑轴线偏转、管—土—浆接触面摩阻传递和开挖面迎面阻力的顶力预测模型，顶力预测误差控制在10%以下；基于顶力预测结果改进了推进油缸的布设方式，研发了多功能顶推式中继间，实现了大断面矩形顶管长距离连续顶进。

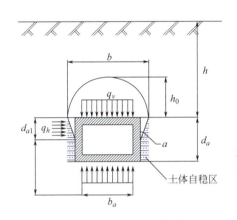

图6 摩阻力预测模型

b—管节外侧宽度；b_a—管节内侧宽度；d_a—管节高度；
d_{a1}—土体松动区高度；a—土体滑动边界与竖向夹角；
h—覆厚度；h_0—土拱区域高度；q_v—管节顶部土压力；
q_h—土体松动区侧向土压力

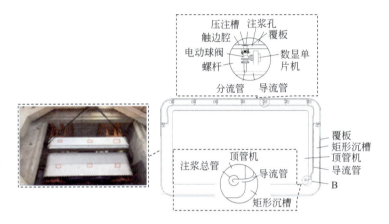

图7 防背土智能调控装置

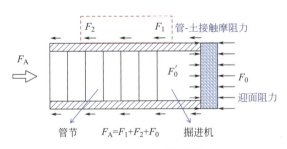

图8 顶力预测模型图

F_1—顶管机-土接触摩阻力；F_2—管节-土接触摩阻力；
F_0'—开挖面支护压力；F_0—开挖面迎面阻力；
F_A—顶管顶推力

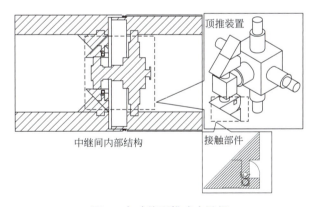

图9 多功能顶推式中继间

（3）提出了水下大断面矩形顶管长距离施工扰动理论与防渗加固技术

针对水下大断面矩形顶管长距离施工及全寿命服役防渗加固的工程难题，揭示了大断面矩形顶管下穿河床引起的扰动场分布特征及地层力学响应，建立了考虑管土摩擦累积效应下的地层变形理论模型；基于扰动场分布特征，研发了超大断面矩形顶管隧道洞口双层卷帘夹防渗套筒，改进了多兼容接头的矩形管节接缝防渗装置，形成了矩形顶管全过程施工阻水防渗工艺；基于开挖地层力学响应，提出了水下管节预应力连接加固技术，提升了水下管节结构全寿命服役期间的整体刚度与防水耐久性。

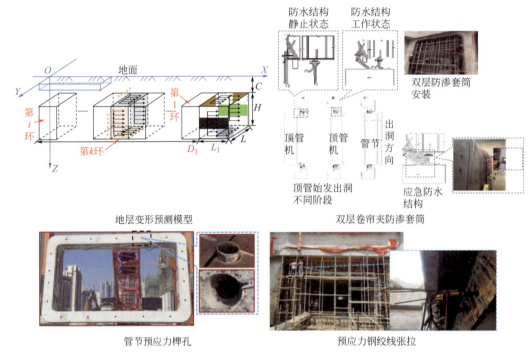

图 10　管节预应力连接加固

D_1—管节厚度；L_1—顶管机纵向长度；L—顶管机截面宽度；
H—顶管机截面高度；C—覆土厚度

5. 新技术应用

该项目结合依托工程，针对富水软弱地层大断面矩形顶管长距离施工面临的开挖面稳定性差、管周摩阻力大和防渗要求高等工程难题展开了系统研究，主要技术应用为：

（1）构建了考虑顶管机几何构造及土舱渣土工作状态的精细化流固耦合数值模型，揭示了渣土流动状态下的开挖面失稳模式及渣土力学传递规律，建立了渣土缓冲作用下的开挖面力学平衡解析模型；结合理论分析结果，改进了矩形顶管机多轴平行切削刀盘及注浆系统，研发了全断面测压、新型螺旋输送机保电防喷涌装置和套筒式注泥纠偏技术，实现了开挖面水土压力监测精度提高至95％以上、顶管机排渣量误差降至5％以下、偏差控制在10mm以内的技术突破，解决了开挖面易喷涌、坍塌的难题，提升了水下矩形顶管开挖面稳定性控制技术。

（2）构建了矩形顶管动态顶进数值模型，揭示了河床变形规律及扰动区域分布特征，建立了管土摩擦累积效应下的地层变形预测模型；结合理论分析结果，研发了双层防水卷帘夹与应急注浆孔止水装置相结合的顶管始发、接收洞门防渗套筒，达到了双重止水效果；改进了矩形管节接缝处的连接结构，提出了水下管节预应力连接加固技术，解决了水下矩形顶管防水加固的难题，增强了管节整体刚度及防渗效果。

6. 作用意义

研究成果应用项目最大节约工期量约为 19 个月，与同等能力盾构施工相比，单个项目在场地和施工两方面综合摊铺人工、土方、机械设备、结构预制和自动化监测等成本方面最大节约额度为 13374 万元，所有应用项目累计节约成本 17254.54 万元。项目研究成果均属于民生工程领域的基础设施类投资，主要考虑节省开支产生的经济效益。

项目研发的水下大断面矩形顶管长距离施工新技术已在轨道交通和市政工程领域等 10 余个项目中取得了显著成效，所有应用项目均达到了降低建设风险、缩短工期的目标，实现了安全施工、减少对周边环境影响的目标。项目成果完善了矩形顶管水下施工理论指导体系，推动了相关行业技术的创新和发展，促进了国产矩形顶管掘进机技术的进步和产品高端化，全面助力了我国"交通强国"和"自主创新"的发展战略。

科技成果鉴定意见：

2022 年 12 月 10 日，江苏省土木建筑学会在南京组织召开了"富水软弱地层大断面土压平衡矩形顶管工程关键技术及应用"科技成果鉴定会。会议采用线上方式进行。鉴定委员会听取了课题组的技术报告，查阅了相关资料，经质询、讨论，形成鉴定意见如下：

（1）课题组提供的技术资料齐全，符合科技成果鉴定要求。

（2）针对富水软弱地层大断面矩形顶管工程理论与施工技术难题，采用理论分析、数值模拟、室内实验、现场实测的综合研究方法，开展了系列研究，取得如下创新性成果：

1）构建了矩形顶管开挖面主、被动失稳混合破坏模式及支护压力计算模型，揭示了考虑注浆作用的矩形顶管管周土压力分布规律和作用机理，提出了浅埋大断面矩形顶管顶力计算方法和地表沉降理论模型；

2）研发了适应富水软弱地层和穿越障碍物功能的顶管机刀盘结构，并优化了刀具选型及布置，改进了顶管机姿态摆动测量方法，提升了矩形顶管机穿越障碍物功能，解决了矩形顶管穿越富水软弱复杂地层的技术难题；

3）研发了富水软弱地层大断面矩形顶管长距离顶进减阻、姿态控制及始发接收加固止水等技术，攻克了 1m 内小间距双排矩形顶管顶进难题，形成了富水软弱地层小间距双排矩形顶管施工成套新工法。

（3）课题获授权发明专利 10 项，参编地方标准 1 部，获批省级工法 2 项，出版专著 1 部，发表学术论文 15 篇，其中 SCI 检索论文 5 篇；项目研究成果同时成功应用于北京、南京、武汉等 10 余个城市的轨道交通和市政工程，取得了良好的经济和社会效益。

鉴定委员会认为，研究成果总体达到国际先进水平，其中，构建的矩形顶管开挖面失稳混合破坏模式、基于管土摩擦累计效应的矩形顶管施工地表变形预测理论处于国际领先水平。

交通基础设施智慧建造成套关键技术研究及应用[*]

主要完成人员：
王捷、潘卫育、王彤、潘芳、王力扬、沈冬梅、周勇祥、宋闽江、赵松、毛益佳、李华

完成单位：
江苏东交智控科技集团股份有限公司、江苏省交通工程建设局

图 1　基于数字孪生、BIM 模型的智慧建造综合管理平台

图 2　智慧梁场及管控系统

1. 项目概况

该项目针对交通基础设施建设新需求，围绕智慧建造体系、数据感知、数据传输、数据分析、自动化作业、综合管理平台集成建设等方面进行研究。首先，针对交通运输基础设施的智慧建造体系进行研究，确定了交通基础设施智慧建设的体系与架构；其次，针对交通运输基础建设过程的数据感知，利用物联网、智能传感、图像识别等技术，开发了路基、路面、桥涵等结构物施工管控技术，实现了施工过

---

[*]　该项目获得 2023 年"江苏省土木建筑学会科学技术奖"二等奖

程关键参数的实时精准采集；再次，针对智慧建造大流量的数据传输，探索了建设过程5G组网的部署方式、5G基站在施工现场的布设方案，形成5G通信技术标准应用于交通基础设施建设的基本方案；随后，针对智慧建造关键数据的分析，开展了施工机械高精度定位、沥青质量快速评价、施工质量智能评定等数据分析算法的研究，提高工程施工决策能力；接着，针对智慧建造关键工序自动化作业的要求，研发了具有自动找平功能的3D机械控制推土机与平地机、无人驾驶路基碾压机械、无人集群路面施工机械，以及能够自动排产、生产全要素智能管控、偏差自动纠正的预制梁场自动化生产线；最后，针对智慧建造集成可视化的管理需求，开发了国产BIM引擎，并以BIM为载体建立了数字孪生综合云平台，将设计数据与建设期数据紧密结合，实现施工质量的可知、可控，施工过程监管的可视化、智能化。

2. 应用领域和技术原理

适用于、桥梁、隧道、航道和船闸等交通运输基础设施的智慧化建设工程，主要解决施工质量管控数据智能感知与分析、施工设备实时快速通信、施工原材的快速智能化检测、关键施工工序的无人化作业、大型结构物工程的位移变形智能识别、工程建设质量的智能评定等方面的智慧化问题。

3. 性能指标

（1）工程质量提升方面，施工过程数据实现实时采集，同时对数据进行分析、评价、预警，及时发现施工过程中存在的问题并及时解决，避免质量隐患，确保工程建设质量。

（2）安全管理提升方面，实现了人员安全的全方位监管，保障了建设人员的安全防护。

（3）经济效益方面，智慧工地的建设应用，减少了施工、监理、管理等人员的投入使用，建设工程可节约人工费用32360元/（年·km），无纸化会议每年可节约纸张约0.06t/（年·km）。

（4）社会效益方面，减少了施工、监理、管理等人员的投入使用，节约人力资源40%。高质量的建设品质在延长工程使用寿命的同时，不仅可以减少养护成本，还可以减少养护维修对交通的干扰，减少养护运营期的预算支出。

（5）环境效益方面，通过智能化技术，施工效率提高了20.6%，总油耗降低了15.3%，拌合生产无废料，施工可减少碳排放552kg/km。智能化监测可实现环境参数因子的连续监控，实现自动实时显示和预警，使环保可视化，积极响应了工程建设环保的要求，减少了对周围环境的影响。

4. 创新点

项目组以物联网、人工智能、云计算、5G、北斗定位等先进技术为基础，对交通基础设施智慧建造成套关键技术进行了研究，在以下方面促进科技进步：

（1）基于数字图像相关法基本原理，将曲面拟合法和最小二乘拟合法相结合，提出了基于机器视觉的结构物位移测量算法，结构物变形监测精度达到毫米级；

（2）基于红外光谱相似度比对和标准曲线法，发明了基于分波段的沥青红外光谱质量检测方法和装置，显著提升沥青快速鉴别的区分度；

（3）开发卡尔曼—小波变换联合滤波算法，有效降低施工机械振动造成的实时定位误差；提出了无人驾驶压路机碾压施工路径规划算法，实现了固定边界区域碾压轨迹的全覆盖；

（4）建立了包含人员、设备、物料、质量、安全、环境等要素的动态智能评价体系，开发了数字孪生智慧建造综合管理平台。

5. 新技术应用

（1）交通运输基础设施智慧建造体系研究

实现了传统建设向无人化、智能化、高效、节约的智慧建造转型，针对智慧建造的理论和特点进行深入分析，明确其模式特征和实现途径，形成了切实可行的智慧建造体系和功能，为关键技术研究提供方向指导。

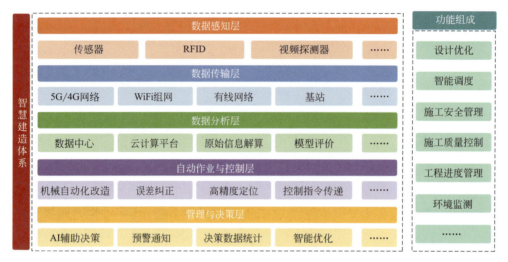

图3 交通基础设施智慧建造体系架构及功能

（2）智慧建造数据感知技术研究

梳理分析路基路面施工过程中的关键质量控制指标，借助信息化手段和人工智能、传感技术等高新技术，实现了工程全周期质量控制指标的感知，并智能分析，辅助施工决策。基于机器视觉技术，开发了桥梁、隧道、船闸等大型结构物的实时变形监测技术，实现了施工过程的结构物安全监管。

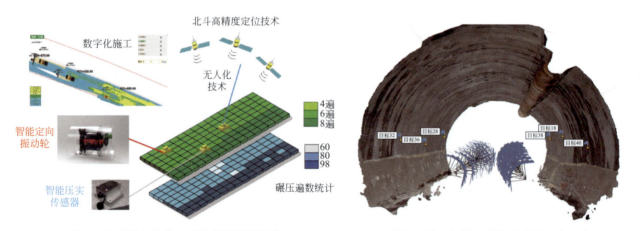

图4 智能压实与施工关键参数管控技术　　　　图5 基于机器视觉的隧道施工变形监测

（3）智慧建造数据传输技术研究

利用5G通信网络高速传输速率、低延时的特性，应用于交通基础设施建设，优化工程各项管理措施，研究了5G通信技术及车路协同技术的技术原理，探索了5G组网的部署方式、5G基站在施工现场的布设方案，形成了5G通信技术标准应用于无人驾驶路基路面压实施工的基本方案。

（4）智慧建造数据分析技术研究

针对无人驾驶施工现场应用，开展5G通信技术和北斗高精度定位技术的综合应用研究，并对施工现场的北斗定位差分基站的布设方案进行探索。提出了基于红外光谱检测方法的沥青质量评价指标和试验规程，并建立了沥青光谱指纹数据库和快速检测管理制度，便于施工过程中对沥青质量进行规范、快速的检测。建立了智慧建造质量评价体系，实现施工数据的实时采集、分析、预警，提高工程施工决策能力。

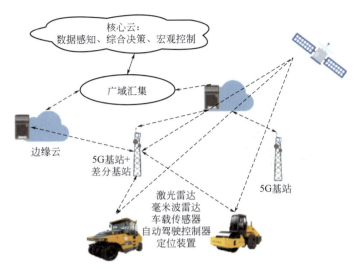

图 6　面向智慧施工的网络通信架构图

图 7　基于红外光谱的沥青质量评价技术

图 8　交建局数据中心系统中的红外光谱检测图谱库模块

图 9　智慧建造质量评价展示图

（5）智慧建造自动化作业技术研究

针对交通基础设施智慧建造典型应用场景，开发了具有机械控制精度高、碾压路径自动规划、压制质量自检自纠等功能的路基路面无人施工系统；开发了能够自动排产、生产全要素智能管控、偏差自动纠正的预制梁场自动化生产系统；开发无人机倾斜摄影巡查技术，实现了交通运输基础设施真三维模型的建模与分析，为工程管理提供先进的技术保障。

图 10　无人集群施工

图 11　智慧梁场及管理系统

图 12　无人机巡查技术

（6）交通运输基础设施智慧建造综合管理平台

将现代化的信息技术与交通基础设施建设与运营管理进行深度融合，基于道路、桥梁、隧道、航道工程的数字化模型，以及大数据、人工智能等新一代信息化技术，探索智慧建造综合管理平台的顶层架构、功能建设，实现了智慧建造综合管理平台全过程精细化管理水平的显著提升。

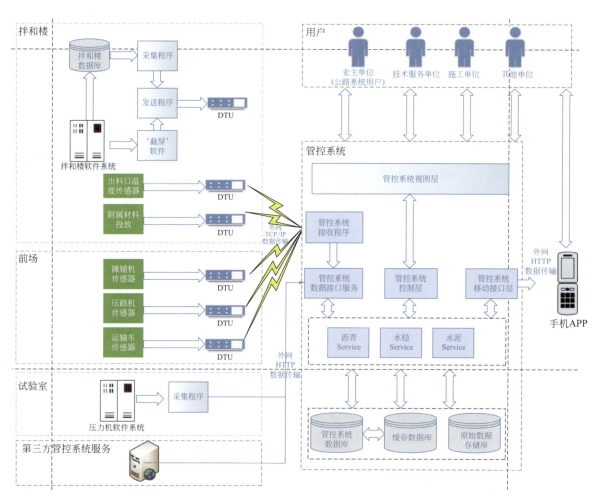

图 13　管控平台架构图

（7）工程示范应用及产业化建设

根据上述研究成果及系统开发需要，在 G344 淮河大桥改造工程、S420 金湖段建设工程、S126 南

图 14　基于数字孪生、BIM 模型的智慧建造综合管理平台

京段改扩建工程、魏村枢纽船闸工程进行了智慧建造综合管理平台的示范应用，验证了交通运输基础设施建设的全方位全过程的智能管控效果。

6. 作用意义

成果在 G344 淮河大桥改造、S420 金湖段、S126 南京段改扩建、魏村枢纽船闸等工程中得到了应用，并在全国多个省份得到了推广，形成省地方标准 3 部、团体标准 10 部，授权发明专利 17 项、实用新型专利 24 项、软件著作权 61 项，发表论文 25 篇，经济社会效益显著，推广应用前景广阔。该项目研究成果总体上达到国际先进水平。研究成果可节约人力资源 40%，总油耗降低了 15.3%，施工效率提高了 20.6%，全面提升工程建设的质量和安全管理水平，拌合生产无废料，施工过程可追溯，安全事故零发生，经济社会效益显著，推广应用前景广阔。

科技成果鉴定意见：

2023 年 7 月 3 日，江苏省综合交通运输学会在南京组织召开了"交通基础设施智慧建造成套关键技术研究及应用"项目成果评价会。评价专家听取了项目成果汇报，审阅了相关资料，经质询和讨论，形成评价意见如下：

（1）项目组提供的研究成果技术资料齐全、规范，内容完整、数据翔实，符合科技成果评价要求。

（2）项目组以物联网、人工智能、云计算、5G、北斗定位等先进技术为基础，对交通基础设施智慧建造成套关键技术进行了研究，取得了以下创新性成果：

1）基于数字图像相关法基本原理，将曲面拟合法和最小二乘合法相结合，提出了基于机器视觉的结构物位移测量算法，结构物变形监测精度达到毫米级；

2）基于红外光谱相似度比对和标准曲线法，发明了基于分波段的沥青红外光谱质量检测方法和装置，显著提升沥青快速鉴别的区分度；

3）开发卡尔曼—小波变换联合滤波算法，有效降低施工机械振动造成的实时定位误差；提出了无人驾驶压路机碾压施工路径规划算法，实现了固定边界区域碾压轨迹的全覆盖；

4）建立了包含人员、设备、物料、质量、安全、环境等要素的动态智能评价体系，开发了数字孪生智慧建造综合管理平台。

（3）成果在 G344 淮河大桥改造、S420 金湖段、S126 南京段改扩建、魏村枢纽船闸等工程中得到了应用，并在全国多个省份得到了推广，形成省地方标准 3 部、团体标准 10 部，授权发明专利 17 项、实用新型专利 24 项、软件著作权 61 项，发表论文 25 篇，经济社会效益显著，推广应用前景广阔。

综上所述，该项目研究成果总体上达到国际先进水平。

EPC 模式下片区基础设施开发综合施工技术*

主要完成人员：
陈刚、何义、刘勇、方舟、杨超、范小叶、全有维、刘月、季飞

完成单位：
中建八局第三建设有限公司

图 1　南部新城红花—机场地区北片区基础设施项目 EPC 总承包工程

图 2　冶修二路桥（顶推工程）

1. 项目概况

住房和城乡建设部于 2017 年、2018 年着重倡导建筑行业"一体两翼、两大支撑"的工作思路，以不断成熟装配式建筑技术，发展 EPC 总承包模式和 BIM 信息化技术，创新体制机制管理，促进产业发展。在推动新技术、新材料、新设备等时代洪流背景下，南部新城作为江苏省首个基础设施 EPC 总承包项目，且为大型老城区内综合片区开发项目，亟需一套适用于 EPC 模式下片区基础设施开发综合施工技术。在此背景下，"EPC 模式下片区基础设施开发综合施工技术研究"被列为中国建筑第八工程局有限公司 2018 年度局科技研发立项计划项目。该课题依托南部新城红花—机场地区北片区基础设施项目 EPC 总承包工程，针对南部新城红花—机场地区北片区基础设施项目 EPC 总承包工程施工的特点与难点进行研究，形成 4 项关键施工技术，工法 4 项，软著 2 项，专利 15 项，论文 14 篇。该课题的成功实施，充实了公司在 EPC 模式下片区基础设施开发施工领域的业绩。该成果完成后，可为类似工程的施工技术、工期、质量、安全和效益提供保障；提高公司在基础设施施工方面的技术储备，具有良好的市场前景。

2. 应用领域和技术原理

该成果可应用于 EPC 模式下的市政工程项目，为 EPC 模式下的市政工程项目提供借鉴依据，提升行业整体水平。

技术原理：

（1）开发了 BIM+GIS 一体化协作平台，通过 BIM+GIS 一体化协作平台、物联网基础设施、云计

---

* 该项目获得 2023 年"江苏省土木建筑学会科学技术奖"二等奖

算基础设施、地理空间基础设施等新一代信息技术以及维基、综合集成法、网动全媒体融合通信终端等工具和方法的应用，建立CIM平台，实现了EPC模式下片区基础设施开发各阶段智慧化管理，为片区基础设施EPC项目全过程管理提供了技术支撑。

（2）针对目前桥梁顶推施工中存在着受力多变、加固难度大且稳定性、安全性、质量很难得到保证等技术困难，研发了一套大跨径大纵坡系杆拱桥跨河顶推技术及全过程顶推动态监控技术，利用有限元分析方法对大跨度宽幅高低差系杆拱桥进行建模仿真分析，模拟顶推全过程，利用布置在桥梁上的各类传感器，对系杆拱桥整体顶推全过程各项数据进行实时动态监测。顶推过程中每个临时墩上方布置两台250t步履式千斤顶，最多时采用48个顶推器同时顶升，达到多点同步顶推，实现了片区内大吨位、大跨度高低差系杆拱桥重要基础设施的高效率、高精度施工。

（3）针对单侧邻近既有建筑物且地下管线分布不清的复杂条件下的明挖综合管廊施工，研发了地下管线探测技术，在现有探地雷达基础上搭载新型算法，即基于BMS算法和三维速度谱的地下管线高效探测技术，同时达到抑制杂波和精准计算地下管线埋深的作用，避免了地下开挖过程中对地下管线的破坏；采用了管廊基坑支护的新型组合式支护体系施工方法，基坑两侧支护形式采用钻孔灌注桩＋钢板桩和型钢新型组合，配合压密注浆支护体系，通过组合使用，使型钢支护系统与混凝土灌注桩支护系统应力变形协调统一，均衡分担施加的预应力，平衡两侧土压力；采用装配式钢结构管廊施工方法，管片与管片之间采用橡胶垫片，通过M24螺栓固定压实，解决管廊渗漏水情况；通过留置后浇带并在钢结构管廊端部环向法兰上装配直角预埋螺栓与密封垫，实现钢结构管廊与混凝土管廊有效连接，解决了城市片区中管廊施工技术难题。

3. 性能指标

（1）EPC模式下基础设施开发智慧建造技术

1）应用范围广，通过BIM＋GIS一体化协作平台、物联网、云计算等新一代信息技术应用，建立CIM平台，实现一张陆地卫星图像覆盖约3万km^2地面范围；

2）应用速度快，每16d可以覆盖地球一遍的数据采集速度；

3）信息储存量大，同时可实现将城市道路上80%的杆体进行多杆合一。

（2）跨河桥梁顶推技术

1）节约材料，相对传统浮吊吊装，避免了汛期对桥梁施工的影响，实现了技措材料的周转，节约加工材料96t；

2）同步性高，双行程步履式千斤顶交替顶推，实现多点顶推同步性达到100%；

3）精度高，通过BIM技术＋全过程施工模拟＋三维扫描复核＋全过程施工监控综合施工技术的应用，保证成桥线形圆顺，结构变形、位移及顶推力均满足要求。

（3）复杂条件下管廊关键技术

1）应用误差小：基于BMS算法和三维速度谱的地下管线高效探测技术，在实际应用中误差仅为1.4%；

2）施工速度快：新型基坑支护体系较传统基坑支护节约工期60d；采用装配式管廊施工技术较传统现浇综合管廊施工快，100m工期需要3d，有效解决了城市片区中管廊施工技术难题。

4. 创新点

（1）EPC模式下片区基础设施开发智慧建造技术

研发了BIM＋GIS一体化协作平台，以BIM＋GIS一体化协作平台为基础，集中整合城市信息数据，多方面拓展开发"CIM＋"应用，促进城市更加智慧、安全、高效。

图3 BIM+GIS一体化协作平台

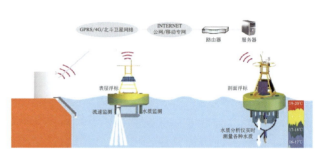

图4 智慧水务系统

图5 智慧灯杆应用

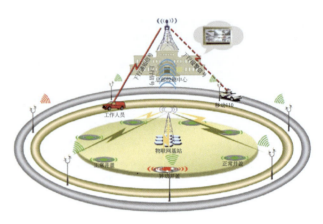

图6 智慧井盖应用

图7 拱肋安装

（2）跨河桥梁顶推技术及智慧桥梁技术

研发了大跨径大纵坡系杆拱桥跨河顶推技术，包括钢管及分配梁顶推临时墩＋多点多向同步步履式千斤顶＋导梁及刚性斜撑＋顶推限位措施＋钢拱调节块＋落梁拆撑综合顶推施工技术；同时研发了全过程顶推动态监控技术，通过BIM技术＋全过程施工模拟＋三维扫描复核＋全过程施工监控综合施工技术的应用，实现了片区内大吨位、大跨度高低差系杆拱桥重要基础设施的高效率、高精度施工。

图8 步履式顶推装置模拟图

图9 桥梁整体顶推

（3）涉铁区共线施工技术

研发一种分段式交通导行方式，利用分段式拆除、分段式恢复等一系列标准化施工进行现状道路保通状态下的铁路设施拆除。同时引入道路冷补沥青材料优化道路结构层回填，实现快速开放交通。

图 10 边线切割

图 11 冷补沥青修补路面

（4）复杂条件下管廊关键技术

针对单侧邻近既有建筑物且地下管线分布不清的明挖综合管廊施工：

1）研究了地下管线探测技术，在现有探地雷达基础上搭载新型算法，即基于 BMS 算法和三维速度谱的地下管线高效探测技术，同时达到抑制杂波和精准计算地下管线埋深的作用，避免了地下开挖过程中对地下管线的破坏；

2）采用装配式钢结构管廊施工方法，管片与管片之间采用橡胶垫片，通过 M24 螺栓固定压实，解决管廊渗漏水情况；通过留置后浇带并在钢结构管廊端部环向法兰上装配直角预埋螺栓与密封垫，实现钢结构管廊与混凝土管廊有效连接，解决了城市片区中管廊施工技术难题。

图 12 钢结构管廊接缝处密封胶填充

图 13 钢结构管廊管节吊装入坑

5. 新技术应用

该项目中冶修二路桥建设工程桥梁全桥长 128.6m，总宽度 45m，为单跨钢箱梁系杆拱桥，水中不设下部结构，总用钢量约 4000t，采用建筑业 10 项新技术中钢结构滑移、顶（提）升施工技术。

6. 作用意义

（1）经济效益

通过 EPC 模式下片区基础设施开发综合施工技术中各项关键技术的成功应用，取得了良好的经济效益。经施工前后的方案对比和成本计算，直接经济效益总量达 3265.83 万元。

（2）社会效益

"EPC 模式下片区基础设施开发综合施工技术"成果在南部新城片区开发工程的成功应用，填补了

图 14 钢结构滑移、顶（提）升施工技术

公司在此领域的空白，为此类基础设施施工的安全、质量、工期提供了有力保障，得到建设单位、监理单位及使用单位的一致好评。

（3）环境效益

"EPC模式下片区基础设施开发综合施工技术"成果在南部新城片区开发工程的成功应用，节约了施工用地与施工材料，保护水系环境，符合国家绿色施工的理念，且具有良好的环境效益。通过该研发项目的落地实施，不仅契合住房和城乡建设部"一体两翼、两大支撑"的工作思路，更能进一步打造"枢纽经济平台、智慧城市典范、人文绿都窗口"的老城区新面貌形象，具有极强的探索、试行及推广意义。

（4）推广应用

该成果在南部新城红花—机场地区北片区基础设施项目EPC总承包工程的成功应用，填补了公司在此领域的空白，课题的研究将有利于公司进一步开拓市场，对类似工程的承接和实施有着重要作用。

科技成果鉴定意见：

2023年2月12日，江苏省土木建筑学会在南京组织召开了"EPC模式下片区基础设施开发综合施工技术"成果鉴定会。鉴定委员会听取了课题组技术研究报告，审查了相关文件资料，经质询、讨论，形成鉴定意见如下：

（1）课题组提供的资料齐全，符合鉴定要求。

（2）该课题以南部新城红花—机场地区北片区基础设施项目为依托，通过科技攻关，形成了"EPC模式下片区基础设施开发综合施工技术"，其创新成果如下：

1）研发了大跨径大纵坡系杆拱桥跨河顶推技术及全过程顶推动态监控技术，实现了片区内大吨位、大跨度高低差系杆拱桥重要基础设施的高效率、高精度施工；

2）研发了基于BMS算法和三维速度谱的地下管线高效探测技术，采用了管廊基坑支护的新型组合式支护体系施工方法及装配式钢结构管廊施工方法，解决了城市片区中管廊施工技术难题；

3）研发了BIMGIS一体化协作平台，实现了EPC模式下片区基础设施开发各阶段智慧化管理，为片区基础设施EPC项目全过程管理提供了技术支撑。

（3）该课题形成专利15项（发明专利9项）、工法4项、软件著作权2项，发表论文14篇。成果在南部新城红花—机场地区北片区基础设施项目得到成功应用，取得了显著的社会效益与经济效益。

鉴定委员会认为，该课题研究成果总体达到国际先进水平，其中大跨径大纵坡系杆拱桥跨河顶推技术达到国际领先水平。

沥青老化定向阻断及胶粉共混高性能改性技术与工程应用[*]

主要完成人员：
於亚辉、顾兴宇、管盈铭、董侨、付理想、于斌、张行生、王声乐、郭金辉

完成单位：
江苏瑞沃建设集团有限公司、东南大学、江苏弘盛建设工程集团有限公司

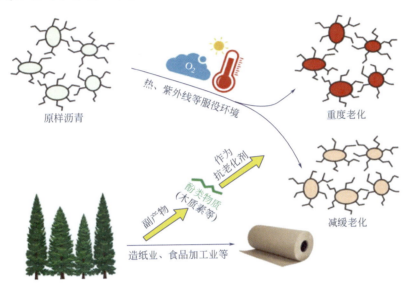

图 1　技术应用原理

1. 项目概况

依托江苏省路面典型结构与材料，江苏瑞沃建设集团有限公司、东南大学与江苏弘盛建设工程集团有限公司针对可持续高耐久绿色道路材料在道路工程中的应用开展产学研合作。项目历时多年，通过技术研发、试验研究、数值模拟与工程应用相结合的研究手段，主要提出了沥青老化路径阻断技术、揭示了老化沥青定向再生原理、建立了胶粉共混反应改性沥青制备方法。

依托该项目，已授权 5 项发明专利，2 项实用新型专利，发表学术论文 11 篇，形成省级工法 4 项，项目成果已在省内多个项目中成功应用，经济与社会效益显著，有力推动可持续高耐久绿色道路材料关键技术的创新发展。

2. 应用领域和技术原理

项目研究成果可应用于道路与桥梁工程领域。

技术原理：

通过基于量子化学分析，沥青老化本质可归纳为沥青分子在氧气和自由基的侵袭下不断失去氢原

---

[*] 该项目获得 2023 年"江苏省土木建筑学会科学技术奖"二等奖

子，由此产生的分子结构不稳定，从而引发更深程度的老化；同时，老化产生的极性含氧基团会使沥青分子间形成氢键等强相互作用，增加分子间结合能和分子团聚程度及组分转化行为。这一机制为沥青抗老化及再生技术研究提供了理论指导，即通过掺加高活性的氢原子供体材料来代替沥青分子与氧气和自由基发生攫氢反应，阻断沥青分子的老化反应路径；同时，再生剂可通过强极性羧基结合和占用老化沥青分子上的极性羟基，以削弱老化产生的极性含氧基团使沥青分子间形成氢键等强相互作用，从而部分恢复沥青分子的过度团聚及组分转化行为，实现沥青性能活化。

根据物理化学学科研究成果，酚类化合物可用作有机材料的抗老化剂。这是因为酚类化合物能够以比底物（有机材料）更快的速度俘获氧气或自由基并与之反应，从而发挥抗老化功效。故此，通过调整酚类化合物的分子尺寸、酚羟基数量等结构特征，可激发酚类化合物作为沥青抗老化剂，大幅提高沥青的耐久性。此外，再生剂的强极性羧基因与老化沥青分子的羰基、羟基等基团相互吸引，其链烃部分也因与未老化的饱和分子或老化沥青分子中的烷烃结构相似而相互混溶，从而可起到偶联剂的作用。因此，基于羧酸的生物质材料可恢复老化沥青的路用性能。

3. 性能指标

羰基指数（CI）常被用于量化羰基（$1700cm^{-1}$）在沥青中的峰强度，从而评价其老化程度。对于6wt%掺量的木质素及槲皮素改性沥青，其原样沥青的CI都接近于0。经受长期老化之后，基质沥青和两种改性沥青的CI分别增加到0.058、0.020和0.048，说明三种沥青均有一定程度的老化，但槲皮素、木质素对沥青老化存在一定的抑制作用。同时，木质素虽老化抑制作用略低于槲皮素，但其成本远低于槲皮素，故此木质素植物酚类抗老化剂更适用于交通运输基础设施的大规模使用。

同时，该研究对沥青分子间非共价相互作用的强度进行定量分解。结果表明，再生剂对老化沥青分子团聚的削弱作用归因于再生剂分子上强极性羧基基团结合并占用了老化沥青分子上的强极性羟基。因此，老化沥青分子极性基团之间的静电吸引被减弱，分子间结合能降低，团聚及组分转化行为削弱，沥青性能被部分恢复。

该研究还提出了一种可直接投放到集料中并在喷入热沥青后再搅拌及运输过程中发生反应的熟化聚合胶粉，即"直投式高聚熟化改性胶粉（Modified Crumb Rubber，MCR）"，以解决实际施工过程中橡胶沥青由于其液固两相体系和高黏度特性导致储存稳定性与施工和易性较差的问题。

此外，基于上述的胶粉共混反应机理及改性沥青制备工艺，该研究亦提出了一种干法直投式改性橡胶沥青路面施工技术，并通过大量室内试验及项目实践对该技术从拌合温度、焖料温度、焖料时间及击实温度等施工参数进行分析，获取直投式干法胶粉施工技术的参数指标，总结施工工艺与质量控制原则。

4. 创新点

（1）创新性地基于量子化学框架等纳观分析方法，提出以攫氢步骤作为沥青老化行为的阻断靶点，揭示了沥青材料的老化反应路径及靶向机理，提出了一套基于木质素等廉价植物酚类物质的沥青抗老化技术。

1）基于量子化学框架下的纳观分析方法，精准获取了沥青分子的老化反应路径及老化过程信息，深度解析了沥青老化行为的热力学驱动机理、环境影响机制以及老化引起的沥青纳观性质演变规律，从全新的角度解释了沥青老化机理。

2）基于沥青老化路径等严格理论基础，提出了以攫氢步骤作为沥青老化行为的阻断靶点，选定木质素等廉价植物酚类物质作为沥青抗老化剂，基于室内试验与量子化学方法开展抗老化活性测试及抗老化机理研究，形成了一套低价高效、易于推广的沥青抗老化技术。

（2）创新性地基于量子化学、分子动力学以及相似相容理论，揭示了再生剂定向恢复老化沥青性能

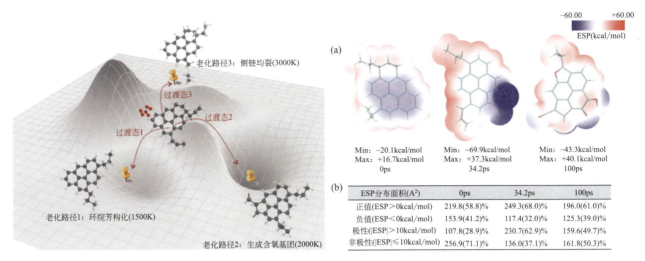

图 2 沥青老化反应机理

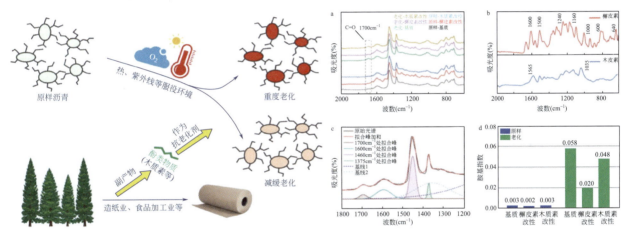

图 3 沥青抗老化技术

的内在机理，分析了再生剂对沥青—骨料界面失效的影响效应。

1）计算分析了老化前后及再生状态下沥青分子的极性、分子间结合能、静电势分布、非共价相互作用属性，发现了老化产生的极性含氧基团使沥青分子间形成氢键等强相互作用，从而增加了分子间结合能和分子团聚程度的机理，同时揭示了再生剂强极性官能团削弱老化沥青分子间过度团聚的内在靶向作用机理。

2）通过分子动力学与汉森溶解度参数计算，分析了沥青再生行为对界面抗裂性能的影响效应。通过计算沥青分子间结合能、扩散系数和相容性等参数，揭示了沥青老化致使沥青—骨料界面体系流动性和抗裂韧性下降的内在机理，提出了基于生物基再生剂促进新旧沥青相容，从而高效调控再生沥青混合料抗裂性能的技术方案。

（3）创新性地揭示了胶粉在沥青中的共混反应机理，分析了废旧橡胶等多种改性剂对沥青路用性能的提升效果，实现了路用性能和施工便易性多维提升的多掺物高性能绿色复合改性沥青的制备方案，提出了确定沥青最佳施工温度的新方法。

1）分析了不同掺量、种类的胶粉对 SBS 改性沥青路用性能的提升效果，通过微观尺度分析，揭示了 SBS 与胶粉在沥青中的共混反应机理，确定了胶粉的最优掺量，提出了绿色高性能沥青的制备思路。

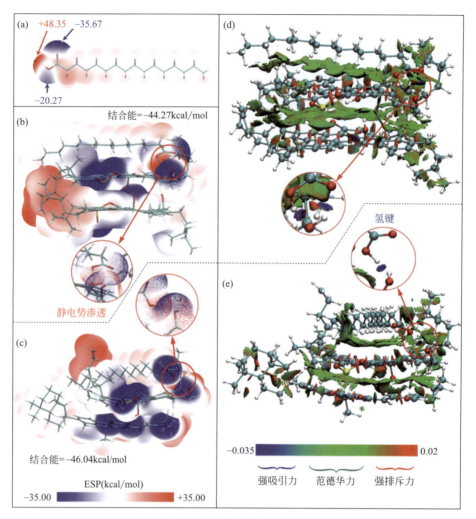

图 4　再生剂靶向作用机理

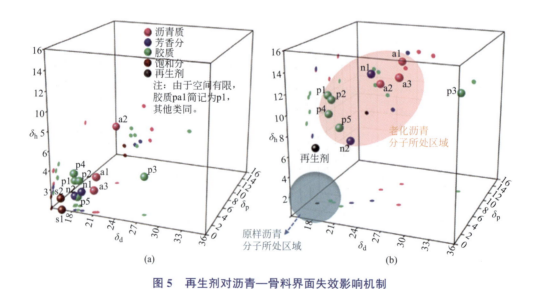

图 5　再生剂对沥青—骨料界面失效影响机制

2）提出了基于胶粉、多聚磷酸、聚乙烯蜡等多掺物的自主研发高黏度沥青制备方法及工艺参数，在保证优异路用性能的前提下，有效避免了多聚磷酸对135℃旋转黏度提升过高而带来施工方面的不良影响，提出了基于零剪切黏度拟合的黏温曲线确定施工温度的新方法。

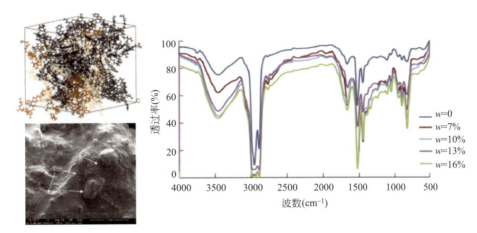

图 6　SBS/胶粉复合改性沥青多尺度分析

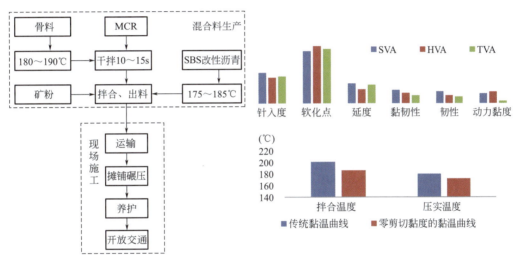

图 7　胶粉复合改性沥青制备工艺及性能评估

5. 新技术应用

该项目面向绿色高性能交通的发展需求，以解决废旧橡胶资源化利用为突破口，以沥青改性与老化阻断为抓手，通过技术研发、试验研究、数值模拟与工程应用相结合的研究手段，揭示了改性沥青中废旧橡胶的共混反应机理，提出了一种可持续高性能复合改性沥青制备方法及施工工艺；同时揭示了沥青的老化反应路径及再生活化机理，形成了一套基于木质素等廉价植物酚类物质的抗老化技术，显著提升了沥青的可持续性与耐久性。目前，该项目成果已在333省道高邮东段改扩建工程、高邮市海潮东路提升提质道路工程等工程中得以验证，且具有良好的应用效果。

6. 作用意义

根据各应用单位提供的数据统计，以170km的双向四车道高速公路为例，通过使用掺有抗老化剂与胶粉的改性沥青，建设成本约增加2500万元，但可延长路面结构3~5年的服役寿命，减少筑路材料消耗15566t约2179万元，减少养护费用1142万元，节约交通维护费用14.5万元，降低社会车辆因施工而造成的延误费用1737万元。综上所述，该项目成果可降低成本共2572万元，具有良好的经济效益。同时，该改性沥青还可实现9565t废旧橡胶的利用，减少其处置方式所产生的环境污染治理费用约400万元，并且由于沥青的性能提升，可采用当地性能次之的石料降低成本约700万元。

另外，废旧橡胶是一种潜在的优质筑路材料，制备基于胶粉的改性沥青，实现固废材料在道路工程中的高效循环利用，可有效降低土壤污染面积，减少焚烧、掩埋等废旧橡胶处置方式对生态环境的破坏，达到退"废"还"地"、以"废"节"地"的目的。此外，通过沥青老化路径阻断抗老化技术，可大幅提升沥青材料的耐久性，延长路面结构使用寿命，减少筑路材料的使用，减少养护维修的次数。因此，可减少因施工导致的交通管制，保证公民的出行需求，对维护安定、团结、和谐的社会环境起到促进作用；减少养护维修的次数，还能降低养护过程中沥青加热、拌合所产生的能耗和有害气体排放，保护施工人员的健康和减少温室效应；同时，还可减少对石料、沥青等不可再生资源的利用，形成资源友好型、环境友好型的路面结构，符合国家可持续发展的战略要求。

科技成果鉴定意见：

2023年8月17日，江苏省土木建筑学会在扬州组织召开"沥青老化定向阻断及胶粉共混高性能改性技术与工程应用"课题成果鉴定会。鉴定委员会听取了课题组的技术研究报告，查阅了相关资料，经过质询、讨论，形成鉴定意见如下：

（1）课题组提供的文件资料基本齐全，符合鉴定要求。

（2）课题围绕"沥青老化定向阻断及胶粉共混高性能改性技术与工程应用"开展了创新研究，形成如下创新点：

1）基于量子化学框架的纳观分析方法，揭示了沥青材料的老化反应路径及再生活化机理，对沥青材料的双向老化行为形成了全新的认知；提出了一种基于木质素等廉价植物酚类物质的抗老化剂，形成了一套低价高效、易于推广的沥青抗老化技术；

2）揭示了沥青中胶粉的共混反应机理，提出了路用性能和施工便易性多维提升的可持续高性能复合改性沥青的定向制备方案，形成了自主研发的干法直投式复合改性橡胶沥青路面施工工艺。

（3）该课题研究成果已经在333省道高邮东段改扩建工程、高邮市海潮东路提升提质道路工程等多个工程中得到应用，综合效益显著。

鉴定委员会认为，研究成果总体达到国际先进水平。

高层住宅高效与精益建造施工技术

主要完成人员：
张强、姜昆、李敏、李林林、罗景源、魏钰、郭锐、陈浩、王晨光
完成单位：
中国建筑第二工程局有限公司、江苏新纪元公用事业建设有限公司

图 1　效果图

1. 项目概况

万科未来城项目总建筑面积为 32.4 万 m²，16 栋 27 层/2 栋 22 层高层精装住宅，1 栋物业用房，3 栋沿街商业楼，3 栋配套用房及 1 层地下车库。主楼结构形式为剪力墙结构。该工程特点：工期紧、工程量大；楼栋多，四周可用场地狭小；工作面交叉多，施工场地安全文明施工要求高，施工平面管理难度大。

2. 应用领域和技术原理

该项成果适用于住宅建筑（新型住宅等）以及公共建筑（酒店、高层医院等）。通过设计、施工、采购深度结合，将传统施工技术进行改进和优化，系统研发了"高层住宅高效与精益建造施工技术"，实现多空间、多维度穿插施工，做到无闲置作业面的效果。工序前置实现深度永临结合，减少建筑废料的产生、降低能耗，实现绿色施工，提高产能；全工序穿插施工以安全、绿色、可持续发展为目标，提高行业施工效率，提升工程品质。

3. 性能指标

图纸前置：图纸先行并深化，土建、给水排水、电气、暖通、室外管综图、景观园林、精装修等专业图纸前置。景观、室外综合管网图纸需在地库封顶前完成。

---

* 该项目获得 2023 年"江苏省土木建筑学会科学技术奖"二等奖

采购前置：围绕主楼垂直穿插施工各专业材料如门窗、栏杆、保温、外墙涂料、精装修材料等提前确定，明确进场时间；围绕地库、市政、景观等穿插施工作业，相关采购工作前置，均需在地下室封顶前完成。

设计优化：围绕垂直穿插施工，可优化外围护结构为全现浇结构，复杂节点、土建、机电及精装修协同等设计优化。围绕水平穿插施工中市政穿插设计优化：消防道路永临结合，管网路径、雨污水井定位等设计时尽量避开消防路基；对于管网跨沉降后浇带时应考虑后浇带（沉降）封闭前变形带来的影响，优化节点和连接方式。

深化设计：围绕垂直穿插施工，若采用铝模、装配式等新技术，外立面线条、过梁、水电预埋管线等进行深化设计，实现一次成优，提高工效，提升施工质量。围绕水平穿插施工，地库穿插深化设计：温度后浇带优化为膨胀加强带，沉降后浇带采用预封闭形式，底板后浇带预埋套管排水，实现地库断水。永临结合（消防、照明、施工电梯基础、塔式起重机基础）、平面布置策划进行深化。市政穿插深化设计：沉降后浇带支撑优化，顶板施工结构安全。

4. 创新点

（1）高层住宅基于铝模爬架工业化建造模式空间工序高效施工技术；集成运用基于爬架多专业同步施工技术、室内垂直穿插施工技术、模块化铝合金模板精准连接技术、电梯井整体提升模板施工技术。实现了爬架覆盖范围内作业 N 层至 $N-3$ 层主体结构、填充结构、外墙保温、门窗、栏杆、机电管线流水高效施工；实现了下部作业层装饰装修同步施工。

（2）高层住宅地下空间工序前置及综合利用技术；研发了后浇带超前止水施工技术、洞口断水及底板后浇带集排水施工技术、地库工序穿插施工及空间综合利用技术，实现地下室初装修、机电安装、顶板土方回填及景观园林工序前置，缩短项目整体施工周期，提升项目施工环境，打造真正的"花园工地"。

（3）主体结构多专业防渗高品质建造技术；研发了外窗附框一次预埋、混凝土空心保温墙体一体化、厨卫间反坎预制安装、机电管线预埋及屋面集成保温一体化施工等技术，有效解决外窗、外墙、卫生间等关键部位易渗漏的质量问题，提升工程品质，实现精益建造。

（4）高层住宅垂直穿插和水平穿插施工智能化管控平台；运用信息化平台对施工现场全面、监控及智能管理，使得项目施工信息化、可视化、规范化，保障了多专业、多工序安全高效建造。研发数字化管理平台绿色建筑施工技术，实现了消防系统、照明、道路、栏杆永临结合，绿色建造、低碳环保。

5. 新技术应用

（1）基于铝模爬架工业化建造模式空间工序高效施工技术

基于爬架外立面多专业同步施工技术：通过技术（图纸、方案优化）、管理手段（样板先行、过程验收、工序移交、危大工程管控固定动作），实现爬架覆盖范围内作业 N 层至 $N-3$ 层主体结构、外墙保温、外窗、排水立管、阳台正式栏杆等工序穿插施工，实现了高效建造，也解决了穿插施工过程中机位安装、材料垂直运输、临边防护、成品保护的难题。

基于铝模爬架室内垂直穿插施工技术：通过采购前置、图纸前置、工序移交、分段验收等管理手段，实现室内二次结构、机电安装、精装修等工序穿插施工。运用挡水坎止水、导水槽疏水及井洞闭水引流等方法进行层间止水，形成穿插施工上部与下部楼层干湿分离，解决楼层洞口断水的难题，实现室内精装修工序穿插施工。

模块化铝合金模板精准连接控制技术：从防渗漏、土建、机电三个方面进行铝模深化设计，实现结构一次成优，提升施工质量，降低渗漏风险。通过研发铝模快速传递施工技术、销钉销片快速收集技术、铝模板垂直度控制技术及铝模板连接技术，解决铝模周转、拼装工效低，垂直度难控制等问题，实现铝合金模板高效与高质量施工。

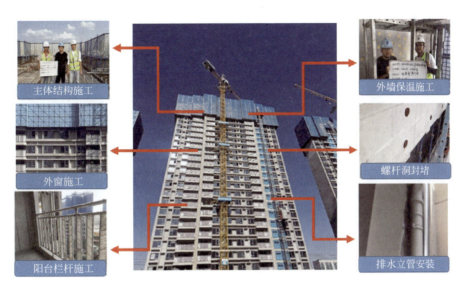

图 2　室外穿插施工实施效果图

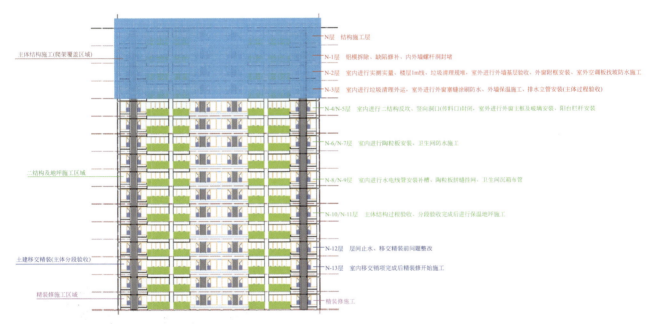

图 3　室内穿插施工模型

图 4　铝模垂直运输装置

图 5　销钉销片快速收集装置

电梯井整体提升模板施工技术：将电梯井道的模板、底部操作平台、顶部防护平台有效结合，整体吊装提升，实现高效建造，解决了井道施工空间狭小，下部操作平台及顶部防护平台设置难度大，井道成型质量难保证等问题。

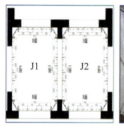    

(a) 图纸深化　　(b) 整体吊装　　(c) 模板内部　　(d) 安全防护　　(e) 成型效果

图 6　电梯井整体提升模板流程图

（2）高层住宅地下空间工序前置及综合利用技术

后浇带超前止水施工技术：采用预制盖板及浇筑钢筒对沉降后浇带进行预封闭，达到止水效果，为土方回填及室外工程、景观园林施工提供作业面。

图 7　预封闭模型　　　　图 8　土方回填　　　　图 9　市政景观穿插施工效果

后浇带圆钢筒支撑技术，运用圆钢筒代替传统脚手架支撑形式，确保室外回填、景观园林穿插施工时结构安全，为地库运输通道提供空间，提高材料周转率，节约成本。

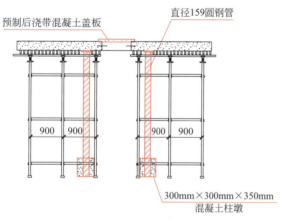 

图 10　应用模型　　　　　　　　　　　图 11　实施效果

将收缩后浇带优化为膨胀加强带，提高后浇带混凝土施工质量，减少渗漏风险，为地库、室外工程及景观园林穿插施工提供作业面。

洞口断水及底板后浇带集排水施工技术：顶板洞口断水及底板后浇带集排水技术，有效阻止雨水通过塔式起重机洞口进入地下室，解决后浇带排水的难题，确保地下室各工序穿插施工，将后浇带积水集中收集再利用，有效节约水资源。

图 12　塔式起重机洞口止水装置

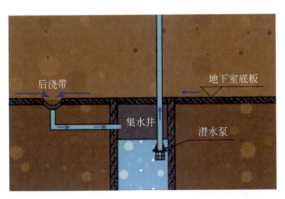 

图 13　后浇带预留集排水措施

地库工序穿插及空间综合利用技术：通过设计深化及优化等技术手段、地库工序优化等管理方法，实现地库二次结构、初装修、机电安装与主体结构同步施工，缩短工期2～3个月；通过地库空间的有效利用，将地上临建场地转移至地下室，提升安全文明施工形象，为景观穿插施工提供场地。

（3）主体结构多专业防渗高品质建造技术

外窗附框一次预埋施工技术：将窗户附框在剪力墙混凝土浇筑前提前预埋，与定型化的窗户模板固定好，并与混凝土剪力墙一同浇筑，解决了传统施工方法存在的塞缝工作繁琐，存在渗漏风险，预留洞口与窗户附框尺寸不一致、存在偏差的难题。

混凝土空心保温墙体一体化施工技术：将传统砌筑墙体优化为双面混凝土＋保温板墙体结构，解决了传统砌体墙易渗漏、外墙施工工序多、安全文明施工难控制等问题，实现了外围护结构一次成优，达到免抹灰，减少施工工序；减轻荷载的同时增加保温性能，提高工程质量。

厨卫间反坎预制安装技术：按户型及水电线管定位进行预制构件深化设计，在材料加工场地集中加工并进行编号，楼面钢筋绑扎完成吊装至作业面，嵌入结构2cm，与现浇楼层一同浇筑形成整体。有效避免传统做法与结构间产生的缝隙，降低渗漏风险；采用装配式施工，安装高效，成型质量好。

机电管线预埋施工技术：解决了后期开槽工作量大、外墙渗漏风险高等难题。排水套管一次预埋成型，施工效果好，减少渗漏风险；管线压槽一次成优，有效保证了成型质量，为穿插施工提供前置条件。

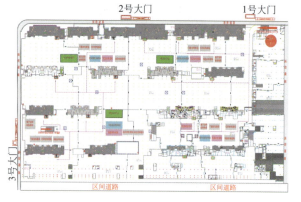 

图 14　地库空间综合利用效果图

图 15　外窗副框一次预埋效果图

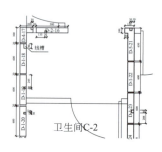   

图 16　预制反坎安装技术实施流程图

屋面集成保温一体化施工技术：解决了传统屋面刚性保护层易开裂渗漏的难题，实现屋面保温及保护层同步施工，减少施工工序，施工效率高，有效节约工期，后期维修便捷，节能美观，为外立面涂料施工提供前置条件。

图17 管线压槽

图18 排水套管预埋

图19 强弱电箱预埋

图20 保温隔热砖铺贴流程图

(4) 高层住宅垂直穿插和水平穿插高效施工智能化管控平台

智慧平台+BIM+动态实时监控综合应用技术：应用BIM综合应用技术，实现模型集成、管线碰撞检查、场平布置、现场质量管理、数字工地、物资验收、材料等信息联动；建立智慧平台+动态实时监控综合系统，集成进度、大型机械、扬尘监测、劳务管理、安全管理于一体的综合监管平台，将实时数据通过网页端及移动端同步，实现项目现场进度、安全、绿色施工、劳务等综合管理和智能监控，助力高效施工。

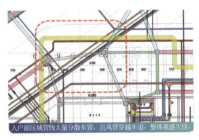
图21 BIM优化前

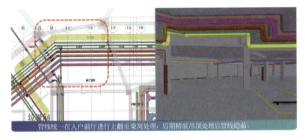
图22 BIM优化后

基于数字化管理平台绿色建造施工技术：应用绿色建造施工技术，通过永临结合的施工方式，工序前置，实现消防系统、地库及楼梯间照明系统、消防道路、排水系统、塔式起重机基础、小区围墙、楼梯及阳台栏杆扶手等永临结合，节能环保。

图23 消防系统

图24 照明系统

图25 消防道路

图26　排水系统　　　　　图27　塔式起重机基础　　　　　图28　栏杆扶手

6. 作用意义

研究成果成功应用于万科未来城、南京万科G10、孟北保障房等项目，应用面积达71.8万 m²，有效缩短施工工期，节约建造成本1210.19万元，经济效益显著。项目多次承办市级以上观摩活动，连续两次将该项技术推广至全省，在助力建筑业转型升级发展、提升建筑施工安全生产条件和推动高效建造、精益建造、绿色低碳发展、新型工业化建造等方面具有显著优势，社会效益显著。

科技成果鉴定意见：

2022年3月15日，江苏省土木建筑学会在南京组织召开了"高层住宅高效与精益建造施工技术"科技成果鉴定会。鉴定委员会听取了课题组的技术研究报告，审阅了相关技术资料，经质询、讨论，形成如下鉴定意见：

（1）提供的技术资料齐全，符合科技成果鉴定要求。

（2）课题依托溧水万科未来城、南京万科G10、孟北保障房等高层住宅项目，系统研发了铝模爬架建造体系立体穿插作业高效施工技术、关键部位防渗漏构造优化技术、地库空间工序前置及综合利用施工技术、智慧管理及永临结合施工技术，实现了高层住宅高效与精益建造。主要创新技术如下：

1）建立了高层住宅基于铝模爬架工业化建造模式空间工序高效施工技术，集成运用铝模爬架工业化建造体系，研发了模块化铝合金模板精准连接控制、电梯井整体提升模板等施工技术，实现了爬架覆盖范围内作业N层至$N-3$层主体结构、填充结构、外墙保温、门窗、栏杆、机电管线流水高效施工；实现了下部作业层装饰装修同步施工；

2）建立了主体结构一次成优施工工艺，研发了现浇空心混凝土保温外墙窗附框预埋、厨卫间预制反坎、机电管线一次预埋、屋面集成保温砖等技术解决了外墙、外窗、卫生间、屋面易渗漏的质量问题，实现了精益建造；

3）建立了高层住宅地下空间工序前置及空间综合利用技术，研发了后浇带支撑及预封闭施工技术，实现了地下室砌筑、装饰装修、机电管线、地库顶板土方回填、室外管网及景观园林先行施工；

4）建立了高层住宅垂直穿插和水平穿插高效施工智能化管控平台，保障了高层住宅多专业、多工序安全高效建造，实现了消防、照明、道路、栏杆永临结合，绿色建造、低碳环保。

（3）课题已获发明专利3项、发明专利受理3项、实用新型专利5项、软件著作权3项，发表论文8篇，获省级工法4项。

鉴定委员会认为，该研究成果总体达到国际先进水平。

城区绿色低碳数据动态监测与智慧管理关键技术研究与应用*

主要完成人员：
宣云干、杨玥、万霆、王智煌、李昂、刘奕彪、吴鹏、叶琴、高威

完成单位：
江苏省建筑科学研究院有限公司、江苏建科鉴定咨询有限公司

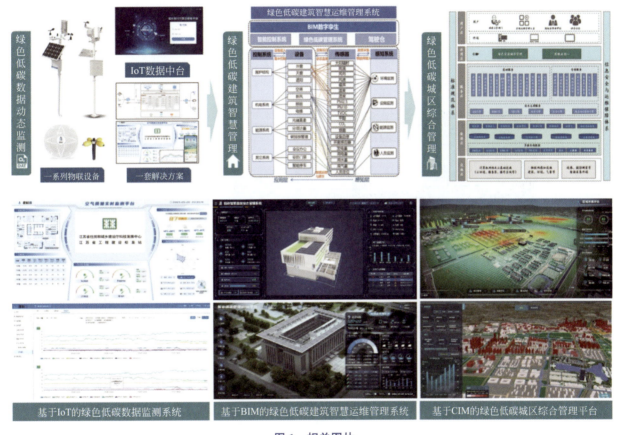

图1 相关图片

1. 项目概况

该项目聚焦于绿色低碳城区与低碳智慧建筑管理，旨在解决城区与建筑低碳数据监测、城区与建筑管理等问题，提供一整套解决方案与技术服务。综合运用先进的传感器、物联网、建筑信息模型、地理信息系统、城市信息模型、大数据分析等关键技术，研究开发了城区绿色低碳数据监测与智慧管理系统，主要内容包括：一系列监测设备、一套IoT智慧感知系统、一套数据标准、一套基于BIM的绿色低碳建筑智慧运维管理系统、一套基于CIM的绿色低碳城区综合管理平台。通过部署在城区和建筑内

---

* 该项目获得2023年"江苏省土木建筑学会科学技术奖"二等奖

的物联网设备实时监测建筑内部和城区的空气质量、能源消耗、人员活动、设施设备状态等多种参数，采用专业分析与评估手段对数据进行处理和挖掘，为数字化管理提供科学依据和决策支持，推动建筑与城区绿色低碳智慧发展，提升人居环境质量与生活品质。

2. 应用领域和技术原理

项目成果可应用于建筑和城区绿色化、数字化管理，主要内容有绿色低碳数据的采集传输、建筑的绿色低碳智慧运维、城区低碳管理、数据分析评估与决策支持。主要技术原理及内容如下：

（1）基于 IoT 的绿色低碳数据监测

1）深入研究物联网技术特征、基于物联网技术的智慧建筑的技术特征，对物联网智能建筑的技术架构进行了深入研究和分析，总结了物联网智能建筑的四层架构：感知层、标准协议层、网络层和应用层。

2）研究 IoT 云服务系统中台的功能与架构设计，实现物联网设备的接入、数据的采集、设备的管理，并实现城区绿色低碳相关物联网大数据的汇聚、存储，在此基础上实现大数据的分析能力。

3）研发了一套软硬件结合的环境监测系统，硬件包括室内空气质量监测仪、多功能气象站、水质监测系统，软件系统从采集与存储、集成与分析、服务与展示、后台管理等方面提供了一整套解决方案，提出了一套环境监测指标等级评价的方法，提出了环境监测数据的相关数据分析应用。

图 2　绿色低碳数据监测 IoT 软件界面

（2）基于 BIM 的绿色低碳建筑智慧运维研究

1）以低碳、绿色、健康、智慧，研究基于 BIM 的绿色低碳建筑智慧运维手段和措施，打造可感知、可学习、可控制的智慧建筑，并基于数字化技术的动态管理，在保证高舒适度的基础上提升建筑运行能效，引导行为节能方式。

2）在基于 IoT 的绿色低碳数据监测研究的基础上，针对建筑运维节能高效管理进一步提升，提出了感知系统、控制系统、系统集成、智能决策的系统研究与设计思路，感知系统包括各种数据采集设备，通过传输网络将感知层系统进行集成，将汇总到的数据进行分析研判，下达指令给应用层也即控制系统来实现建筑环境优化、节能运行等功能。

3）提出了基于 BIM 的绿色低碳建筑智慧运维管理平台的一套设计方案，包含总体架构、功能框架、集成架构、数据集成中台、低碳管理功能模块等。主要的功能有：空间设施管理、建筑环境管理、人员行为管理、能源与碳排放管理以及综合展示应用。

（3）基于 CIM 的绿色低碳城市综合管理研究

1）分析了城市信息模型 CIM 和绿色低碳城市管理的研究现状，针对城市信息模型的内涵、应用以及相关标准规范做了分析，针对绿色低碳城市管理的内容、特点，以及信息化的管理手段，对国内用

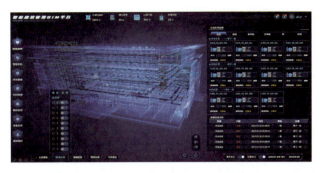

图 3 基于 BIM 的绿色低碳建筑智慧运维系统页面示意图

CIM 赋能绿色低碳城市管理的研究与应用进行了分析。

2）对 CIM 绿色低碳城市管理的关键技术进行了研究，内容有：基于多源融合数据的城市 CIM 模型构建、基于三维 GIS 的城市建筑信息数字孪生、城区二三维一体化虚拟场景构建技术标准、多源监测系统的统一集成与三维可视化、碳排放可视化监督评估与辅助决策。

3）对基于 CIM 的绿色低碳城市综合管理系统的功能模块及应用进行了研究，提出了系统应具备的基础功能和应用管理功能，其中应用功能包括：绿色建筑信息管理、能源与碳排放管理、绿色交通管理、城市环境管理、绿色城市综合评估等功能。

图 4 基于 CIM 的绿色低碳城绿色城区可视化评估示意图

（4）绿色低碳效益大数据分析与评估

综合传统方法和大数据分析方法，对绿色低碳城区的生态资源、城市空间、绿色建筑、宜居环境、碳排放进行评估。

1）设计顶层评估框架，开展定量动态评估。构建具有科学性和前瞻性的顶层设计，架构合理、全面的评估框架，合理选取评估指标，重点评估节能量、碳排放量等定量指标。实现绿色低碳城区"边建设、边评估、边优化"。

2）综合评估与分类评估相结合，开展全面评估。从专业视角出发，综合运用建筑科学、环境科学、经济学与管理学的相关知识，主观与客观评价结合，构建绿色低碳建筑和城区评估方法与体系。

3）指标体系评估与实测数据相结合，进行复合评估。针对不同类型建筑和城区的技术特点，分类构建指标体系。通过现场调研、检测、在线监测和问卷调研等方式获取数据，开展建筑和城区建成后运行效益评价，形成评测结合，以测验

图 5 绿色低碳城区效益评估指标体系

评的复合评估体系。

4）搭建智慧综合管理平台，进行信息化评估。综合运用物联网、GIS、大数据、BIM等技术，搭建信息化管理平台，实现绿色低碳建筑和城区全生命期效益的实时评估、分析预测和展示公示，增强公众感知度和获得感。

3. 性能指标

系统平台设计与建设符合相关标准规范要求，其主要性能指标如下：

可伸缩性：支持百万台传感器设备同时连接，可轻松拓展以支持多种设备。

响应时间：平台能在毫秒级响应时间内处理用户查询，在压力测试下，简单统计分析查询响应时间不超过5s，千万级别数据量响应时间不超过30s，大数据统计分析报表响应时间不超过1min。

可用性与安全性：平台保持高可用性，能够满足用户使用及管理需求，符合数据隐私规范，采用加密、访问控制和身份验证来保护敏感数据。

数据吞吐量：每秒能处理上千万条数据。

可视化与渲染性能：平台提供实时地图、三维模型和图表，采用高性能GIS引擎和BIM引擎进行数据渲染和可视化。

可扩展性：平台采用模块化设计，功能可以按需求进行拓展。

4. 创新点

项目成果创新点如下：

（1）采用IoT云中台架构，将Modbus、OPC、KNX、BACnet等不同协议的物联设备，统一解析封装加密，通过MQTT协议将建筑和城区的绿色低碳数据采集设备接入到IoT数据中台，实现绿色低碳数据的统一存储、集成应用。

（2）针对单体建筑尺度，采用感知层、控制层、决策层三层架构，感知层包括环境、能源、人员、围护结构、设备设施，控制层包括围护结构、机电系统、能源系统，感知层和控制层系统和设备通过TCP/IP协议接入IoT中台，决策层通过IoT中台接口，实现系统和设备运行节能控制优化，结合BIM模型实现可视化管理。

（3）针对城区尺度，利用CIM在三维时空上的优势，搭建了采用CIM技术赋能的绿色城区创建的信息化管理平台，平台功能包括绿色建筑时空分布、单体建筑BIM管理、环境能耗空间分析、碳排放可视化监管评估与辅助决策。

5. 新技术应用

项目综合运用了物联网、建筑信息模型、城市信息模型、大数据分析等信息技术赋能建设领域，以"双碳"目标为导向，推动建筑"绿色化、数字化"协同发展，采用数字化赋能绿色化发展，绿色化牵引数字技术升级。

（1）物联网IoT

借助物联网技术，构建传感网络，更精准、高效地采集建筑和城区的绿色低碳数据，实现绿色低碳数据的存储、集成应用。

（2）建筑信息模型BIM

通过三维数字技术模拟建筑物所具有的真实信息，为管理提供相互协调、一致的信息模型，实现可视化高效管理。

（3）城市信息模型CIM

通过CIM技术实现城市三维全要素全空间海量信息的汇聚、融合、管理和应用，实现信息、技术、业务的协同联动，提高绿色低碳城区信息化管理能力。

（4）大数据

采用大数据技术存储、处理和分析大规模绿色低碳数据集。采用时空大数据分析方法，揭示数据中的趋势、模式和关联性，将城区绿色低碳数据在时空上的特征用可视化的方式进行呈现。

6. 作用意义

项目获批实用新型专利 2 件、软件著作权 4 件，发表论文 7 篇，编制标准 1 项。研究成果成功应用于多项工程，取得了显著的社会、经济效益。采用该技术的项目年节能量为 3982.8t 标煤，年二氧化碳减排量为 18481.7t CO_2，项目签订合同等直接经济效益超过 1000 万元，产生的间接经济效益超过 5000 万元，有助于推动江苏省城乡建设领域绿色化、数字化转型与发展，推广应用前景广阔。

科技成果鉴定意见：

2023 年 8 月 31 日，江苏省土木建筑学会在南京组织召开了"城区绿色低碳数据动态监测与智慧管理关键技术研究与应用"科技成果鉴定会，鉴定委员会听取了课题组的汇报，审查了相关资料，经质询、讨论，形成如下鉴定意见：

（1）课题组提供的鉴定材料完整，符合鉴定要求。

（2）课题开展了绿色建筑与城区相关数据管理与智慧运维关键技术的系统性研究，构建了基于 IoT、BIM 及 CIM 技术在绿色建筑与城区管理的应用体系，搭建了城区绿色低碳建筑智慧监测与管理平台，并应用于工程实践。形成的主要创新成果如下：

1）研发了基于 IoT 技术的绿色低碳数据监测系统，实现了室内外环境、水质等数据动态采集监测及多源大数据集成管理，完善了城区绿色低碳数据来源，提升了数据共享和协同管理水平；

2）研发了基于 BIM 的绿色低碳建筑智慧运维管理平台，实现了绿色低碳建筑的感知与控制，通过建立空间设施、建筑环境、人员行为、能源与碳排放等管理功能模块，实现了绿色低碳建筑的智慧运维管理；

3）研发了基于 CIM 技术的绿色低碳城区信息化管理平台，建构了绿色城区管理、绿色宜居数据监测、绿色低碳动态评估等应用功能，实现了绿色低碳城区的智慧管理。

（3）课题获批实用新型专利 2 件、软件著作权 4 件，发表论文 7 篇，编制标准 1 项。研究成果成功应用于多项工程，取得了显著的社会、经济效益，推广应用前景广阔。

鉴定委员会认为，项目成果总体达到国内领先水平，其中基于 CIM 的绿色低碳城区智慧管理技术应用达到国际先进水平。

建筑全过程绿色低碳数字化综合技术研究与应用*

主要完成人员：
李国建、马杰、潘鸿、赵健、陈玉光、严峻岭、羊宏、周文赞、孙日近
完成单位：
中亿丰建设集团股份有限公司、苏州思萃融合基建技术研究所有限公司

图 1 项目效果

1. 项目概况

该项目建设单位为中亿丰建设集团股份有限公司，建筑类型属于大型公共建筑。

项目地块位于江苏省苏州市相城区澄阳街道澄阳路东、蠡塘河路北，处于高铁新城北站和相城区中心之间，是苏州未来发展的重要区域。地块东侧与已建住宅隔河相望，南侧为澄园，北侧为工业用地，西侧为中亿丰集团原地块，未来在用地南侧将建设地铁7号线出口。

项目用地为科研用地，地块东西向宽度126m，南北向长度约为166m，用地面积约22304m²。项目总建筑面积111992.61m²，计容建筑面积75755.13m²，不计容建筑面积36447.00m²。地块总体容积率为3.40；绿地率30.02%；建筑密度26.19%。

该项目由23层总部办公楼、14层研发楼和6层联合办公楼组成，建设项目总投资100800万元。

2. 应用领域和技术原理

（1）建筑全过程碳指标管理方法

通过大量文献案例数据收集，确定建筑全寿命期各阶段碳排放占比和建筑物化阶段碳排放量值区间；同时结合相关标准规范及先进地区建筑碳排放数据，以低碳排为目标建立建筑全过程碳排放指标体系，涉及建筑物化和建筑运行两大阶段，涵盖建材生产、建筑建造、建筑主要用能系统及建筑可再生能源利用四大碳指标管理环节。结合建筑全过程碳排放指标体系，从碳排放类型和建筑阶段两个维度出发，以实际项目为案例，探索建筑全过程碳减排技术路径，形成可复制可推广的建筑全过程碳指标管理方法。

（2）低碳导向下建材选型优化设计方法

首先，通过对绿色建筑评价标准、健康建筑评价标准、碳中和建筑评价标准、LEED、BREEAM

---

* 该项目获得2023年"江苏省土木建筑学会科学技术奖"二等奖

等国内外评价标准的梳理，从功能性、绿色环保、低碳节能、全寿命无污染等多个角度出发，构建一套低碳导向下的建材选型指南。其次，在实际案例中根据该套指南制定具有针对性的建材低碳选型策略，并通过与基准建筑的对比，量化低碳选材带来的碳减排效果。最终，通过"建材低碳策划＋低碳效果评估"的反馈机制，形成一套低碳导向下的建材选型优化设计方法。

（3）碳足迹可追溯的建筑构件"设计—生产—施工"一体化数字技术

为保证在低碳化建造数字技术体系下，以办公建筑常用的玻璃幕墙为切入点，从工业化生产角度，将建筑整体拆分为建筑构件，探究产业互联网概念下，建筑碳足迹可追溯的"设计—生产—施工"一体化技术。在设计阶段，应用"基于BIM的单元式幕墙低碳设计方法"，通过Rhino、Dynamo、Inventor、excel多软件联动，基于BIM技术，对单元式幕墙面板系统、装饰性构件进行低碳导向的参数化设计和节点精细化设计。在生产阶段，首先，应用"单元式幕墙工业生产数字化物料控制技术"，基于BIM和ERP平台联动，实现单元式幕墙自动下单、精确下料。其次，应用"单元式幕墙构配件数字化加工管理技术"，通过BIM技术与车间智能化加工系统和加工设备联动，实现精细化加工管理。在施工阶段，首先应用"基于BIM的单元幕墙现场材料管控技术"，通过BIM软件进行自主编号，实现现场与加工厂联动同步；利用ERP＋BIM物料二维码技术，实现材料全过程控制。其次应用"单元幕墙安装进度控制技术"，通过Autodesk Navisworks Manage与Microsoft Project的联动，基于BIM模型，实现施工进度的高效管理和可控可看。最终在单元式幕墙设计—生产—施工各阶段，通过科学合理的碳排放计算方法，对技术实际减碳效果进行评估，实现单元式幕墙碳足迹可追溯。

（4）基于全过程碳指标管理的建筑能效提升数字技术

在设计阶段，通过建筑被动式优化设计提高建筑本体节能率，不断迭代优化碳排放指标；通过多联机室外机热回流优化模拟、多参数影响下的高比例幕墙公共建筑室内照明系统性能优化等数字技术提升建筑主要用能系统能效。在运行阶段，通过对空调末端和智能照明的优化调控进一步降低建筑运行阶段碳排放。最后，结合数字孪生、物联网等技术构建建筑数字孪生模型，基于可视化平台，实现建筑能碳精细化管理。

（5）多目标约束的BIPV全过程数字技术

通过基于"F＋R＋M＋EPC＋O"模式的全过程管理体系，解决了专业协同难的行业痛点，实现了管理体系的创新。通过基于多目标约束的BIPV数字化设计技术，解决了集成设计难的技术壁垒，实现了BIPV设计方案的优化和综合效益的提升。通过基于BIM的BIPV曲面施工技术，解决了复杂曲面的施工难点，实现了现场施工的灵活调节。

3. 性能指标

多目标约束的BIPV全过程数字技术在多目标约束的条件下，将数字化技术应用于BIPV的全生命周期，并针对设计、施工和运维三个阶段的具体问题采取相应的解决措施，通过全过程协同管理体系的创新，确保了对BIPV各个环节的协调与管控，使得BIPV设计方案优越、曲面安装灵活和运维管理高效。

基于全过程碳指标管理的建筑能效提升数字技术针对以玻璃幕墙为外围护结构、以多联式空调（热泵）机组为空调形式的、建筑本体物理储能条件不佳的大型办公建筑，在方案阶段通过数字化模拟手段分析建筑运行阶段碳排放结构，并结合标准规范及先进地区数据，确定建筑运行阶段碳减排指标，并通过被动式优化设计不断迭代优化指标值。

4. 创新点

（1）建筑全过程碳指标管理方法

1）以夏热冬冷地区大型办公建筑为对象，确定建筑物化阶段和运维阶段碳排放强度控制值；

2）以低碳排为目标建立建筑全过程碳排放指标体系，涉及建筑物化和建筑运行两大阶段。

（2）低碳导向下建材选型优化设计方法

1）创建了低碳导向下的建材选型方法；
2）建立了"策划先行＋效果评估"的建材选型反馈机制；
3）将低碳导向下的建材选型优化设计方法应用实际项目。

（3）碳足迹可追溯的建筑构件"设计—生产—施工"一体化数字技术

以办公建筑中常见的单元式玻璃幕墙作为切入点，在设计阶段应用低碳导向的参数化设计方法、生产阶段应用物料和生产控制技术、施工阶段应用建材和进度管理技术，从三个阶段探究碳足迹可追溯的建筑构件"设计—生产—施工"一体化数字技术，最终实现单元式幕墙碳足迹各阶段可追溯，技术应用减碳效果可反馈。

（4）基于全过程碳指标管理的建筑能效提升数字技术

1）基于"F＋R＋M＋EPC＋O"模式的全过程管理体系：该项模式在传统 EPC 模式的基础上，对上端（产业端）和下端（运营端）进行了双重延伸。促进融资、咨询、立项、设计、施工和运营各个环节的有效衔接，实现项目全生命周期的高效益管理，保证相对最优效果和效益。

2）基于多目标约束的 BIPV 数字化设计技术：该项目运用数字化技术优化设计流程，兼顾屋顶遮阳和可再生能源利用的双重功能特性，配合合理科学的钢结构优化设计，形成最终数字化设计导向的多功能合一的 BIPV 范式。

3）基于 BIM 的 BIPV 曲面施工技术：将 BIM 技术应用与 BIPV 施工环节融合，利用 BIM 模型开展具有针对性的安装支架专项设计，满足安装灵活性的同时也保证了曲面施工的工程质量。

4）基于智慧监测的 BIPV 数字化运维管理技术：该项目依靠数字化手段对光伏发电系统进行全方位的监测与管理，包括发电量、并网电量、变流器工作状态、逆变器工作状态等。通过多元数据的数字化监测和设备实时监管，保证 BIPV 长期高效运行。

（5）多目标约束的 BIPV 全过程数字技术

1）方案阶段通过数字化模拟手段分析建筑运行阶段碳排放结构，并结合标准规范及先进地区数据，确定建筑运行阶段碳减排指标，并通过被动式优化设计不断迭代优化指标值。

2）设计阶段，通过建筑被动式优化设计，提高建筑本体节能率，不断迭代优化碳排放指标。

3）在运行阶段，通过对空调末端和智能照明的优化调控进一步降低建筑运行阶段碳排放。并基于可视化平台，实现建筑能碳精细化管理。

5. 新技术应用

该项目的研发楼、总部大楼和联合办公楼，均采用光伏屋面的形式与建筑效果结合。基于发电效果，拟采用单晶硅光伏组件来实现。目前晶硅颜色相对单一，不透光。根据现有的晶硅光伏组件与建筑效果综合考虑，在该项目中将光伏屋面与三个单体建筑融合，通过排布布局以及传统工艺做到光伏建筑一体化，做到既能发电又能满足建筑美观要求。

总部大楼与研发楼屋顶均为曲面异形网壳结构，联合办公楼为单向曲面结构。综合建筑美观度、建筑结构性、光伏发电率等多目标导向，塔冠部分光伏及联合办公楼飘带部分光伏采用不同的建筑效果来实现。

三栋建筑共计使用 736 块 2000mm×1000mm 的单晶硅光伏板，总体铺设规模达 $1472m^2$。

该项目以办公功能为主，以透明玻璃幕墙为围护结构形式，以多联式空调（热泵）机组为空调系统形式，能源消耗以电力为主。不具备建设能源基础设施的先天条件，且建筑本体物理储能条件不佳。

针对以玻璃幕墙为外围护结构、以多联式空调（热泵）机组为空调形式的、建筑本体物理储能条件不佳的大型办公建筑，在方案阶段通过数字化模拟手段分析建筑运行阶段碳排放结构，并结合标准规范及先进地区数据，确定建筑运行阶段碳减排指标，并通过被动式优化设计不断迭代优化指标值。

6. 作用意义

该课题在研究及实施过程中，共申请发明专利 9 项，授权发明专利 3 项；申请实用新型专利 9 项，授权实用新型专利7项；获得软件著作权6项；获批省级工法4项；发表论文5篇。

中亿丰未来建筑研发中心项目——总部大楼获评2022年江苏省建筑产业装配化装修示范工程；中亿丰未来建筑研发中心项目获批2022年度江苏省省级可再生能源综合应用示范工程；中亿丰新建研发大楼项目——01总部办公楼，02研发楼，03联合办公楼，04地下车库获批2021年度江苏省建筑业绿色施工示范工程。

在建筑全过程碳排放管理方面，通过文献案例、指标规范和先进地区数据分析，研究了影响建筑碳排放的关键环节——建材生产阶段和建筑运行阶段的碳排放基准，形成了同类型夏热冬冷地区大型办公建筑碳指标基准。同时，以一绿色建筑三星级项目为例，在建筑全过程碳排放指标基准上，通过对标以及先进案例比较，建立其建筑全过程碳排放数值类指标，包括引导性指标和约束性指标，并形成针对各项指标的措施技术体系。对后续同类型以绿色低碳为目标的大型办公建筑制定建筑全过程碳排放指标基准和目标提供了良好的方法借鉴，社会意义显著。

在建材选型优化方面，以碳排放指标为导向，通过对国内外评价标准梳理及文献分析，从功能性、绿色环保、低碳节能、全寿命无污染等多个角度出发，构建了一套低碳导向的针对建材选型指南，并通过实际算例验证，有效降低了建筑建材产生的碳排放，社会经济效益显著。

提出以建筑构件为单元计算建筑建造阶段碳排放的理念，以单元式幕墙为例，形成了单元式幕墙"设计—生产—施工"一体化数字技术体系，基本实现了建筑构件"设计—生产—施工"环节的数据无损传递，有效降低了单元式幕墙总体碳排放，社会经济效益显著。

针对建筑运行阶段碳排放，以目标为导向建立"设计提升＋运行监管"的数字化技术体系。同时，开发了基于BIM模型的建筑能碳可视化管理平台，实现了对建筑用能、产能及碳排放的精细化监管。

针对BIPV系统在实际建设应用中"专业协同难""集成设计难""安装施工难""运维管理难"等一系列问题。以大型办公建筑为应用场景，结合EPC工程建造模式特点，构建了一套基于EPC模式的全过程高效智能光伏建筑一体化（BIPV）技术管理模式，形成可推广、可复制的光伏建筑一体化（BIPV）技术"设计、施工、运行"各阶段应用方法，并通过实际工程项目加以实践，验证管理模式和技术应用方法的可靠性，为大型办公建筑BIPV技术全过程应用提供借鉴。案例项目通过BIPV系统实施，实现25年累计发电量694.34万kWh，累计发电收益441.97万元，CO_2减排量5659.58t。

科技成果鉴定意见：

2023年6月17日，江苏省土木建筑学会在苏州组织召开了"建筑全过程绿色低碳数字化综合技术研究与应用"科技成果鉴定会，鉴定委员会听取了课题组的技术研究报告，审查了相关资料，经质询、讨论，形成如下鉴定意见：

（1）课题组提供的技术资料齐全，符合鉴定要求。

（2）课题组针对绿色办公建筑全过程绿色低碳目标，开展了建筑绿色低碳数字化综合技术方法研究、指标体系和工程实践，主要创新成果如下：

1）通过案例调研、指标对比和先进地区数据分析，构建了建筑碳排放关键环节的碳排放基准，建立了建筑全过程碳排放指标体系，提出了基准选取和指标建立的方法以及低碳建材选型指南；

2）该项目基于碳排放的一体化数字技术体系，开发了单元式幕墙低碳设计数字技术和现场材料管控及安装进度控制技术，实现了"设计—生产—施工"环节的数据无损传递解决了建筑构件系统化碳足迹难追溯的技术难题；

3）以优化和算法技术形成了"设计提升＋运行优化"的建筑能效提升数字化综合技术体系，构建了多目标约束的BIPV数字化建造体系。

（3）申请发明专利9项，授权发明专利3项；申请实用新型专利9项，授权实用新型专利7项；获得软件著作权6项，获批省级工法4项，发表论文5篇。

鉴定委员会认为，该成果总体达到国际先进水平，一致同意通过鉴定。

亚洲杯足球主场馆关键技术

主要完成人员：
杨斌、管磊、候文涛、梅江涛、马怀章、全有维、王文晋、吴德宝、刘团伟
完成单位：
中建八局第三建设有限公司

图 1　昆山足球场东广场俯瞰图

图 2　昆山足球场西面俯瞰图

1. 项目概况

成果依托工程为昆山足球场项目，位于江苏省苏州市昆山市景王路以北东城大道以东，用地面积约 200000m²，由足球场及其外环裙房、地下车库两部分组成。总建筑面积约 135093m²，地上建筑面积约 107951m²，地下建筑面积约 27142m²，专业足球场面积 107951m²，楼层共 5 层，高度 47.4m，结构类型为框架结构，足球场钢结构屋盖悬挑跨度 47m；地下停车库中人防建筑面积：7831m²。本场馆可以容纳约 4.5 万人。

2. 应用领域和技术原理

大型体育场馆内，针对预制清水混凝土看台板受限吊装、清水混凝土看台桁架劲性结构施工、大悬挑钢桁架吊装、巨幅索膜结构安装、超长混凝土结构抗裂施工、专业足球场体育工艺施工等领域，合理解决施工中的技术难题，保证工程质量、工期和整体形象不受影响，加快工程进度，确保工程无质量和安全事故。

3. 性能指标

主要技术指标：亚洲杯足球主场馆综合施工技术 1 项，并形成省级工法 7 项，关键技术申报发明专利 11 项（授权 3 项）、实用新型专利 10 项（授权 8 项），发表论文 6 篇。

---

* 该项目获得 2023 年"江苏省土木建筑学会科学技术奖"二等奖

主要经济指标：研究成果将充实公司在体育场馆工程领域的业绩，提高公司在此类工程建设方面的技术储备；并可为类似工程的施工、工期、质量、安全和效益提供保障，并为类似工程施工提供技术支撑。

4. 创新点

（1）预制清水混凝土看台板施工技术创新点

1）预制看台板的防水处理

在结构斜梁踢蹬上留置贯长的放水槽，起到疏导的防水作用，避免了从板缝渗透的水会沿着斜梁面流入房间内。在构件表面先涂刷一层硅质防水剂，封闭混凝土表面毛孔，降低渗透系数，以免少量水质侵入，防止混凝土外观颜色色差变化。

2）预制清水构件的改进

预制构件的阳角增加倒角处理，倒角 10mm，这样既美观，又不易使构件的棱角受到破坏。

3）预制清水构件的吊装

以悬挑梁为承重载体，通过梁内预埋件与电动滑轮组焊接，并辅助吊索，形成上部滑动吊装体系，由吊车在一固定点起吊，由上部滑轮组沿环向输送，下部由组合式支撑架支撑，利用捯链沿看台梁径向输送，以此来解决受限空间看台板吊装问题。

（2）清水混凝土看台桁架劲性结构关键技术创新点

1）以斜柱内钢骨为承重构件，并辅助钢丝绳拉结，通过焊接吊杆形成吊挂模板体系，由劲性钢骨柱和吊杆共同承受斜柱钢筋、模板、混凝土及施工荷载，吊挂模板体系下部不设支撑架。

2）采用 BIM 模拟钢筋下料现场定位弯折安装，优化 K 形斜柱钢筋复杂节点，在横向梁与径向梁筋交会处选择一层钢筋做弯折避让。

3）将整榀劲性钢骨柱优化成多个吊装分段，再进行分段吊装，参照钢骨柱节段重心及安装后受力情况，通过临时支撑、盘扣脚手架、主体结构自身强度承受钢骨重量，取消胎架搭设。

4）利用 Madis 技术模拟清水混凝土劲性钢骨桁架施工全过程，通过软件计算施工过程内力及位移变化，对于重要节点采取相应保护措施，确保结构应力及位移处于规范限值内，保证施工安全。

（3）大悬挑钢桁架关键技术创新点

1）建立 BIM 模型及有限元模型对钢桁架屋盖吊装的全过程进行模拟，计算钢桁架屋盖吊装及卸载过程的应力应变值，根据计算结果对钢桁架进行上拱处理消除下挠。

2）施工过程中，通过全站仪、经纬仪等对钢桁架拼装胎架、钢桁架构件焊接节点、钢桁架与主体结构连接节点、人字柱柱腿、钢桁架端部等重要节点进行测量，确保钢桁架屋盖安装的成型质量。

3）钢桁架屋盖吊装时设置合拢缝，减小温度变化在大跨钢桁架屋盖结构上产生的内力和变形。

4）将钢桁架屋盖分为两个卸载区，通过钢桁架支撑胎架顶部的沙箱从卸载区中间段开始向两端同步对称分级循环卸载。

（4）索膜结构关键技术创新点

1）立面膜安装

使用膜成品卷绕机将立面膜材卷绕到钢管上，通过吊机将钢管吊至膜材设计位置上方，从一侧向另一侧展开的同时完成与四周结构的固定连接。拉接采用背拉体系。通过钢爬梯和软梯代替大体积的安装操作平台，保证了工人进行膜材固定时的操作空间。

2）屋面膜安装

通过有限元模拟分析索膜张拉和屋面钢结构卸载之间的先后顺序对索膜和主体钢结构的影响，确定屋面膜施工方案。通过有限元模拟追踪屋面膜分片施工过程中的膜面应力及索力变化，并对施工过程中的膜面高应力区进行重点观测，防止因为施工导致的膜面撕裂破坏的发生。

（5）专业足球场体育工艺施工技术创新点

1) 建立精细化场区控制网测定专业赛场坡度及标高。

2) 不仅仅局限于三维模拟草坪的种植环境，更在其中加入了时间维度。通过草坪日照分析、室外风模拟、5 年内气象报告和灌溉水源检测，模拟出草坪草品种在全年生长过程中的各类影响因素，在此基础上，借助 SAS 8.0 统计软件对试验数据进行分析，并用 EXCL 表格绘制图表，多角度地比选出适合当地条件的草坪草品种。

5. 新技术应用

该成果依托工程通过科技攻关，形成亚洲杯足球主场馆综合施工技术，用简单易操作的标准化施工流程指导施工，确保工程的顺利实施，并保证工期、质量、安全，完成了 6 项关键技术的研究，具体如下：

(1) 预制清水混凝土看台板施工技术

该成果依托工程清水混凝土预制看台板共计 8211 块，其中预制看台 6049 块，预制踏步 2162 块。预制看台模具精度要求高、加工周期长，构件质量要求高，采用可调节模具生产看台板构件，一型模具可调节滑动侧模加长、调节活动侧模成 L 形、T 形模具等，优化施工配合比，采用"聚羧酸高性能外加剂"，不采用粉煤灰掺合料，以受限空间悬挑梁为承重载体，通过梁内预埋件与电动滑轮组焊接，并辅助吊索，形成上部滑动吊装体系。解决了受限空间下看台板吊装、清水混凝土看台板色差、利用可调节模具生产看台板构件，保证了看台板施工质量和工期。

(2) 清水混凝土看台桁架劲性结构关键技术

昆山市专业足球场主场馆四周共分布 72 榀清水混凝土劲性钢骨桁架，标高为 43.9m，倾斜角度 55°。优化劲性钢骨桁架分段，计算不同施工阶段钢骨及主体混凝土结构应力与位移，将胎架法施工改为无胎架分段吊装施工，优化节点钢筋，将四个纵向钢筋优化成两个方向连通钢筋、采用以斜柱内钢骨为承重构件，并辅助钢丝绳拉结，通过焊接吊杆形成吊挂模板体系，解决看台桁架钢骨吊装、钢筋复杂节点处理、混凝土浇筑成型质量的问题，提高桁架空中测量定位、提高钢结构和模板加固体系的深化能力。

(3) 大悬挑钢桁架关键技术

该成果依托工程钢屋盖 36 榀三角桁架沿环向布置，桁架几何尺寸相同，长度 61m，悬挑长度 46.5m，桁架最高点距地面 44.5m。大悬挑钢桁架取消了分段吊装采用整体吊装方案，在前端胎架处，根据桁架高度和应力分析预调起拱值、通过受力分析 36 榀桁架整体卸载过程，得到各个点位不同的变形值，确定各个卸载沙箱顶部预调值，由大到小划分 7 级同步卸载，解决了胎架深化设计及制作、吊装机械选型、钢屋盖吊装方法选择、钢屋盖卸载的问题。

(4) 索膜结构关键技术

该成果依托工程索膜结构均采用 PTFE 膜材，整个屋面总共分为 36 个膜单元，每个单元呈漏斗状，立面膜分上半部和下半部，其中上半部共有 36 个单元，下半部共 20 个单元。通过方案比选采用"卷帘式"吊装方案在经济性、安全性均优于钢桁架整体吊装方案，立面膜拉接采用背拉体系，通过钢爬梯和软梯代替大体积的安装操作平台、改变地面展开后吊装膜材的施工方法，从一侧向另一侧展开的同时完成与四周结构的固定连接，解决了屋面索膜、立面索膜深化设计、索膜的吊装展开方式，背拉体系的安装、索膜张拉和成型效果的问题。

(5) 专业足球场体育工艺施工技术

昆山市足球场项目作为一座国际性的专业比赛场馆，其草坪需要达到国际赛事场地的设计效果。通过草坪日照分析、室外风模拟、气象报告和灌溉水源检测，模拟出草坪草品种在全年生长过程中的各类影响因素，在试验中真实还原后期体育场比赛场地草种实际生长条件、场区按照标高图中等高线间距建立矩形方格控制网，且每隔 15°设一个放射性方格网控制场地平整度，解决了地基平整度、基层坡度标高、草皮选种铺设的问题。

6. 作用意义

通过该成果的应用,保证了工程质量、工期和施工安全,圆满完成了各分部分项工程施工任务,并取得了良好的经济和社会效益,直接经济效益达4850.1万元。

该成果依托工程自2020年11月25日施工以来,各项施工质量及实测数据均在设计及规范要求以内。项目的成功施工,证明了昆山足球场项目关键施工技术的应用和研制会在今后同类工程施工中发挥更大的作用。

科技成果鉴定意见:

2023年2月12日,江苏省土木建筑学会在南京组织召开了"亚洲杯足球主场馆建造关键技术研究"成果鉴定会。鉴定委员会听取了课题组技术研究报告,审查了相关文件资料,经质询、讨论,形成鉴定意见如下:

(1) 课题组提供的资料齐全,符合鉴定要求。

(2) 该课题以昆山足球场项目为依托,通过科技攻关,形成了"亚洲杯足球主场馆建造关键技术",创新成果如下:

1) 研发了超高大截面劲性混凝土钢骨斜柱免支撑分段吊装和吊挂模板施工方法,优化了K形节点多向交叉密集钢筋的配筋方式,解决了K形超高大截面钢骨清水混凝土斜柱施工难题;

2) 研发了巨幅外倾斜背拉体系立面索膜安装方法,解决了高空作业空间受限作业点安全风险大、张拉成型难等施工技术难题;

3) 研发了清水混凝土看台板可调节模具,研制了清水混凝土特种配合比,解决了6049种不同尺寸的清水混凝土看台板预制难题;创新了悬挑结构下方的滑轮平移吊装法解决了受限空间预制看台板的安装难题;

4) 研发了一种复杂大跨空间钢结构吊装及卸载施工方法、解决了看台上部大悬挑钢桁架卸载变形控制的难题。

(3) 课题形成专利21项(发明专利11项)、工法7项、论文6篇。成果在昆山足球场项目得到成功应用,社会效益和经济效益显著。

鉴定委员会认为,该课题研究成果达到了国际先进水平,其中超高大截面劲性混凝土钢骨斜柱免支撑分段吊装和吊挂模板施工技术达到国际领先水平。